AF239341

Gennaro Senatore

Intorno a Heidegger e Freud

Storicità, angoscia, fatticità

Bibliografische information der Deutschen Nationalbibliothek:
Die Deutsche Nationalbibliothek verzeichnet diese Publikation
in der Deutschen Nationalbibliografie; detaillierte bibliografische
Daten sind im Internet über http://dnb.dnb.de abrufbar.

© 2025 Gennaro Senatore
Verlag: BoD · Books on Demand GmbH, In de Tarpen 42,
22848 Norderstedt, bod@bod.de
Druck: Libri Plureos GmbH, Friedensallee 273,
22763 Hamburg

ISBN 978-3-7693-4975-7

A Stéfanie

Fratelli, a un tempo stesso, Amore e Morte
Ingenerò la sorte.
Cose quaggiù sì belle
Altre il mondo non ha, non han le stelle.

(Giacomo Leopardi, Firenze 1832)

Indice

Preludio

Anche Søren Kierkegaard volle una volta raccontare, a modo suo, una fiaba.

"C'era una volta" dunque un giglio, che viveva felice e «spensierato» nei pressi di un ruscello, accanto ad «alcune ortiche e pochi altri fiorellini». E come l'acqua del ruscello «beatamente» mormorava, così il tempo «impercettibilmente» scorreva. Fino a quando arrivò un giorno un uccellino, che poi ritornò e ritornò. Era un «chiacchierone», e ci teneva a mettere in mostra la propria libertà e a far sentire al giglio la sua schiavitù, umiliandolo: in altri posti, gli ripeteva, c'erano gigli splendidi, allegria e incanto. In confronto, «lui sembrava nulla», insignificante, nel luogo in cui si trovava. Il giglio, «quanto più ascoltava l'uccello, tanto più si angosciava». In fondo, però, si diceva, potrei diventare anch'io, se non quello che non sono (un uccello, per esempio), almeno uno splendido giglio, un giglio imperiale, che «era stimato il più bello fra tutti i gigli» e da tutti era invidiato. Fu così che il fiore selvatico, una sera, confessò il suo desiderio all'uccellino: per metter fine all'inquietudine e all'angoscia, sarebbero partiti insieme. Fu quel che acadde. La mattina seguente, l'uccellino recise, col becco, dal suolo il giglio, lo prese sotto la sua ala e lo portò via, per trapiantarlo altrove. E fu così che, sradicato, nel desiderio e nello spaesamento il giglio appassì e morì, durante la traversata; lui che, a casa propria, «era vestito meglio di re Salomone in tutta la sua gloria»[1].

---

[1] Cfr. S. Kierkegaard, *L'avventura del giglio selvatico*, trad. di G. Garrera, disegni di M. Fato, Quodlibet, Macerata 2018. Come scrive Bruno Berni, «nell'aprile del 1856, quando

la biblioteca di Søren Kierkegaard – che era morto nel novembre dell'anno precedente – fu messa all'asta, non fu poca la sorpresa nello scoprire che un centinaio di volumi apparte-nuti al grande filosofo riguardava leggende, miti, e soprattutto fiabe, compresi non pochi fascicoli delle storie di Andersen...» (cfr. B. Berni, *«Il genio non è un lumicino»*. *Hans Christian Andersen e Søren Kierkegaard: scrittura e* Weltanschauung, in Rivista di Filoso-fia Neo-Scolastica, Vol. 105, No 3/4, Vita e Pensiero, Milano 2013, p. 980).

La "nona" di Derrida

Il 29 marzo 1965 Jacques Derrida teneva l'ultima lezione, la nona, del suo primo corso all'"École"[1]. Delle lezioni precedenti ci siamo occupati in altro luogo[2].

La storia, ricorda ora Derrida riprendendo il § 75 di *Sein und Zeit*, per Heidegger «non può concatenare modificazioni oggettuali né sequenze [...] di esperienze soggettive». La concatenazione del soggetto e dell'oggetto «può essere originaria solo se non

---

[1] Cfr. J. Derrida, *Heidegger. La questione dell'Essere e la Storia*, Edizione italiana a cura di G. Dalmasso e S. Facioni, Jaca Book, Milano 2019. Il corso, apparso la prima volta, in edizione francese, nel 2013, fa parte dell'insegnamento che ha avuto luogo all'ENS (École normale supérieure) tra il 1964 e il 1984. Sull'utilizzo delle diciture *corso* e *seminario*, ci sembra interessante riportare quanto scrivono, in una nota dell'Introduzione, i responsabili della pubblicazione: «In merito alle denominazioni "corso" e "seminario": già da tempo Jacques Derrida, come pure i suoi studenti e uditori, aveva preso l'abitudine di parlare del suo "seminario" come è stato o è ancora il caso per altri autori di forme comparabili di insegnamento. Tuttavia, questa denominazione non è abituale nell'università francese, a differenza di quanto avviene altrove, particolarmente in Germania, dove il senso religioso della parola è migrato sin dal XIX secolo nella pratica universitaria. Questo utilizzo si è esteso negli ambiti linguistici anglosassoni prima e più diffusamente che in Francia, in cui il termine "corso" è rimasto costantemente in uso nell'università (e anche al Collège de France). Nell'epoca in cui Derrida iniziava ad insegnare come assistente alla Sorbona, il termine "seminario" era impiegato solo per riunioni di ricercatori iniziati da un professore e consacrati ad esposizioni e dialoghi tra partecipanti scelti (così negli anni '60 il seminario di Ricoeur riuniva alcuni assistenti – tra i quali Derrida e Lévinas – con studenti magistrali e dottorandi). Questa pratica, priva di carattere istituzionale preciso, restava del tutto distinta dall'insegnamento propriamente detto. Quando insegnava, Derrida teneva dei *corsi*. O, per essere più fedele all'uso, *dava* dei corsi: questo verbo indica bene l'idea di una distribuzione *ex cathedra* distinta dalle conversazioni seminariali, più libere ed egalitarie [...]. Anche se gli usi di Derrida e dei suoi uditori hanno potuto variare e non essere strettamente determinati, ci è sembrato opportuno designare come "corso" gli insegnamenti più propriamente universitari e magistrali [...]. Questa distinzione, ovviamente, può valere solo per gli insegnamenti tenuti in Francia» (cfr. pp. 7-8 della trad. it.).

[2] Cfr. il capitolo *Geschichtlichkeit* di *Fort und Da. Il progetto gettato*, BoD, Norderstedt 2022 (pp. 351-360).

collega secondariamente un oggetto e un soggetto già costituito e
dunque astorico»:

questa concatenazione è l'origine stessa dei due termini che collega. Heidegger sostiene: "La tesi della storicità del *Dasein* non afferma che il soggetto privo
di mondo è storico, ma che l'ente che esiste come essere nel mondo è storico
[...]. La storicità del *Dasein* è essenzialmente storicità del mondo, che appartiene
alla temporalizzazione del *Dasein* sul fondamento della temporalità estatico-o-
rizzontale [...]. Con l'ek-sistenza dell'essere nel mondo storico, lo *Zuhandenes*
[...] e il *Vorhandenes* [...] sono già coinvolti [...], l'utensile, l'opera, i libri, per e-
sempio, hanno il loro destino. Gli edifici e le istituzioni hanno la loro storia. La
natura stessa è storica"[3].

Che la natura sia storica, non significa qui, dice Derrida, «con-
testare l'affermazione hegeliana o husserliana secondo la quale
[...] in fondo la natura sarebbe il non-storico in sé»:

No, qui Heidegger non contesta la tesi classica e nega anche che faccia una
storia naturale [...]: *la totalità del mondo* è storica, che si designi come mondo il
mondo della natura o il mondo della cultura; il mondo è storico, vuol dire il
mondo non è mai, ma *si fa* mondo nella trascendenza ekstatica del *Dasein*[4].

E poco più avanti:

---

[3] J. Derrida, *Heidegger. La questione dell'Essere e la Storia*, cit. pp. 257-258. Il brano qui
riportato (e tradotto) da Derrida, in tedesco suona: «Die These von der Geschichtlichkeit
des Daseins sagt nicht, das weltlose Subjekt sei geschichtlich, sondern das Seiende, das als
In-der-Welt-sein existiert [...]. Geschichtlichkeit des Daseins ist wesenhaft Geschichtlichkeit von Welt, die auf dem Grunde der ekstatisch-horizontalen Zeitlichkeit zu deren Zeiti-
gung gehört [...]. *Mit der Existenz des geschichtlichen In-der-Welt-seins ist Zuhandenes
und Vorhandenes je schon in die Geschichte der Welt einbezogen.* Zeug und Werk, Bücher
zum Beispiel haben ihre "Schicksale", Bauwerke und Institutionen haben ihre Geschichte.
Aber auch die Natur ist geschichtlich» (cfr. M. Heidegger, *Sein und Zeit*, GA Band 2, Klostermann, Frankfurt am Main 1977, hrsg. von F.-W. von Herrmann, p. 513). Alfredo Marini traduce *Zuhandenes und Vorhandenes* con "*l'ente allamano e l'ente sottomano*", così
come "Zeug und Werk" con "usi ed opere" (cfr. Martin Heidegger, *Essere e Tempo*, Mondadori, Milano 2006, p. 543 dell'ed. degli Oscar classici moderni, 2011, ristampa 2015):
con questa precisazione intendiamo rinviare alla nostra interpretazione della *Zuhandenheit*
e di *Zeug* contenuta in *Heidegger e l'abitare poetico. Per mortem ad vitam*, BoD, Norderstedt 2017 (4a edizione). Nella versione Chiodi-Volpi i termini sono resi con "utilizzabilità" e "mezzo (per)", mentre il *Vorhandenes* è, si sa, la "semplice-presenza" (cfr. Martin
Heidegger, *Essere e Tempo*, Nuova edizione italiana a cura di Franco Volpi sulla versione
di Pietro Chiodi, Longanesi, Milano 2005; per il passo qui riportato: p. 457).
[4] Ivi, p. 258 (corsivi nostri).

così come il senso dell'essere non si produce se non perché il *Dasein* ek-si-ste, similmente la storicità della storia [...] non si produce se non perché il *Dasein* la produce ed è prodotto (bisogna dire entrambe le cose) nella storicità del suo *in-der-Welt-sein*[5].

Derrida traduce poi, ai suoi uditori, la fine del paragrafo 75, che porterà «alla questione dell'origine ontologica della scienza storica»:

> "L'interpretazione esistenziale della storicità del *Dasein* ricade sempre, sen-za volerlo, nell'oscurità. Le oscurità si lasciano tanto meno dissipare, in quanto neanche le dimensioni possibili di un'interrogazione che sia all'altezza della po-sta in gioco sono dipanate e in tutte queste dimensioni l'*enigma* dell'*essere* [...] e [...] l'enigma del movimento, *sein Wesen treibt* [locuzione avverbiale: ne fa u-na delle sue: è al lavoro, è all'opera]". E Heidegger prosegue, portandoci ad un'altra questione: "Ciononostante, si può tentare un progetto di genesi ontolo-gica della storia (*Historie*) come scienza a partire dalla storicità del *Dasein*"[6].

---

[5] Ivi, pp. 259-260.

[6] Ivi, pp. 262-263. La traduzione italiana è stata, qui, da noi leggermente modificata. Nel-l'originale francese correttamente è scritto: «Les obscurités se laissent d'autant moins dis-siper...» (cfr. J. Derrida, *Heidegger: la question de l'Être et l'Histoire*, Éditions Galilée, Paris 2013, pp. 307-308). Ecco comunque il passo di *Sein und Zeit*: «Die existenziale In-terpretation der Geschichtlichkeit des Daseins gerät ständig unversehens in den Schatten. Die Dunkelheiten lassen sich um so weniger abstreifen, als schon den möglichen Dimen-sionen des angemessenen Fragens nicht entwirrt sind und in allen das *Rätsel* des *Seins* und [...] der *Bewegung* sein Wesen treibt. Gleichwohl mag ein Entwurf der ontologischen Ge-nesis der Historie als Wissenschaft aus der Geschichtlichkeit des Daseins gewagt werden» (pp. 517-518 dell'ed. ted. cit.). Nelle menzionate traduzioni italiane, le pagine sono la 460 della "Chiodi-Volpi" e la 548 di quella di Marini, il quale poi, nella sua versione, rende *Hi-storie* con "istoria", in tal modo distinguendolo, in italiano, dalla *Geschichte*: l'*Historie* heideggeriana viene infatti tradotta, di solito, con "storiografia" ("scienza della storia"), ché la *Geschichte* è "la storia che noi stessi siamo". Scrive Volpi nel suo *Glossario a Esse-re e Tempo*: «*Geschichte* è la storia "che noi stessi siamo", come Heidegger afferma già nelle *Note sulla "Psicologia delle visioni del mondo" di Karl Jaspers* (1919/1921), ovvero la storia nel senso di ciò che effettivamente accade, ed è rigorosamente distinta da *Historie* ("storiografia") nel senso della scienza che fa della storia un oggetto di indagine teoretica [...]. Sfruttando la parentela linguistica Heidegger associa *Geschichte* a *Geschehen* ("ac-cadere" [...]) e a *Geschick* ("destino" [...], mentre negli anni successivi a *SuZ*, col cambia-mento di prospettiva subentrato nell'affrontare la questione dell'essere, egli parlerà di *Seinsgeschichte* ("storia dell'essere"), di *Seinsgeschehnis* ("accadimento dell'essere") e di *Seinsgeschick* ("destino dell'essere")» (cfr. pp. 595-596 dell'ed. cit.). Per il riferimento al-le "note su Jaspers" cfr. M. Heidegger, *Wegmarken*, Gesamtausgabe, Band 9, Kloster-mann, Frankfurt am Main 2004, 3. durchges. Auflage, herausgegeben von Friedrich-Wil-helm von Herrmann, p. 5; trad. it., sull'ed. del 1976, a cura di F. Volpi, *Segnavia*, Adelphi, Milano 1987, p. 435. Nel suo *Nachwort* all'edizione tedesca, sulle «*Anmerkungen zu Karl Jaspers "Psychologie der Weltanschauungen"*», von Herrmann a sua volta scrive, a pagi-na 485: «Die Auseinandersetzung mit Jaspers [...] wird geführt durch den Beginn der sich

Heidegger scrive "movimento", *Bewegung*, in corsivo. Ricordiamo le parole del § 72:

> *Die Bewegtheit der Existenz ist nicht Bewegung eines Vorhandenen. Sie bestimmt sich aus der Erstreckung des Daseins. Die spezifische Bewegtheit des* erstreckten Sicherstreckens *nennen wir das* Geschehen *des Daseins.*

[La motilità dell'esistenza non è il movimento di una semplice-presenza, ma si determina in base all'estensione dell'Esserci. La motilità specificamente propria dell'*autoestendersi esteso*, noi la chiamiamo l'*accadere* dell'Esserci][7].

Il § 76 di *Sein und Zeit* si intitola proprio *Der existenziale Ursprung der Historie aus der Geschichtlichkeit des Daseins* (per dirla con Marini: "L'origine esistenziale dell'istorìa dalla storicità dell'esserci"). Derrida nota anzitutto che il progetto di genesi ontologica dell'*Historie* come scienza «dovrebbe, nell'intenzione di Heidegger, generalizzarsi e estendersi a tutte le scienze». Solo che la scienza storica ha un "privilegio", in quanto attraverso di essa passano «tutte le questioni dell'origine e della storia delle altre scienze»:

---

ausdrücklich formulierenden Seinsfrage Heideggers: hier in der anfänglichen Gestalt der Frage nach dem Seinssinn des "ich-*bin*" (Existenz, Dasein) im Unterschied zum Seinssinn des "etwas *ist* was" des gegenständlichen Meinens». Degne di nota, in questo contesto, ci sembrano infine le considerazioni che Alfredo Marini fa, in relazione a *Schicksal, Geschick, Geschehen* e *Geschichte*, nel suo *Lessico di «Essere e Tempo»*, contenuto in M. Heidegger, *Essere e Tempo* a cura di A. Marini con testo tedesco a fronte, Mondadori (I Meridiani), Milano 2006: «I quattro termini *Schicksal, Geschick, Geschehen, Geschichte*, che in senso corrente significano rispettivamente "destino", "sorte", "accadere", "storia", si fondano sul radicale *Schick-* (mandare, destinare): *Schickung* è anche un messaggio, un ordine, un comando o un comandamento. Il nesso etimologico tedesco tra *Schicksal, Geschick* e *Geschichte* (un prestito moderno, quest'ultimo, dal latino *historia*) fondato sul senso originario di "mandare", non include *Erben, Sich überliefern* ("tradizione, "tramandare"). La scelta di "mandato comune" per *Geschick* ci permette di rendere visibile in italiano il nesso destinazione/mandato includendovi il sigificato di "tramandare", "tradizione" ma non il termine centrale "storia" (Chiodi, traducendo *Geschehen* con "storicizzarsi", aveva forzato in un senso troppo compromesso con uno 'storicismo' ovvio, che per Heidegger è ormai solo una suggestione metodologica neokantiana...)» (cfr. p. 1435 della III ed., 2013).

[7] M. Heidegger, *Sein und Zeit*, GA Band 2, cit., p. 495, e trad. it. Chiodi-Volpi, cit., p. 443. Nella versione di Marini il brano suona: «Il moto dell'esistenza non è il movimento di un ente sottomano. Esso si determina a partire dall'estensione dell'esserci. Lo specifico moto dell'*estendersi esteso*, noi lo chiamiamo l'*accadere* dell'esserci» (p. 525 dell'ed. "Oscar" e pp. 1051-1053 dell'ed. con testo tedesco a fronte, citate).

Se la storia delle scienze suppone *già* che il *Dasein* sia storico [...], se [...] "l'essere del *Dasein* è fondamentalmente storico, allora evidentemente ogni scienza effettivamente esistente resta legata a questa storicità"[8].

Nella sua lezione, il filosofo franco-algerino mette in evidenza alcuni punti "di riferimento" del progetto heideggeriano. Per prima cosa, egli sottolinea che la scienza storica, per Heidegger, *si i-storializza*: essa «non può avere oggetto se la *Geschichte* non precede in qualche modo». Ciò significa che «la storia è in ritardo per essenza sulla *Geschichte*». Il filo conduttore, poi, della genesi ontologica della scienza storica «non può essere mutato dalla storia esistente, per come è di fatto praticata dagli storici [...], perché niente ci dice che la pratica degli storici corrisponda a quello che deve essere una scienza storica autentica». Affinché una scienza storica possa nascere (terzo punto), «occorre che il cammino verso il passato sia già aperto». Questo è però possibile «solo a condizione che un rapporto al passato in generale sia possibile per il *Dasein* nel movimento estatico della temporalizzazione», dove è da "tener presente" che «la *Gewesenheit* che si lascia scoprire non è un presente passato, un adesso passato», ma piuttosto «il passato di un avvenire [...], un possibile determinato a ritroso a partire da un avvenire limitato dalla morte». Insomma: «Ciò che riafferro come presente passato è un movimento del *Dasein*»[9].

Essendo dunque, la storia, *radicata nel tempo*, «ciò che si coglierà con il nome di passato storico è qualcosa che non sarà mai stato dapprima *presente*, ma possibile e passato di un avvenire»:

il movimento della scienza storica è [...] un *progetto* [...], un certo dispiegamento determinato del *possibile* [...]. Le cose, i monumenti, i documenti, ecc., non possono diventare materiale storico se non a questa condizione [...]. Questo possibile, se lo si intende correttamente e non come indeterminazione, libertà, potenza individuale, ecc. (determinazioni metafisiche), è il vero tema della storia. È in questa direzione che occorre cercare il "positivo", l'autentico *Tatsächliche*[10].

---

[8] J. Derrida, *Heidegger. La questione dell'Essere e la Storia*, cit. p. 263. Heidegger dice: «Wenn das Sein des Daseins grundsätzlich geschichtlich ist, dann bleibt offenbar jede faktische Wissenschaft diesem Geschehen [a questo "accadere"] verhaftet» (cfr. *SuZ* cit., p. 518).

[9] Ivi, pp. 263-264.

[10] Ivi, pp. 264-265.

Tutto ciò significa che un "coinvolgimento dello storico", una "certa scelta" «è già da sempre pronunciata, già da sempre necessaria affinché la scienza storica si apra». Ma questo coinvolgimento, «lungi dal pregiudicare la ricerca, di ciò che chiamiamo soggettività dello storico, è la sola condizione di qualche "oggettività" (tra virgolette) storica». La scienza storica classica, «che si pretende così attenta all'oggettività, alla neutralità, ecc., è essa stessa pre-orientata da una scelta implicita e determinata»[11].

In questo paragrafo Heidegger si riferisce anche alla famosa "seconda considerazione inattuale" di Nietzsche: *Vom Nutzen und Nachteil der Historie für das Leben*, "*Sull'utilità e il danno della storia per la vita*". Per Nietzsche, dice Derrida,

la vita deve sempre proteggersi all'interno di una sorta di nebulosa che è l'assenza di senso storico. Quando questa nebulosa, questa atmosfera si dissipa, la vita si distrugge. Ma così come l'ignoranza della storia può anche minacciare la vita, la vita deve servirsi della storia, impadronirsene. Bisogna che la storia appartenga al vivente. "La storia appartiene al vivente da tre punti di vista", sostiene Nietzsche[12].

Gli appartiene, traduce Derrida, perché il vivente «è attivo e intraprendente», ("ambizioso"), perché è «conservatore [...] e venerante», ("onorante"), e perché «è sofferente e ha bisogno di sollievo». A questa triplicità di rapporti, poi, corrisponde la nota triplicità di forme storiche: la storia "monumentale", la storia "archeologica" e la storia "critica"[13].

La storia monumentale è una storia da cui si traggono insegnamenti, esempi e modelli, un'autorità per creare oggigiorno delle grandi cose. La storia archeo-

---

[11] Ivi, p. 265.
[12] Ivi, p. 267.
[13] Ivi, pp. 267-268. Cfr. F. Nietzsche, "*Unzeitgemässe Betrachtungen I-IV*", in Id., *Sämtliche Werke Kritische Studienausgabe*, vol. I, *Die Geburt der Tragödie. Unzeitgemässe Betrachtungen I-IV. Nachgelassene Schriften 1870-1873*, a cura di G. Colli e M. Montinari, de Gruyter, Berlin-New York 1967; ed. it. a cura di G. Colli e M. Montinari, *Considerazioni inattuali I-III*, in Id., *Opere di Friedrich Nietzsche*, vol. III, t. I, Adelphi, Milano 1973, p. 272. L'originale suona: «In dreierlei Hinsicht gehört die Historie dem Lebendigen: sie gehört ihm als dem Thätigen und Strebenden, ihm als dem Bewahrenden und Verehrenden, ihm als Leidenden und der Befreiung Bedürftigen. Dieser Dreiheit von Beziehungen entspricht eine Dreiheit von Arten der Historie: sofern es erlaubt ist eine monumentalische, eine antiquarische und eine kritische Art der Historie zu unterscheiden».

logica è una storia di venerazione del passato in quanto passato, è sempre una storia devota in certo qual modo [...]. La storia *critica* è la storia di colui che giudica e che condanna al fine di poter vivere[14].

Nell'"avvicinarsi" al tema nietzscheano delle tre storie, Derrida fa notare che Heidegger propone una "ripetizione", cercando di risalire verso la loro «radice comune»:

> È nell'unità delle tre estasi temporali che si radicano le tre storie [...]. "Il *Dasein* ek-siste autenticamente come avvenire nella rivelazione decisa di una possibilità scelta. Ritornando decisamente a se stesso, esso è, nell'atto della ripetizione, aperto alle possibilità monumentali dell'esistenza umana. La storia (*Historie*) che sorge a partire da questa storicità (*Geschichtlichkeit*) è *monumentale*. Il *Dasein* è, in quanto essente stato, consegnato alla sua gettatezza. Nella riappropriazione ripetitiva del possibile si svolge al contempo, pre-scritta, la possibilità della conservazione rispettosa dell'esistenza essenteci stata, esistenza alla quale la possibilità ora passata si era aperta. In quanto monumentale, la storia autentica è con questo archeologica. Il *Dasein* si temporalizza nell'unità dell'avvenire e dell'essente stato, come presente. Questo rivela autenticamente, in quanto istante, l'oggi. Ma nella misura in cui questo, l'oggi, è esplicitato a partire da una comprensione che si ripete a partire dall'avvenire, comprensione della possibilità di esistenza afferrata, la storia autentica diviene de-presentificazione dell'oggi, vale a dire una dolorosa separazione nei confronti della degradante pubblicità dell'oggi. La storia monumentale-archeologica, se autentica, è necessariamente una critica del 'presente' [...]. La storicità autentica è il fondamento dell'unità possibile dei tre modi della storia. Ma il fondamento del fondamento (*der Grund des Fundaments*) della storia autentica è la temporalità come senso d'essere esistenziale della Cura"[15].

---

[14] Ivi, p. 268.

[15] Ivi, pp. 273-275. Questo è il testo di Heidegger: «Das Dasein existiert als zukünftiges eigentlich im entschlossenen Erschliessen einer gewählten Möglichkeit. Entschlossen auf sich zurückkommend, ist es wiederholend offen für die "monumentalen" Möglichkeiten menschlicher Existenz. Die solcher Geschichtlichkeit entspringende Historie ist "monumentalisch". Das Dasein ist als gewesendes seiner Geworfenheit überantwortet. In der wiederholenden Aneignung des Möglichen liegt zugleich vorgezeichnet die Möglichkeit der verehrenden Bewahrung der dagewesenen Existenz, an der die ergriffene Möglichkeit offenbar geworden. Als monumentalische ist die eigentliche Historie deshalb "antiquarisch". Das Dasein zeitigt sich in der Einheit von Zukunft und Gewesenheit als Gegenwart. Diese erschliesst, und zwar als Augenblick, das Heute eigentlich. Sofern dieses aber aus dem zukünftig-wiederholenden Verstehen einer ergriffenen Existenzmöglichkeit ausgelegt ist, wird die eigentliche Historie zur Entgegenwärtigung des Heute, das ist zum leidenden Sichlösen von der verfallenden Öffentlichkeit des Heute. Die monumentalisch-antiquarische Historie ist als eigentliche notwendig Kritik der "Gegenwart". Die eigentliche Geschichtlichkeit ist das Fundament der möglichen Einheit der drei Weisen der Historie. Der *Grund* des Fundaments der eigentlichen Historie aber ist die *Zeitlichkeit* als der existenziale Seinssinn der Sorge» (cfr. *SuZ* cit., pp. 523-524).

Derrida osserva che l'"abbozzo" appena letto, relativo all'origine della scienza storica, secondo Heidegger deve essere "ri-cominciato" per l'origine di *tutte* le scienze umane, «per tutto ciò che dopo Dilthey aveva preso il nome di scienze dello spirito in opposizione alle scienze della natura»:

> dal momento che l'origine di ogni scienza dello spirito rinvia alla storia e alla storicità del *Dasein*, ebbene la teoria delle scienze dello spirito presuppone sempre una interpretazione esistenziale tematica della storicità del *Dasein*[16].

A questo punto della sua "nona", Derrida scrive:

> Giacché devo interrompere qui questo corso [...], tenterò, bruciando un numero considerevole di tappe decisive, di tratteggiare le conclusioni verso le quali [...] si sarebbe orientato se, al di là di *Sein und Zeit* [...], avessimo pazientemente seguito il cammino nel quale abbiamo nondimeno costantemente preso dei punti di riferimento.

Egli ricorda come, nelle precedenti lezioni, avesse tentato di indicare «cosa significava il passaggio da *Sein und Zeit* agli altri scritti», in particolare «il passaggio dalla *Geschichtlichkeit* del *Dasein* alla *Geschichtlichkeit* del *Sein*», e come, "strada facendo", si fosse riconosciuta «l'essenza epocale dell'essere, e al contempo l'essenza simultaneamente svelante e dissimulante del linguaggio»: un'essenza che aveva «aperto al senso della metaforicità in quanto tale». Nelle considerazioni fatte era implicato «che il cammino del pensiero heideggeriano si desse esso stesso come epocale e storico, vale a dire come metaforico»:

> il pensiero dell'essere [...] si annuncia come l'impossibile sul fondo del quale il possibile è pensato in quanto tale [...]. Si può chiamarlo la morte [...]. Quello che si dice nella metafora heideggeriana non appartiene ad Heidegger ma all'epoca [...]. Heidegger dice nella *Lettera sull'"umanismo"* che "in ogni momento della storia c'è, per la cosa del pensiero, un solo dire che sia secondo la natura stessa di ciò che esso ha da dire" [...]. Ecco perché [...] non vi sono né heideggerismo né heideggeriani[17].

---

[16] Ivi, p. 27
[17] Cfr. ivi, pp. 275-276.

Letteralmente, precisa Derrida, il passo del *Brief* dice: «appartiene alla cosa del pensiero (cosa in generale: *Sache des Denkens*) un sol dire (*eine Sage*) che sia a misura della sua *Sachheit*»[18].

---

[18] Più estesamente, in tedesco leggiamo: «... Es muss nämlich gefragt werden: wenn das Denken, die Wahrheit des Seins bedenkend, das Wesen der Humanitas als Ek-sistenz aus deren Zugehörigkeit zum Sein bestimmt, bleibt dann dieses Denken nur ein theoretisches Vorstellen vom Sein und vom Menschen, oder lassen sich aus solcher Erkenntnis zugleich Anweisungen für das tätige Leben entnehmen und diesem an die Hand geben? Die Antwort lautet: dieses Denken ist weder theoretisch noch praktisch. Es ereignet sich vor dieser Unterscheidung. Dieses Denken ist, insofern es ist, das Andenken an das Sein und nichts ausserdem. Zum Sein gehörig, weil vom Sein in die Wahrnis seiner Wahrheit geworfen und für sie in den Anspruch genommen, denkt es das Sein. Solches Denken hat kein Ergebnis. Es hat keine Wirkung. Es genügt seinem Wesen, indem es ist. Aber es ist, indem es seine Sache sagt. Der Sache des Denkens gehört je geschichtlich nur eine, die ihrer Sachheit gemässe Sage. Deren sachhaltige Verbindlichkeit ist wesentlich höher als die Gültigkeit der Wissenschaften, weil sie freier ist. Denn sie lässt das Sein – sein. Das Denken baut am Haus des Seins, als welches der Fuge des Seins je geschickhaft das Wesen des Menschen in das Wohnen in der Wahrheit des Seins verfügt. Dieses Wohnen ist das Wesen des "In-der-Welt-seins" (vgl. "S. u. Z", S. 54). Der dortige Hinweis auf das "In-Sein" als "Wohnen" ist keine etymologische Spielerei. Der Hinweis in dem Vortrag von 1936 auf Hölderlins Wort "Voll Verdienst, doch dichterisch wohnet / der Mensch auf dieser Erde" ist keine Ausschmückung eines Denkens, das sich aus der Wissenschaft in die Poesie rettet. Die Rede vom Haus des Seins ist keine Übertragung des Bildes vom "Haus" auf das Sein, sondern aus dem sachgemäss gedachten Wesen des Seins werden wir eines Tages eher denken können, was "Haus" und "wohnen" sind» (cfr. p. 358 di *Wegmarken*, cit.). Nella traduzione di Volpi (cfr. *Segnavia*, cit.): «... Occorre infatti chiedersi: se il pensiero, pensando la verità dell'essere, determina l'essenza dell'*humanitas* come e-sistenza a partire dalla sua appartenenza all'essere, resta, esso, solo una rappresentazione teoretica dell'essere e dell'uomo? o si possono invece trarre contemporaneamente da tale conoscenza delle indicazioni per la vita attiva da dare a quest'ultima? La risposta è che questo pensiero non è né teoretico né pratico. Esso avviene prima di questa distinzione. Per quel tanto che è, questo pensiero è pensiero che rammemora l'essere e nient'altro. Appartenendo all'essere, perché gettato dall'essere nella custodia della sua verità e per essa reclamato, esso pensa l'essere. Questo pensiero non approda ad alcun risultato e non ha alcun effetto. Esso soddisfa la sua essenza in quanto è. Ma è, in quanto dice la sua cosa. Per la cosa del pensiero c'è, in ogni momento della storia, un solo dire, il dire adeguato alla sua cosalità. Il carattere vincolante del dire rispetto alla cosa è per essenza superiore alla validità delle scienze, perché è più libero. Esso infatti lascia essere l'essere. Il pensiero lavora a costruire la casa dell'essere; in quanto è tale casa, la compagine dell'essere dispone di volta in volta secondo il destino l'essenza dell'uomo nel suo abitare nella verità dell'essere. Questo abitare è l'essenza dell'"essere-nel-mondo" (cfr. *Sein und Zeit*, p. 54). L'indicazione che là si dà circa l'"essere-in" come "abitare" non è affatto un gioco etimologico. L'indicazione contenuta nella conferenza del 1936 sulla parola di Hölderlin ["Pieno di merito, ma poeticamente abita / l'uomo su questa terra"] non è l'ornamento di un pensiero che, abbandonando la scienza, si salva nella poesia. Parlare della casa dell'essere non significa trasporre l'immagine della "casa" all'essere, ma partendo dall'essenza dell'essere, adeguatamente pensata, un giorno noi potremo pensare che cos'è "casa" e che cos'è "abitare"» (pp. 309-310). Sulla famosa pagina 54 di *SuZ*, e sui versi di Hölderlin, ci sia permesso di rinviare ancora al nostro *Heidegger e l'abitare poetico*..., cit. Ricordiamo infine che la conferenza

In questo enunciato è contenuta una «dissimulazione metafori-
ca» che "si produce" nella differenza tra il senso e il significato di
Essere. Parlare, dice Derrida, di una «questione dell'essere», significa, già solo con l'«elocuzione della parola», *determinarlo*.
Come?

Ebbene ad esempio, ancora con la determinazione linguistica alla quale essenzialmente non si può non fare appello. E questa determinazione linguistica
resta ancora una determinazione ad opera del presente [...], nel momento stesso
in cui [...] si distrugge il dominio della presenza. Heidegger lo sa e lo dice, quasi
subito, ad esempio nel passaggio dell'*Einführung*... (1935) di cui ho parlato, in
cui lascia intendere che la forma infinita della parola *Essere* è pensata a partire
dalla terza persona del *presente indicativo*. Questa dimensione irriducibilmente
grammaticale del senso, questa scrittura, questa traccia necessaria del senso è il
processo metaforico stesso, la storicità stessa. E l'osservazione di Heidegger che
mostra l'appartenenza della parola essere a un pensiero della presenza [...] trova
la sua conferma nel noto testo al quale avevo fatto allusione (*Zur Seinsfrage*,
1955) spiegando perché Heidegger aveva giudicato necessario barrare con una
croce la parola Essere. Questa croce, questa scrittura negativa, questa traccia del
presente nel linguaggio è l'unità della metaforicità e della non-metaforicità come unità del linguaggio[19].

---

del 1936, «*Hölderlin und das Wesen der Dichtung*», fu tenuta a Roma il 2 aprile di quel-
l'anno, e che oggi è racchiusa nel Band 4 della Gesamtausgabe (*Erläuterungen zu Hölderlins Dichtung*, a cura di F.-W. von Herrmann, Klostermann, Frankfurt am Main 1981, pp.
33-48; trad. it. di L. Amoroso, *La poesia di Hölderlin*, Adelphi, Milano 1988, pp. 39-58).
[19] Ivi, pp. 276-277. Il "passaggio dell'*Einführung*..." cui Derrida accenna, e di cui aveva
parlato nella Terza lezione (p. 105), si trova ora nel vol. 40 della HGA, *Einführung in die
Metaphysik*, hrsg. von P. Jaeger, Klostermann, Frankfurt am Main 1983, alla fine del terzo
capitolo, § 33, *Die Bedeutungsmannigfaltigkeit des «ist»*. *Das Verstehen des Seins aus dem
«ist» im Sinne der beständigen Anwesenheit* (οὐσία), pp. 97-99: «Das "ist" bekundet im
Sagen eine reiche Mannigfaltigkeit der Bedeutungen. Wir sagen das "ist" je in einer derselben, ohne dass wir dabei noch eigens, sei es vorher, sei es nachher, eine besondere Auslegung des "ist" vollziehen oder gar über das Sein nachsinnen. Das "ist" springt, bald so,
bald so gemeint, uns im Sagen einfach zu. Gleichwohl ist die Mannigfaltigkeit seiner Bedeutungen keine beliebige [...]. Es bleibt schwierig, vielleicht sogar unmöglich, weil we-
senswidrig, eine gemeinsame Bedeutung als allgemeinen Gattungsbegriff herauszuheben,
unter den sich die [...] Weisen des "ist" als Arten einordnen liessen. Dennoch geht ein ein-
heitlich bestimmter Zug durch alle hindurch. Er weist das Verstehen von "sein" auf einen
bestimmten Horizont, aus dem her sich das Verständnis erfüllt. Die Begrenzung des Sinnes
von "Sein" hält sich im Umkreis von Gegenwärtigkeit und Anwesenheit, von Bestehen
und Bestand, Aufenthalt und Vor-kommen [...]. Die bestimmte und einzelne Verbalform
"ist", die *dritte Person des Singular im Indicativ des Praesens*, hat hier einen Vorrang [...].
"Sein" gilt uns als Infinitiv des "ist" [...]. Demgemäss hat das "Sein" jene [...] an die
griechische Fassung des Wesens des Seins erinnernde Bedeutung, eine Bestimmtheit also,
die uns nicht irgendwoher zugefallen ist, sondern unser geschichtliches Dasein von altersher beherrscht. Mit einem Schlage wird so unser Suchen nach der Bestimmtheit der Wort-

Così concludeva il suo corso, Derrida, già allora magistralmente:

se il significato dell'essere è ancora una metafora e se il significato della storia è pensabile soltanto come storia dell'essere, ebbene anche il significato della
storia è [...] una metafora da distruggere [...]. Questa distruzione non sarà un gesto deciso e compiuto una volta per tutte, da qualcuno all'interno di un libro, un
corso [...]. Si compie lentamente, pazientemente [...], si impadronisce di tutto il
linguaggio [...]. E questa pazienza non è nemmeno la nostra, non è una virtù etica. È l'autoaffezione di quello che non si può nemmeno più chiamare l'essere
[...]. Se l'essere e la storia sono delle espressioni metaforiche [...] in procinto di
distruggersi da sole in quanto tali [...], si può parlare di una fine della storia e di
una morte dell'essere che non sono nientemeno che ciò che, con un'*altra* metafora, chiamiamo [...] avvenire. Quello che si nasconde sotto quest'altra metafora
è l'apertura della *questione* stessa, vale a dire della differenza[20].

---

bedeutung "Sein" ausdrücklich zu dem, was es ist, zu einer Besinnung auf die Herkunft
unserer *verborgenen Geschichte*. Die Frage: Wie steht es um das Sein? muss sich selbst in
der Geschichte des Seins halten, um ihrerseits die eigene geschichtliche Tragweite zu
entfalten und zu bewahren. Wir halten uns dabei wiederum an das Sagen des Seins». In
italiano, si veda la traduzione di Giuseppe Masi, *Introduzione alla metafisica*, Mursia, 2a
edizione (con Presentazione di Gianni Vattimo), Milano 1972: «l'"è" manifesta nel dire u-
na grande varietà di significati. Noi diciamo ogni volta "è" in uno di questi significati pur
senza pervenire, né prima né dopo, a una determinata interpretazione dell'"è", e certo senza riflettere sull'essere. Il fatto è che l'"è", inteso ora in un modo ora in un altro, s'impone
a noi senz'altro, di per sé, nel dire. Tuttavia, la molteplicità dei suoi significati non ha nulla di arbitrario [...]. Resta difficile, e forse impossibile, in quanto intrinsecamente contrad-
dittorio, ricavare di qui un significato comune corrispondente a un concetto generico sotto
il quale i [...] modi dell'"è" potrebbero lasciarsi sussumere come della specie. E nondimeno v'è una certa linea unitaria che li percorre tutti. Essa orienta la comprensione dell'essere verso un determinato orizzonte dal quale trae il suo significato. La determinazione del
senso dell'essere si circoscrive nell'ambito della presenza e della presenzialità, della con-
sistenza e della sussistenza, della permanenza e dell'avvenire [...]. La forma verbale specifica e determinata "è", la *terza persona singolare dell'indicativo presente*, ha qui la premi-
nenza [...]. "Essere" è per noi l'infinito di "è" [...]. L'"essere" assume pertanto quel significato [...] che ricorda il modo di intendere l'essenza dell'essere da parte dei Greci, una determinatezza che non giunge a noi per caso, ma che domina da lungo tempo la nostra esistenza storica. Di colpo, la nostra ricerca sul modo di determinarsi della parola "essere"
assume esplicitamente il suo vero senso di riflessione sull'origine della nostra *storia latente*. La domanda: che cosa ne è dell'essere? deve mantenersi nella storia dell'essere per potere a sua volta esplicare e mantenere la sua specifica portata storica. A questo proposito,
noi ci atterremo ancora una volta al dire dell'essere» (pp. 100-101). Per quel che riguarda
l'"allusione" a *Zur Seinsfrage* (Seconda lezione, p. 45), cfr. *Wegmarken*, cit., pp. 385-426
(pp. 335-374 di *Segnavia*, cit.: "La questione dell'essere").
[20] Ivi, pp. 277-278.

La questione

Alla fine del suo primo corso su Heidegger, Derrida precisava ai suoi uditori:

> Il titolo di questo corso era, lo ricordo: "Heidegger, la questione dell'essere e la storia". Ricorderete che avevo tentato inizialmente di giustificare ciascuna delle parole di questo titolo. Ciascuna si è rivelata, e persino il nome di Heidegger, come metaforica. Vi è una parola, forse ve ne ricorderete, che non avevo tentato di giustificare ed era *questione*[1].

Ebbene, questa parola Derrida la "giustificherà" da par suo nella lunga conferenza del 14 marzo 1987, tenuta nell'ambito di un convegno organizzato dal Collège International de Philosophie di Parigi, dal tema "Heidegger: questions ouvertes"[2].

All'inizio di quello che nello scritto è classificato come capitolo II, Derrida dice:

> *Questions ouvertes*, je rappelle le sous-titre proposé pour ce colloque. Avant de commencer vraiment, il me faut ainsi dire quelques mots de ce que sont pour moi aujourd'hui les *questions ouvertes*: par Heidegger et quant à Heidegger[3].

[1] J. Derrida, *Heidegger: la question de l'Être et l'Histoire*, cit. p. 326; trad. it. *Heidegger. La questione dell'Essere e la Storia*, cit., p. 278 (qui leggermente modificata).

[2] La conferenza apparve poi nel libro *De l'esprit. Heidegger et la question*, Galilée, Paris 1987; trad. it. di Gino Zaccaria, *Dello spirito. Heidegger e la questione*, SE, Milano 2010 (prima edizione: Feltrinelli, Milano 1989). Noi faremo riferimento qui, per quel che riguarda il francese, a J. Derrida, *Heidegger et la question. De l'esprit et autres essais*, Flammarion, Paris 2010, ristampa luglio 2021, dove sono contenuti anche due altri testi di Derrida: *Différence sexuelle, différence ontologique (Geschlecht I)*, [1983], e *La Main de Heidegger (Geschlecht II)*, [1985], entrambi tradotti in *La mano di Heidegger*, a cura di Maurizio Ferraris, Laterza, Bari 1991. Anche *Geschlecht III* è ora a disposizione dei lettori (Éditions du Seuil, Paris 2018, e Jaca Book, Milano 2021).

[3] J. Derrida, *De l'esprit...*, cit. p. 18: «*Questioni aperte*, ricordo il sottotitolo di questo convegno. Prima di iniziare davvero, però, è necessario che spenda qualche parola su quelle

Derrida ricorda che l'anno prima, in vista della preparazione di un altro "colloquio" su Heidegger all'università di Essex, aveva tenuto a Yale una specie di seminario privato con degli amici americani, ai quali dedica queste pagine in segno di gratitudine per le loro domande e i loro suggerimenti (*"suggestions"*). Proprio rispondendo alle questioni di questi amici, infatti, egli cercava allora di definire ciò che *a lui* sembrava «sospeso, incerto, ancora in movimento», e dunque *"à venir"* («*da-venire*», come traduce Zaccaria), nel testo di Heidegger. E distingueva quattro "fili conduttori", il primo dei quali conduceva, appunto, alla *questione*:

---

che sono, secondo me, le *questioni aperte*: da Heidegger e in relazione a Heidegger» (p. 17 della trad. it. cit.). Riportiamo subito, relativamente alla traduzione di questo testo, ma anche alla "traduzione poetica" in generale, ciò che Gino Zaccaria scrive nella sua Avvertenza: «*De l'esprit* è un testo intraducibile – come un'opera di poesia. E "intraducibile" qui non vuol dire che non può essere tradotto a causa di una distanza, ritenuta incolmabile, tra la lingua del traduttore e quella dell'autore. La parola di Derrida, come ogni parlare rivolto all'altro, è già da sempre *disposta* alla parola del traduttore. E posto che il tradurre consista nell'esibizione dell'equilibrio tra le due parole in gioco, si può senza dubbio affermare, a lavoro ultimato, che una traduzione è stata compiuta. Ma l'intraducibilità cui penso è più essenziale. Vi sono opere, infatti, in cui il pensiero si affida, senza residui, al linguaggio. Così affidandosi, il pensiero si espone totalmente al rischio della parola, aprendosi contemporaneamente alla possibilità del dire autentico. In tali opere, a fronte della traducibilità del parlare rivolto all'altro, vi è l'intraducibilità del rischio del linguaggio – rischio che rimane silenziosamente custodito nella lingua. Ecco perché ogni poema resta felicemente intatto nella *propria* lingua, cioè non tradotto – come *De l'eprit*. Eppure si dà un tradurre poetico. Al di là di ogni aspettativa dell'intelletto comune, un tale tradurre è propriamente richiesto, sollecitato e infine dominato dall'intraducibilità di quel rischio. Quest'ultimo diviene, per chi traduce, indimenticabile. Chi traduce, commisurandosi a quel rischio e acconsentendo ad esso, vive in proprio l'esperienza del pensare in una lingua non materna, non abituale. Così, nello scontro frontale con la non abitualità di una lingua, si delinea il compito e il rischio del traduttore: cercare la parola giusta. E nel cercare la parola giusta si consuma l'incontro tra due lingue che tentano di pensare insieme. La traduzione poetica diviene, pertanto, memoria in atto dell'intraducibilità. Ora, *De l'esprit* è, già nella *sua* lingua, opera del linguaggio e traduzione poetica: essa cerca di pensare *in francese* ciò che è da pensare *in tedesco*: il *Geist*. *De l'esprit* è dunque, essenzialmente, una ricerca della parola giusta. Cosa chiede, allora, *De l'esprit* al suo traduttore? Chiede di cercare la parola giusta per una parola che è già traduzione. Chiede di tradurre un'opera del linguaggio che è *anche* una traduzione poetica» (cfr. pp. 7-8). Il traduttore fa poi sapere che in questo suo lavoro è stato molto aiutato da Derrida stesso «il quale, nel corso di varie conversazioni, è stato estremamente prodigo di chiarimenti. Il dialogo che si è così stabilito è stato per me preziosissimo: ringrazio dunque Jacques Derrida per la sua pazienza e la sua puntualità» (p. 8). Se abbiamo ripreso così estesamente le parole di Zaccaria, è perché esse ci sembrano *informare* e improntare i suoi preziosi lavori in "ligua madre".

à la question de la question, au privilège apparemment absolu et longtemps non questionné du *Fragen*, de la forme, de l'essence et de la dignité essentiellement questionnante, en dernière instance, de la pensée ou du chemin de pensée. Il y a bien des moments [...] où Heidegger différencie les modes du *questionner*, du *demander* ou de l'*interroger*, analysant même la répétition réflexive de telle ou telle question: "Pourquoi le pourquoi?". Mais il n'a *presque* jamais cessé, me semble-t-il, d'identifier le plus haut et le meilleur de la pensée avec la question, avec la décision, l'appel ou la garde de la question, cette "piété" de la pensée. Cette décision, cet appel ou cette garde, est-ce déjà la question? Est-ce encore la question? Quoi de cette "piété"? Et pourquoi *presque* jamais? [...] J'aurais voulu comprendre jusqu'à quel point ce privilège du questionnement restait lui-même à l'abri. Non pas, justement, à l'abri d'une question, ni d'une pensée de l'impensé qui revînt encore à la détermination heideggerienne de l'im-pensé (une seule et unique pensée pour chaque *grand* penseur, et donc *un* im-pensé lui aussi *simple* et qui n'est *un*-gedacht que dans la mesure où, de façon non négative, il est un-*gedacht*, donc une pensée encore, comme le marquent l'intonation, l'accentuation, le soulignement, ces modes de l'éviter ou de l'inéviter [...]. Non pas à l'abri d'une question, donc, mais d'autre chose [...]. *Geist* est peut-être le nom que Heidegger donne, au-delà de tout autre nom, à cette possibilité inquestionnée de la question,

[alla questione della domanda, al privilegio apparentemente assoluto e a lungo non indagato del *Fragen*, e quindi della forma, dell'essenza e della dignità, in ultima istanza essenzialmente interrogante, del pensiero o del cammino di pensiero [...]. Heidegger distingue a volte tra il *domandare* il *chiedere* e l'*interrogare*, analizzando persino la ripetizione riflessiva di tale o talaltra domanda: "perché il perché?". Mi pare, però, che egli non abbia *quasi* mai smesso di identificare il pensare più alto e profondo con il domandare, con la decisione, l'appello o la custodia del domandare, questa "pietà" del pensiero. Ma vien da chiedere: e perché quasi mai? E poi: tali decisione, appello e custodia sono già in se stessi un domandare? Sono *ancora* un domandare? E che dire di questa "pietà"? [...]. Avrei allora voluto comprendere fino a che punto il privilegio del domandare fosse, esso stesso, al sicuro. Non certo, per l'appunto, al sicuro da una domanda, né da un pensiero dell'impensato che potesse rivelarsi ancora come la determinazione heideggeriana dell'im-pensato (un solo e unico pensiero per ogni grande pensatore, e dunque *un* im-pensato, anch'esso *semplice*, il quale è *un*-gedacht solo in quanto, non negativamente, esso è un-*gedacht*, quindi ancora un pensiero, come è ben evidenziato dall'intonazione, dall'accentuazione, dal corsivo, e in generale dalle modalità dell'evitare e del non evitare [...]). Non certo al sicuro da una domanda, dunque, ma da altro [...]; questa possibilità del domandare è designata da Heidegger, al di là di ogni altra denominazione, forse proprio con la parola *Geist*][4].

---

[4] Cfr., ivi, pp. 19-21 (pp. 18-19 della trad. it. cit., leggermente modificata). Nelle note (aggiunte, naturalmente, dopo il convegno, "*après coup*") Derrida si riferisce, per quel che riguarda la "pietà del pensiero", alla famosa frase che chiude *Die Frage nach der Technik*:

L'altra «grande questione», che costituisce il *secondo* filo conduttore del discorso derridiano, è quella della *tecnica*; un filo che
conduce, cioè, all'enunciato "tradizionalmente filosofico": «l'essenza della tecnica non è nulla di tecnico». Questo enunciato
mantiene la possibilità «*de la pensée questionnante*», di un pensiero dell'essenza che è sempre al riparo da ogni "contaminazione"... Per me, dice Derrida, si trattava di analizzare un tale desiderio di non-contaminazione, e, da lì, forse, prendere in considerazione la necessità o la *fatalità* di una contaminazione. Non è
difficile immaginare che le conseguenze di siffatta necessità non
sono "arginabili". Il *Geist*, non solo nomina *anche* ciò che Heidegger vuol "salvare", ma forse *è* proprio ciò che salva...[5].

Il *terzo filo* riconduce a quella che per Derrida è «*une très an-
cienne inquiétude*». Si tratta del discorso sull'*animalità*, e sul-
l'"assiomatica" che lo governa. Egli dice qui che tre anni prima a-
veva proposto una lunga analisi del discorso heideggeriano sulla
"mano", sia là dove Heidegger ne parla tematicamente, come in
Was heisst Denken? («le singe possède des organes de préhension, mais seul l'homme "a" la main; ou plutôt: la main – et non
les mains – dispose de l'essence de l'homme [la scimmia possiede degli organi prensili ma solo l'uomo "ha" la mano; o piuttosto:
la mano dispone dell'essenza dell'uomo – e non *le* mani]»), sia

---

«*Denn das Fragen ist die Frömmigkeit des Denkens*: "*Car le questionnement est la piété
de la pensée*" [Perché il domandare è la pietà del pensiero]» (cfr. M. Heidegger, *Vorträge
und Aufsätze*, GA Band 7, hrsg. von F.-W. von Herrmann, Klostermann, Frankfurt am
Main 2000, p. 36; p. 27 della trad. it. a cura di G. Vattimo, *Saggi e discorsi*, Mursia, Milano 1976, basata sull'ed. Neske, Pfullingen 1954). Egli osserva anche che «Heidegger, nel
paragrafo precedente, spiega ciò che intende con la parola *fromm* (pio, valoroso). Dell'arte, quando quest'ultima non aveva ancora altro nome che *téchnē*, egli scrive: "essa era un
unico, molteplice disvelamento (*einziges, vielfältiges Entbergen*). Essa era *fromm* (valoro-
sa, pia), *promos* (che viene in primo piano, in apice), cioè pronta e docile alla difesa della
verità (*fügsam dem Walten und Verwahren der Wahrheit*)"» (cfr. p. 122 della traduzione di
Zaccaria). Per l'"im-pensato", invece, il riferimento è a *Was heisst Denken?* Scrive Heidegger: «*Das Ungedachte in einem Denken ist nicht ein Mangel, der dem Gedachten an-
haftet. Das Un-Gedachte ist je nur als das Un-gedachte. Je ursprünglicher ein Denken ist,
um so reicher wird sein Ungedachtes. Das Ungedachte ist ein höchstes Geschenk, das ein
Denken zu vergeben hat* [...]» (GA Band 8, hrsg. von P.-L. Coriando, Klostermann, Frankfurt am Main 2002, p. 82; e p. 134, vol. I, della trad. it. di U. Ugazio e G. Vattimo, *Che cosa significa pensare?*, Sugarco, Milano 1978-79, 2 voll., basata sull'ed. Max Niemeyer,
Tübingen 1954 e 1971).

[5] Ivi, pp. 21-22 fr. e p. 20 it.

dove tratta dell'"ambito" della mano («*Bereich der Hand*»), come nel seminario su Parmenide (tenuto dieci anni prima), dove «torna a meditare» su *pragma, praxis e pragmata*, che "si presentano" come *vorhandene* o *zuhandene*.

Ce problème concerne encore les rapports entre l'animal et la technique. Cela se passe [...] à travers une opposition [...] entre *donner* et *prendre*. Elle organise ce passage de *Was heisst Denken ?*; elle dicte les rapports entre la préhension et la raison (*vernehmen, Vernunft*), les rapports entre la parole et la main, l'essence de l'écriture comme écriture manuscrite (*Handschrift*) hors de toute mécanisation technique et de toute machine à écrire. L'interprétation de la main, comme l'opposition entre le *Dasein* humain et l'animal, domine de façon thématique ou non thématique le discours le plus continu de Heidegger, depuis la répétition de la question du sens de l'être, la destruction de l'onto-théologie, et d'abord l'analytique existentiale qui redistribue les limites entre *Dasein, Vorhandensein* et *Zuhandensein*. Chaque fois qu'il est question de la main et de l'animal [...] le discours de Heidegger me semble [...] dissimuler un embarras [...]. Cela est particulièrement manifeste dans les *Concepts fondamentaux de la métaphysique* [...]: la pierre est sans monde (*weltlos*), l'animal est pauvre en monde (*weltarm*), l'homme est formateur de monde (*weltbildend*) [...]. Les implications de ces thèses, leur difficulté aporétique [...] communiquent avec celle du *Fragen* (l'animal n'en est pas vraiment capable), avec celle de la technique et finalement encore avec celle de l'esprit: quoi du rapport entre esprit et humanité, esprit et vie, esprit et animalité?[6].

Il *quarto filo*, infine, conduce a quella che Derrida chiama la «teleologia nacosta», o l'«ordine narrativo»:

nous verrons que la discrimination épochale peut s'ordonner autour de la différence – appelons-la intra-spirituelle – entre la détermination platonico-chrétienne, métaphysique ou onto-théologique du spirituel (*geistig*) et une autre pensée du spirituel telle qu'elle se dit par exemple dans le *Gespräch* avec Trakl: il s'agit du *geistliche*, cette fois soustrait, comme le *voudrait* Heidegger, à sa signification chrétienne ou ecclésiale,

---

[6] Ivi, pp. 22-24 fr. e 20-22 it. Su questi punti del "terzo filo conduttore", che in Derrida destano "inquietudine", ci permettiamo di rinviare a nostri "capitoli" precedenti: *La mano*, in *La rocca, il colle e il sentiero (all'ombra dell'ulivo)*, Bod, Norderstedt 2017[2] (in relazione al corso su Parmenide), *Il grido*, in *Il convalescente e l'enigma. Per una vita sana*, ivi 2019 (in relazione a *Was heisst Denken?*), e *I giri del dire*, in *Fort und Da. Il progetto gettato*, cit. (relativamente ai "Concetti fondamentali della metafisica"). Da essi, forse, per il "lettore interessato" a tali temi (parafrasiamo qui Zaccaria, la sua aggiunta del 2010 alla citata *Avvertenza del traduttore*), potrebbe emergere una lettura diversa del "*Denkweg* di Martin Heidegger".

[vedremo che la discriminazione *epochale* può ordinarsi attorno alla differenza – chiamiamola intraspirituale – tra la determinazione platonico-cristiana, metafisica o onto-teologica dello spirituale (*geistig*) e un altro pensiero dello spirituale, quello che, ad esempio, si esprime nel *Gespräch* con Trakl: si tratta del *geistliche*, questa volta sottratto, come *desidererebbe* Heidegger, al suo significato cristiano o ecclesiale][7].

Lo *spirito*, dunque. Derrida ha intenzione di parlarne con la certezza di «non poter comprendere davvero bene ciò che regola l'idioma *spirituale* di Heidegger» e con la "supposizione" (*hypothèse*) che «una maggiore chiarezza (forse la chiarezza ambigua della fiamma) ci permetterà di avvicinarci al nodo di qualche impensato, all'intreccio di quei quattro fili».

Il va de soi que ces impensées risquent d'être les miennes, seulement les miennes. Et ce qui serait plus grave, plus sèchement grave, de ne rien *donner*. "Plus une pensée est originelle, dit Heidegger, plus riche devient son Im-pensé. L'Impensé est le don (*Geschenk*) le plus haut que puisse faire une pensée".

[Va da sé che questi impensati rischiano di essere miei e solo miei. E per di più incapaci di *donare* qualcosa – il che sarebbe molto grave. "Quanto più un pensiero è originario," dice Heidegger, "tanto più ricco diventa il suo Im-pensato. L'impensato è il dono (*Geschenk*) più alto che un pensiero possa offrire"][8].

"*Forse la chiarezza ambigua della fiamma*"... Derrida aveva iniziato la conferenza con queste parole: «Je parlerai du revenant, de la flamme et des cendres [parlerò dello spettro, della fiamma e delle ceneri]. Et de ce que, pour Heidegger, *éviter* veut dire [e di ciò che *evitare* significa per Heidegger]:

Heidegger se sert à plusieurs reprises du mot courant, *vermeiden*: éviter, fuir, esquiver. Qu'est-ce qu'il aurait pu vouloir dire quand il s'agit de l'"esprit" ou du "spirituel"? Je précise tout de suite: non pas de l'esprit ou du spirituel mais de *Geist*, *geistig*, *geistlich*, car cette question sera, de part en part, celle de la langue.

[Heidegger si serve in molte occasioni del vocabolo *vermeiden*: evitare, sfuggire, schivare. Che cosa potrebbe significare quella parola quando è riferita a termini come "spirito" o "spirituale"? Voglio precisare subito: non dello spiri-

---

[7] Ivi, p. 24 fr. e 22 it. (leggerm. modificata).
[8] Ivi, pp. 24-25 fr. e 22-23 it.

to o dello spirituale mi occuperò, ma di *Geist*, *geistlich*, *geistig*, poiché la questione è una questione di lingua, da cima a fondo][9].

Queste parole tedesche, chiede Derrida, sono traducibili? Sono "evitabili"? In *Sein und Zeit* Heidegger avverte che si dovranno evitare diversi termini, tra i quali *Geist*, appunto. Più di venticinque anni dopo, nel 1953, «nel bellissimo scritto [*grand texte*] dedicato all'opera di Trakl», egli fa notare che questi si prese sempre cura di evitare (*vermeiden*, ancora una volta) la parola *geistig*. Heidegger naturalmente approva, "pensa con lui". Solo che ora non si tratta di evitare né *Geist* né *geistlich*, ma persino *geistig*.

Come cogliere la differenza? E poi: cos'è accaduto? Cos'è accaduto nel frattempo? Come spiegare il fatto che in venticinque anni, tra questi due segnali di ammonimento [...], Heidegger abbia usato frequentemente [...] questa terminologia, compreso l'aggettivo *geistig*?[10].

Prima di vedere cos'è accaduto tra i «due segnali di ammonimento», ci preme soffermarci ulteriormente sulla "questione" e sulla "lingua"; meglio: sulla *questione del linguaggio*...

Noi, dice Derrida, parlavamo della questione. Ora, questo essente che *noi* siamo, all'inizio dell'heideggeriana analitica esistenziale non ha altro nome che *Da-sein*. Esso è scelto come *ente esemplare* per la questione dell'essere proprio a partire dall'*esperienza della questione*, dalla possibilità del *Fragen*.

Tale esperienza, infatti, si inscrive nell'area del *Gefragte* (cioè l'essere), dell'*Erfragte* (ossia il senso dell'essere), e del *Befragte der Seinsfrage*, ovvero l'ente che noi stessi siamo, e che diviene, così, l'ente esemplare o privilegiato ove appunto sarà possibile *leggere* – è proprio il termine usato da Heidegger – il senso dell'essere. Il punto di partenza dell'analitica esistenziale trova la sua legittimazione proprio nella possibilità, nell'esperienza, nella struttura e nelle modificazioni regolate del *Fragen*. In ciò consiste l'esemplarità di quell'ente che *noi* siamo, del *noi-stessi* nella situazione discorsiva del *Mit-sein*, ove possiamo, a noi stessi ed altri, dire, appunto, *noi*[11].

---

[9] Ivi, p. 11 (fr. e it).
[10] Cfr. pp. 11-12 fr. e p. 11 it.
[11] Ivi, p. 30 fr. e p. 27 it. Ci sembra opportuno riprendere in questo luogo quanto avevamo scritto altrove: «A proposito della parola "esemplare" (*exemplarisch*), Heidegger, com-

Un verso di Trakl suona:

> *Geistlich dämmert*
> *Bläue über dem verhauenen Wald...*[12].

Questa parola, dice Derrida, *geistlich*, ricorre spesso nell'opera del poeta. Heidegger annuncia dunque che bisognerà *meditarla*. Il divenire crepuscolare dell'azzurro, la "spirituale" *Dämmerung*, non è *declino* (*Untergang*) o "occidentalizzazione", ma è di *natura essenziale*[13].
Che significa, allora, *geistlich*?

Pour une écoute superficielle, note Heidegger, Trakl semble se limiter au sens courant du mot, à son sens chrétien et même à celui d'une certaine sacralité ecclésiale [...]. Pourtant [...], selon Heidegger [...], le sens prévalent tend plutôt vers le "plus tôt" de qui depuis un long temps est mort. Mouvement vers cette *Frühe* plus que matinale, cette initialité plus que printanière, celle qui vient avant même le premier temps du printemps (*Frühling*), avant le principe du *primum tempus*, à l'avant-veille. Cette *Frühe* veille en quelque sorte le printanier même et c'est elle que promet déjà le poème *Frühling der Seele (Printemps de l'âme)*. Il faut insister sur la promesse...

---

mentando il manoscritto [di *Sein und Zeit*], si rende conto che essa può essere fraintesa: l'esserci (l'"ente esemplare") è l'es-empio, *das Bei-spiel*, ciò che ("per gioco", diremmo: "*bei-Spiel*"), rende vera, custodendola nel "*Da*", la verità dell'essere. L'esempio è, nella sua essenza, "*Da-sein*", esser-ci, ciò che fa pervenire (*zuspielt*) l'essere, standogli accanto (*bei-spielt*), *nel gioco dell'accordo*, "*ins Spiel des Anklangs*" (forse è utile, qui, rammentare che "*spielen*", oltre che "giocare", significa anche "suonare"). Tutto questo, Heidegger, nella nota, lo dice così: "*Missverständlich. Exemplarisch ist das Dasein, weil es das Beispiel, das überhaupt in seinem Wesen als Da-sein (Wahrheit des Seins wahrend) das Sein als solches zu- und bei-spielt - ins Spiel des Anklangs bringt*". In italiano, potremmo giocare anche noi con la parola "es-empio", rimanendo fedeli al pensiero heideggeriano in generale e di *Sein und Zeit* in particolare: potremmo dire che l'esser-ci è "pieno" (-"empio") di "es" e, nello stesso tempo, è "colpevole" ("empio"). Siamo così ri-mandati alla "*vorlaufende Entschlossenheit*"» (cfr. la nota 10 del capitolo *Essere, esserci e quotidianità* di *Heidegger e l'abitare poetico...*, cit.).

[12] Cfr. M. Heidegger, *Unterwegs zur Sprache*, Verlag Günther Neske, Pfullingen 1959, *siebte Auflage* 1982, p. 42 (e vol. 12 della *Gesamtausgabe*, hrsg. von F.-W. von Herrmann, Klostermann, Frankfurt am Main 1985, p. 38); trad. it. a cura di A. Caracciolo e M. Caracciolo Perotti, *In cammino verso il Linguaggio*, Mursia, Milano 1973, p. 49: «...spiritualmente imbruna / L'azzurro sopra il bosco abbattuto...». Il saggio in questione è *Die Sprache im Gedicht. Eine Erörterung von Georg Trakls Gedicht* (*Il linguaggio nella poesia. Il luogo del poema di Georg Trakl*).

[13] Cfr. J. Derrida, *De l'esprit...*, cit., p. 108 (e p. 94 della trad. it. cit.).

A un ascolto superficiale, osserva Heidegger, Trakl sembra limitarsi al senso corrente del termine, al suo senso cristiano o addirittura a quello religioso-ecclesiale [...]. Ciò nonostante, secondo Heidegger [...], il senso prevalente tende piuttosto verso il "più presto" di chi è morto da molto tempo: movimento verso una *Frühe* primordiale, un'inizialità più che primaverile, quella che viene addirittura prima della prima era della primavera, prima del principio del *primum tempus*, all'antivigilia. La *Frühe*, in qualche modo, veglia sul primaverile stesso: e proprio di questa *Frühe* si fa promessa nella poesia *Frühling der Seele* (Primavera dell'anima). Bisogna insistere sulla promessa...[14].

La parola *versprechen*, continua Derrida, la ritroviamo anche più avanti, quando Heidegger distingue, riferendosi alla poesia *Herbstseele* (Anima d'autunno), tra l'Occidente che Trakl "*donne à penser*" e quello dell'Europa platonico-cristiana:

Il écrit de cet Occident ce qui vaut aussi pour la *Frühe* archi- ou pré-orientale – et souligne encore la promesse: "Cet Occident est plus ancien, à savoir *früher*, plus précoce [plus initial, mais aucun mot ne convient ici] et par là prométtant plus (*versprechender*) que l'Occident platonico-chrétien et tout simplement que celui qu'on se représente à l'européenne".

---

[14] Ivi, p. 112 fr. e p. 98 it. Sulla poesia *Frühling der Seele* Heidegger aveva scritto: «Una delle poesie [di Trakl] dice: "È l'anima straniera sulla terra" [*Es ist die Seele ein Fremdes auf Erden*]. D'improvviso ci troviamo verso riportati a un'idea corrente [*einer geläufigen Vorstellung*]: la terra è il terrestre nel senso di transeunte; l'anima è, al contrario, l'eterno [*das Unvergängliche*], l'ultraterreno. Da Platone in poi l'anima appartiene al soprasensibile. Se appare entro il sensibile, vi è solo per errore o condanna [*verschlagen*]. Qui "sulla terra" non è al suo giusto posto. Essa non è fatta per la terra. L'anima è qui "qualcosa di straniero". Il corpo è il carcere dell'anima, se non anche peggio. All'anima non resta – palesemente – altra prospettiva che di lasciare il più presto possibile il dominio del sensibile [...]. Ma che strano! Il verso [...] parla da una poesia intitolata *Frühling der Seele* [...]. Di una patria ultraterrena dell'anima immortale non è – in tale poesia – parola [...]. *Fremd*, la cui forma nell'antico alto tedesco è *fram*, significa propriamente: avanti, verso altro luogo, in cammino verso, incontro a ciò che ci è pre-riservato. Ciò che è straniero cammina avanzando verso... Ma non erra senza distinzione e come alla cieca. Ciò che è straniero va cercando il luogo dove potrà restare come viandante [*wo es als ein Wanderndes bleiben kann*]. Lo "straniero" già segue la voce che, a lui stesso appena disvelata, lo chiama alla strada che mena al luogo ch'è suo [*"Fremdes" folgt schon, ihm selber kaum enthüllt, dem Ruf auf den Weg in sein Eigenes*]. Il poeta chiama l'anima "qualcosa di straniero sulla terra". Ma è proprio la terra il luogo dove il suo andare ancora non è potuto giungere. L'anima *cerca* la terra, non la fugge. *Nell'essere in cammino alla ricerca della terra, per potervi poeticamente costruire e dimorare, così soltanto salvandola come terra, si adempie l'essenza dell'anima.* È da escludere che esista un momento in cui l'anima sia anima senza ancora – quale ne sia il motivo – appartenere alla terra» (cfr. *Unterwegs zur Sprache*, pp. 39-41 dell'ed. Neske e pp. 35-37 del Band 12 della HGA, citati; pp. 47-48 della trad. it. cit., qui leggermente modificata; gli inserimenti fra parentesi quadre, e l'ultimo corsivo, sono nostri).

[Dell'Occidente trakliano egli scrive ciò che vale anche per la *Frühe* archi- o pre-orientale – e sottolinea la promessa: "Questo Occidente è più antico, cioè più prossimo alle origini e perciò più carico di promesse, di quello platonico-cristiano nonché naturalmente di quello che si identifica con l'Europa"][15].

E poi aggiunge:

Versprechender: promettant davantage non parce qu'il serait plus prometteur, parce qu'il promettrait plus, plus de choses, mais promettant mieux, plus propre à la promesse, plus proche de l'essence d'une authentique promesse. Cette promesse ne pose rien, elle ne pro-met pas, elle ne met pas en avant, elle parle. Cette *Sprache verspricht*, pourrait-on dire, et c'est, dirais-je (Heidegger ne le dit pas ainsi), dans l'ouverture de cette *Sprache* que se croisent la parole du *Dichter* et celle du *Denker* en leur *Gespräch* ou leur *Zwiesprache*. Naturellement la promesse de ce *Versprechen* peut se corrompre, se dissimuler ou s'égarer. C'est même ce mal de la promesse que médite ici Heidegger quand il parle de l'Occident européen platonico-chrétien et du *Verwesen* de l'humanité [...]. Ce *Verwesen* est aussi une corruption du *Versprechen*...

Versprechender: più carico di promesse – ma non perché esso sia capace di promettere di più, nel senso di "più cose", ma perché promette meglio, perché è più appropriato alla promessa, più vicino all'essenza di una promessa autentica. Questa promessa non pone nulla, non pro-mette, non mette innanzi – essa, piuttosto, parla. La *Sprache verspricht* – si potrebbe dire. Ed è – io direi (Heidegger non si esprime così) – proprio nell'apertura di questa *Sprache* che la parola del *Dichter* e quella del *Denker* si incrociano, come *Gespräch* o *Zwiesprache*. Naturalmente la promessa di questo *Versprechen* può corrompersi, dissimularsi o smarrirsi. È esattamente questo male della promessa che Heidegger cerca di pensare quando parla dell'Occidente europeo platonico-cristiano e del *Verwesen* dell'umanità [...]. Questo *Verwesen* è anche una corruzione del *Versprechen*...[16].

Ma è quel che Derrida poco dopo dice, che ci riporta alla *questione*:

Le *Verwesen* est un *Versprechen*. En disant cela, j'ai peut-être [...] quitté l'ordre du commentaire [...]. Heidegger souscrirait-il à une interprétation qui ferait de ce *Versprechen* autre chose qu'une modalité ou une modification de la *Sprache*? Il y verrait plutôt, plus tôt, l'avènement même, dans la promesse [...] de la *parole donnée*. Reste à savoir si ce *Versprechen* n'est pas la promesse qui,

---

[15] Ivi, pp. 112-113 fr. e 98-99 it. La frase di Heidegger («*Dieses Abendland ist älter, nämlich früher und darum versprechender als das platonisch-christliche und gar als das europäisch vorgestellte*») si trova a p. 77 dell'ed. Neske e a p. 73 del vol 12 della HGA; nella trad. it., cfr. p. 76.

[16] Ivi, p. 113 (p. 99 della trad. it., leggermente modificata).

ouvrant toute parole, rend possible la question même et donc la précède sans lui appartenir [...]. L'appel de l'être, toute question y répond déjà, la promesse a déjà eu lieu partout où vient le langage. Celui-ci toujours, *avant toute question*, et dans la question même, revient à de la promesse.

Il *Verwesen* è un *Versprechen*. Affermando questo ho forse abbandonato [...] l'ordine del commento [...]. Potrebbe mai Heidegger concordare con un pensiero che intenda il *Versprechen* non come una modalità o una modificazione della *Sprache* ma come altro? Nella promessa egli vedrebbe piuttosto, più originariamente, l'avvento stesso [...] della *parola data*. Rimane da stabilire se questo *Versprechen* non sia proprio quella promessa che, in quanto è ciò che apre il dire della parola, rende poi possibile il domandare stesso, precedendolo senza appartenergli [...]. Ogni domanda risponde già all'appello dell'essere; la promessa ha già avuto luogo nell'evento stesso del liguaggio. *Prima di ogni domanda*, e nel domandare stesso, il linguaggio diventa sempre di nuovo promessa[17].

Derrida si sofferma, a questo punto, sul suo corsivo "*avant toute question*". E lo fa con una lunga "aggiunta", che qui in parte riprendiamo:

Avant toute question, donc. C'est précisément en ce lieu que vacille la "question de la question" qui nous harcèle depuis le début de ce trajet. Elle vacille à cet instant où elle n'est plus une question. Non qu'elle se soustraie à la légitimité infinie du questionnement mais elle verse dans la mémoire d'un langage, d'une expérience du langage plus "vieille" qu'elle, toujours antérieure et présupposée, assez vieille pour n'avoir jamais été présente dans une "expérience" ou un "acte de langage" – au sens courant de ces mots. Ce moment – qui n'est pas un moment – est *marqué* dans le texte de Heidegger. Quand il parle de la promesse et du "*es gibt*", bien sûr, et au moins implicitement, mais de façon littérale et fort explicite dans *Das Wesen der Sprache* [...]. Tout part du point d'interrogation (*Fragezeichen*) quand on interroge l'essence de la parole. Qu'est-ce que l'essence de la parole? [...] Quand nous interrogeons la possibilité de toute question, à savoir la parole, il faut bien que nous soyons *déjà* dans l'élément de la parole. Il faut bien que la parole parle déjà pour nous – qu'elle nous soit en quelque sorte parlée et adressée (*muss uns doch die Sprache selber schon zugesprochen sein*). *Anfrage* et *Nachfrage* présupposent cette avance, cette adresse prévenante (*Zuspruch*) de la parole. Celle-ci [...] excède la question. Cette avance est, avant tout contrat, une sorte de promesse ou d'alliance originaire à laquelle nous devons avoir en quelque sorte [...] déjà dit *oui*, donné un gage [...]. Cette promesse [...], cet engagement de la parole envers la parole, cette parole donnée par la parole et à la parole, c'est ce que Heidegger nomme [...] régulièrement *Zusage*. Et c'est au nom de cette *Zusage* qu'il remet en question, si on peut

---

[17] Ivi, pp. 114-115 fr. e p. 100 it.

encore dire, l'ultime autorité, la prétendue dernière instance de l'attitude questionnante.

Prima di ogni domandare, dunque. È esattamente qui che vacilla la "questione del domandare" – questione che ci incalza fin dall'inizio. Ora che non è più
tale, la questione vacilla. Certo essa non si sottrae alla legittimità infinita del domandare e dell'interrogare, ma ora vive nella memoria di un linguaggio, di un'e-
sperienza del linguaggio più "antica", sempre anteriore e presupposta, abbastanza antica da non essere stata mai presente in un'"esperienza" o in un "atto linguistico" – nel senso corrente di questa espressione. Questo momento che non è
un momento – è *segnato* chiaramente lungo il cammino di Heidegger: sicuramente quando parla della promessa e dell'"*es gibt*"; ma anche, letteralmente e
molto esplicitamente, in *Das Wesen der Sprache* [...]. Tutto parte dall'interroga-
zione sull'essenza del linguaggio. Qual è l'essenza del linguaggio? [...]. Quando
ci interroghiamo sulla possibilità stessa del domandare, ossia della parola, dobbiamo riconoscere che siamo *già* nell'elemento del linguaggio: il linguaggio
parla già per noi – in qualche modo ci ha già parlato e si è già rivolto a noi. *Anfrage* e *Nachfrage* presuppongono questo anticipo, questo rivolgersi premuroso
[*adresse prévenante: prévenant* da *prévenir*, inteso come il *pré-venir* dell'ante-
riorità pre-originaria. *N.d.T.*] del linguaggio [...]. La parola eccede quindi il domandare, lo anticipa. Tale anticipo è, prima di ogni contratto, una nostra promessa, ovvero un'alleanza originaria alla quale abbiamo già dovuto in qualche
modo [...] aver detto *sì*, nella quale ci siamo già in qualche modo *impegnati* [...].
A questa promessa [...], a questo impegno della parola nei confronti della parola,
a questa parola data dalla parola e alla parola – a tutto ciò Heidegger dà il nome
di *Zusage*. E sarà in nome della *Zusage* che egli rimetterà in questione, se si può
ancora usare questo termine, la pretesa ultima autorità: la prassi dell'interrogare.[18]

---

[18] Ivi, pp. 114-115 fr. e 134-135 it (trad. leggermente modificata). A proposito di *Das Wesen der Sprache* (*L'essenza del linguaggio*: saggio composto di tre conferenze tenute a Friburgo nel dicembre del '57 e nel febbraio del '58, contenuto anch'esso in *Unterwegs zur
Sprache*), ricordiamo cosa scrive Heidegger: «*Wenn wir bei der Sprache anfragen, nämlich nach ihrem Wesen, dann muss uns doch die Sprache selber schon zugesprochen sein.
Wollen wir dem Wesen, nämlich der Sprache, nachfragen, so muss uns auch, was Wesen
heisst, schon ausgesprochen sein. Anfrage und Nachfrage brauchen hier und überall im
voraus den Zuspruch dessen, was sie fragend angehen, dem sie fragend nach gehen. Jeder
Ansatz jeder Frage hält sich schon innerhalb der Zusage dessen auf, was in die Frage gestellt wird. Was erfahren wir, wenn wir dies genügend bedenken? Dass das Fragen nicht
die eigentliche Gebärde des Denkens ist, sondern – das Hören der Zusage dessen, was in
die Frage kommen soll.* [Quando poniamo una domanda al linguaggio, una domanda sulla
sua essenza, già del linguaggio deve esserci stato fatto dono. Se vogliamo porre una domanda sull'essenza, sull'essenza cioè del linguaggio, allora anche del significato di essenza ci deve essere stato fatto dono. Domanda a e domanda su presuppongono qui, come
sempre, che ciò cui e su cui va la domanda abbia già fatto giungere la parola sollecitatrice.
Ogni posizione di domanda è possibile solo in quanto ciò che si fa problema ha già iniziato a parlare e a dire di se stesso. Che cosa riusciamo a capire se riflettiamo adeguatamente
su questo? Che il tratto fondamentale del pensare non è l'interrogare, bensì l'ascoltare quel

Infine (nell'ambito della nostra "lettura" che ha di mira la *questione*) Derrida, nella nota, citando direttamente Heidegger scrive:

"De quoi faisons-nous l'experience (*Was erfahren wir*), quand nous méditons (*bedenken*) assez cela même? Que le questionnement (*Fragen*) n'est pas le

---

che viene suggerito da ciò che deve farsi problema] (cfr. p. 175 di *Unterwegs zur Sprache*, ed. Neske cit., e pp. 164-165 del Band 12 HGA, cit.; cfr., nella trad. it. citata, p. 139). Ma ricordiamo anche come subito dopo Heidegger precisi: «*Nun gilt jedoch von altersher in der Geschichte unseres Denkens das Fragen als der massgebende Zug des Denkens, und dies nicht von ungefähr. Ein Denken ist um so denkender, je radikaler es sich gebärdet, je mehr es an die radix, an die Wurzel alles dessen geht, was ist. Immer bleibt das Fragen des Denkens das Suchen nach den ersten und letzten Gründen (...). Insofern alles Wesen den Charakter des Grundes hat, ist das Suchen nach dem Wesen das Ergründen und Begründen des Grundes. Das Denken, das auf das so bestimmte Wesen zudenkt, ist in seinem Grund ein Fragen. Am Schluss eines Vortrages mit dem Titel "Die Frage nach der Technik" wurde vor einiger Zeit gesagt: "Denn das Fragen ist die Frömmigkeit des Denkens." Fromm ist hier im alten Sinn gemeint: fügsam, hier nämlich dem, was das Denken zu denken hat (...). Der genannte Vortrag nämlich, dessen Schluss dieser Satz bildet, bewegt sich bereits in dem Sachverhalt, dass die eigentliche Gebärde des Denkens nicht das Fragen sein kann, sondern das Hören der Zusage dessen sein muss, wobei alles Fragen dann erst anfragt, indem es dem Wesen nachfragt (...). Wie immer wir bei der Sprache nach ihrem Wesen anfragen, allem zuvor braucht es dessen, dass sich uns die Sprache selbst zusagt. In diesem Falle wird das Wesen der Sprache zur Zusage ihres Wesens, d. h. zur Sprache des Wesens.* [Ora, nella storia del nostro pensiero, l'interrogare è considerato, fin dai tempi più antichi, il tratto determinante del pensare, e ciò non a caso. Un pensare è tanto più pensante quanto più si configura radicale, quanto più va alla *radix*, alla radice di tutto ciò che è. L'interrogare proprio del pensiero resta sempre un cercare i fondamenti primi e ultimi (...). In quanto ogni essenza ha il carattere del fondamento, cercare l'essenza tanto vale quanto cercare e stabilire il fondamento. Il pensare che si volge all'essenza nel senso testé precisato del termine, è al fondo un interrogare. Al termine di una conferenza dal titolo "Il problema della tecnica" si era altra volta detto: "L'interrogare è la *Frömmigkeit* del pensare". *Fromm* è inteso qui nel senso antico: docilmente conformantesi: conformantesi cioè, in questo caso, a ciò che il pensare ha da pensare (...). Di fatto la ricordata conferenza, che si chiude con questa proposizione, si muove già nell'idea che il tratto fondamentale del pensiero non può essere l'interrogare, ma deve essere l'ascolto della parola proveniente da ciò cui ogni interrogare si volge nell'atto che pone la domanda sull'essenza (...). In qualunque modo ci rivolgiamo al linguaggio per interrogarlo sulla sua essenza, è prima di tutto necessario che il linguaggio stesso si sia rivolto a noi. Se così stanno le cose, l'essenza del linguaggio si fa parola della sua essenza, cioè linguaggio dell'essenza]» (pp. 175-176 ed. Neske, 165-166 Band 12 GA e 139-140 trad. it., qui leggermente modificata). Per quel che riguarda il "rivolgersi premuroso" (come ben traduce Zaccaria il derridiano *adresse prévenante*) del linguaggio, rimandiamo di nuovo al nostro *Heidegger e l'abitare poetico*, cit., (cfr., ivi, la fine del capitolo *La Cura*). Osserviamo infine che la traduzione italiana di *Die Frage nach der Technik*, in una più "diffusa" versione suona: *La questione della tecnica* (cfr. M. Heidegger, *Saggi e discorsi*, a cura di G. Vattimo, cit.), così come l'ultima frase della conferenza è resa con "il domandare è la pietà del pensiero" (cfr., sopra, la nota 4). Non crediamo di allontanarci dal significato di *fromm*, come Heidegger lo intende, se a nostra volta diciamo che l'interrogare e il domandare sono una "questione" di *devozione* del pensiero (dove il genitivo è soggettivo e oggettivo...).

geste propre de la pensée (*die eigentliche Gebärde des Denkens*) [le mot *Gebär-de*, geste et gestation, est lui-même un thème de méditation ailleurs...], mais – l'écoute de la *Zusage* de ce qui doit venir à la question" [...]. La question n'est donc pas le dernier mot dans le langage [...]: avant le mot, il y a ce mot parfois sans mot que nous nommons le "oui" [...]. Mais qu'il précède le language ne veut pas dire qu'il soit étranger. Le gage engage dans la langue – et donc tou-jours dans *une* langue. La question elle-même est ainsi gagée [...] par le gage de la *Zusage* [...]. Elle est par lui engagée dans une reponsabilité qu'elle n'a pas choisie [...]. C'est [...] un *événement...*

"Che cosa riusciamo a capire e di cosa facciamo esperienza se meditiamo su questo? Che il gesto fondamentale del pensare non è l'interrogare [la parola *Ge-bärde*, gesto e gestazione, è essa stessa tema di un'altra meditazione...], bensì l'ascoltare la *Zusage* di ciò che deve farsi problema" [...]. Dunque nel linguag-gio la domanda non ha affatto l'ultima parola [...]: prima del parlare c'è quella parola a volte senza parole che chiamiamo il "sì" [...]. Ma il fatto che il "*sì*" pre-ceda il linguaggio non vuol dire che gli sia estraneo. Il pegno impegna nella lin-gua – e dunque sempre in una lingua. La domanda stessa è così impegnata [...] dal pegno della *Zusage* [...]. Essa assume così una responsabilità che non ha scelto [...]. Si tratta [...] di un *evento...*[19].

Ritorniamo allo *spirito*. Cos'è accaduto allora, secondo Derri-da, tra i «due segnali di ammonimento» di Heidegger in *Sein und Zeit* e nello scritto dedicato a Trakl (*evitare* i termini *Geist* e *geis-tig*)? Come mai Heidegger ha usato "nel frattempo", e frequente-mente, questa terminologia?

Il testo su cui bisogna principalmente concentrarsi, per capire, è l'*Einführung in die Metaphysik*, il corso del semestre estivo del 1935. In esso Heidegger definisce lo spirito citando il "*Discours de Rectorat*"[20]. Nella citazione avviene, per Derrida, addirittura qualcosa di "*spectaculaire*": «*le jeu muet des guillemets* [il gioco muto delle virgolette]»:

nous prenons au sérieux ce qui se joue en ce jeu. Nous nous intéressons tou-jours à cette dramaturgie – qui est aussi une pragmatique – des signaux de lectu-

[19] Ivi, pp. 115-116 fr. e p. 135 it. Sulla frase di Heidegger qui ripresa da Derrida, cfr. la no-ta precedente. Per quel che riguarda «le mot *Gebärde*, geste et gestation, est lui-même un thème de méditation ailleurs», cfr. la prima "conferenza" (*Die Sprache*) di *Unterwegs zur Sprache* (p. 22 nell'ed. Neske e p. 19 nel vol. 12 della GA; nella trad. it. cfr. p. 35; ma cfr. anche l'omonimo capitolo «*Die Sprache*» e il successivo *Teor-etica* del nostro *Heidegger e l'abitare poetico...*, cit).
[20] Cfr., ivi, p. 83 (p. 73 it.).

re, à l'enjeu de ces marionettes typographiques, à ce tournemain, à une manu-
scription artisanale et si agile. La main calcule très vite. En silence elle machine,
prétendument sans machine, l'alternance instantanée d'un *fort/da*, l'apparition
soudaine, puis la disparition de ces petites formes aphones qui disent et changent
tout selon qu'on les montre ou les cache. Et quand on les range après les avoir
exibées, on peut parler d'une répression, d'une suppression, d'autres diraient
d'une dénégation, mettons d'une *mise au pas*. L'opération est proprement *conduite*, conduite de main de maître. Je rappelle qu'en allemand "guillemet" se dit
Anführungsstriche ou *Anführungszeichen*. *Anführen*, conduire, prendre la tête,
mais aussi duper, se payer la tête ou bourrer le crâne de quelqu'un. A quoi tient
ici le spectaculaire? A ceci, sans doute: en cette unique occasion, la suppression,
on n'ose pas dire la censure, des guillemets opère dans la citation d'un texte déjà
publié. D'un texte du même auteur dont l'unique version publiée comporte des
guillemets, ceux-là mêmes que la citation, du même auteur par le même auteur,
tout à coup fait sauter. Dans la définition de l'esprit proposée par le *Discours de
Rectorat*, les guillemets restaient encore, résidu déjà tout à fait exceptionnel. Ils
disparaissent dans la citation qu'en donne l'*Introduction*... deux ans après. C'est
la seule modification, et Heidegger ne la signale pas. Il indique pourtant jusqu'à
la page du *Discours de Rectorat* qu'il vient de citer. Il faut donc être très curieux
pour percevoir une révision ainsi passée sous silence. Elle opère, peut-être avec
la lucidité de l'inadvertance, comme l'effacement d'un remords par un autre: rature invisible, rature à peine perceptible de ce qui déjà, comme font chaque fois
des guillemets, esquisse le mouvement poli d'une rature. Voici donc la définition de l'esprit (ouvrez les guillemets pour la citation, levez les guillemets
autour de *Geist* dans la citation ainsi "actualisée"). "L'esprit [entre guillemets
dans le *Discours*] ce n'est ni la sagacité vide, ni le jeu gratuit de la plaisanterie,
ni le travail d'analyse illimité de l'entendement, ni même la raison du monde,
mais l'esprit [là les guillemets avaient déjà sauté dans le *Discours*] est l'être-ré-
solu [ou l'ouverture déterminée: *Entschlossenheit*] à l'essence de l'être, d'une
résolution qui s'accorde au ton de l'origine et qui est savoir";

noi prendiamo sul serio ciò che si gioca in questo gioco. Ci siamo sempre
interessati a questa drammaturgia – che è anche una pragmatica – dei segnali di
lettura, all'*enjeu* di queste marionette tipografiche, a questo "batter d'occhio",
manoscrittura artigianale e agilissima. La mano calcola molto velocemente. In
silenzio trama, dando l'impressione di non tramare affatto, l'alternanza istanta-
nea di un *fort/da*, l'apparizione improvvisa e poi la scomparsa di queste piccole
forme afone, capaci di dire e cambiare tutto a seconda che le si mostri o che le si
nasconda. E quando le si rimette a posto dopo averle esibite, si può parlare di u-
na repressione, di una soppressione – altri direbbero: di una denegazione, oppure
di una *mise au pas*. L'operazione è letteralmente *condotta*, condotta da mano
maestra. Ricordo che in tedesco "virgolette" si dice *Anführungsstriche* o *Anführungszeichen*. *Anführen*: condurre, essere a capo di; ma anche: ingannare, prendere in giro qualcuno o riempirgli la testa di fandonie. E dunque, a cosa si deve
l'effetto di sorpresa? Senza dubbio al fatto che questa è la sola occasione in cui
vengono soppresse (non oso dire: censurate) delle virgolette in una citazione da

un testo *già* pubblicato. Un testo, dunque, dello stesso autore; testo ove compaiono delle virgolette, che nell'autocitazione (passo di Heidegger citato da Heidegger), senza alcun preavviso, saltano. Nella definizione dello spirito proposta nella *SdU* [*Selbstbehauptung der Deutschen Universität*], le virgolette sono ancora al loro posto, residuo già del tutto eccezionale. Due anni più tardi, nel passo citato nell'*Einführung*, scompaiono. È l'unica revisione, ma Heidegger non la segnala, fa finta di nulla. E c'è da ritenre che sia proprio così, visto che egli indica anche la pagina della *SdU* ove compare il passo citato nell'*Einführung*. Bisogna essere dunque molto curiosi per notare una revisione passata così sotto silenzio. Essa opera, forse con la lucidità della svista, come una cancellazione di un rimorso da parte di un altro; cancellatura invisibile, cancellatura appena percettibile di ciò che traccia già, come fanno ogni volta le virgolette, il movimento elegante di una cancellatura. Ecco di seguito la definizione dello spirito (si aprano le virgolette per la citazione, si eliminino le virgolette a *Geist* nella citazione così "attualizzata"): "Infatti spirito [tra virgolette nell'*Autoaffermazione*] non è né mero ingegno, né il disinvolto gioco della intelligenza, né l'arte di promuovere illimitatamente distinzioni logiche, né la ragione che governa il mondo, ma spirito [qui le virgolette erano già saltate nell'*Autoaffermazione*] è decisione originariamente e consapevolmente determinata [*Entschlossenheit*: apertura determinata] verso l'essenza dell'essere"[21].

Dopo questo "spettacolare" gioco di virgolette che appaiono e scompaiono, alla guisa di un *fort/da*, destando, nella loro "drammaturgia", il "serio" interesse di Derrida, rileggiamo in tedesco il passo di Heidegger:

[Wir bestimmen] das Wesen des Geistes kurz so (ich wähle die Fassung aus meiner Rektoratsrede, weil hier alles der Gelegenheit entsprechend knapp zusammengegriffen ist): "Geist ist weder leerer Scharfsinn, noch das unverbindliche Spiel des Witzes, noch das uferlose Treiben verstandensmässiger Zergliederung, noch gar die Weltvernunft, sondern Geist ist ursprünglich gestimmte, wissende Entschlossenheit zum Wesen des Seins"[22].

---

[21] Ivi, pp. 83-85 fr. e 73-75 it. Derrida cita, per il passo di Heidegger, la traduzione di Gérard Granel, *L'auto-affirmation de l'université allemande*, TER (Trans-Europ-Repress) bilingue, 1982, p. 13.

[22] Cfr. M. Heidegger, *Die Selbstbehauptung der Deutschen Universität*, in Id., *Reden und andere Zeugnisse eines Lebensweges*, GA Band 16, hrsg. von Hermann Heidegger, Klostermann, Frankfurt am Main 2000 (dedicato, da parte del curatore, figlio di Heidegger, a Hans-Georg Gadamer, «*dem ältesten treuen Schüler meines Vaters zum 100. Geburtstag in Verehrung und Dankbarkeit* [*il più antico e fedele scolaro di mio padre in occasione del 100° compleanno con ammirazione e gratitudine*]»), p. 112, dove il primo "Geist", appunto, è tra virgolette; trad. it. di Carlo Angelino, *L'autoaffermazione dell'università tedesca*, in *Discorsi e altre testimonianze del cammino di una vita* (1910-1976), a cura di Nicola Curcio, il nuovo melangolo, Genova 2005, p. 106. Nell'*Einführung*..., cit., il passo è a p. 53 (p. 38 dell'ed. Niemeyer, Tübingen 1953); la traduzione italiana (cit.), qui, recita: «Lo

Subito prima, però, nel *Rektoratsrede*, Heidegger aveva scritto:

Wollen wir das Wesen der Wissenschaft im Sinne des *fragenden, ungedeckten Standhaltens inmitten der Ungewissheit des Seienden im Ganzen*, dann schafft *dieser* Wesenswille unserem Volke seine Welt der innersten und äussersten Gefahr, d. h. seine wahrhaft *geistige* Welt. Denn "Geist"...

Se dunque vogliamo l'essenza della scienza nel senso dell'*interrogante star saldi allo scoperto nel cuore dell'estrema problematicità dell'intero essente*, allora *questa* volontà d'essenza è in condizione di procurare al nostro popolo il suo mondo, in cui domina il rischio più intimo e più estremo, cioè il suo mondo veramente *spirituale*. Infatti "spirito"... [23].

Ora, come osseva Zaccaria, anche lui magistralmente, «l'interpretazione derridiana circa la scomparsa delle virgolette in relazione alla parola *Geist* appare *qui* alquanto discutibile». Vale la pena, crediamo, ora che abbiamo letto il passo nel suo *contesto*, riprendere estesamente la "nota del traduttore":

si vede bene che il termine *Geist* compare tra virgolette dopo il *Denn*. Tale connettore argomentativo serve a introdurre quella che dovrebbe essere la *giusta* comprensione dell'esplicativa precedente: "*d.h. seine wahrhaft* geistige *Welt*". "*Geistige*" non è tra virgolette ma addirittura in corsivo, quindi gioca il ruolo di parola centrale. La virgolettatura di *Geist* non può, a nostro avviso, essere qui spiegata e compresa se non in connessione con i due operatori argomentativi, il *denn* e il *sondern*: in quanto tale, essa svolge un ruolo enunciativo cruciale. Si potrebbe dire così: la virgolettatura sigla, qui, il passaggio dal *Geist* come "acume", "intelletto", ecc., al *Geist* come *Entschlossenheit* all'essenza dell'essere. E come avviene tale passaggio? Risposta: grazie a una modalizzazione totale, quasi una pausa: le virgolette, sostenute dal *denn*, fissano il concetto *vago* e *comune* di *Geist*, lo ricordano, lo *evocano*, ma, al tempo stesso, salvano da questa stessa concettualità ciò che nella parola è ancora da pensare. *Geist*-tra-virgolette è lo spirito reso aperto al chiarimento negativo: "*Denn 'Geist' ist weder...*", e alla sua affermazione successiva: "*...sondern Geist ist...*". Affermazione che è in realtà una ri-affermazione; la prima infatti è lì nell'esplicativa: "*d.h. seine wahrhaft* geistige *Welt*". Ecco dunque il ruolo di queste virgolette: tra due affermazioni (a nostro avviso non definitorie, non concettuali), salvano il *Geist* dal suo

spirito non è vuoto acume né irresponsabile spiritosità, esso non consiste nel compiere delle interminabili analisi intellettuali, ancor meno è la ragione universale; lo spirito è invece la risolutiva apertura (*Entschlossenheit*), originariamente disposta e cosciente, all'essenza dell'essere» (p. 59).

[23] Cfr. *SdU*, in GA Band 16, cit., pp. 111-112; p. 106 della trad. it. cit.

concetto comune: virgolette polifoniche, argomentative, virgolette di difesa, che
battono il tempo del discorso. Conclusione: esse *non* tengono a distanza; non sono affatto un "residuo già del tutto eccezionale" [...] – ben al contrario, prepara-
no, molto consapevolmente, un'assunzione completa e voluta del *Geist*. Se si
vuole una prova [...] di quanto stiamo dicendo, si legga il brano *senza* le virgolette; l'effetto di senso rimane il medesimo: il lettore può, infatti, *da solo*, e cioè
senza un'esplicita segnalazione dell'autore, *evocare* e *salvare* ciò che deve essere evocato e salvato. Se si passa ora al brano dell'*Einführung* ove compare l'autocitazione, ci accorgiamo subito che oltre alla virgolettatura è scomparso anche
il *denn*: scomparsa ovvia, considerato il mutato contesto argomentativo [...]. Qui
lo scopo è differente: si tratta di "determinare brevemente la natura dello spirito"
(questa volta già subito preso non come mero concetto, ma come parola di esperienza, parola dell'*Entschlossenheit*). Non vi sarebbe stata ragione di usare le
virgolette, esse avrebbero solo creato una distanza (dal *Geist*) che sarebbe risul-
tata, nel nuovo contesto, assolutamente immotivata. Nessun "gioco muto", dunque, nessuna "drammaturgia", né "calcolo veloce", nessuna "cancellatura invisibile" – solo un chiaro gioco del senso: una legge locale dell'autocitazione[24].

Ma non si tratta solo del *Rektoratsrede* e dell'*Introduzione alla metafisica*. Come fa notare Bernard Stevens, nel suo saggio
Derrida «mostra il destino singolare dello "spirituale"», in quel
che avviene tra *Sein und Zeit* e la "lettura" di Trakl, anche attraverso i corsi heideggeriani su Nietzsche, Schelling e Hölderlin. E-
gli effettua una serie di «coups de sonde cherchant à cerner le
Geist, à le traquer [a "braccarlo"]»[25]. Per Stevens, *De l'Esprit* e il

---

[24] Cfr. trad. it. *Dello spirito. Heidegger e la questione*, pp. 129-130. Forse giova riportare,
qui, anche la versione italiana di questo discusso passo contenuta in *Heidegger. Scritti politici (1933 – 1966)*, Prefazione, postfazione e note di François Fédier, ed. it. a cura di Gino Zaccaria, Piemme, Casale Monferrato (AL) 1998; a p. 135 si legge: «Infatti il *Geist*, lo
spirito, il genio, non è il vuoto acume, né il *Witz*, il gioco disimpegnato dell'arguzia, né
l'interminabile esercizio dell'analisi logico-intellettuale, e neppure la ragione universale;
lo spirito, il genio, è invece l'originariamente intonata, sapiente risolutezza a favore del-
l'essenza dell'essere».

[25] Cfr. B. Stevens, *Le «Geist» heideggerien et son âme*, in Revue Philosophique de Louvain. Quatrième série, tome 86, n° 70, 1988, pp. 200-212. Su Nietzsche, in particolare, ri-
teniamo sia interessante riportare parzialmente ciò che Derrida pensa della lettura che Heidegger ne fa. Nella conferenza che stiamo esaminando, il filosofo francese scrive: «la stra-
tégie de l'interprétation concerne aussi Nietzsche. Elle devait le soustraire à toute réappro-
priation biologiste, zoologiste ou vitaliste [...]. L'extrême ambiguïté du geste consiste à
sauver une pensée en la perdant. On y décèle ["vi si svela"] une métaphysique, la dernière,
et on y ordonne toutes les significations du texte nietzschéen. Comme chez Hegel, il s'agi-
rait encore d'une métaphysique de l'absolue subjectité. Mais la subjectité inconditionnée
n'est plus ici celle du vouloir qui *se sait lui-même*, à savoir de l'esprit, mais la subjectité
absolue du corps, des impulsions et des affects: la subjectité inconditionnée de la volonté
de puissance. L'histoire de la métaphysique moderne, qui détermine l'essence de l'homme

contemporaneo *Psyché*[26] ci propongono una riflessione di cui "l'itinerario heideggeriano" è solo il *"prétexte"*: «*Derrida cherche à préparer, à partir des indications heideggeriennes, une dimension où pourrait être repensée, mais délestée* ["alleggerita"] *cette fois de son formalisme métaphysique, la question des droits de l'homme*»[27]. Perché? Perché la questione del *Geist* è legata a quella del "male": «*Le mal a sa provenance dans l'esprit même*», scrive Derrida parlando del saggio di Heidegger su Trakl...[28].

«*Doch was ist der Geist?*», chiede Heidegger in quel saggio.

Trakl spricht in seiner letzten Dichtung "Grodek" von der "heissen Flamme des Geistes". Der Geist ist das Flammende und erst als dieses vielleicht ein Wehendes. Trakl versteht den Geist nicht zuerst als Pneuma, nicht spirituell, sondern als Flamme, die entflammt, aufjagt, entsetzt, ausser Fassung bringt. Das Flammen ist das erglühende Leuchten. Das Flammende ist das Ausser-sich, das lichtet und erglänzen lässt, das indessen auch weiterfressen und alles in das Weisse der Asche verzehren kann [...]. Trakl schaut den "Geist" aus jenem Wesen, das in der ursprünglichen Bedeutung des Wortes "Geist" genannt wird; denn *gheis* besagt: aufgebracht, entsetzt, ausser sich sein. Der so verstandene Geist west in der Möglichkeit des Sanften *und* des Zerstörerischen. Das Sanfte schlägt jenes Ausser-sich des Entflammenden keineswegs nieder, sondern hält es in der Ruhe des Freundlichen versammelt. Das Zerstörerische kommt aus dem Zügellosen, das sich im eigenen Aufruhr verzehrt und so das Bösartige betreibt. Das Böse und seine Bosheit ist nicht das Sinnliche, Stoffliche. Es ist auch nicht bloss "geistiger" Natur. Das Böse ist geistlich als der in die Verblendung weglodernde Aufruhr des Entsetzenden, das in das Ungesammelte des Unheilen versetzt und das gesammelte Erblühen des Sanften zu versengen droht [...]. Insofern das Wesen des Geistes im Entflammen beruht, bricht er Bahn, lichtet diese und bringt auf den Weg [...]. Der Geist jagt die Seele in das Unterwegs, wo sich

---

comme *animal rationale*, se partage ainsi. Deux versants symétriques de la subjectité inconditionnée: la rationalité comme esprit d'un côté, l'animalité comme corps de l'autre» (cfr. *De l'esprit*..., cit., p. 92, e p. 80 della trad. it.). In un'altra "nona" (sessione), poi, Derrida aveva detto che c'è una «difficoltà essenziale del limite e del gioco di Heidegger con il limite quanto a Nietzsche. Egli lo sistema su di un bordo [...]. Ne consegue che ad *ogni istante* gioca con lui ad un gioco di *fort/da*, rigettandolo nella metafisica, riprendendolo al di là della metafisica, *fort/da*, oppure concedendogli un certo al di là della metafisica (*fort*, questa volta valorizzante) o riprendendolo nella metafisica (*da*)» (cfr. J. Derrida, *La vita la morte. Seminario 1975-1976*, Edizione italiana a cura di Francesco Vitale, Edizione originale stabilita da Pascale-Anne Brault, Peggy Kamuf, Jaca Book, Milano 2021, p. 223).

[26] J. Derrida, *Psyché. Inventions de l'autre*, Galilée, 1987.

[27] Cfr. B. Stevens, *Le «Geist» heideggerien et son âme*, cit., pp. 200-201.

[28] J. Derrida, *De l'esprit*..., p. 123 (p. 103 it.: «Il male proviene dallo spirito stesso»).

ein Vorauswandern begibt. Der Geist versetzt in das Fremde. "Es ist die Seele
ein Fremdes auf Erden" [...]. Das Einsame vereinzelt nicht in die Zerstreuung,
der jede blosse Verlassenheit preisgegeben ist. Das Einsame trägt die Seele dem
Einzigen zu [...] und bringt ihr Wesen so auf die Wanderschaft. Als die einsame
Seele ist sie die wandernde. Der Glut ihres Gemütes wird zugemutet, die Schwe-
re des Geschickes in die Wanderschaft – und so die Seele dem Geist entgegen –
zu tragen. "Dem Geist leih deine Flamme, glühende Schwermut"; beginnt eine
Dichtung "An Luzifer", d. h. an den Lichtträger, der den Schatten des Bösen
wirft...

Nella sua ultima poesia, intitolata *Grodek*, Trakl parla della "ardente fiamma
dello spirito". Lo spirito è fiamma e, solo forse come tale, soffio. Trakl non intende lo spirito primariamente come pneuma, come *spiritus*, ma come fiamma
che divampa, strappa al sonno, sgomenta, sconvolge. Fiamma è luce e calore. Il
fiammeggiare è l'estasi che illumina e fa risplendere, ma che può anche inesorabilmente distruggere tutto riducendo al biancore della cenere [...]. Trakl intende
il *Geist* nel significato originario della parola; poiché *gheis* significa: essere adi-
rato, atterrito, fuori di sé. Lo spirito così inteso dispiega la sua essenza nella possibilità della mitezza *e* della distruzione. La mitezza non sopprime affatto quel-
l'estasi fiammeggiante, ma la serba raccolta nella quiete dell'amicizia. La distruzione viene dalla sfrenatezza che si consuma nel suo proprio sommovimento,
compiendo malvagità. Il male è sempre il male di uno spirito. Il male e la sua
malvagità non sono qualcosa di sensibile, di materiale. E neppure può dirsi che
il male sia semplicemente di natura spirituale, quando spirituale venga inteso nel
senso di *geistig*. Il male è spirituale (*geistlich*) in quanto è l'erompere, a modo di
fiamma che trascina e acceca, di una forza che sconvolge, che porta nella dilace-
razione del funesto e minaccia di bruciare il com-posto fiorire della mitezza [...].
In quanto l'essenza dello spirito consiste nel fiammeggiare, lo spirito apre la via,
la rischiara, mette in cammino [...]. Lo spirito spinge l'anima sulla via del peregrinare. Lo spirito trasporta in terra straniera. "È l'anima straniera sulla terra"
[...]. La solitudine, diversamente dalla miseria del puro esser derelitto, non isola,
né disperde. La solitudine conduce l'anima all'Unico [...] e, in tal modo, realiz-
zandone l'essenza, la pone in cammino. In quanto solitaria, l'anima è peregri-
nante. All'ardore del suo coraggio vien chiesto di fare che quanto pesa come destino entri in tale peregrinare – e, in tal modo, essa, l'anima, muova incontro allo
spirito. "Presta la tua fiamma allo spirito, ardente tristezza": così incomincia una
poesia intitolata *An Luzifer*, cioè al portator di luce, che lancia l'ombra del male[29].

Il tema del male, così legato in Heidegger a quello dello spirito, come evidenzia Derrida, va a nostro avviso visto ancora una

---

[29] Cfr. M. Heidegger, *Unterwegs zur Sprache*, cit., pp. 59-61 dell'ed. Neske e pp. 56-57
del vol. 12 della GA; pp. 62-64 della trad. it. cit., qui leggermente modificata.

volta alla luce di quanto il filosofo tedesco dice nel "manifesto" del suo pensiero, il *Brief über den «Humanismus»*:

Mit dem Heilen zumal erscheint in der Lichtung des Seins das Böse. Dessen Wesen besteht nicht in der blossen Schlechtigkeit des menschlichen Handelns, sondern es beruht im Bösartigkeit des Grimmes. Beide, das Heile und das Grimmige, können jedoch im Sein nur wesen, insofern das Sein selber das Strittige ist. In ihm verbirgt sich die Wesensherkunft des Nichtens. Was nichtet, lichtet sich als das Nichthafte. Dieses kann im "Nein" angesprochen werden. Das "Nicht" entspricht keinesfalls aus dem Nein-sagen der Negation. Jedes "Nein", das sich nicht als eigenwilliges Pochen auf die Setzungskraft der Subjektivität missdeutet, sondern ein sein-lassendes der Ek-sistenz bleibt, antwortet auf den Anspruch des gelichteten Nichtens [...]. Weil das Nichten im Sein selbst west, deshalb können wir es nie als etwas Seiendes am Seienden gewahren [...]. Zu fragen bleibt, ob denn nicht, gesetzt dass das Denken zur Ek-sistenz gehört, alles "Ja" und "Nein" schon eksistent ist in die Wahrheit des Seins. Ist es dies, dann sind "Ja" und "Nein" in sich schon hörig auf das Sein. Als diese Hörigen können sie niemals dasjenige erst setzen, dem sie selber gehören.

Con ciò che è integro [il "salvo"], nella radura dell'essere appare insieme il male, la cui essenza non consiste nella semplice cattiveria dell'agire umano, bensì nella malvagità dell'ostile [della "furia"]. Entrambi, l'integro e l'ostile, possono tuttavia dispiegare la loro essenza nell'essere solo in quanto l'essere stesso è il contenzioso [il "conflittuale"]. In esso si cela la provenienza essenziale del nullificare. Ciò che nullifica, si apre nella radura come il "non". Quest'ultimo può essere espresso nel "no". Tuttavia il "non" non scaturisce affatto dal dire no della negazione. Ogni "no", che non si confonda con l'ostinato insistere sulla forza impositiva della soggettività, ma resti un lasciar-essere dell'ek-sistenza, è già risposta all'appello del nullificare aperto nella radura [...]. Poiché il nullificare è essenzialmente nell'essere stesso, noi non possiamo mai scorgerlo come qualcosa di essente nell'ente [...]. Resta da chiedersi se, posto che il pensiero appartenga all'e-sistenza, ogni "sì" e ogni "no" non siano già esistenti nella verità dell'essere. Se è così, allora il "sì" e il "no" sono in sé già al servizio e in a-scolto dell'essere. In quanto tali, non possono mai essere loro a porre ciò a cui appartengono[30].

---

[30] M. Heidegger, *Wegmarken*, cit., pp. 359-360; pp. 310-311 della trad. it. cit., leggermente modificata. Per gli inserimenti tra parentesi cfr. la versione a cura di Andrea Bixio e Gianni Vattimo, *La dottrina di Platone sulla verità. Lettera sull'umanismo*, S.E.I., Torino 1975 (basata su M. Heidegger, *Platons Lehre von der Wahrheit. Mit einem Brief über den Humanismus*, Francke, Bern 1947), pp. 128-129. Ma da "chiedere" c'è anche dell'altro. Heidegger lo aveva fatto poco prima del passo che abbiamo letto, nello scritto indirizzato a Beaufret (cfr., sopra, la nota 18 del capitolo precedente): «*Es muss nämlich gefragt werden: wenn das Denken, die Wahrheit des Seins bedenkend, das Wesen der Humanitas als Ek-sistenz aus deren Zugehörigkeit zum Sein bestimmt, bleibt dann dieses Denken nur ein theoretisches Vorstellen vom Sein und vom Menschen, oder lassen sich aus solcher Er-*

In una tale prospettiva, e con tale "spirito", diremmo, occorre riandare al primo saggio di *UzS*, là dove è detto: «*Doch führen solche vielleicht bösen Wege bisweilen an das Tor des bergenden Hauses* [Ma tali sentieri – sentieri forse malvagi – conducono tal-

---

kenntnis zugleich Anweisungen für das tätige Leben entnehmen und diesem an die Hand geben? Die Antwort lautet: dieses Denken ist weder theoretisch noch praktisch. Es ereignet sich vor dieser Unterscheidung. Dieses Denken ist, insofern es ist, das Andenken an das Sein und nichts ausserdem. Zum Sein gehörig, weil von Sein in die Wahrnis seiner Wahrheit geworfen und für sie in den Anspruch genommen, denkt es das Sein. Solches Denken hat kein Ergebnis. Es hat keine Wirkung. Es genügt seinem Wesen, indem es ist. Aber es ist, indem es seine Sache sagt. Der Sache des Denkens gehört je geschichtlich nur eine, die ihrer Sachheit gemässe Sage. Deren sachhaltige Verbindlichkeit ist wesentlich höher als die Gültigkeit der Wissenschaften, weil sie freier ist. Denn sie lässt das Sein – sein. Das Denken baut am Haus des Seins, als welches die Fuge des Seins je geschickhaft das Wesen des Menschen in das Wohnen in der Wahrheit des Seins verfügt. Dieses Wohnen ist das Wesen des "In-der-Welt-seins" (vgl. "S. u. Z.", S. 54). Der dortige Hinweis auf das "In-Sein" als "Wohnen" ist keine etymologische Spielerei. Der Hinweis in dem Vortrag von 1936 auf Hölderlins Wort "Voll Verdienst, doch dichterisch wohnet / der Mensch auf dieser Erde" ist keine Ausschmückung eines Denkens, das sich aus der Wissenschaft in die Poesie rettet. Die Rede von Haus des Seins ist keine Übertragung des Bildes vom "Haus" auf das Sein, sondern aus dem sachgemäss gedachten Wesen des Seins werden wir eines Tages eher denken können, was "Haus" und "wohnen" sind. [Occorre infatti chiedersi: se il pensiero, pensando la verità dell'essere, determina l'essenza dell'*humanitas* come e-sistenza in base alla sua appartenenza all'essere, resta, esso, solo una rappresentazione teorica dell'essere e dell'uomo? o si possono invece trarre contemporaneamente da tale conoscenza indicazioni per la vita attiva da dare a quest'ultima? La risposta è che questo pensiero non è né teoretico né pratico. Esso avviene prima di questa distinzione. Per quel tanto che è, questo pensiero è pensiero che rammemora l'essere e nient'altro. Appartenendo all'essere, perché gettato dall'essere nella custodia della sua verità e per essa reclamato, esso pensa l'essere. Questo pensiero non approda ad alcun risultato e non ha alcun effetto. Esso soddisfa la sua essenza in quanto è. Ma è, in quanto dice la sua cosa. Per la cosa del pensiero c'è, in ogni momento della storia, un solo dire, il dire adeguato alla sua cosalità. Il carattere vincolante del dire rispetto alla cosa è essenzialmente superiore alla validità delle scienze, perché è più libero. Esso infatti lascia essere l'essere. Il pensiero lavora a costruire la casa dell'essere; in quanto è tale casa, la con-venienza dell'essere dispone di volta in volta secondo il destino l'essenza dell'uomo nel suo abitare nella verità dell'essere. Questo abitare è l'essenza dell'"essere-nel-mondo" (cfr. *Sein und Zeit*, p. 54). L'indicazione che là si dà circa l'"essere-in" come "abitare" non è affatto un gioco etimologico. L'indicazione contenuta nella conferenza del 1936 sul detto di Hölderlin "Pieno di merito, ma poeticamente abita / l'uomo su questa terra" non è l'ornamento di un pensiero che, abbandonando la scienza, si salva nella poesia. Parlare della casa dell'essere non significa trasporre l'immagine della "casa" all'essere; anzi, proprio partendo dall'essenza dell'essere adeguatamente pensata, un giorno noi diverremo capaci di pensare che cos'è "casa" e che cos'è "abitare"] (ivi, p. 358; pp. 309-310 della trad. it., qui leggermente modificata, considerati anche i "ritocchi" apportati nell'edizione singola della "*Lettera*" in M. Heidegger, *Lettera sull'«umanismo»*, a cura di F. Volpi, Piccola Biblioteca Adelphi, Milano 1995; cfr. inoltre la versione Bixio-Vattimo, cit., pp. 126-128).

volta alla porta della casa sicura]»[31]. I sentieri, sono "sentieri o-
scuri": «*Gegenüber den Vielen, die im Haus und am Tisch hei-*
misch sind, wandern Manche unheimisch auf dunklen Pfaden [Di
fronte ai molti che stanno nella fida tranquillità della propria casa,
a tavola, parecchi vagano sperduti per sentieri oscuri]»[32]. Riprendendo il primo verso della seconda strofa, Heidegger scrive:

Weder alle Sterblichen sind gerufen, noch die Vielen, sondern nur "Manche"; jene, die auf dunklen Pfaden wandern. Diese Sterblichen vermögen das
Sterben als die Wanderschaft zum Tode. Im Tod versammelt sich die höchste
Verborgenheit des Seins. Der Tod hat jedes Sterben schon überholt. Die "auf der
Wanderschaft" müssen erst Haus und Tisch durch das Dunkel ihrer Pfade er-
wandern, nicht nur und nicht einmal zuerst für sich, sondern für die Vielen; denn
diese meinen, sie seien, wenn sie sich nur in Häusern einrichteten und an Tischen sässen, schon von den Dingen be-dingt und seien in das Wohnen gelangt.

[Non tutti i mortali sono qui chiamati e neppure i molti, bensì soltanto "alcuni": quelli che vanno per oscuri sentieri. Proprio di questi mortali è l'essere capaci di sopportare il morire come cammino verso la morte. Nella morte si raccoglie il massimo occultamento dell'essere. La morte è oltre ogni morire. Quelli
che sono "in cammino" devono raggiungere casa e desco errando attraverso l'o-
scurità dei loro sentieri, e ciò non soltanto e nemmeno in primo luogo per se
stessi, ma per i molti; perché questi credono che, se appena riuscissero a sistemarsi in una casa e a sedere a una mensa, già conoscerebbero le cose nella loro
essenza di cose e già sarebbero giunti al vero abitare]³³.

---

[31] Cfr. M. Heidegger, *Unterwegs zur Sprache*, cit., p. 18 dell'ed. Neske e p. 16 del vol. 12
della GA; p. 32 della trad. it. cit. La poesia di Trakl, cui Heidegger qui si riferisce, è intitolata *Ein Winterabend* [Una sera d'inverno], e suona così: «*Wenn der Schnee ans Fenster
fällt, / Lang die Abendglocke läutet, / Vielen ist der Tisch bereitet / Und das Haus ist
wohlbestellt. // Mancher auf der Wanderschaft / Kommt ans Tor auf dunklen Pfaden. /
Golden blüht der Baum der Gnaden / Aus der Erde kühlem Saft. // Wanderer tritt still he-
rein; / Schmerz versteinerte die Schwelle. / Da erglänzt in reiner Helle / Auf dem Tische
Brot und Wein.* [Quando la neve cade alla finestra, / A lungo risuona la campana della sera, / Per molti la tavola è pronta / E la casa è tutta in ordine. // Alcuni nel loro errare /
Giungono alla porta per oscuri sentieri. / Aureo fiorisce l'albero delle grazie / Dalla fresca
linfa della terra. // Silenzioso entra il viandante; / Il dolore ha pietrificato la soglia. / Là risplende in pura luce / Sopra la tavola pane e vino.]» (ivi, p. 17 ed. Neske, pp. 14-15 Band
12 HGA e p. 31 trad. it.).
[32] Ivi, pp. 18 (ed. Neske), 16 (HGA 12) e 32 it.
[33] Ivi, p. 23 (ed. Neske), 20 (HGA 12) e pp. 35-36 trad. it., leggermente modificata. Su
questa poesia di Trakl, e sul valore che essa assume, per noi, nel pensiero di Heidegger,
cfr. ancora gli ultimi tre capitoli del nostro *Heidegger e l'abitare poetico...*, cit. Ci piace
qui riportare altresì la traduzione che *Alfredo Marini* fa del brano che abbiamo appena letto: «Chiamati non sono tutti i mortali, né i molti, ma solo "taluni"; quelli che vagano per
oscuri sentieri. Questi mortali sono capaci di morire nella forma di un vagare-alla-morte.

Allora anche altri versi di Trakl relativi al "male", ripresi da
Heidegger nel secondo saggio, acquistano il *conveniente* significato. Si tratta della poesia *Psalm* (Salmo), dove Trakl dice: «*Der
Wahnsinnige ist gestorben* [Il folle è morto]», e, nell'ultima strofa: «*In seinem Grab spielt der weisse Magier mit seinen Schlan-
gen* [Nella sua tomba il mago canuto gioca con le sue serpi]».
Heidegger commenta:

> Der Gestorbene *lebt* in seinem Grab. Er lebt in seiner Kammer so still und
> versonnen, dass er mit seinen Schlangen spielt. Sie vermögen nichts gegen ihn.
> Sie sind nicht erwürgt, aber ihr Böses ist verwandelt.

> [Il morto *vive* nella sua tomba. Vive nella sua cella in così tranquillo racco-
> glimento da poter giocare con le sue serpi. Queste non possono nulla contro di
> lui. Non sono state strozzate, però la loro malvagità è trasformata][34].

E più avanti, nel saggio:

Nella morte si raduna il supremo coprimento dell'essere. La morte è già al di là di ogni
morire. Quelli che "stanno vagando" devono prima raggiungere la casa e la tavola attraverso l'oscurità dei loro sentieri, non solo e neppure in primo luogo per se stessi, bensì per
i molti; infatti costoro credono che basti sistemarsi in una casa e sedersi ad una tavola per
essere già posti dalle cose in uno stato-di-cose, per essere arrivati nell'abitare» (tratta da
Heidegger – Die Sprache, in *Introduzione al problema del linguaggio e della traduzione.
Senso e linguaggio in Essere e Tempo e in "Il Linguaggio"*, disp. n° 7 del Corso di Storia
della Filosofia Moderna e Contemporanea, Anno Accademico 1991-1992, Università degli
Studi di Milano, proprietà lett. riservata, p. 9). La poesia, poi, egli così la diceva: «Quando
la neve cade alla finestra, / risuona a lungo l'avemaria, / per i molti la tavola è apparec-
chiata / e tutta in ordine è la casa. // Qualcuno (Taluno), nel suo vagabondare, / giunge al
portone per oscuri sentieri. / Dorato l'albero delle grazie fiorisce / dal fresco succo della
terra. // Il vagabondo entra quietamente; / (il) dolore ha fatto di pietra la soglia. / Ma ecco
splendere in pura chiarità / sulla tavola pane e vino»; ma anche in quest'altro modo, tra parentesi quadre: «Quando la neve alla finestra gronda / e prolungato è il tocco della sera /
per i più la tavola è già pronta / in ordine è la casa tutta intiera. // Ma qualche vagabondo
arriva pure / a quel portone da una strada oscura. / L'albero d'oro delle grazie in fiore / be-
ve in terra la linfa e la frescura. // Quieto fa il vagabondo capolino; dolore ha fatto di pietra
la soglia. / Ma ecco, dentro una chiarità spoglia, / sulla tavola splende pane e vino» (ivi, p.
5 e p. 18).
[34] Ivi, p. 53 ed. Neske, 48-49 HGA 12 e p. 57 della trad. it. *Kammer* è resa qui con "cella".
Osserviamo che questa parola, oltre alla "cassa di legno" e alla "cavità della terra", fa pensare anche al *quadrato*; osiamo dire: al *Geviert*. *Die Kammer*, poi, potremmo chiamarla
"camera ardente": ardente come la fiamma dello spirito (che con «intenzione ed attenzione», per parafrasare un passo del *Brief*, ora non virgolettiamo). Il morto infatti *vive* nella
sua tomba. Ma come? *Still und* "*versonnen*", cioè *trasognato*: silenzioso e tra-sognante
terra e cielo, al modo del mortale di fronte al divino.

In der Abgeschiedenheit ist der Geist des Böses weder vernichtet und verneint, noch losgelassen und bejaht. Das Böse ist verwandelt. Um solche "Verwandlung" zu bestehen, muss die Seele sich in das Grosse ihres Wesens wenden. Die Grösse dieses Grossen wird durch den Geist der Abgeschiedenheit bestimmt. Die Abgeschiedenheit ist die Versammlung, durch die das Menschenwesen in seine stillere Kindheit und diese in die Frühe eines anderen Anbeginns zurückgeborgen wird. Als Versammlung hat die Abgeschiedenheit das Wesen des Ortes.

[Nella dipartenza lo spirito del male non è né distrutto né negato, ma nemmeno lasciato libero e affermato. Il male è trasformato. Per essere capace di questa "trasformazione" l'anima deve ritrovare la grandezza della sua natura. Ciò che costituisce tale grandezza è determinato dallo spirito della dipartenza. La dipartenza è l'adunamento grazie al quale l'essere umano viene riaffidato alla quiete della sua fanciullezza e questa agli albori di un altro inizio. In quanto adunamento, la dipartenza ha la natura del luogo][35].

Il folle, rimarca Heidegger, non è il "demente" (*Geisteskrank*). Follia (*Wahnsinn*) non significa «un pensare che fantastica cose insensate» (*das Sinnen, das Unsinniges wähnt*):

"Wahn" gehört zum althochdeutsch *wana* und bedeutet: ohne. Der Wahnsinnige sinnt, und er sinnt sogar wie keiner sonst. Aber er bleibt dabei ohne den Sinn der Anderen. Er ist anderen Sinnes. "Sinnan" bedeutet ursprünglich: reisen, streben nach..., eine Richtung einschlagen; die indogermanische Wurzel *sent* und *set* bedeutet Weg. Der Abgeschiedene ist der Wahnsinnige, weil er anderswohin unterwegs ist. Von dorther darf sein Wahnsinn ein "sanfter" heissen; denn er sinnt Stillerem nach.

[*Wahn* deriva dall'antico alto tedesco *wana* e significa: senza. Il folle pensa, e pensa come nessun altro: non però con la logica degli altri. Egli ha un altro modo di pensare. *Sinnan* significa originariamente: viaggiare, tendere a..., prendere una direzione; la radice indogermanica *sent* e *set* significa "via". Il dipartito è il folle in quanto è in cammino per qualche altro luogo. Da questa prospettiva, la sua follia può essere chiamata "mite"; egli infatti insegue una quiete più profonda][36].

Il folle "dipartito" è un fanciullo che, morendo, passa nel mattino; un "delicato cadavere" (*der zarte Leichnam*) che custodisce, in profondissima quiete, «tutto quello che – nella sfera selvaggia dell'umano – solo arde e devasta». Egli passa nel mattino «al di là

---

[35] Ivi, p. 67 ed. Neske, 63 HGA 12 e pp. 68-69 it.
[36] Ivi, p. 53 ed. Neske, 49 HGA 12 e pp. 57-58 della trad. it., leggermente modificata.

del ponticello d'ossa». È uno "straniero" che «dispiega il vero essere dell'uomo portandosi agli inizi di ciò che ancora non è giunto a gestazione».

Jenes ruhendere und darum stillendere Unausgetragene im Wesen der Sterblichen nennt der Dichter das Ungeborene. Der in die Frühe verstorbene Fremdling ist der Ungeborene. Die Namen "ein Ungeborenes" und "ein Fremdes" sagen dasselbe. In der Dichtung "Heiteres Frühling" steht der Vers: "Und Ungebornes pflegt der eignen Ruh". Es hütet und wahrt die stillere Kindheit in das kommende Erwachen des Menschengeschlechtes. Also ruhend *lebt* der Frühverstorbene. Der Abgeschiedene ist nicht der Abgestorbene im Sinne des Abgelebten. Im Gegenteil. Der Abgeschiedene schaut in die Bläue der geistlichen Nacht voraus [...]. Zwar ist auch die Fahrt des Abgeschiedenen einsam, dies jedoch aus der Einsamkeit "des nächtigen Weihers, des Sternenhimmels". Der Wahnsinnige befährt diesen Weiher nicht auf "schwarzer Wolke", sondern auf goldenem Kahn...

[Quel momento più quieto e perciò più acquietante, costitutivo dell'essenza dei mortali, ma non ancora giunto a gestazione, il poeta lo chiama il non nato. Lo straniero che, morendo, è passato nel mattino è il non nato. I termini "il non nato" e "lo straniero" dicono la stessa cosa. Nella poesia *Primavera serena* si trova il verso: "E il non nato bada al suo riposo". Il non nato custodisce e serba la quiete della fanciullezza per il futuro risveglio del genere umano. Così, riposando, *vive* il fanciullo morto. Il dipartito non è il morto nel senso del defunto. Al conrario. Lo scomparso guarda avanti nell'azzurro della notte spirituale [...]. Anche il viaggio del dipartito è solitario, ma lo è per la solitudine "del lago azzurro, del cielo stellato". Il folle naviga su questo lago, non su una "nera nube" bensì su una barca d'oro...][37].

La barca dello straniero «*schwankt, aber spielend, nicht "ängstlich"* [ondeggia, ma per gioco, non "per angoscia"]», come la barca dei «seguaci del mattino», cioè di quelli che «si mettono sulla scia dello straniero».

Ihr Kahn [...] versinkt. Aber wo? Im Verfall? Nein. Und wohin? In das leere Nichts? Keineswegs. Eine der letzten Dichtungen, "Klage", endet mit den Versen: [...] *ein ängstlicher Kahn versinkt / Unter Sternen, / Dem schweigenden Antlitz der Nacht.* Was birgt dieses aus dem Glanz der Sterne entgegenblickende Schweigen der Nacht? Wohin gehört es [...]? Zur Abgeschiedenheit [...]. Zur Abgeschiedenheit gehört die Frühe der stilleren Kindheit, gehört die Blaue Nacht, gehören die nächtigen Pfade des Fremdlings, gehört der nächtliche Flügelschlag der Seele, gehört schon die Dämmerung als das Tor zum Untergang.

---

[37] Cfr., ivi, pp. 54-56 dell'ed. Neske, 50-52 dell'HGA, Band 12, e pp. 58-59 della trad. it.

Die Abgeschiedenheit versammelt dieses Zusammengehörende, aber nicht nach-
träglich, sondern so, dass sie sich in seine schon waltende Versammlung entfaltet. Die Dämmerung, die Nacht, die Jahre des Fremdlings, seine Pfade nennt der
Dichter "geistlich". Die Abgeschiedenheit ist "geistlich". Was meint dieses
Wort? Seine Bedeutung und ihr Gebrauch sind alt. "Geistlich" heisst, was im
Sinne des Geistes ist, ihm entstammt und seine Wesen folgt. Der heute geläufige
Sprachgebrauch hat das "Geistliche" auf die Beziehung zu den "Geistlichen",
zum geistlichen Stand der Priester und ihrer Kirche eingeschränkt. Auch Trakl
scheint, wenigstens für das flüchtige Ohr, diesen Bezug zu meinen, wenn die
Dichtung "In Hellbrunn" [...] sagt: "...*So geistlich ergrünen / Die Eichen über
den vergessenen Pfaden der Toten*". Vorher sind "die Schatten der Kirchenfürs-
ten [...]", "die Schatten lange Verstorbener", die über den "Frühlingsweiher" zu
schweben scheinen. Aber der Dichter, der hier "wieder die blaue Klage des
Abends" singt, denkt nicht an die "Geistlichkeit", wenn ihm die Eichen "so
geistlich ergrünen". Er denkt an die Frühe des lang Verstorbenen, die den "Frühling der Seele" verspricht...

La loro barca [...] affonda. Ma dove? In rovina? No. E verso dove? Nel vuoto
nulla? Per niente. Una delle ultime poesie, *Lamento*, finisce con i versi: [...] *una
spaurita barca affonda / Sotto le stelle, / Volto silenzioso della notte*. Che cosa
nasconde questo silenzio della notte che si leva di fronte e guarda dal fondo del
suo splendore di stelle? Di che fa parte [...]? Della dipartenza [...]. Della dipartenza fa parte il mattino della fanciullezza più quieta, fa parte la notte azzurra,
fanno parte i sentieri notturni dello straniero, il notturno batter d'ali dell'anima,
fa parte già il crepuscolo come porta verso il tramonto. La dipartenza riunisce
questo co-appartenersi, non in una successione di momenti, bensì dispiegando
ciò che già vige raccolto nella sua unità. Il poeta chiama "spirituali" il crepuscolo, la notte, gli anni dello straniero, i suoi sentieri. La dipartenza è "spirituale".
Che significa questa parola? Il suo significato e il suo uso sono antichi. "Spirituale" si dice ciò che è nel senso dello spirito, da esso proviene e ne segue la natura. L'uso linguistico oggi corrente ha circoscritto l'ambito semantico del termine, facendolo sinonimo di "ecclesiale", riferendolo cioè ai "religiosi", ai sa-
cerdoti e alla loro chiesa. Può sembrare – almeno a un primo superficiale ascolto
– che anche Trakl intenda la parola in tale accezione, là dove la poesia *In Hellbrunn* [...] dice: "...*Così spiritualmente rinverdiscono / Le querce sopra i sentieri obliati dei morti*". Precedentemente sono nominate "le ombre dei principi della Chiesa [...]", "le ombre di persone da lungo scomparse", che sembrano sospe-
se sopra "il lago di primavera". Ma il poeta che qui canta "di nuovo l'azzurro lamento della sera", non pensa al "clero", quando vede le querce "così spiritualmente rinverdire". Pensa al mattino di colui che da lungo tempo è morto, mattino che promette la "primavera dell'anima"...[38].

---

[38] Ivi, pp. pp. 57-59 dell'ed. Neske, 53-55 dell'HGA, Band 12, e pp. 61-62 della trad. it.,
leggermente modificata.

Ecco dunque il culmine dello "spirituale" e del "*Menschenge-
schlecht*", in Heidegger...[39].

Concludiamo questo capitolo riprendendo parte della recensione al libro di Derrida fatta, in splendida sintesi, da Pier Aldo Rovatti, quando esso non era ancora apparso in italiano:

> Con un piccolo libro intitolato *De l'esprit* [...], Jacques Derrida ha segnato
> l'avvenimento filosofico di questi ultimi mesi. Il libro è stato subito discusso
> con calore negli ambienti parigini e sulla stampa francese; ma anche in Germa-
> nia e in Italia [...] ha suscitato interesse e reazioni [...]. *De l'esprit* è il testo di u-
> na lunga conferenza pronunciata nel marzo dello scorso anno al convegno *Hei-
> degger: questioni aperte* [...]. Derrida indicava in un modo tutto suo la più im-
> portante questione aperta [...]. Per lui la questione aperta, in Heidegger e dopo di
> lui [...], si condensa soprattutto in una parola chiave, che appunto dà il titolo al
> libro: spirito. Derrida la ritrova in *Essere e tempo* (1927), uno dei saggi più im-
> pegnativi dell'ultimo periodo (il saggio su Trakl, 1953), e ben piazzata al centro
> del *Discorso di rettorato* (1933). Naturalmente non si tratta dello spirito in senso
> spiritualistico, o tradizionalmente metafisico, che ormai ci siamo lasciati alle
> spalle. E allora, di che si tratta? Di qualcosa che né Heidegger né noi riusciamo
> bene a definire. Quanto a Heidegger, sembra piuttosto che si imbatta in questa
> parola, che voglia tenerla a bada senza riuscirci, e che non si accorga delle pic-
> cole, ma (per Derrida) decisive operazioni, perfino tipografiche, mediante le
> quali cerca di evitare il fondo della questione. Derrida è il maestro indiscusso di
> queste decostruzioni. Ne risulta un tessuto stupefacente. Qui, per dare un'idea,
> basterà ricordare [...] il semplice fatto che quando si scrive la parola spirito vie-
> ne voglia per non essere fraintesi [...] di aggiungere le virgolette. Ma cosa si fa,
> quando si aggiungono le virgolette? Qualcosa che, soprattutto in questo caso,
> non è né innocente né banale. Si allestisce un teatrino: due paia di pinzette ten-
> gono sospeso una specie di paramento, un velo, un sipario. Si evoca, si annun-
> cia, si avvicina e nel medesimo tempo si allontana qualcosa. Le virgolette sono
> come delle sentinelle che montano la guardia, in modo che la cosa annunciata
> torni, ma soltanto silenziosamente, indirettamente, negativamente: appunto, co-
> me potrebbe tornare un fantasma. Piccole forme afone che dicono e cambiano

---

[39] Scrive Gino Zaccaria nella sua seconda "avvertenza" al derridiano *De l'esprit*...: «La *Erörterung* heideggeriana del *Gedicht* di Georg Trakl costituisce un contributo al colloquio
del pensiero con il canto – colloquio che, come avverte il pensatore, "è appena iniziato" e
"durerà a lungo". Il resoconto critico della *Erörterung* – contenuto nel presente volume di
Jacques Derrida – è informato a un disegno che resta estraneo all'intento di fondo del
Denkweg di Martin Heidegger» (cfr. p. 8 della trad. cit.). Poi rinvia, per un approfondimento, a due suoi lavori pubblicati da Christian Marinotti: G. Trakl - M. Heidegger, *Il
canto dell'esule – La parola nella poesia* (in collaborazione con I. De Gennaro), Milano
2003; G. Zaccaria, *L'inizio e il nulla. Colloquio di un logico, di un aiutante e di un pittore*,
Milano 2009.

tutto a seconda che le si mostri o le si nasconda [...]: scriviamo spirito, ed ecco che dentro il vecchio spirito ne compare un altro, che sembra farsi beffe della sorveglianza. Derrida monta una piccola macchina filosofica, una filosofia delle virgolette, non certo per un divertimento intellettuale, ma con l'aria grave di chi sta dicendo: ecco il fondo ambivalente e rischioso della filosofia stessa. Occorre allora una doppia sorveglianza: quella delle virgolette, e in più quella del sapere che questo teatro degli spiriti non è mai del tutto esorcizzabile, così come non è mai del tutto esorcizzabile il nosro privilegio di essere uomini. Ma intanto cosa accade quando, come in Heidegger, le pinzette lasciano cadere il sipario? Colpo di scena. Anzi due colpi di scena. Il primo nel 1933, quando Heidegger esalta la essenza spirituale del popolo tedesco, e spirito e spirituale divengono parole, per dir così, senza più sentinelle che le sorveglino. Il secondo, ancora più teatrale, vent'anni più tardi. Commentando i versi di Trakl, Heidegger dice che lo spirito è una fiamma che infiamma e si infiamma, e contrappone esplicitamente questo spirito e questo essere spirituale alle idee comuni (cristiana, metafisica) di spirito e di spirituale, che indicano piuttosto un soffio, un'ispirazione (il pneuma greco e lo spiritus latino). A questa originarietà Heidegger arriva anche attraverso il suo procedimento etimologico. La parola *Geist* (lo spirito di Hegel, di Dilthey, eccetera) deriva dall'alto tedesco *gheis*, che vuol dire: essere portato o trasportato fuori di sé. Come avviene per la fiamma. Il fiammeggiare dello spirito illumina e fa risplendere [...]. Ma può anche essere una forza che trascina e acceca: può anche inesorabilmente distruggere tutto riducendo al biancore della cenere. Questa fiamma, insomma, è anche la possibilità del male. La caduta del sipario, l'allentarsi della sorveglianza ci indica una scena necessariamente doppia, tragica: la fiamma e la cenere. E infatti Derrida inizia la sua conferenza sullo spirito con queste parole: Vi parlerò del fantasma, della fiamma e delle ceneri. E di ciò che evitare significa per Heidegger. Ma qual è poi la morale di tutta la sua geniale incursione in ciò che Heidegger evita e non dice? [...] Derrida ci ricorda che noi siamo inesorabilmente incastrati in una inquietante [...] ambivalenza [...] Quelle virgolette che Heidegger prima mette e poi toglie non sono una censura, bensì proprio una *necessaria sorveglianza*. Si tratta di montare la guardia, di spalancare bene gli occhi, di tenere presente, ma a distanza di sicurezza, il volto ambiguo dello spirito[40].

---

[40] P.A. Rovatti, *La fiamma e la cenere*, in *la Repubblica*, 15 luglio 1988 (corsivo nostro).

La mano...

Nella conferenza *die Kehre* (*la Svolta*), del 1949, Heidegger diceva:

... das Denken ist das eigentliche Handeln, wenn Handeln heisst, dem Wesen des Seins an die Hand gehen. Dies sagt: dem Wesen des Seins inmitten des Seienden jene Stätte bereiten (bauen), in die es sich und sein Wesen zur Sprache bringt.

... se agire significa dare una mano all'essenza dell'essere, allora il pensiero è l'autentica manualità. Ciò significa: preparare fra gli enti (edificare) quella sede per l'essenza dell'essere in cui l'essere porta alla parola sé e la sua essenza[1].

---

[1] M. Heidegger, *Die Kehre*, in *Identität und Differenz*, GA Band 11, a cura di F.-W. von Herrmann, Klostermann, Frankfurt am Main 2006, p. 117; trad. it. di M. Ferraris, *La svolta*, il melangolo, Genova 1995 (seconda edizione), pp. 15-17. In nota, a proposito dell'"*handeln*", Heidegger rinvia (e come potrebbe essere diversamente?) all'esordio dell'*Humanismus-Brief*. Ricordiamo, allora, il celeberrimo inizio della *Lettera*: «Wir bedenken das Wesen des Handelns noch lange nicht entschieden genug. Man kennt das Handeln nur als das Bewirken einer Wirkung. Deren Wirklichkeit wird nach ihrem Nutzen geschätzt. Aber das Wesen des Handelns ist das Vollbringen. Vollbringen heisst: etwas in die Fülle seines Wesens entfalten, in diese hervorgeleiten, producere. Vollbringbar ist deshalb eigentlich nur das, was schon ist. Was jedoch vor allem "ist", ist das Sein. Das Denken vollbringt den Bezug des Seins zum Wesen des Menschen. Es macht und bewirkt diesen Bezug nicht. Das Denken bringt ihn nur als das, was ihm selbst vom Sein übergeben ist, dem Sein dar. Dieses Darbringen besteht darin, dass im Denken das Sein zur Sprache kommt. Die Sprache ist das Haus des Seins. In ihrer Behausung wohnt der Mensch. Die Denkenden und Dichtenden sind die Wächter dieser Behausung. Ihr Wachen ist das Vollbringen der Offenbarkeit des Seins, insofern sie diese durch ihr Sagen zur Sprache bringen und in der Sprache aufbewahren. Das Denken wird nicht erst dadurch zur Aktion, dass von ihm eine Wirkung ausgeht oder dass es angewendet wird. Das Denken handelt, indem es denkt. Dieses Handeln ist vermutlich das einfachste und zugleich das höchste, weil es den Bezug des Seins zum Menschen angeht. Alles Wirken aber beruht im Sein und geht auf das Seiende aus. Das Denken dagegen lässt sich vom Sein in den Anspruch nehmen, um die Wahrheit des Seins zu sagen. Das Denken vollbringt dieses Lassen» (*Wegmarken*, cit., p. 313; in italiano si vedano *Segnavia*, cit., pp. 267-268 e, nella versione Bixio-Vattimo della *Lettera...*, cit., p. 75). Il passo della conferenza *Die Kehre* sopra riportato lo troviamo an-

Derrida mette questo passo (insieme con un altro di Antonin Artaud) come esergo al suo *La mano di Heidegger*, sottolineando *"Hand"* e *"Sprache"*:

" ... le penser est l'agir en ce qu'il a de plus propre, si agir (*handeln*) signifie prêter la *main* (*Hand*) à l'essence de l'être, c'est-à-dire: préparer (bâtir) pour l'essence de l'être au milieu de l'étant le domaine où l'être se porte et porte son essence à la *langue* [...][2].

Si tratterà dunque, "in una parola", della *mano dell'uomo*, «del rapporto della mano con la parola e col pensiero»[3]. Derrida parte da lontano, dal *Mnemosyne* di Hölderlin, «su cui Heidegger medita, che interroga e interpreta sovente». Egli riprende, qui, la famosa strofa riportata in *Was heisst Denken?*:

Ein Zeichen sind wir, deutungslos
Schmerzlos sind wir und haben fast
Die Sprache in der Fremde verloren

Un segno noi siamo, che nulla indica
Senza dolore noi siamo e quasi
Abbiamo dimenticato la lingua in terra straniera[4].

La versione francese di *Was heisst Denken?* che Derrida sceglie è quella dei traduttori Aloys Becker e Gérard Granel (cfr., qui, *Bibliografia*). Essa utilizza, nel tradurre questi versi di Hölderlin, il termine *monstre* per *Zeichen*:

---

che, non "rielaborato", a p. 71 del volume 79 della HGA, *Bremer und Freiburger Vorträge*, hrsg. von P. Jaeger, Klostermann, Frankfurt am Main 1994 (p. 100 dell'ed. it. a cura di F. Volpi, *Conferenze di Brema e Friburgo*, trad. di G. Gurisatti, Adelphi, Milano 2002); lì, l'"essere" appare come *Seyn*, e l'intera traduzione suona: «... il pensare è l'autentico agire, se agire significa dare una mano all'essenza dell'essere per preparare a quest'ultimo il posto in cui esso e la sua essenza si fanno parola». Sulla *Kehre*, cfr. l'omonimo capitolo in G. Senatore, *Il nulla e l'eterno (nella luce del Da-seyn). Leggendo Heidegger*, BoD, Norderstedt 2018, pp. 31-35.

[2] J. Derrida, *La Main de Heidegger*, in *Heidegger et la question. De l'esprit et autres essais*, cit., p. 175; il saggio lo troviamo tradotto in italiano in *La mano di Heidegger*, a cura di M. Ferraris, cit., alle pp. 31-79.

[3] Cfr. p. 41 della trad. it.

[4] Ivi, pp. 38-39.

Nous sommes un monstre privé de sens
Nous sommes hors douleur
Et nous avons perdu
Presque la langue à l'étranger.

Commenta Derrida:

Noi siamo un mostro, e singolare, un segno che mostra e avverte: ma tanto
più singolare per il fatto che mostrando, significando, designando, è destituito di
senso (*deutungslos*). Si dice destituito di senso, semplicemente e doppiamente
mostro, questo "noi": noi siamo segno – mostrando, avvertendo, facendo segno
verso, ma in verità verso il nulla, segno lontano, lontano rispetto al segno, orologio (*montre*) lontano rispetto all'orologio o alla mostrazione, mostro che non
mostra nulla. Questo scarto del segno riguardo a se stesso e alla propria cosiddetta funzione normale, non è già una mostruosità della mostratività, una mostruosità della mostrazione? Chi siamo noi, noi in quanto abbiamo quasi perduto
la lingua in terra straniera: forse in una traduzione. Ma questo "noi", il mostro, è
l'uomo? [5].

Poco prima, egli aveva rimarcato:

... in francese *la monstre* [...] ha il senso poetico-musicale di un diagramma
che mostra in un pezzo di musica il numero di versi e il numero di sillabe asse-
gnate al poeta. *Monstrer* è mostrare [*montrer*], e una *monstre* è un orologio
[*montre*]. Sono già insediato nell'idioma intraducibile della mia lingua, dal momento che è proprio della traduzione che voglio parlarvi. La *monstre*, dunque,
prescrive le pause del verso per una melodia. Il mostro [*le monstre*] o *la monstre*, è ciò che mostra per avvertire o mettere in guardia. Una volta *la montre*, l'o-
rologio, in francese, si scriveva *la monstre*[6].

La traduzione di *Zeichen* con *monstre*, dice Derrida, ha «una
triplice virtù». Prima di tutto "rievoca" il legame, già presente in
Sein und Zeit (§ 17), tra *Zeichen* e *zeigen* (o *Aufzeigung*), e cioè
tra «il segno e la mostrazione». Questi due, poi, in *Unterwegs zur
Sprache* sono "connessi" al *Sagen*, al dire, che in alto-tedesco
suona: *Sagan*. Afferma lì, infatti, Heidegger: «*Sagan heisst: zeigen, erscheinen –, sehen, und hören-lasse*n» e «noi utilizziamo,
per nominare il detto (*die Sage*), un'antica parola, ben attestata

---

[5] Ivi, pp. 39-40.
[6] Cfr., ivi, p. 38.

ma estinta: *die Zeige*» (*la monstre*, appunto). La seconda "virtù" di questa traduzione francese è che essa permette di vedere lo «scarto nei confronti della normalità del segno», cioè fa vedere un segno «che per una volta non è quello che dovrebbe essere, non mostra né significa nulla, mostra l'*assenza di senso* [*pas de sens*] e annuncia la perdita della lingua». Infine, questa traduzione «pone la questione dell'uomo»[7].

La mano, dunque: «il proprio dell'uomo in quanto mostro (*Zeichen*)». La mano «offre e riceve», dice Heidegger in *Was heisst Denken?*, «e non solamente cose: perché essa stessa si offre e si riceve nell'altra»:

"La mano conserva, la mano porta. La mano traccia dei segni, mostra, probabilmente perché l'uomo è un segno"[8].

Si sa che il seminario del 1951-52 (*Was heisst Denken?*, appunto) viene dopo il *Brief*, che «sottraeva la questione dell'essere all'orizzonte metafisico o onto-teologico dell'umanismo classico: il *Dasein* non è l'*homo* di questo umanismo»; e si sa anche che la data e la "tematica" del passo che abbiamo letto «lo fanno concordare col pensiero del dono, del donare e dell'*es gibt* che deborda, senza capovolgerla, la precedente formulazione della questione del senso dell'essere». Per situare, continua Derrida, «con più precisione ciò che qui potremmo chiamare il pensiero della mano, ma anche la mano del pensiero, di un pensiero del *Geschlecht* umano che si dice non metafisico, notiamo come si sviluppi in un momento del seminario [...] che ripete la questione dell'insegnamento del pensiero, soprattutto nell'università come luogo delle scienze e delle tecniche».

È in questo passo che, per così dire ritaglio la forma e il passaggio della mano: la mano di Heidegger. Il numero dell'"Herne", dove ho pubblicato *Geschlecht I*, aveva in copertina una foto di Heidegger che brandisce a due mani – scelta studiata e significativa – la penna sopra di un manoscritto. Anche se non se ne è mai servito, Nietzsche fu il primo pensatore dell'Occidente a possedere una macchina per scrivere, di cui conosciamo la fotografia. Heidegger non pote-

---

[7] Ivi, p. 40.
[8] Ivi, p. 41.

va che scrivere a penna, con mano d'artigiano e non da meccanico [...]. Più tardi, ho studiato tutte le fotografie di Heidegger pubblicate, soprattutto in un album comprato a Friburgo quando vi tenni una conferenza su di lui nel 1979. Gioco e teatro delle mani meriterebbero un intero seminario. Se non ci rinunciassi in partenza, insisterei sulla messa in scena [...] della mostrazione e della dimostrazione che si esibiscono: sia che si tratti del tenere in mano la penna, sia che si tratti della manovra del bastone, che mostra più che sostenere, o del secchio d'acqua accanto alla fonte. E la dimostrazione delle mani è del pari avvincente nell'accompagnare il discorso. Sulla copertina del catalogo, l'unica cosa che debordi il quadro, della finestra e della foto, è la mano di Heidegger[9].

La mano, questa *mostruosità* propria dell'uomo «come essere che mostra», aggiunge Derrida, lo «distinguerebbe da qualsiasi altro *Geschlecht*, e innanzitutto dalla scimmia»[10].

Ma non si può parlare della mano senza parlare della tecnica, anzi dell'*essenza* della tecnica, cui le scienze appartengono. L'essenza della tecnica

resta avvolta in una nebbia di cui nessuno è responsabile, né la scienza, né gli studiosi, né l'uomo in generale. Semplicemente, ciò che più dà da pensare (*das Bedenlichste*), è il fatto che noi ancora non pensiamo. Noi, chi? Tutti noi, precisa Heidegger, ivi compreso colui che sta parlando qui, e addirittura lui per primo (*der Sprecher mit einbegriffen, er sogar zuerst*). Essere il primo tra coloro che ancora non pensano, è pensare meno o più il "non ancora" di ciò che più dà da pensare, ossia il fatto che noi non pensiamo ancora? Il primo, qui, colui che parla e si mostra parlando così, designandosi alla terza persona, *der Sprecher*, è il primo perché già pensa (ciò) che noi non pensiamo ancora, e già lo dice? O forse è il primo a non pensare ancora, dunque l'ultimo a pensare già (ciò) che noi ancora non pensiamo, cosa che comunque non gli impedisce di parlare per essere il primo a dirlo? Queste domande meriterebbero lunghi sviluppi [...]. "Ecco perché – prosegue Heidegger – noi qui tentiamo di imparare a pensare (*Darum versuchen wir hier, das Denken zu lernen*)". Ma che cos'è imparare? La risposta è intraducibile alla lettera, passa attraverso un lavoro artigianale molto sottile, lavoro della mano e della penna tra le parole *entsprechen, Entsprechung, zusprechen, Zuspruch*. Invece di tradurre, parafrasiamo: imparare è rapportare ciò che facciamo a una corrispondenza (*Entsprechung*) in noi con l'essenziale [...][11].

---

[9] Cfr. ivi, pp. 41-42.
[10] Ivi, p. 42. Per Derrida, ciò che Heidegger dice della «scimmia priva della mano», priva dunque «del pensiero, del linguaggio, del dono», è «dogmatico» e «grave». Egli, in nota, richiama in proposito il volume 29/30 della HGA, *Die Grundbegriffe der Metaphysik*, 2ª parte, cap. 4 (cfr. p. 49). Per una interpretazione "altra" di questo capitolo heideggeriano rimandiamo alla nota 39 de *I giri del dire*, nel nostro *Fort und Da...*, cit.
[11] Ivi, p. 43.

Derrida poi riprende, per «illustrare queto accordo con l'essenza», l'esempio dell'*apprendista falegname* (*Schreinerlehrling*)
che lavora a un armadio:

Heidegger [...] più avanti dirà che "pensare è forse la stessa cosa che costruire un armadio (*wie das Bauen an einem Schrein*)". L'apprendista costruttore di
armadi non impara soltanto a utilizzare degli strumenti [...]: si rapporta ai diversi
tipi di legno, si accorda alle forme che dormono nel legno [...]. Il falegname autentico si accorda alla pienezza nascosta dell'essenza del legno e non allo strumento o al valore d'uso [...], alla pienezza nascosta in quanto quest'ultima penetra il luogo [...] abitato dall'*uomo*. Non ci sarebbe mestiere di falegname senza
questa corrispondenza tra l'essenza del legno e l'essenza dell'uomo come essere
votato all'abitare. Mestiere in tedesco si dice *Handwerk*, lavoro della mano, opera della mano, se non addirittura manovra. Quando il francese deve tradurre
Handwerk con *métier*, può darsi che sia legittimo e inevitabile, ma è una manovra arrischiata, nell'artigianato della traduzione, perché ci si lascia prendere la
mano, e la si perde (*parce qu'on y perd la main*). E si reintroduce ciò che Heidegger vuole evitare, il servizio reso, l'utilità, l'ufficio (*l'office*), il *ministerium* –
da cui forse deriva la parola "mestiere". *Handwerk*, il mestiere nobile, è un mestiere manuale che non è ordinato, come un'altra professione, all'utilità pubblica
o alla ricerca del profitto. Questo nobile mestiere, come *Handwerk*, sarà anche
quello del pensatore o dell'*enseigneur* che insegna il pensiero (*l'enseigneur* non
è necessariamente l'insegnante, il professore di filosofia). Senza quest'accordo
con l'essenza del legno, a sua volta accordato con l'habitat umano, l'attività sarebbe vuota. Resterebbe esclusivamente un'attività (*Beschäftigung*) orientata dal
commercio (*Geschäft*), dagli affari e dal gusto del profitto (*orientée par le négo-
ce, le commerce et le goût du profit*) [...]. Certo, riconosce Heidegger, l'inauten-
tico può sempre contaminare l'autentico, l'autentico falegname può diventare un
mercante di mobili per "grandi superfici" (supermercati), l'artigianato dell'habitat può diventare il trust internazionale chiamato, mi pare, "Habitat". La mano è
in pericolo. Sempre. "Ogni lavoro della mano (*Handwerk*), ogni agire (*Handeln*)
dell'uomo, è esposto sempre a questo pericolo. Lo scrivere poetico (*das Dichten*) non ne è meno immune del pensiero (*das Denken*) [...]. Pensare, dice e-
spressamente Heidegger, è un lavoro della mano. Lo dice senza giri di parole e
anche senza quel "forse" (*vielleicht*) che aveva modellato l'analogia fra il pensiero e la manifattura dell'armadio che è "forse" come il pensiero. Qui, senza a-
nalogia e senza "forse", Heidegger dichiara: "In ogni caso [il pensiero, *das Denken*] è un lavoro manuale [*Es ist jedenfalls ein Hand-Werk*]", un'opera della mano, insomma [...]. Questo non vuol dire che si pensi *con* le mani, come si dice
che si parla con le mani quando si accompagna il proprio discorso con gesti vo-
lubili, o che si pensa *con* i piedi quando si è, dice il francese, *bête comme ses
pieds*...[12].

---

[12] Ivi, pp. 43-45.

Da tutto ciò emerge che l'essere della mano «non si lascia determinare come un organo corporeo di prensione (*als ein leibliches Greiforgan*)». Non si tratta insomma di «una parte organica del corpo destinata a prendere, afferrare, se non addirittura graffiare»... e, aggiunge Derrida,

a prendere, comprendere, concepire, se si passa da *Greif*- a *begreifen* e a *Begriff*. Heidegger non ha potuto non lasciare che la cosa si dicesse e qui si può seguire [...] tutta una problematica della "metafora" filosofica, in particolare in Hegel, che presenta il *Begriff* come la struttura intellettuale o intelligibile "rilevante" (*aufhebend*) l'atto sensibile dell'afferrare, *begreifen*, del comprendere prendendo, impadronendosi, dominando e manipolando. Se c'è un pensiero della mano o una mano del pensiero, come Heidegger lascia intendere, non è dell'ordine del coglimento concettuale. Appartiene piuttosto all'essenza del dono, di una donazione che donerebbe, se possibile, senza nulla prendere. Se la mano è anche – nessuno lo può negare – un organo di prensione (*Greiforgan*), non è quella la sua essenza, non è l'essenza della mano nell'essere umano[13].

Ritorniamo così al confronto con la scimmia. Derrida riporta la frase di Heidegger, contenuta in *Was heisst Denken?*, che dice: «La scimmia, per esempio, possiede [*besitzt*] degli organi prensili, ma non possiede mani», mettendo in corsivo "per esempio" e sottolineando che Heidegger non sfugge («non più di altri, classici o moderni») alla regola delle "rappresentazioni correnti" che distinguono il *Geschlecht* umano da quello animale[14]. Poi, però, per poter "cucire e scrivere" alla sua maniera, si prepara il terreno ripercorrendo con grande maestria i passi più significativi della meditazione heideggeriana sulla "mano".

La mano dell'uomo sarebbe dunque una cosa a parte non in quanto organo separabile ma perché differente, dissimile da tutti gli organi prensili (zampe, un-

---

[13] Ivi, pp. 47-48.
[14] Ivi, p. 48. In realtà, Heidegger non usa il plurale, ma dice *er hat keine Hand*: "(la scimmia) non ha *la* mano". Ricordiamo inoltre ciò che Heidegger, semplicemente e *modestamente*, scrive nel *Brief*: «*Vermutlich ist für uns von allem Seienden, das ist, das Lebe-Wesen am schwersten zu denken, weil es uns einerseits in gewisser Weise am nächsten verwandt und andererseits doch zugleich durch einen Abgrund von unserem ek-sistenten Wesen geschieden ist.* [Probabilmente fra tutti gli enti l'essere-vivente è per noi il più difficile da pensare: da un lato, infatti, è quello che in un certo modo ci è più affine e, dall'altro, esso è *nello stesso tempo* separato da un *abisso* dalla nostra essenza ek-sistente» (cfr. *Wegmarken*, cit., p. 326 e p. 279 di *Segnavia*, cit.; nella traduzione Bixio-Vattimo, cit., la frase è a p. 89; i corsivi, infine, sono nostri.

ghie, artigli); ne viene allontanata in modo infinito dall'abisso del suo essere.
Questo abisso, sono la parola e il pensiero. "Solo un essere che parla, cioè pensa, può avere la mano e compiere nella manipolazione *(in der Hanhabung)* opere della mano" [...]. "È solo perché l'uomo parla che pensa, e non il contrario,
come crede ancora la metafisica". Il momento essenziale di questa meditazione
apre su ciò che chiamerò la doppia vocazione della mano [...]. Vocazione doppia
ma raccolta o intrecciata nella stessa mano: vocazione a mostrare o a fare segno,
e a donare o a donarsi, in una parola la *mostratività del dono o di ciò che si dona*. Ma l'opera della mano è più ricca di quanto non pensiamo abitualmente. La
mano non tocca e non afferra soltanto *(greift und fängt nicht nur)*, non stringe e
non spinge soltanto. La mano offre e riceve [*reicht und empfängt* – si debbono
intendere le consonanze tedesche: *greift, fängt/reicht, empfängt*], e non soltanto
le cose, perché essa stessa si offre e si riceve nell'altra. La mano custodisce
(hält). La mano regge *(trägt)*[15].

Per Derrida questo passaggio («dal dono, per così dire, transi-
tivo al dono di ciò che si dona, che dona se stesso in quanto poter-
donare, che dona il dono», e cioè «il passaggio dalla mano che dà
qualcosa alla mano che si dona») è *decisivo*. Infatti, come abbiamo visto, «non solamente la mano dell'uomo fa segni e mostra,
ma l'uomo è a sua volta un segno o un mostro, come abbozzano
la citazione e l'interpretazione di *Mnemosyne*».

La mano traccia dei segni, mostra *(zeichnet* [di-segna]), probabilmente perché l'uomo è un mostro *(ein Zeichen ist)*. Le mani si giungono [*falten sich*: si
piegano, anche] quando questo gesto deve condurre l'uomo alla più grande semplicità [*Einfalt*; non sono sicuro di capire questa frase che gioca sul *sich falten* e
la *Einfalt*; che si tratti della preghiera [...] o di gesti ordinari, l'importante è che
le mani possano toccarsi l'una con l'altra come tali (...), anche al contatto con la
mano dell'altro nel dono della mano. E che possano anche mostrarsi]. Tutto ciò,
è la mano, è il lavoro proprio della mano. In quest'ultimo poggia tutto ciò che
noi conosciamo come lavoro artigianale e a cui ci fermiamo abitualmente. Ma i
gesti [*Gebärden...*] della mano traspaiono dappertutto nel linguaggio [o nella lin-
gua], e con la più grande purezza allorché l'uomo parla tacendo [...]. Ogni movimento della mano in ciascuna delle sue opere è portato [...] dall'elemento, si
com-porta *(gebärdet sich*: [*trägt sich*]) nell'elemento del pensiero. Ogni opera
della mano poggia sul pensiero. Ecco perché il pensiero *(das Denken)* è per l'uomo il più semplice e di conseguenza il più difficile lavoro della mano *(Hand-
Werk)*, quando viene l'ora in cui deve essere espressamente *(eigens*, propriamente) compiuto[16].

---

[15] Ivi, pp. 50-51.
[16] Ivi, pp. 51-52; "di-segna", "com-porta" (così scritti) e il *trägt sich* inserito in quel "luogo" sono nostri. Ricordiamo, infatti, che *zeichnen*, in tedesco, "significa" anche *disegnare*;

Derrida fa poi giustamente notare che «in modo più o meno visibile, la mano o la parola *Hand* giocano un ruolo immenso in tutta la concettualità heideggeriana sin da *Sein und Zeit*». Basti pensare a *Vorhandenheit* e *Zuhandenheit*... Se in francese i due termini sono stati tradotti con *étant subsistant* e *être disponible*, la lingua inglese, dice Derrida, conserva meglio la parola "mano" con *presence-at-hand* (*Vorhandenheit*) e *ready-to-hand*, *readiness-to-hand* (*Zuhandenheit*). Ma è, naturalmente, «nell'idioma tedesco e, al suo interno, nell'idioma heideggeriano», che queste due parole esprimono tutta la loro forza. La domanda è: «quale dei due rapporti con la mano fonda l'altro?». Come bisogna, cioè, descrivere «questa fondazione *secondo la mano* in ciò che rapporta il *Dasein* all'essere dell'ente che lui non è [...]? Quale mano fonda l'altra?»:

La mano che ha rapporto alla cosa come utensile manovrabile o la mano come rapporto con la cosa in quanto oggetto sussistente e indipendente? La questione è decisiva per tutta la strategia di *Sein und Zeit*. La sua posta: niente meno che il passo originale di Heidegger per decostruire l'ordine classico della fondazione (fine del § 15). Questo passo nella sua interezza è anche un'analisi dello *Handeln*, dell'azione o della pratica come gesto della mano nel suo rapporto con la vista, e dunque una nuova prospettiva per ciò che viene definita come opposizione *praxis/theoria*. Ricordiamo che per Heidegger il "comportamento 'pratico' non è 'ateoretico'"...[17].

Ed eccolo, il passo di Heidegger, dal quale Derrida intende trarre i suoi «fili conduttori»:

---

che la parola *Gebärde* etimologicamente «viene da "*baren*" = portare [*tragen*], menare [*bringen*]» e che anche «*gebären* [partorire] viene dalla stessa origine. '*Ge*' significa sempre: stare in un raccoglimento [*Versammlung*], come, per esempio *Ge-birge* [massiccio montuoso], che è un raccoglimento di montagne. A partire dall'uomo, *Gebärde* [gesto, com-portamento] significa un com-portarsi raccolto [*gesammeltes Sich-Betragen*]» (cfr. M. Heidegger, *Zollikoner Seminare*, hrsg. von Medard Boss, Klostermann, 3. Auflage, Frankfurt am Main 2006, pp. 116-118; trad. it. a cura di E. Mazzarella e A. Giugliano, *Seminari di Zollikon. Protocolli seminariali-Colloqui-Lettere*, Guida, Napoli 2000, terza edizione, pp. 141-142). Inserire quindi il *trägt sich* nel "luogo" dove noi lo abbiamo inserito vuol dire richiamare ciò che altrove Heidegger dice sulla parola *erörtern*: essa *indica il luogo* della provenienza, cioè il luogo (*Ort*) che *trae a sé* come il *riunente*, e custodisce ciò che ha a sé tratto «in maniera da penetrarlo della sua propria luce, dandogli solo così la possibilità di dispiegarsi nel suo vero essere» (cfr. *Unterwegs zur Sprache*, ed. Neske cit., p. 37, e p. 45 della trad. it. citata).
[17] Ivi, pp. 53-54.

I Greci avevano, per parlare delle "cose" (*Dinge*), un termine appropriato: i *pràgmata*, ossia ciò con cui si ha a che fare (*zu tun*) nell'uso che si prende cura (*im besorgenden Umgang*), (*Praxis*). Ma, allo stesso tempo, sul piano ontologico, lasciavano nell'ombra (*im Dunkeln*) il carattere specificamente "pragmatico" dei *pràgmata* [insomma i Greci cominciavano a lasciare nell'ombra la *Zuhandenheit* dell'utensile a vantaggio della *Vorhandenheit* dell'oggetto sussistente: si potrebbe dire che inauguravano tutta l'ontologia classica lasciando una mano nell'ombra, lasciando che una mano facesse ombra all'altra, sostituendo, in una gerarchizzazione violenta, una esperienza della mano a un'altra esperienza della mano], *pràgmata* che loro determinavano "innanzitutto" come "mere cose" (*Blosse Dinge*). Noi definiamo utensile (*Zeug*) l'ente che viene incontro prendendosi cura (*im Besorgen*). Il nostro uso [nella vita di tutti i giorni, *im Umgang*, nell'ambiente quotidiano e sociale] ci svela degli utensili che permettono di scrivere, di cucire, di spostarci, di misurare, di effettuare ogni lavoro manuale [cito una traduzione francese molto insufficiente per *Schreibzeug, Nähzeug, Werk-, Fahr-, Messzeug*]. Si tratta di porre in evidenza il modo d'essere dell'utensile (*Zeug*). È ciò che avrà luogo alla luce di una descrizione [*Umgrenzung*: delimitazione] provvisoria di ciò che costituisce l'utensile come utensile, dell'utensilità (*Zeughaftigkeit*)[18].

Questo modo d'essere, commenta Derrida, «sarà per l'appunto la *Zuhandenheit* (*readiness-to-hand*)».

E Heidegger, per parlarne poi al paragrafo successivo, comincia col prendere gli esempi che ha, in qualche modo, sotto mano: il calamaio (*Schreibzeug*), la penna (*Feder*), l'inchiostro (*Tinte*), la carta (*Papier*), quel che si chiama così bene sottomano (*Unterlage*), il tavolo, la lampada, i mobili, e, alzando lo sguardo al di sopra delle mani che scrivono, verso le finestre, le porte, la camera[19].

Quali sono, dunque, questi fili? Derrida dice: «ecco i due fili che vorrei tenere a portata di mano, per farne dei fili conduttori o anche per cucire e scrivere un po' alla mia maniera».

Il primo concerne «la *pràxis* e i *pràgmata*». Il secondo «riconduce alla scrittura». Per entrambi i fili, Derrida si richiama a un altro seminario di Heidegger, in particolare a un passo suggeritogli da John Sallis:

Avevo già scritto tutto questo quando John Sallis, che ringrazio, attirò la mia attenzione su di un passo di Heidegger molto più tardo. Scandisce in modo av-

---

[18] Ivi, p. 54 (cfr. il § 15 di *Sein und Zeit*: p. 92 di GA Band 2).
[19] Ivi, pp. 54-55.

vincente quella lunga manovra che fa del *cammino del pensiero* e della questione del senso dell'essere una lunga e continua meditazione della e sulla mano. Heidegger ripete sempre del pensiero che è un cammino, in cammino (*Unterwegs*); ma in cammino, camminando, il pensatore è incessantemente occupato da un pensiero della mano. Molto tempo dopo *Sein und Zeit* – che non parla *tematicamente* della mano analizzando *Vorhanden-* e *Zuhandenheit* – ma dieci anni prima di *Was heisst Denken?*, che la porta a tema, si colloca quel seminario sul *Parmenide* [...] che, nel 1942-43, riprende la meditazione su *pragma* e *praxis*. Benché la parola tedesca *Handlung* non sia la traduzione letterale di *pragma*, coglie – se la si comprende correttamente – e incontra "l'essere originariamente essenziale di *pragma*" (*das ursprünglich wesentliche Wesen von pragma*), poiché questi *pràgmata* si presentano come "*Vorhandenen*" e "*Zuhandenen*" nel dominio della mano (*im Bereich der "Hand"*). Tutti i motivi di *Was heisst Denken?* sono già disposti. Solo l'ente che, come l'uomo, "ha" la parola (*Wort, mythos, logos*), può e deve avere la mano grazie a cui possono avvenire così la preghiera come l'omicidio, il saluto e il ringraziamento, il giuramento e il cenno (*Wink*), lo *Handwerk* in generale. Sottolineo [...] l'allusione allo *Handschlag* (la stretta di mano o ciò che si può chiamare il 'qua la mano!') che "fonda", dice Heidegger, l'alleanza, l'accordo, l'impegno (*Bund*). La mano non perviene alla propria essenza (*west*) che nel movimento della verità, nel doppio movimento di ciò che nasconde e fa uscire dal proprio riserbo (*Verbergung / Entbergung*). D'altronde tutto il seminario è dedicato alla storia della verità (*aletheia, lethe, lathon, lathes*). Quando dice, sempre in quel passo, che l'animale non ha la mano, che una mano non può mai sorgere a partire da una zampa o dagli artigli, ma soltanto dalla parola, Heidegger precisa che "l'uomo non 'ha' mani" ma che *la* mano occupa, per disporne, l'essenza dell'uomo ("*Der Mensch 'hat' nicht Hände, sondern die Hand hat das Wesen des Menschen inne*")[20].

Sul "filo" relativo alla *scrittura*, Derrida dice: «Se la mano dell'uomo è ciò che è a partire dal parlare o dalla parola (*das Wort*), la manifestazione più immediata [...] di questa origine sarà il gesto della mano per rendere la parola manifesta, ossia la scrittura manuale, la manoscrittura (*Handschrift* ["*la manuscripture*"]) che mostra e inscrive la parola per lo sguardo»:

"La parola in quanto disegnata (o inscritta: *eingezeichnete*) e tale quale si mostra allo sguardo (*und so dem Blick sich zeigende*), è la parola scritta, cioè la scrittura (*d. h. die Schrift*). Ma la parola come scrittura è la scrittura manuale (*Das Wort als die Schrift aber ist die Handschrift*)". Invece che scrittura manuale, diciamo piuttosto manoscrittura, perché – non lo si dimentichi come spesso

---

[20] Ivi, pp. 55-56. Per il *Parmenide*, cfr. pp. 118-125 di GA Band 54 (pp. 155-163 it.), citato, qui, alla nota 41 del prossimo capitolo.

succede – la scrittura della macchina per scrivere, contro cui Heidegger leverà un'implacabile requisitoria, è anch'essa una scrittura manuale...[21].

Derrida sottolinea come la "meccanizzazione tipografica", per Heidegger, distrugga «l'integrità propria della parola parlata che la manoscrittura preserva e raccoglie». La macchina, dice infatti Heidegger, «strappa (*entreisst*) la scrittura al dominio essenziale della mano, cioè della parola, del parlato».

La parola "battuta" a macchina non è che una copia (*Abschrift*) [...]. La macchina "degrada" (*degradiert*) la parola o il parlare riducendoli a semplice mezzo di trasporto (*Verkehrsmittel*), a strumento di commercio e comunicazione. Inoltre, offre il vantaggio, a chi auspica questa degradazione, di nascondere la scrittura manoscritta [...]. "Nello scrivere a macchina, tutti gli uomini si somigliano", conclude Heidegger [...]. "*Die Schreib-maschine verhüllt das Wesen des Schreibens und der Schrift* [la macchina dissimula l'essenza dello scrivere e della scrittura]". Questa dissimulazione è anche un movimento di ritrarsi o di sottrazione (le parole *entziehen, Entzug* tornano spesso in questo passo). E se in questo ritrarsi la macchina [...] diventa "*zeichenlos*", priva di segno, insignificante, a-significante, è perché perde la mano [...][22].

«*Die Hand handelt*», dice Heidegger: "la mano maneggia" (*la main manie*]... Quella tra mano e parola, è una "co-appartenenza essenziale" (*Wesenszusammengehörigkeit*) che «si manifesta proprio nel fatto che la mano manifesta ciò che è nascosto (*die Hand Verborgenes entbirgt*)», precisa Derrida.

E lo fa [...], nel suo rapporto con la parola, facendo segno, mostrando e scrivendo segni che mostrano, o piuttosto dando a questi segni o "mostri" delle *forme* che si chiamano scrittura (...*sie zeigt und zeigend zeichnet und zeichnend die zeigenden Zeichen zu Gebilden bildet. Diese Gebilde heissen nach dem "Verbum"* gràphein *die* gràmmata). Il che implica, e Heidegger lo dice esplicitamente, che la scrittura sia, nella sua provenienza essenziale, manoscrittura (*Die Schrift ist in ihrer Wesensherkunft die Hand-schrift*). E io aggiungerò – cosa che Heidegger non dice ma che mi sembra ancor più decisiva – manoscrittura *immediatamente* legata alla parola, ossia più verosimilmente *sistema di scrittura fonetica*: sempre che ciò che raccoglie *Wort, zeigen* e *Zeichen* passi necessariamente attraverso la voce, e che la parola di cui parla Heidegger qui non sia essenzialmente distinta da ogni *phonè*[23].

---

[21] Ivi, p. 56.
[22] Ivi, p. 57.
[23] Ivi, pp. 57-58 (cfr. anche pp. 201-202 dell'ed. fr. cit.).

Della "voce", tratteremo nel prossimo capitolo. Ora concludiamo questo, riprendendo alcuni ulteriori (s)punti della derridiana
conferenza di Chicago. Il "male", dice il filosofo francese, per
Heidegger non viene solo dalla macchina per scrivere, ma anche
dalla letteratura, e richiama altre due affermazioni di *Was heisst
Denken?* La prima dice che

Socrate è "il più puro pensatore dell'Occidente" (*der reinste Denker des Abend-
landes. Deshalb hat er nichts geschrieben*) "perciò non ha scritto nulla". Ha sa-
puto mantenersi nel vento e nel movimento di ritrarsi da ciò che si dà a pensare
(*in den Zugwind dieses Zuges*). In un altro passo [...] scrive: "Quando noi spo-
siamo questo movimento di ritrarsi (*Zug des Entziehens*) siamo – in modo totalmente diverso dagli uccelli di passo – anche noi in movimento verso ciò che ci
attira ritirandosi". Qui la scelta dell'esempio dipende dall'idioma tedesco: in tedesco uccello di passo ["*oiseau migrateur*"] si dice *Zugvogel*. Noi, gli uomini,
siamo nel tratto (*Zug*) di questo ritrarsi, *nur ganz anders als die Zugvögel*.

Inoltre Heidegger sostiene (seconda affermazione "perento-
ria", *tranchante*) che «il pensiero declina nel momento in cui si
comincia a scrivere», quando "entra nella letteratura" (*in die Literatur*), «nel senso ampio del termine». È ciò che «avrebbe deciso
il destino della scienza occidentale sia come *doctrina* del Medioe-
vo (insegnamento, disciplina, *Lehre*) sia come scienza dell'Età
Moderna»[24].

La mano, dice ancora Derrida alla fine della prima parte della
sua *conférence*, "parla" anche «in una certa pagina di *Il detto di
Anassimandro*»:

Questa pagina ricorda come in *chreòn* – tradotto generalmente con "necessità" – parla *e cheir*, la mano: "*Chraô* vuol dire: maneggio [*je manie*], porto qualcosa alla mano (*ich be-handle etwas*)". Il seguito del paragrafo, troppo difficile
da tradurre per la serrata manipolazione dell'idioma tedesco (*in die Hand geben,
einhändigen, aushändigen*: rimettere in mani proprie, poi liberare, abbandonare,
überlassen), sottrae il participio *chreòn* ai valori di costrizione e d'obbligo
(*Zwang, Müssen*). Contemporaneamente, ne sottrae il termine *Brauch* con cui
Heidegger propone di tradurre *to chreòn* e che significa, in tedesco corrente, bisogno...[25].

---

[24] Ivi, pp. 59-60 (trad. modificata) e p. 203 fr. Cfr. p. 20 di GA Band 8 (p. 110 it., vol. 1).
[25] Ivi, pp. 60-61 (cfr. il capitolo *L'esser pio* del nostro *La rocca, il colle e il sentiero...*, cit.,
in particolare la nota 24, e, ivi, nota 6 del capitolo *Il pudore*). *Il detto di Anassimandro* è
tratto, come è noto, da *Holzwege* (cfr. *Bibliografia*).

...e "la voce dell'amico"

Come insegna *Sein und Zeit*, gli esistenziali *fondamentali*, che costituiscono l'essere del *Da*, cioè l'*Erschlossenheit des In-der-Welt-seins* (l'apertura, o la "schiusura", dell'essere-nel-mondo), sono la *Befindlichkeit* e il *Verstehen*, il "trovarsi" e "il comprendere"[1]. Nel paragrafo 34 del suo capolavoro Heidegger scrive che quest'ultimo *birgt in sich die Möglichkeit der Auslegung* («cela in sé la possibilità dell'interpretazione»), la possibilità di "appropriarsi del compreso"[2]. E siccome la *Befindlichkeit* è cooriginaria (*gleichursprünglich*) al *Verstehen*, essa si mantiene sempre (*hält sie sich*) in una certa comprensione (*Verständnis*)[3].

Il derivato ultimo dell'interpretazione è l'*asserzione*, l'*enunciato*. Con questi termini ci troviamo pienamente nel fenomeno del *linguaggio*, che ha pertanto le sue radici nella costituzione esistenziale dell'*Erschlossenheit des Daseins*. Ora, dice qui Heidegger, il fondamento ontologico-esistenziale ("esistenzial-ontologico") del linguaggio è il *discorso*, o "il parlare": *die Rede*[4].

Die Rede ist mit Befindlichkeit und Verstehen existential gleichursprünglich [...]. *Rede ist die Artikulation der Verständlichkeit. Sie liegt* [...] *der Auslegung und Aussage* [...] *zugrunde* [...]. *Das in der redenden Artikulation Gegliederte* [...] *nennen wir das Bedeutungsganze*[5].

---

[1] M. Heidegger, *Sein und Zeit*, GA Band 2, cit., p. 213; p. 197 della trad. Chiodi-Volpi e p. 461 di quella di Marini, citate.

[2] *Ibidem*.

[3] *Ibidem*.

[4] *Ibidem* (pp. 459-461 della trad. di A. Marini).

[5] *Ivi*, pp. 213-214.

L'articolazione della comprensibilità, *die Rede*, che sta alla base dell'*Auslegung* e dell'*Aussage*, l'"articolato in quanto tale" dell'articolazione "parlante" o "discorsiva", Heidegger lo chiama dunque "totalità di significato", che può essere "scomposta" e "risolversi" (*aufgelöst*) in più significati, sempre "forniti di senso" (*immer sinnhaft*). Ma se l'articolazione della comprensibilità è un esistenziale originario dell'*Erschlossenheit*, e se questa è «primariamente costituita» (*primär konstituiert*) dall'essere-nel-mondo, allora *die Rede* deve avere uno specifico modo d'essere *mondano* («*weltliche* Seinsart»):

> Die befindliche Verständlichkeit des In-der-Welt-seins *spricht sich als Rede aus*. Das Bedeutungsganze der Verständlichkeit *kommt zu Wort*. Den Bedeutungen wachsen Worte zu. Nicht aber werden Wörterdinge mit Bedeutungen versehen.

Nella traduzione di Marini:

> La comprensibilità che si trova nell'essere-nel-mondo *si pronuncia in quanto parlare*. La totalità di significato della comprensibilità *prende la parola*. Ai significati spuntano le parole. Ciò che non accade, invece, è che a delle parole-cosa vengano forniti dei significati[6].

Il linguaggio è così l'"espressione del discorso", o, per dirla con Marini, l'"esser-pronunciato all'esterno del parlare" (*die Hinausgesprochenheit der Rede*)[7]. Se il discorso è linguaggio in senso esistenziale è perché «l'ente di cui esso articola l'apertura in base a significati ha il modo di essere dell'essere-nel-mondo [...] *gettato* [*die Seinsart des geworfenen*]»[8]. Del "linguaggio discorrente", continua Heidegger, fanno parte *Hören und Schweigen*, l'ascoltare (o il "sentire") e il tacere, ed egli ricorda che all'"articolazione significante" appartiene il *Mitsein*: essa «si mantiene via via in una determinata maniera del pro-curante esser-'l'un con l'altro' [*sich je in einer bestimmten Weise des besorgeneden Mit-*

---

[6] Ivi, p. 214 (p. 463 it.)

[7] *Ibidem* (e p. 198 della trad. Chiodi-Volpi).

[8] *Ibidem* (corsivo nostro: in nota, Heidegger dice «per il linguaggio la gettatezza è essenziale [*für Sprache ist Geworfenheit wesentlich*]».

einenderseins hält]», o dell'«essere-assieme prendente cura»[9]. In ogni parlare, poi, c'è "un *parlato* in quanto tale" (*ein* Geredetes *als solches*), ciò che è *detto* (*das Gesagte*), in quanto tale. È così che il discorso "si fa comunicante", che il parlare "si comunica" (*teilt sich die Rede mit*). Questo fenomeno, la comunicazione (*Mitteilung*), deve essere inteso «in un senso ontologicamente lato», e cioè nel senso esistenziale fondamentale. È nella comunicazione così intesa che si costituisce l'articolazione del "comprendente essere-con" (*des verstehenden Miteinanderseins*). La comunicazione non è mai una sorta di «trasferimento di esperienze vissute» (*so etwas wie ein Transport von Erlebnissen*) dall'interno di un soggetto all'interno dell'altro, perché il *Mitdasein* è già essenzialmente manifesto nella *Mitbefindlichkeit* e nel *Mitverstehen*: nella *Rede*, "l'essere-con", il *Mitsein*, «viene *partecipato* "espressamente" ["ausdrücklich" *geteilt*], il che significa che già c'è [es *ist* schon]»:

> Redend spricht sich Dasein *aus*, nicht weil es zunächst als "Inneres" gegen ein Draussen abgekapselt ist, sondern weil es als In-der-Welt-sein verstehend schon "draussen" ist. Das Ausgesprochene ist gerade das Draussensein...

> Parlando, il *Dasein* si *pro*-nuncia, non perché sia dapprima incapsulato in un "dentro" contrapposto a un fuori, ma perché esso, in quanto essere-nel-mondo, comprendendo, è già "fuori". Ciò che viene espresso è proprio l'esser-fuori...[10].

Il tono, la modulazione e il ritmo (*Tonfall, Modulation, Tempo*) del parlare costituiscono l'indice linguistico (*der sprachliche Index*) del fatto che *die Rede* implica «render noto l'in-essere nella modalità del trovarsi» (*Bekundung des befindlichen In-Seins*). Qui Heidegger precisa anche che «la comunicazione delle possibilità esistenziali del trovarsi, ossia lo schiudimento d'esistenza, può diventare il fine proprio del parlare "poetante" [*die Mitteilung der existenzialen Möglichkeiten der Befindlichkeit, das*

---

[9] Cfr. ivi, pp. 214-215 ted., pp. 198-199 della trad. Chiodi-Volpi e p. 465 di quella di Marini.

[10] Ivi, pp. 215-216 ted., pp. 199-200 della trad. Chiodi-Volpi e pp. 465-467 di quella di Marini. Sul "*Draussensein*", Heidegger annota a margine: «das Da; Ausgesetztheit als offene Stelle» (il *Da*; l'essere esposto come posto aperto).

*heisst das Erschliessen von Existenz, kann eigenes Ziel der "dich-
tenden" Rede werden]»*[11].

Che il "discorso" sia connesso con *Verstehen* e *Verständlichkeit*, col comprendere e con la comprensibilità, risulta chiaro, dice
Heidegger, se si guarda alla possibilità esistenziale dell'*Hören*,
del *sentire*, che infatti *appartiene* (*gehört*) alla *Rede*:

> Wir sagen nicht zufällig, wenn wir nicht "recht" gehört haben, wir haben
> nicht "verstanden". Das Hören ist für das Reden konstitutiv. Und wie die
> sprachliche Verlautbarung in der Rede gründet, so das akustische Vernehmen im
> Hören. Das Hören auf... ist das existenziale Offensein des Daseins als Mitsein
> für den Anderen. Das Hören konstituiert sogar die primäre und eigentliche Of-
> fenheit des Daseins für sein eigenstes Seinkönnen, als Hören der Stimme des
> Freundes, den jedes Dasein bei sich trägt.

> [Non a caso, quando non abbiamo sentito "bene", diciamo di non aver "capi-
> to". Il sentire è costitutivo del parlare. E come la verbalizzazione linguistica si
> fonda nel parlare, così la percezione acustica nel sentire. Lo stare a sentire è l'e-
> sistenziale essere-aperto all'altro da parte dell'esserci in quanto essere-con. Il
> sentire costituisce addirittura l'apertura primaria e autentica dell'esserci al suo
> più proprio poter essere, come ascolto della voce dell'amico che ogni esserci
> porta con sé][12].

È qui, che "si inserisce" Derrida. Prima di vedere *come*, seguiamo ancora Heidegger in questo paragrafo 34 di *Sein und Zeit*.

Il primario ed esistenziale poter-saper sentire (*Hörenkönnen*)
rende possibile qualcosa come il *tendere l'orecchio* (*Horchen*),
che, a sua volta, è fenomenicamente più originario di ciò che in
psicologia si definisce "udire", vale a dire la sensazione dei suoni
e la percezione dei rumori (*das Empfinden von Tönen und das
Vernehmen von Lauten*):

> Auch das Horchen hat die Seinsart des verstehenden Hörens. "Zunächst" hö-
> ren wir nie und nimmer Geräusche und Lautkomplexe, sondern den knarrenden
> Wagen, das Motorrad. Man hört die Kolonne auf dem Marsch, den Nordwind,
> den klopfenden Specht, das knisternde Feuer [...]. Das Dasein ist als wesenhaft

---

[11] Ivi, p. 216 (p. 200 trad. Chiodi-Volpi e p. 467 trad. Marini).
[12] Ivi, p. 217 (pp. 200-201 trad. Chiodi-Volpi e p. 469 trad. Marini).

verstehendes zunächst beim Verstandenen [...]. Sogar dort, wo das Sprechen undeutlich oder gar die Sprache fremd ist, hören wir zunächst *unverständliche* Worte und nicht eine Mannigfaltigkeit von Tondaten [...]. Nur wo die existenziale Möglichkeit von Reden und Hören gegeben ist, kann jemand horchen [...]. Das Nur-herum-hören ist eine Privation des hörenden Verstehens. Reden und Hören gründen im Verstehen.

Anche il tendere l'orecchio ha il modo d'essere del sentire comprendente. "In prima istanza" non udiamo mai rumori e complessi di suoni, bensì il carro che cigola, la motocicletta. Udiamo la colonna in marcia, il vento del Nord, il picchio che batte, il fuoco crepitare [...]. In prima istanza l'esserci, in quanto essenzialmente comprendente, è presso il compreso [...]. Perfino là dove il parlare non è chiaro o la lingua sconosciuta, ciò che sentiamo in prima istanza sono parole *incomprensibili* e non già una molteplicità di dati sonori [...]. Solo là dove la possibilità esistenziale di parlare e sentire è data, qualcuno può anche tendere l'orecchio [...]. Il semplice sentire qua e là è una privazione dell'ascoltante comprendere. Parlare e sentire hanno radice nel comprendere[13].

E anche il *tacere* (das *Schweigen*), altra essenziale possibilità della *Rede*, riposa sul fondamento esistenziale della comprensione:

Nel corso di una conversazione [*Miteinanderreden*], chi tace può "far capire" [*"zu verstehen geben"*], cioè promuovere la comprensione [*das Vertändnis ausbilden*], più autenticamente [*eigentlicher*] di chi non finisce mai di parlare [*dem das Wort nicht ausgeht*][14].

Tacere non significa però "essere muto" (*stumm sein*). Al contrario, il muto ha «la tendenza a "parlare" [*die Tendenz zum "Sprechen"*]». Solo il parlare genuino rende possibile l'autentico tacere. Ma per poter tacere il *Dasein* deve avere qualcosa da dire... Esso, annota Heidegger a margine, è *das Zu-Sagende*, il "dadirsi", ovvero *das Seyn* (l'*esse*, come traduce Marini)[15]. È così che *die Verschwiegenheit*, il silenzio, o il "tacito riserbo", rivela (*macht offenbar*) e «mette a tacere la "chiacchiera" [*schlägt das "Gerede" nieder*]».

---

[13] Ivi, pp. 217-218 (cfr. pp. 201-202 della trad. Chiodi-Volpi e pp. 469-473 della trad. di Marini, qui ripresa e leggermente modificata).
[14] Ivi, p. 218 (p. 202 trad. Chiodi-Volpi e p. 473 trad. Marini)
[15] Cfr., ivi, p. 219 (*ibidem* nelle traduzioni italiane citate).

Verschwiegenheit artikuliert als Modus des Redens die Verständlichkeit des Daseins so ursprünglich, dass ihr das echte Hörenkönnen und durchsichtige Miteinandersein entstammt. Weil für das Sein des Da, das heisst Befindlichkeit und Verstehen, die Rede konstitutiv ist, Dasein aber besagt: In-der-Welt-sein, hat das Dasein als redendes In-Sein sich schon ausgesprochen. Das Dasein hat Sprache. Ist es Zufall, dass die Griechen, deren alltägliches Existieren sich vorwiegend in das Miteinanderreden verlegt hatte, und die zugleich "Augen hatten", zu sehen, in der vorphilosophischen sowohl wie in der philosophischen Daseinsauslegung das Wesen des Menschen bestimmten als ζῷον λόγον ἔχον? Die spätere Auslegung dieser Definition des Menschen im Sinne von animal rationale, "vernünftiges Lebewesen", ist zwar nicht "falsch", aber sie verdeckt den phänomenalen Boden, dem diese Definition des Daseins entnommen ist.

Il riserbo, in quanto modo del parlare, articola la comprensibilità dell'esserci così originariamente che, anzi, è di lì che scaturisce il genuino saper-sentire e il perspicuo esser-con-gli-altri. Poiché per l'essere del *ci*, ossia il trovarsi e il comprendere, parlare è costitutivo, ma esserci significa essere-nel-mondo, l'esserci in quanto parlante in-essere si è già pronunciato. L'esserci ha il linguaggio. È forse un caso che i Greci (il cui esistere quotidiano si era prevalentemente trasposto nel parlare 'gli uni con gli altri' e che, intanto, "avevano occhi" per vedere), nella loro interpretazione sia prefilosofica sia filosofica dell'esserci abbiano determinato l'essenza dell'uomo come ζῷον λόγον ἔχον? La tarda interpretazione di questa definizione dell'uomo come animal rationale, pur non essendo "falsa", nasconde il terreno fenomenale da cui questa definizione dell'esserci è tratta[16].

Il paragrafo 34 si conclude così:

I greci non avevano un termine per dire linguaggio, perché inteso "innanzi tutto" questo fenomeno come discorso [...]. La grammatica [...] si fonda nell'ontologia della semplice-presenza [*in der Ontologie des Vorhandenen*]. La struttura fondamentale delle "categorie del significato" passate nella linguistica successiva e ancor oggi sostanzialmente in vigore è desunta dal discorso inteso come asserzione [*ist an der Rede als Aussage orientiert*]. Se invece si assume il fenomeno nella sua originarietà fondamentale e nella sua portata esistenziale, diviene necessario reimpostare la linguistica su fondamenti ontologicamente più originari [...]. L'indagine filosofica dovrà pur decidersi una buona volta a chiedersi quale sia, in generale, il modo di essere del linguaggio [...]. C'è una linguistica:

---

[16] *Ibidem* (cfr. pp. 202-203 della trad. Chiodi-Volpi e pp. 473-475 di quella di Marini, qui ripresa e leggermente modificata). A margine di ζῷον λόγον ἔχον Heidegger scrive: «*Der Mensch als der 'Sammler', Sammlung auf das Seyn – wesend in der Offenheit des Seienden (aber dieses im Hintergrund)*». Ecco le traduzioni: «L'uomo come "colui che raccoglie", raccolta in vista dell'Essere – permanendo essenzialmente nell'apertura dell'ente (ma quest'ultimo sullo sfondo)» (Volpi); e: «L'uomo come l'"adunatore", radunata dell'*esse* – essenziando nell'apertura dell'ente (ma questo nello sfondo)» (Marini).

e tuttavia l'essere dell'ente che essa ha per tema continua a restare oscuro [...]. L'indagine filosofica deve rinunciare alla "filosofia del linguaggio" e dedicare la sua attenzione alle "cose stesse", portandosi sul piano di una problematica concettualmente chiara[17].

Sopra dicevamo che nel "discorso" del paragrafo 34 di *Sein und Zeit* si inserisce Jacques Derrida. Egli lo fa partendo dalla frase «*...als Hören der Stimme des Freundes, den jedes Dasein bei sich trägt*» e riportando varie traduzioni di essa[18].

Così comincia Derrida:

L'amico tace. Questo amico. Osserva il silenzio. Qui, almeno, *questo* amico non dice nulla. Se ne potrebbe quasi concludere, allora, che non pronunci niente di determinabile: Heidegger non evoca alcun detto né alcun dire, sia pure amichevole, dell'amico. La voce di questo amico non necessariamente parla. Questo amico potrebbe essere afasico. Si potrebbe persino essere fisicamente sordi senza perciò cessare di portarlo *bei sich*, con sé, attraverso la sua voce. Con sé, che non vuol dire vicinissimo a sé. Con sé non vuol dire più vicino, né in sé. In un senso strettamente grammaticale, la frase dice che il *Dasein* porta con sé proprio l'amico e non solamente la sua voce [...]. Udendo la sua voce, io ascolto proprio l'amico, di là dalla sua voce ma in essa [...]. Beninteso, il *Dasein* "porta" l'amico, ma non l'amico nella sua totalità, in carne ed ossa. Lo porta, per così dire, nella figura della sua voce, nella sua figura metonimica [...]. Dov'è [...] questa voce? Donde proviene? Sembra non essere né in noi, né fuori di noi, ma in lui. Né nel nostro orecchio, né fuori dal nostro orecchio. Ma [...] dov'è un orecchio? [...] Che cos'è aprirsi, per un orecchio? Che cos'è tendere l'orecchio, intendere o non intendere? Esser sordo, non *potere* o non *volere* intendere...[19].

Dov'è dunque l'orecchio che *prestiamo* alla voce dell'amico? Che cos'è? È vero che «la *petite phrase* di Heidegger sembra già

---

[17] Ivi, pp. 220-221, pp. 203-204 della traduzione Chiodi-Volpi, qui ripresa (con inserimenti in tedesco nostri), e pp. 475-477 di quella di Marini (il quale, ricordiamo, traduce *Rede* con "parlare", *Vorhandenheit* con "ente sottomano", e *Aussage* con "enunciato").

[18] J. Derrida, *L'oreille de Heidegger. Philopolémologie* (Geschlecht IV), in Id., *Politiques de l'amitié*, Galilée, Pris 1994, p. 341; trad. it. di G. Chiurazzi, *L'orecchio di Heidegger. Filopolemologia*, in *La mano di Heidegger*, a cura di M. Ferraris, cit., p. 81. Le traduzioni in francese della frase di Heidegger che Derrida riporta sono queste: «ouïr de la voix amie, que tout être-là porte en lui-même» (Boehm – de Waehlens); «écoute qui s'ouvre à la voix de l'ami que tout *Dasein* porte auprès de lui» (Vezin); «en tant qu'entente de la voix de l'ami que tout *Dasein* porte avec soi» (Martineau).

[19] Ivi, pp. 343-344 (pp. 81-82 della trad. it., leggermente modificata).

assicurarci che noi non dobbiamo neanche prendere l'iniziativa di prestare o tendere l'orecchio alla voce dell'amico»:

> Attraverso questa voce, il *Dasein* porta l'amico con sé, che lo voglia o no, che lo sappia o no e quale che sia la sua decisione. In ogni caso, ciò che importa qui, a quanto sembra, non è quello che dice la voce dell'amico. Non il suo detto. E neanche il dire del suo detto. Appena la sua voce. O meglio l'ascolto (*das Hören*) della sua voce. *Das Hören* è il tema principale del capitolo. E questo ascolto non potrebbe aprire il *Dasein* al suo "poter essere più proprio" (*sein eigenstes Seinkönnen*), se non fosse innanzitutto l'ascolto di questa voce [...]. Forse l'enigma si situa [...] dentro a queste poche parole *bei sich* e *tragen*[20].

Questo amico, continua Derrida, non solo non parla, ma è anche "invisibile". Non appare «più di quanto non pronunci o non si pronunci».

> L'amico non ha figura. Non ha sesso. Non ha nome. Non è un uomo, non è una donna [...], non è un "io", né un soggetto né una persona. È un altro *Dasein*[21].

Un *Dasein* che si può intendere "nei paraggi", che è "a-portata di voce". Esso è nominato una sola volta, in quel breve inciso di *Sein und Zeit*. Allusione unica ed enigmatica. L'amico «osserva il silenzio anche se la sua voce è *evocata*». Noi non sapremo, dice Derrida, che cos'è "l'orecchio del *Dasein*" «fintanto che non sapremo che cosa significhi ascoltare (*hören*) questa voce dell'amico e ascoltare in generale»:

> è forse a partire dall'ascolto della voce dell'amico presso di sé per il *Dasein* che si potrà intendere meglio che cosa vuol dire, non solo amico, ma anche *Dasein*, "voce", "portata", "esser-presso", "orecchio" [...]. Per [...] leggere la portata di questo "*tragen*" con la gravità che richiede, non si dovrebbe trascurare nulla dell'attenzione pensante che Heidegger accorda alla semantica tedesca del *tragen* e a tutte le sue risorse potenziali, che sfrutta o con cui gioca, come farà in particolare molto più tardi, a proposito di un motivo che non è uno qualunque, giacché si tratta nientemeno che della differenza, di uno dei nomi che lui dà alla differenza (*Unter-schied*), e cioè *Austrag*[22].

---

[20] Cfr. pp. 82-83 della trad. it.
[21] Ivi, p. 83.
[22] Ivi, pp. 83-87.

"*Molto più tardi*"...: Derrida si riferisce al famoso saggio "*Die Sprache*", che costituisce il debutto di *Unterwegs zur Sprache*. Il salto, dunque, è dal § 34 di *SuZ* ("*Da-sein und Rede. Die Spra-che*") a "*Die Sprache*" di *UzS*. Entrano in gioco, ora, *Austrag*, appunto, e *Ruf* ("chiamata").

Come sappiamo, in *Die Sprache*, «Heidegger si mette all'ascolto di una poesia di Trakl».

Le frasi che leggerò seguono il famoso passo che dice: *Die Sprache "spricht". Dies heisst zugleich und zuvor: Die "Sprache" spricht. Die Sprache? Und nicht der Mensch?* [...] *Der Ruf ruft zwar her. So bringt er das Anwesen des vordem Unberufenen in eine Nähe.* [...] *Das Herrufen ruft in eine Nähe. Aber der Ruf entreisst gleichwohl das Gerufene nicht der Ferne, in der es durch das Hinrufen gehalten bleibt. Das Rufen ruft in sich und darum stets hin und her; her: ins Anwesen; hin: ins Abwesen*[23].

Questa è la traduzione italiana del passo di Heidegger:

Il linguaggio *parla*. Ciò significa al tempo stesso e anzitutto: il *linguaggio* parla. Il linguaggio? E non l'uomo? [...] Certamente si tratta di un chiamare a sé, in virtù del quale quel che ancora non era stato chiamato viene fatto vicino [...]. Chiamare è chiamare presso. E tuttavia quel che è chiamato non resta sottratto alla lontananza, nella quale proprio quel cenno di chiamata di lontano fa che permanga. Il chiamare è sempre un chiamare presso e lontano; presso: alla presenza; lontano: all'assenza[24].

---

[23] Ivi, 87-88. Abbiamo corretto "hier" con "her". La versione francese suona: «La parole *parle. Cela veut dire aussi et d'abord: la parole* parle. La parole? Et non pas l'homme? [...] L'appel appelle bien à venir ici. Il apporte ainsi à proximité la présence de ce qui auparavant n'était pas appelé. [...] L'appel à venir appelle à une proximité. Mais ce qu'il appelle, l'appel ne l'arrache pas pour autant au lointain dans lequel ce qui est appelé reste maintenu par l'appel qui se porte vers lui. L'appel appelle en lui-même et ainsi toujours va et vient; ici vers la présence; là vers l'absence» (cfr. p. 348 dell'ed. cit.).

[24] Cfr. pp. 33-34 di *In cammino verso il Linguaggio*, a cura di A. Caracciolo e M. Caracciolo Perotti, cit. Marini traduce così: «Il linguaggio parla. Ciò significa insieme e innanzitutto: è "il *linguaggio* che parla". Il linguaggio? E non l'uomo? [...] Certo. La chiamata chiama-indietro. Così essa reca il presenziare del non prima chiamato in un certa vicinanza [...]. Il chiamare-indietro richiama in una vicinanza. Ma non è che la chiamata strappi il chiamato a quella lontananza nella quale viene mantenuto dal chiamare-avanti. Il chiamare chiama dentro di sé e perciò sempre avanti-indietro; indietro: nel presenziare; -avanti: nell'assenziare» (cfr. A. Marini, *Heidegger – Die Sprache*, in *Introduzione al problema del linguaggio e della traduzione. Senso e linguaggio in* Essere e Tempo *e in "Il Linguaggio"*, cit. pp. 7-8). Marini fa notare che *l'hin und her* richiama l'«eigentümliche Wende des Hin und Her im Dasein [la peculiare svolta dell'avanti-indietro nell'esserci]» racchiusa ne *L'essenza della verità*, §7, «che è da collegare col gioco infantile del tempo eonico (della

Scrive Derrida:

Tutto quel che si dice qui della chiamata e della sua spaziatura, del suo rapporto con la distanza e con la prossimità, con la presenza e con l'assenza, col "né-dentro-né-fuori" mi sembra convenire sia a ciò che era già detto del *Rufcharakter des Gewissens* o di *Das Gewissen als Ruf der Sorge* (§§ 56-57) in *Sein und Zeit* (*Il carattere di chiamata della coscienza, La coscienza come chiamata della Cura*), sia a ciò che era detto della voce dell'amico che ogni *Dasein* porta con sé (*bei sich trägt*) – in un luogo che non è né incluso né escluso, né interno né esterno, né vicino né lontano [...]. Tanto in *Sein und Zeit* quanto in *Die Sprache*, l'analisi del *Ruf* deve sicuramente mettersi in rapporto con questa *petite phrase* sulla voce dell'amico, sulla portata di questa voce. Direi, abusando un po' dell'idioma francese, che il *rapporto* tra queste due *portate* di voce è a mio avviso più che un'analogia o una coincidenza[25].

Derrida poi ricorda ciò che, sempre in *Die Sprache*, viene detto più avanti, l'inoltrarsi «nello spazio che rapporta o riferisce *Tragen* a *Austragen*, come portata, gestazione, messa al mondo che porta a termine»: si tratta della «nascita» e dell'*Austrag* come «diaferenza», come *diaphorà*[26]. *"Die Dinge tragen, indem sie dingen, Welt aus"*, dice Heidegger: «Le cose, in quanto dispiegano il loro essere di cosa, mettono al mondo, portano il mondo (al mondo)». E ancora: «*Unsere alte Sprache nennt das Austragen: bern, bären, daher die Wörter "gebären" und "Gebärde". Dingend sind die Dinge Dinge. Dingend gebärden sie Welt*». Così traduce e commenta Derrida: «Nella nostra antica lingua questo "portare a termine" (*Austragen*) si dice *bern, bären*, da cui derivano le parole "*gebären*" [dare nascita, portare a termine, partorire, generare: tutta la gestazione] e "*Gebärde*" [il gesto, i gesti, il "comportarsi"]. È dispiegando il loro esser-cosa che le cose sono

---

dialettica!) in Eraclito e col chiaroscurare, o coperto chiarore [lichtendes Bergen], dell'erranza [Irre] e che riformula lo stesso concetto espresso nel "geworfener Entwurf" di Essere e Tempo o nella "in-sistenten Eksistenz" de *L'essenza della verità* (ivi, p. 8). Ecco, infine, la traduzione (di Gaetano Chiurazzi) relativa alla versione francese: «La parola *parla*. Ciò significa al tempo stesso e anzitutto: *la parola* parla. La parola? E non l'uomo? [...] Certamente la chiamata chiama a venire qui. Essa avvicina così la presenza di ciò che prima non era chiamato. [...] La chiamata a venire chiama a una prossimità. Ma ciò che essa chiama, la chiamata non lo strappa con questo alla lontananza, nella quale ciò che è chiamato è mantenuto dall'appello che si porta verso di esso. La chiamata chiama in se stessa e così sempre va e viene: qui verso la presenza; là verso l'assenza».
[25] *Op. cit.*, p. 88 della trad. it.
[26] Ivi, pp. 88-89.

cose. Dispiegando il loro esser-cosa, esse – qui arrischio un neologismo – "gestano" il mondo [lo portano nel corso di una gestazione, lo portano a termine, gli conferiscono un comportamento, un contegno, una figura, un gesto]»[27].

Per quel che riguarda l'*Austrag* come *diaphorà*, Derrida dice che quest'ultima è «l'altro nome di ciò che porta il mondo al mondo e lo partorisce nell'*Austrag*»: essa è «l'unità o l'intimità raccolta della differenza [*dif-férence*]». Come scrive Heidegger: *Unter-Schied*.

Mi appresto ancora a leggere e, se non a tradurre, quantomeno a parafrasare un passo in cui questa costellazione della differenza raccolta nell'unità, di *tragen*, *Austrag* e *Nachträglichkeit*, di *walten*, *gönnen* e di *Ereignis* dovrebbe introdurci *nachträglich* (con venticinque anni di ritardo) al pensiero dell'amicizia che si annuncia nella *petite phrase* di *Sein und Zeit*[28]...

Ciò permetterà a Derrida di "approcciare" anche «la configurazione di *philèin*, *pòlemos*, *logos*, nel cammino di pensiero di Heidegger». I "nomi" sono dunque *tragen, Austrag, nachträglich, walten, gönnen, Ereignis*. Essi «resistono tutti alla traduzione». È per questo, dice Derrida, che «la violenza del mio gesto consisterà non solo nel ritagliare ma anche nel parafrasare, più che nel tradurre»[29]. Vediamo, allora, questa "parafrasi".

Heidegger ha appena detto che il mondo accorda alle cose il favore della loro essenza o del loro dispiegarsi. La parola che qui mi importa è *gönnen*, e vedremo subito perché e in che nodo traduca per Heidegger il movimento stesso

---

[27] Ivi, p. 89. Facciamo qui notare che Derrida, per dire "generare" ("partorire", *accoucher*) usa il termine *enfanter*, che letteralmente significa "mettere al mondo un *bimbo*": cfr. il capitolo *Teor-etica* del nostro *Heidegger e l'abitare poetico...* cit. Sul "contegno" (*contenance*), poi, rimandiamo alla *Verhaltenheit der Gelassenheit* (il "contegno dell'abbandono") dei *Feldweg-Gespräche* (cfr. M. Heidegger, *Feldweg-Gespräche*, GA, Band 77, Klostermann, Frankfurt am Main, 2. durchgesehene Auflage 2007, herausgegeben von Ingrid Schüssler, p. 144, ed. it. *Colloqui su un sentiero di campagna (1944/45)*, a cura di Adriano Fabris, il nuovo melangolo, Genova 2007, p. 127) e a quel "portamento" (*Haltung*) che è la *Gelassenheit zu den Dingen* espressa nella *Messkircher Rede* del 1955 (cfr. *Gelassenheit. Heideggers Messkircher Rede von 1955. Mit Interpretationen von Alfred Denker und Holger Zaborowski*, Karl Alber, Freiburg/München 2014, 2. Auflage 2015, pp. 22-23); cfr. anche in G. Senatore, *La rocca, il colle e il sentiero...*, cit., il capitolo *Holzwege* e in Id., *Il nulla e l'eterno...*, cit., il capitolo *Gelassenheit e Wächterschaft*).

[28] *Ibidem*.

[29] Ivi, p. 90.

del *philèin* nella *physis*, secondo la traccia di Eraclito: *Diese [Welt] gönnt den Dingen ihr Wesen. Die Dinge gebärden Welt. Welt gönnt die Dinge*. "Il mondo offre, dà, diciamo piuttosto accorda, alle cose il loro essere, la loro essenza, il dispiegarsi di ciò che esse sono". Preferisco la parola "accorda" a quella scelta dai traduttori francesi (*offre*) per tradurre *gönnen*. Poiché vi troviamo, oltre al senso del dono generoso, quello dell'accordo, dell'*harmonia*, dell'armonia come accordo quasi musicale e percepibile con un certo orecchio. Questa armonia ci importerà [...] nella lettura dell'Eraclito di Heidegger. Dunque questo mondo accorda alle cose il loro essere. Le cose portano il mondo (a termine o in gestazione: *die Dinge gebärden Welt*). Il mondo è l'accordo delle cose, il mondo è uguale all'accordo delle cose (*Welt gönnt die Dinge*), il mondo accorda le cose nel duplice senso di dare le cose, dare alle cose la loro essenza ma anche il loro accordo[30].

L'intimità che raccoglie il mondo e le cose, continua Derrida, non si impone con violenza, non "domina" nel senso del *walten*; lui dice: non *l'emporte*, se non là dove mondo e cosa si separano (*sich scheiden*): «tra i due, nel tra che separa mondo e cosa, nel loro *inter*, nell'*Unter dell'Unter-schied*, nel *dis-* della dif-ferenza, la separazione *l'emporte* (*in ihrem inter, in diesem Unter- waltet der Schied*)». L'*Unter-schied*, però, non va inteso come "concetto generale", bensì come *questa* differenza. È ciò che Heidegger chiama *der durchtragende Austrag*, il portare a termine «nel senso della nascita e della gestazione, che porta e comporta sempre l'altro anche dentro e fino alla separazione, e comunque nell'intimità della differenza». Questa intimità è *das Einigende der Diaphorà*, ciò che "unisce e unifica" della *diaphorà*; noi diremmo, pensando all'*Er-eignis*: ciò che "appropria", la Διαφορά *stessa*.

Derrida qui osserva che «se si tiene conto del fatto che nelle parole *diaphorà* o *differenza*, e dunque sia in greco sia in latino, la divisione o la separazione è in rapporto [...] con la portata o il porto del portare (*phèrein, fero*), si può trovare più di una giustificazione e di una necessità per quel che sembra un gioco di Heidegger sulla semantica del *tragen*»[31].

---

[30] *Ibidem*. Traduzione leggermente modificata. Nella versione italiana di Caracciolo-Perotti il passo di Heidegger suona: «Il mondo concede alle cose la loro essenza. Le cose fanno essere il mondo. Il mondo consente le cose» (*op. cit.*, p. 37). Marini, invece, traduce così: «Quest'ultimo [un mondo] favorisce le cose nel loro essenziare. Le cose comportano mondo. Un mondo favorisce le cose» (*op. cit.*, p. 10).

[31] *Ivi*, pp. 90-91. ...*waltet der Schied* è tradotto da Caracciolo-Perotti con «...domina lo stacco» (*op. cit.*, p. 37). Sicché potremmo dire che la "separazione", nella Διαφορά, è di-

Rileggiamo il passo di Heidegger:

Die Innigkeit des Unter-Schiedes ist das Einigende der Διαφορά, des durch-
tragenden Austrags. Der Unter-Schied trägt Welt in ihr Welten, trägt die Dingen
in ihr Dingen aus. Also sie austragend, trägt er sie einander zu.

Nel testo di Derrida esso suona:

L'intimité de la dif-férence est l'unissant de la *diaphorá*, de ce qui *porte à
terme* en ayant *porté* de part à part. La dif-férence porte à terme le monde dans
son devenir-monde, elle porte à terme les choses dans leur devenir-chose. Les
portant ainsi à terme, elle les rapporte l'un à l'autre.

[L'intimità della dif-ferenza è l'elemento unificante della *diaphorà*, di ciò
che *porta a termine* avendo *portato* per intero. La dif-ferenza porta a termine il

---

stacco. Marini, dal canto suo, rende ...*waltet der Schied* con «...vige la differenza» (*op. cit.*
p. 10), e, sull'*Unter-schied*, acutamente e magistralmente osserva: «Traduzione attraente
sarebbe "di-stinctio" <gr. *στίχjω, lat. *stinguo*, gotico *stiks*, ted. *Stich* = puntura, dividere
con un punto>, che potrebbe far da tramite ad un "interpunzione" quanto mai ghiotto per
la metafora ermeneutica e grammatologica che contiene! Indirettamente ma decisamente, è
Heidegger stesso a suggerire, tramite l'equivalente gr. διαφορά, il lat. *differentia* che lo ri-
calca. E allora, per quanto riguarda "Unterschied", dobbiamo 1) accettare, in unico plico,
la sua discutibile autorità sul tedesco e il suo indiscutibile pregiudizio sul latino; 2) rasse-
gnarci a subire la solita romantica denegazione dei lat. germanizzati "Distinktion", "Relation" (quest'ultimo dal lat. *ferre*, come "differenza") con un recupero solo condizionato
del lat. germanizzato "Dimension". La vera traduzione di *diaphorà*/ *differentia* sembra però quella, subito dopo proposta dall'Autore, quando introduce la radice *trag-* (Austrag/
durchtragen/ tragen zu), sinonimo di *bern-* (bären/ gebären/ Gebärden/ Gewese). – Tutto
ciò ci induce a tradurre "Schied" con "differenza", "Unterschied" con "interdifferenza" e
"Unter-schied" con "inter-differenza": non con "dif-ferenza"! Non si vede infatti che equi-
valenza vi possa mai essere tra il ted. *Schied* (*ske(h)eid(h) → gr. σχίζω → lat. *scindo* →
ted. *scheiden*) e il lat. *ferre* (portare). Tradurre "Unter-Schied" con "dif-ferenza" riduce a
due i tre momenti di "Unter-schied", rendendo non già profondo ed enigmatico, come forse piacerebbe credere, bensì solo sconclusionato lo sforzo di concettualizzazione funambo-
lico ma rigoroso, di Heidegger. In conclusione: l'intermedio [*das Zwischen*, il "fra", il
"frammezzo" nella trad. Caracciolo-Perotti] costituisce un ambito di pertinenza, di inter-a-
zione o di intimità, tra i poli del mondo e della cosa, che sono scissi o distinti, portandoli
l'uno all'altro/ sopportandoli/ portandoli a termine, in una parola sola: differendoli ma, appunto, là dove solo è possibile ciò, ossia "entro" una comune placenta, come in una gestazione. Così, sottolineando che la differenza è sempre "inter-differenza", Heidegger punta
sistematicamente sul senso ancipite del termine: essa scinde ed unisce, essa predispone e
governa il conflitto. L'"inter-differenza" che così muove l'universo è ovviamente l'Amore, mentre la nota "differenza", quella statica che inchioda i differenti alle loro differenze
separandoli, è qualcos'altro: possiamo pensarla come l'Odio, o magari come la Metafisica...» (ivi, pp. 10-11).

mondo nel suo divenir-mondo, porta a termine le cose nel loro divenir-cosa. Portandoli a termine, li rapporta l'uno all'altra][32].

Ma la "parafrasi" continua:

Der Unter-Schied, la dif-ferenza non media a cose fatte [*après coup*] (*vermittelt nicht nachträglich*), ricollegando mondo e cose in forza di una mediazione sopraggiunta (*durch eine herzugebrachte Mitte*). La dif-derenza innanzitutto scopre [*découvre*], fa accedere, in quanto mediazione (*als Mitte*), mondo e cose al loro essere (*Wesen*), ovvero a quel mutuo rapporto (*in ihr Zueinander*) di cui porta a termine l'unità (*dessen Einheit er austrägt*)[33].

Per Derrida, Heidegger "tende a proteggere" la semantica tedesca dalla latinizzazione:

La semantica tedesca di *tragen, Austrag, nachträglich*, che qui seguiamo come problematica dell'*Unter-Schied* o della differenza e che cerco di tradurre nella semantica latina del *porto*, del *rapporto*, della *relazione*, della *portata*, del *portare a termine*, del *comportamento* ecc., mirando a problematizzare e interrogare meglio la frase di *Sein und Zeit* che non perdiamo di vista (*das Hören der Stimme des Freundes, den jedes Dasein bei sich trägt*), Heidegger tende a proteggerla proprio da una certa latinizzazione. È necessario insistervi, perché tutta la messa in prospettiva istoriale del *philèin*, del *pòlemos* e del *logos* – di cui vorrei cercare di schizzare la ricostruzione – implica essenzialmente [...] una sorta di alleanza greco-germanica e una forclusione, anzi la diagnosi di una decadenza del *philèin* nell'*amicitia*. Al punto in cui siamo, in *Die Sprache*, Heidegger sottolinea che *l'Unter-Schied* non è una distinzione tra oggetti (*Gegenstände*) del nostro rappresentare (*Vorstellen*) più di quanto non sia una relazione tra mondo e cosa. Se "relazione" ha lo stesso etimo del *ferre* della differenza o della referenza, così come di tutta la famiglia del "porto", "portare", "rapporto" ecc., è chiaro che si tratta di dissociare il pensiero del *tragen* e dell'*Austrag* da qualsiasi *distinzione relazionale*, anzi da ogni "dimensione" oggettiva, dal momento che

---

[32] Cfr. p. 22 del vol. 12 della HGA (p. 25 dell'ed. Neske) e p. 351 de *L'oreille de Heidegger* (p. 91 della trad. it. cit.). Ed ecco la traduzione Caracciolo-Perotti: «L'intimità della dif-ferenza è l'elemento unificante della Διαφορά, di Ciò che differenziando porta e compone. La dif-ferenza porta il mondo al suo esser mondo, porta le cose al loro esser cose. Portandoli a compimento, li porta l'un verso l'altro» (p. 37 di *In cammino verso il Linguaggio*). Quella di Marini suona: «L'intimità dell'inter-differenza è il momento unificante della Διαφορά, del sopportante portare a termine. L'inter-differenza porta a termine un mondo nel suo esser-mondo, porta a termine le cose nel loro esser-cosa. Dunque, portandole a termine, le porta l'una all'altra» (p. 11 dell'*op. cit.*).
[33] J. Derrida, *L'oreille de Heidegger*, cit., p. 351 (pp. 91-92 della trad. it.).

Heidegger prende poi analoghe precauzioni a proposito della parola latina *Dimensio*[34].

Prima di ritornare alla "voce dell'amico", Derrida parafrasa ancora un passo di *UzS*, dove "compaiono" l'*Ereignis* e il *Gönnen*:

Das Wort "Unter-Schied" meint demnach nicht mehr eine Distinktion, die erst durch unser Vorstellen zwischen Gegenständen aufgestellt wird. "La parola *Unter-Schied* dunque non significa più una distinzione stabilita tra oggetti della nostra sola rappresentazione." *Der Unter-Schied ist gleichwenig nur eine Relation, die zwischen Welt und Ding vorliegt, so dass ein Vorstellen, das darauf trifft, sie feststellen kann.* "Meno che mai la Dif-ferenza è una semplice relazione presente tra mondo e cosa e tale che la rappresentazione possa stabilirla dopo averla incontrata." *Der Unter-Schied wird nicht nachträglich von Welt und Ding als deren Beziehung abgehoben.* "La Dif-ferenza non è astratta a cose fatte dal mondo e dalla cosa come loro rapporto." *Der Unter-Schied für Welt und Ding* ereignet *Dinge in das Gebärden von Welt*, ereignet *Welt in das Gönnen von Dingen*. L'intraducibilità culmina in questa frase: "La Dif-ferenza per mondo e cosa *ereignet* [...] le cose nel gesto della gestazione del mondo, *ereignet* il mondo nel dono accordato delle cose"[35].

Si era detto più su che l'"amico" è soltanto "evocato", nella *petite phrase*. Ciò che è e-vocato, nell'«evocazione tanto furtiva o fugace, ma certo decisiva», ossia la voce, è un "richiamo in me": «*Ruf* o meglio *Stimme* che potrà poi comporsi con possibilità di ogni sorta (*einstimmen, Einstimmigkeit, Stimmung, Bestimmung, Übereinstimmung, Verstimmen, Verstimmtheit, Verstimmung*)».

Del resto, un po' più sopra (SZ, §29), analizzando *Die existentiale Konstitution des Da* e *Das Dasein als Befindlichkeit*, Heidegger dedica lunghe e sottili analisi alla *Gestimmtheit* e al fatto che nella *Gestimmtheit* è già sempre secondo la dimensione di una *Stimmung* che il *Dasein* è scoperto (*erschlossen*) in quanto ente che è nel suo essere esposto (*überantwortet*, rimesso, abbandonato) come l'essere che, esistendo, ha da essere. Poiché è questione dell'amico e dell'amicizia, e non so ancora che nome accordare a ciò che alcuni sarebbero tentati di chiamare un sentimento, un affetto, una passione, un *pathos*, conviene incominciare richiamando il nesso tra la *Befindlichkeit* (parola per cui non esiste una buona traduzione: *state of mind, disposition, disponibilité, affection*), la tonalità della *Stimmung*, l'essere esposto dell'*Überantwortung* e l'esser-gettato della *Ge-*

---

[34] Ivi, p. 92 della trad. it.
[35] Ivi, p. 93 it.

worfenheit. La *Befindlichkeit* non è uno stato d'animo, una qualità psichica che poi si proietterebbe sulle cose o sulle persone, come ricorda Heidegger. Dal momento che la *petite phrase* sulla voce dell'amico rientra anche in una lunga analisi del *Mitsein* nelle modalità della *Mitteilung*, del *Mitverstehen* e della *Mitbefindlichkeit*, niente di ciò che concerne l'amico sarebbe di competenza di una qualche psicologia, e neanche di una scienza sociale o di una scienza umana in generale, di una antropologia. È il *Dasein* e non la psiche, né l'uomo né l'io, e neppure il soggetto, cosciente o inconscio, che porta l'amico nella sua voce o piuttosto nell'ascolto di questa voce[36].

La voce dell'amico, continua Derrida, in Heidegger è possibile «solo per l'apertura di un *Dasein*». Ciò, peraltro, non contraddice «l'assunto aristotelico secondo cui non vi è amicizia per eccellenza (*prote philia* o *telèia philia*) se non tra uomini: non fra dèi e uomini, né fra l'animale e l'uomo, e nemmeno fra dèi, o fra animali». Heidegger resterebbe, su questo punto, aristotelico:

> solo il *Dasein* ha un amico, solo lui può portare *bei sich* la voce dell'amico, solo l'uomo in quanto *Dasein* tende, apre o presta l'orecchio alla voce dell'amico poiché è questa voce che permette al *Dasein* di aprirsi al proprio poter-essere. L'animale non ha amico, l'uomo non ha amicizia, in senso stretto, per l'animale. L'animale che è "povero di mondo", che non ha né il linguaggio né l'esperienza della morte [...], l'animale che non ha la mano [...], non ha neanche orecchio, l'orecchio capace di intendere e di portare l'amico, l'orecchio che apre il *Dasein* al suo poter-essere proprio e che [...] è l'orecchio dell'essere, l'orecchio per l'essere [...]. L'apertura del *Dasein* al suo poter-essere *più proprio*, come ascolto della *voce dell'altro in quanto amico*, è assolutamente originaria. Non rientra né in una psicologia né in una sociologia, né in un'antropologia, né in una morale né in una politica...[37].

Ciò che a Derrida preme sottolineare è che questa voce, pur non avendo necessariamente una *qualità* o un carattere "amichevole", e pur non rappresentando "l'amicizia in generale", *non è neutra*:

> La voce dell'amico non si riduce al fonema o al fenomeno acustico, non si confonde con il rumore percepito da un orecchio animale o da un organo dell'udito. È una voce essenzialmente comprensibile, possibilità di parola o di discor-

---

[36] Ivi, pp. 94-95 it.
[37] Ivi, pp. 96-98 it.

so. È essenzialmente segnata, come tutto ciò che si trova all'apertura del *Dasein*, da una certa *Stimmung* e dalla *Befindlichkeit*[38].

Questo "asessuato amico" che Heidegger «assegna al *Dasein*», scrive Pier Aldo Rovatti, è un *amico silenzioso*. La sua voce è *un tacere*, proprio come la voce della "coscienza" di qualche pagina dopo: «per quanto possa sembrare assurdo, Heidegger invita ad a-scoltare una voce che chiama nel modo (spaesato e spaesante) del silenzio e che *dice praticamente nulla*»[39]. Sembra che l'amico parli "come uno specchio" e che in tal modo *angosci* il *Dasein* «con il messaggio più brutale, dicendogli che di tutto potrà illudersi [...] tranne che di essere presso di sé».

Più tardi, nel seminario del 1943-1944 su Eraclito, sarà problema di lasciar essere l'altro attraverso una discrezione silenziosa, come se l'amico, in cui il *Dasein* ha visto il suo nulla o, se volete, semplicemente il suo *da*, chiedesse, proprio in forza di ciò, di esserci nella sua differenza [...], indicandoci quel gioco tra silenzio e alterità che, in luogo di riportarci nel solito ascolto di noi stessi, è proprio quello che potrebbe liberare l'ascolto (e tutto questo Heidegger accumula nella parola "apertura"). Che tale "gioco" abbia a che fare con il cuore stesso della fenomenologia, non c'è neanche bisogno di andarlo a verificare dove Heidegger [...] lo dice apertamente (cfr. i *Seminari di Zollikon*), perché fin da subito, e già nella piccola frase di *Essere e tempo*, è in atto qualcosa come una "sospensione" [...] che arrischia un salto al di qua dello spazio psico-antropologico dell'ego e dell'alterità, dove il passo falso della rappresentazione risulta già fatalmente consumato[40].

Il frammento da cui partire nel seminario su Eraclito è il 123, che recita: φύσις κρύπτεσθαι φιλεῖ. Più tardi ancora, nel *Satz vom Grund*, esso sarà "tradotto" da Heidegger così: «*Sein liebt (ein) Sichverbergen* [l'essere ama (un) velarsi]». Ma già nel seminario immediatamente precedente quello su Eraclito, nel semestre invernale 1942-1943, tenuto su Parmenide, egli rimarcava che i termini κρύπτειν e κρύπτεσθαι significano "il velare che cela"[41].

---

[38] Ivi, p. 100 it.
[39] P.A. Rovatti, *L'orecchio di Derrida*, in Id., *Abitare la distanza. Per una pratica della filosofia*, Raffaello Cortina Editore, Milano 2007, p. 63. Il corsivo è nostro e intende rimandare alle *Conclusioni* di G. Senatore, *Heidegger e l'abitare poetico...*, cit.
[40] Ivi, pp. 63-64.
[41] Cfr. M. Heidegger, *Der Satz vom Grund*, GA Band 10, herausgegeben von Petra Jaeger, Klostermann, Frankfurt am Main 1997, pp. 94-95; ed. it. *Il principio di ragione*, Adelphi, Milano 1991, seconda edizione 2004 (traduzione "a quattro mani" di F. Volpi e G. Guri-

Nel seminario su Eraclito del '43-'44 Heidegger dice dunque:

φύσις κρύπτεσθαι φιλεῖ. Zunächst sind wir an das eine gehalten, dass φιλεῖ von der φύσις gesagt ist: φύσις ... φιλεῖ. Das Wort φύσις nennt das, was für die Denker das Zu-denkende ist. Dieses wesentliche Denken hat schon bei den Griechen einen Namen erhalten, in dem das Wort φιλεῖν gleichfalls anklingt: "Philosophie" – φιλία τοῦ σοφοῦ. Wir übersetzten dies in der ersten Stunde mit: Freundschaft für das Zu-denkende. Im Fragment 35 des Heraklit ist von den φιλόσοφοι ἄνδρες die Rede, von den Männern, die aus der φιλία für τὸ σοφόν leben. σοφόν, σαφές bedeutet ursprünglich das Helle, Offenbare, Lichte. τὸ σοφὸν μοῦνον – das allein und einzig im strengen Sinne Lichte ist ἕν – das Eine. Von ihm sagt Heraklit in Fragment 32: ἕν τὸ σοφὸν μοῦνον λέγεσθαι οὐκ ἐθέλει καὶ ἐθέλει Ζηνὸς ὄνομα – "das Eine, allein zu Denkende lässt sich nicht und lässt sich doch mit dem Namen 'Zeus' [und d. h. des Blitzes] benennen". Wenn wir τὸ σοφόν übersetzen mit "das Zu-denkende", dann ist das nur eine sehr vorläufige Übersetzung, die erst ihren Gehalt und Grund empfängt, wenn das Zu-denkende bestimmt ist. Jetzt übersetzen wir das φιλεῖν im Spruch des Heraklit mit "die Gunst schenken". Wir verstehen dabei Gunst im Sinne des ursprünglichen Gönnens und Gewährens, also nicht in der blossen Nebenbedeutung von 'Begünstigen' und 'Begönnern'. Das ursprüngliche Gönnen ist das Gewähren dessen, was dem anderen gebührt, weil es zu seinem Wesen gehört, insofern es sein Wesen trägt. Die Freundschaft, φιλία, ist demgemäss die Gunst, die dem anderen das Wesen gönnt, das er hat, dergestalt, dass durch dieses Gönnen das gegönnte Wesen zu seiner eigenen Freiheit erblüht. In der 'Freundschaft' wird das wechselweise gegönnte Wesen zu sich selbst befreit. Nicht die Betulichkeit, nicht einmal das 'Einspringen' in Notfällen und gefährlichen Lagen ist das Kennzeichen der Freundschaft, sondern das füreinander Dasein, das irgendwelcher Veranstaltungen und Beweise nicht bedarf, das wirkt, indem es auf die Beeinflussung verzichtet. Es wäre ein Irrtum zu meinen, solches Gewähren des Wesens mache sich von selbst, als sei hier 'Dasein' eben nichts anderes denn ein Vorhandensein. Die Gewährung des Wesens bedarf des Wissens und der Geduld, das Gönnen ist ein Wartenkönnen, bis der andere sich in die Entfaltung seines Wesens findet und seinerseits aus dieser Wesensfindung kein Aufhebens macht. Die φιλία ist da Gönnen der Gunst, die etwas schenkt, was ihr im Grunde nicht gehört und die doch Gewähr geben muss, damit des anderen Wesen im eigenen verbleiben kann. Die so verstandene Freundschaft, die in der Freundschaft für das Zu-denkende ihren Gipfel erreicht, d. h. von da ihre Wesensbe-

---

satti, basata sullo scritto apparso presso Neske, Pfullingen, nel 1957), pp. 114-115; e cfr. Id., *Parmenides*. GA Band 54, *Vorlesungen 1923-1944*, Vittorio Klostermann, Frankfurt am Main 1982, 2. Auflage 1992, herausgegeben von Manfred S. Frings, p. 89; ed. it. a cura di Franco Volpi (trad. di G. Gurisatti), *Parmenide*, Adelphi, Milano 1999, p. 124. Su questi due riferimenti, per approfondire, cfr. i nostri capitoli *La rosa, la tonalità, il gioco* in *Il nulla e l'eterno*, cit. (relativamente a *Der Satz vom Grund*), e *La parola e la via* in *La rocca, il colle e il sentiero*, cit. (per quel che riguarda *Parmenides*).

stimmung empfängt, ist, um das nur beiher zu vermerken, der verborgene Wesensgrund aller 'Erziehung'.

Φύσις κρύπτεσθαι φιλεῖ. Innanzitutto dobbiamo attenerci al fatto che φιλεῖ è detto della φύσις: φύσις... φιλεῖ. La parola φύσις nomina ciò che per i pensatori è da pensare. Questo pensiero essenziale ha già trovato presso i Greci un nome in cui nello stesso tempo risuona il termine φιλεῖν: "filosofia", φιλία τοῦ σοφοῦ. Nella prima ora del nostro corso di lezioni abbiamo tradotto questo termine con l'espressione "amicizia per ciò che è da pensare". Nel frammento 35 di Eraclito si parla di φιλόσοφοι ἄνδρες, di uomini che vivono nella φιλία per τὸ σοφόν. Il termine σοφόν, σαφές, significa originariamente il chiaro, il manifesto, il luminoso. Τὸ σοφὸν μοῦνον: il solo e unico che può essere detto in senso stretto luminoso è ἕν, l'uno. Di esso Eraclito dice nel frammento 32: ἕν τὸ σοφὸν μοῦνον λέγεσθαι οὐκ ἐθέλει καὶ ἐθέλει Ζηνὸς ὄνομα, "l'uno, il solo che è da-pensare, si fa e non si fa chiamare col nome di Zeus [cioè del fulmine]". Quando traduciamo τὸ σοφόν con "il da pensare", ci troviamo di fronte a una traduzione molto provvisoria, che acquista contenuto e fondamento solo se si stabilisce cos'è "il da-pensare". Ora traduciamo il termine φιλεῖν, presente nel detto di Eraclito, con "donare il favore". Intendiamo qui il termine "favore" nel senso dell'originario concedere e accordare, e quindi non nel semplice significato secondario di "favorire" o di "proteggere". L'originario concedere è l'accordare ciò che all'altro è dovuto, perché appartiene alla sua essenza, in quanto la sup-porta. L'amicizia, φιλία, è dunque il favore di concedere all'altro l'essenza che egli ha, in modo che, attraverso questa concessione, l'essenza donata sboccia nella sua propria libertà. Nell'"amicizia" l'essenza reciprocamente concessa viene liberata verso se stessa. Non tanto l'ostentata premura, non tanto l'"accorrere" in caso di bisogno e nelle situazioni di pericolo è il segno dell'amicizia, quanto l'esserci l'un per l'altro, che non ha bisogno di una qualche manifestazione o di prove, ma che invece agisce nella misura in cui rinuncia ad esercitare la propria influenza. Sarebbe un errore pensare che questo accordare l'essenza avvenga da solo, come se qui "esserci" non significasse altro che esser semplicemente presente. La concessione dell'essenza richiede sapere e pazienza: il concedere è un saper aspettare che l'altro si trovi nel dispiegamento della propria essenza e che di ciò non si insuperbisca. La φιλία è la concessione di quel favore che dona qualcosa che in fondo non gli appartiene, che tuttavia deve accordare, affinché l'essenza dell'altro possa re-starvi, nella propria essenza. L'amicizia intesa in questo senso – che trova il suo apice nella predilezione per ciò che è da pensare, ossia riceve la sua determinazione essenziale a partire da questo significato – è anche, per inciso, l'essenziale fondamento nascosto di ogni forma di "educazione"[42].

---

[42] M. Heidegger, *Heraklit. Vorlesungen 1923-1944*, GA Band 55, Vittorio Klostermann, Frankfurt am Main 1979, 3. Auflage 1994, herausgegeben von Manfred S. Frings, pp. 128-129; trad. it. di F. Camera, *Eraclito*, Mursia, Milano 2015, pp. 86-87 (qui leggermente modificata).

Derrida commenta così:

La grazia di questa amicizia lascia l'altro, lo lascia essere, gli dà ciò che l'altro ha ed è già. Né più né meno: gli dà quel che lui ha o quel che è già. Certo, ma che ha ed è soltanto nell'offerta [*dans l'offrande*] e secondo l'ascolto di questa amicizia. Ecco perché, senza dubbio, questa risonanza "*bei sich*" della voce dell'amico è essenziale al poter-essere proprio del *Dasein* di cui ci parlava *Sein und Zeit*. Essenziale e leggera, perché lascia essere l'altro cui permette di essere, grave ma quasi inutile e inudibile[43].

La "piccola frase" di *Essere e tempo*, insomma, come dice Rovatti «ci immette in un chiaroscuro, in un luogo di paradossalità e di indecidibilità, che è precisamente il luogo della differenza che Derrida prende a descriverci così bene»:

indecidibilità – a guardar dappresso quella frase – tra interno ed esterno, tra prossimità e lontananza [...]. Non sappiamo dire [...] se la voce sia dentro o fuori di noi, e neppure [...] che essa sia dentro *e* fuori, perché è proprio questa distinzione tra dentro e fuori che non riusciamo più a leggere né a reggere. E non ci sorprende che la prossimità, ora che siamo in presenza del nulla spaesante che siamo a noi stessi, sia per Heidegger un disallontanamento, e che allora in quel *bei sich* si lascino vedere piuttosto la distanza e l'alterità. Se è il fuori che ci interpella e ci provoca, perché è la *Lichtung* che ci fa essere e non soggettivisticamente viceversa, ed è il linguaggio che ci fa parlare e rispondere, allora l'ascolto sarà appunto, come Heidegger non si stancherà di ripetere, *ascolto del linguaggio*. Ma che vuol dire questo, se non che tra la voce e il linguaggio del mondo è già aperto un canale che noi ci affrettiamo a non vedere? E cos'altro possiamo leggere nel silenzio che Heidegger ci raccomanda di scoprire e custodire, se non un'interruzione, un'attenuazione della nostra fretta ostinata di far sì che il discorso ci rassicuri apparendoci costruito con parole di cui ci sentiamo padroni?[44].

La "postilla" rovattiana a Derrida prosegue riprendendo due passi di *L'orecchio di Heidegger*. Il primo è quello in cui si dice che Heidegger "rifiuta" sia l'opposizione sensibile/intellegibile sia il concetto di metafora, che esisterebbe solo "all'interno degli orizzonti della metafisica". Derrida sottolinea qui due punti, «e cioè che *da una parte* questo movimento è ancora quello di una risalita da Platone a Eraclito, e *dall'altra* che esso vale [...] per

---

[43] J. Derrida, *L'oreille de Heidegger*, cit., p. 387 (p. 134 della trad. it. cit., qui leggermente modificata).
[44] P.A. Rovatti, *Abitare la distanza...*, cit., pp. 64-65.

l'occhio e per l'orecchio». Il secondo passo di Derrida che Rovatti riprende è quello dove viene rilevato che quando non si intende più quel che c'è di inaudito nella "lotta", «l'ente non scompare, ma non è più custodito, affermato, mantenuto, diventa un oggetto [...] disponibile là dove il mondo ha cessato di divenir mondo. Diventa [...] un'immagine che ci sta di fronte [...], l'oggetto di una produzione calcolata [...]. L'inaudito decade a questo punto al rango di spettacolo [...]. Come l'udito, la vista soffre quando il *polemos* originario si pacifica [...]. La vista degenera nell'*ottica*»[45].

Rovatti così commenta:

> Derrida cerca e crede di trovare in Heidegger l'omologazione che gli interessa: l'ascolto ci riporta al vedere e a come il vedere può degenerarsi. Heidegger ci mostrerebbe un unico movimento di caduta da un positivo (il vedere "spirituale") a un negativo (il vedere "ottico"). C'è dunque, sempre, una metafisica del "vedere" [...]. Derrida ricorda [...] di essersi soffermato già a lungo sulle righe del *Principio di ragione* dedicate a Heidegger al *relais* tra metafisica e metafora. Ma di questi commenti, che ora si lascia alle spalle [...], si potrà dire tutto tranne che non facciano problema. Nel suo ritrarsi, la metafora infatti al tempo stesso conferma ed erode il dominio del vedere [...]: è ciò che [...] Heidegger non [...] tematizza [...], ma che *agisce* di continuo nell'uso del proprio linguaggio che si collega all'essere (o si dispone in vista di esso) né più né meno che come attenuazione della *luce*, insomma entro quella leggerezza che è la tonalità della *Lichtung*[46].

Si tratta di "un'attenuazione dello sguardo", continua Rovatti, che «ci sposta su un diverso [...] registro metaforico [...]: una famiglia di termini (attenuazione, alleggerimento, discrezione, attenzione) che introducono nel vedere [...] un far silenzio sul "troppo" di voci che popola il linguaggio. Si tratta, insomma, di «dar conto del fatto che, per Heidegger, e credo anche per noi, l'ascolto del non udito precede e apre la visione del non visto, o semplicemente permette che il visibile si dia a vedere».

> Si tratta [...] di un ascolto del linguaggio (per esempio, del linguaggio "poetico" come sentiero verso la "filologia"), o semplicemente di chiedersi che cosa accade quando passiamo da un'espressione come "stare in una casa" a una paro-

---

[45] Cfr., ivi, le pagine 66-67.
[46] Ivi, pp. 67-68.

la come "abitare" [...]; viene qui convocata quella zona paradossale che in *Essere e tempo*, proprio a partire dalla piccola frase isolata da Derrida, ha a che fare con l'ascolto, lo spaesamento e il silenzio, e che, a mio parere, è così essenziale al "vedere" fenomenologico[47].

Per Rovatti, alla "degenerazione" non si contrappone «il ritorno a un ritrovato vedere dello spirito», bensì un *indebolimento*, «che solo equivocando potremmo chiamare risalita»; si contrappone, cioè, «una *discesa verso il meno*», come Heidegger esplicitamente dice nel *Brief*. Ma, allora,

la via che corrisponde al ritrarsi [...] non sarà proprio quella lungo la quale incontriamo il dileguare della voce nella traccia? [...]: la possibilità di "vedere" nella mezza luce che è la nostra (la possibilità stessa cui si affida Derrida per leggere attraverso Heidegger) esige un ascolto del testo che [...] non ha niente a che fare con un semplice "più" di vista [...]. Al contrario, la discrezione che ci mette sulla strada, perché il testo ricominci a provocare le nostre parole, esige un esercizio di sgonfiamento e lateralizzazione dell'implicito imperialismo dell'interprete. In Heidegger – e Derrida lo ha visto – c'è un fungere non spirituale del silenzio. Ma anche in Derrida [...] c'è un analogo fungere dell'ascolto-sospensione. Dove? Fin dalla prima riga del suo saggio, quando comincia col produrre un effetto di straniamento rispetto alla piccola frase di Heidegger, suggerendoci immediatamente quale potrà essere l'atteggiamento di quello strano amico che ci abita, sempre che riusciamo a farlo diventare nostro[48].

Ci troviamo, in conclusione, di fronte a un "soggetto impossibile" («che vede in forza di ciò che non è visibile; e lo fa ascoltando, ma a condizione di prestare orecchio a ciò che non si sente»): un soggetto che «è probabilmente nient'altro che l'alterità sulle cui tracce ci mettiamo, e che forse semplicemente siamo»[49].

Si può dire, con René Scheu, che in questo capitolo di *Abitare la distanza* Rovatti «fa giocare Heidegger contro Derrida sul significato che il silenzio ha per l'ascolto»:

Rovatti concorda con la sintesi di Derrida, secondo cui "nessun discorso (*Rede*) è possibile senza intendere, anzitutto nel senso della comprensione" [...], ma aggiunge: nessun ascolto senza silenzio [...]. Il silenzio non è ritorno in se

---

[47] Ivi, p. 68.
[48] Ivi, pp. 69-70.
[49] Ivi, p. 72.

stessi [...], ma preparare l'ascolto alla voce dell'amico [...]. Tacendo l'esserci diventa estraneo a se stesso [...]: l'esperienza è *unheimlich*, perché lo priva di ciò che ha di più familiare [...]. Ma chi è questo amico [...] "silenzioso"? [...] L'amico è la coscienza [...] dell'esserci [...]. "È l'esserci che nella coscienza chiama se stesso". Nella voce della coscienza l'esserci incontra se stesso nella propria estraneità o alterità. Cosa [...] dice [...] la voce? [...] Propriamente non dice nulla. "La chiamata parla nel modo inospitale del *tacere*" [...]. L'ascolto [...] è ascolto del silenzio[50].

---

[50] Cfr. R. Scheu, *Il soggetto debole. Sul pensiero di Pier Aldo Rovatti*, Mimesis, Milano 2010, p. 164 e pp. 167-168.

Unheimlichkeit

Il 9 maggio 1979, sul treno che lo riporta da Strasburgo, Derrida, sfogliando i suoi album, vede Freud con la figlia Sophie riuniti nella stessa fotografia: «lui di fronte, che guarda il mondo, lei un po' più in basso, di profilo, girata verso di lui (tenera e "protetta")». In uno scenario simile c'è poi la fotografia di un giovane Heidegger con la fidanzata Elfriede: anche qui lui «guarda dritto davanti a sé», e lei, «di profilo, molto bella, gli occhi abbassati, innamorata, a dire il vero avvicina il suo volto a quello di Martin, come se cercasse rifugio presso di lui»[1].

Freud e Heidegger, Heidegger e Freud...

[...] ho la certezza, nel profondo di me stesso, che i due "testi" che si indicano con questi nomi propri [...] sono preoccupati l'uno dell'altro, passando tutto il loro tempo a decifrarsi, a rassomigliarsi come si finisce per rassomigliare all'escluso o al morto nel lutto assoluto [...]; ci sono mille modi di regolare i conti con Freud e Heidegger, tra Freud e Heidegger. Poco importa, questo si fa comunque senza che vi sia la minima iniziativa [...],

dirà Derrida più avanti, nei *Courriers de la mort...*[2].

---

[1] Cfr. Jacques Derrida, *Envois*, in Id., *La carte postale. De Socrate à Freud et au-delà*, Flammarion, Paris 1980, p. 204; trad. it. *Invii*, in *La cartolina. Da Socrate a Freud e al di là*, a cura di Silvano Facioni e Francesco Vitale, Mimesis Edizioni, Milano 2017, pp. 173-174 (qui leggermente modificata). Su tali "invii", Derrida osserva: «Chi scrive? A chi? E per inviare, destinare, spedire cosa? A quale indirizzo? Senza alcun desiderio di sorprendere, e in questo modo catturare l'attenzione a forza di oscurità, devo all'onestà che mi resta dichiarare che alla fine non lo so [Qui écrit? A qui? Et pour envoyer, destiner, expédier quoi? A quelle adresse? Sans aucun désir de surprendre, et par là de capter l'attention à force d'obscurité, je dois à ce qui me reste d'honnêteté de dire que finalement je ne le sais pas]» (ivi, p. 15 it. e p. 9 fr.).
[2] Cfr. *La cartolina...*, p. 321.

Ma già qui, in quest'*invio* del 9 maggio '79, egli scrive:

> [...] Freud et Heidegger je les conjoins en moi comme les deux grands fantô-
> mes de la "grande époque". Les deux grand-pères survivants. Ils ne se sont pas
> connus mais ils forment selon moi un couple, justement à cause de cela, de cette
> singulière anachronie. Il se lient [...] sans correspondre [...] : deux penseurs qui
> n'ont jamais croisé un regard et qui, sans jamais recevoir un mot de l'autre, di-
> sent le même [3].

Chi decisamente si è messa su queste "tracce" derridiane, è
stata Graziella Berto, con il suo *Freud, Heidegger. Lo spaesamento*. Nella *Premessa* al libro, Pier Aldo Rovatti riprende alcune
righe di *Spettri di Marx*:

> "Pensiamo che il ricorso, frequente, decisivo e organizzatore, che Heidegger
> fa in *Sein und Zeit* e altrove, al valore di *Unheimlichkeit*, sia in generale sfuggito
> o trascurato. Questo ricorso rende possibili, in entrambi i discorsi, quello di
> Freud e quello di Heidegger, dei progetti o delle traiettorie fondamentali, ma de-
> stabilizzando permanentemente, e per vie più o meno traverse, l'ordine delle di-
> stinzioni concettuali messe in opera"[4].

La parola sulle cui tracce dobbiamo metterci, dunque, è *Unheimlichkeit*. Essa, dice ancora Rovatti, è «l'elemento costitutivo
ed essenziale» di ciascuno di noi, «il margine senza di cui la questione del soggetto viene inevitabilmente riconsegnata a tutte le
metafisiche dell'io, della padronanza e della volontà di potenza».
Tale è la scena «in cui scorgiamo stranamente congiunti Freud e
Heidegger».

> Qui, come avrebbe detto Lacan (che ha il suo ruolo nella scena), ne va nien-
> temeno del soggetto che noi siamo[5].

---

[3] *La carte postale...*, p. 206. Qui Derrida dice anche che i due non si sono letti. In realtà,
Heidegger aveva "letto" Freud... (cfr. la quarta parte del nostro *Fort und Da...*, cit.; di quel
lavoro, relativamente ai passi della *Cartolina* che stiamo riportando, cfr. inoltre il capitolo
La corrispondenza).

[4] Cfr. G. Berto, *Freud, Heidegger. Lo spaesamento*, Bompiani, Milano 1999, p. XIII, e J.
Derrida, *Spettri di Marx*, Cortina, Milano 1994 (ed. originale *Spectres de Marx*, Galilée,
Paris 1993), pp. 217-218.

[5] P. XI della Premessa al libro di Graziella Berto.

Unheimlich è «una parola strana», dice Berto. Essa "segnala" «un fattore di turbamento, d'inquietudine, di "spaesamento"»:

> qualcosa di estraneo si insinua nell'ambito dello *Heim*, della "casa", della familiarità, privandolo così del carattere rassicurante che comunemente gli appartiene. Non ci si orienta più a casa propria: ciò che ci è più vicino e abituale perde la sua ovvietà e disponibilità, si fa misterioso e inafferrabile, ci fa paura e insieme, in qualche modo, ci affascina, ci attrae [...][6].

Si tratta di una "estranea familiarità". Nel suo saggio *Das Unheimliche* Freud dice che esso «è quella sorta di spaventoso che risale (*zurückgeht*) a quanto ci è noto da lungo tempo, a ciò che ci è familiare»[7]. Questo scritto, osserva Berto, «sembra nascere quasi per caso», sembra costituire «una pausa nel complesso e inquietante lavoro [...] che impegna Freud fra il '19 e il '20, in *Al di là del principio di piacere*». Dopo di esso, «l'*Unheimliche* sembra svanire dagli interessi dell'autore». In realtà, «l'intreccio di noto e spaventoso, familiare ed estraneo, che Freud ci propone come caratteristica saliente dell'*Unheimliche*» è come un'"apertura laterale", «che conduce in luoghi inaccessibili»[8].

La chiave per inserirsi in quest'apertura ce la fornisce Freud stesso. Essa risiede nell'*analisi linguistica* del termine *unheimlich*, cui l'autore dedica quasi tutta la prima parte del saggio, «con un'ampiezza inusuale» per i suoi testi[9].

Le possibili traduzioni di questo termine «lasciano sempre cadere il riferimento alla sfera semantica della "casa"». E la «sfumatura dello spaventoso» sembra che manchi in molte lingue[10].

Se si "scava", invece, nella parola tedesca, si riesce a «portarne alla luce interessanti implicazioni». Freud (seguendo il vocabolario di Daniel Sanders) «mette in rilievo una strana ambiguità del termine *heimlich*»:

---

[6] *Op. cit.*, p. 1.
[7] Cfr. ivi, p. 15, e S. Freud, *Das Unheimliche*, in *Gesammelte Werke*, 18 voll., Fischer, Frankfurt a.M., 1960-68, vol. XIII, p. 231 (trad. it. *Il perturbante*, in *Opere di Sigmund Freud*, Boringhieri, Torino 1966-80, vol. 9, p. 82).
[8] *Op. cit.*, pp. 15-17.
[9] Ivi, p. 17.
[10] Ivi, p. 18 (cfr. p. 232 ted. e p. 83 it. del saggio di Freud citato).

accanto al significato più ovvio, tenendo conto della sua derivazione da *Heim*, che si riferisce a qualcosa di familiare, domestico, fidato, intimo, confortevole e così via, esiste un secondo significato, più inatteso, che indica qualcosa di nascosto, tenuto celato agli altri, che ha a che fare con trame oscure, maligne, e riguarda un'arte ambigua e inquietante come la magia[11].

Scrive Freud:

Comunque siamo avvertiti che questo termine *heimlich* non è univoco, ma appartiene a due cerchie di rappresentazioni che, senza essere antitetiche, sono tuttavia parecchio estranee l'una all'altra: quella della familiarità, dell'agio (*das Vertrauten, Behaglichen*) e quella del nascondere, del tener celato (*das Versteckten, Verborgengehaltenen*)[12].

Ma, nota Berto, «ciò che interessa maggiormente Freud è che la seconda accezione di *heimlich* [...] tende [...] a confondersi con il significato di *unheimlich*, con cui condivide il carattere di inquietudine, di mistero, di sospetto e di disagio»:

la confusione tra le due accezioni di *heimlich* ha fatto sì che il primo significato cadesse in disuso, come risucchiato dall'altro [...]. Risulta allora meno sorprendente che, in un dizionario tedesco dei nostri giorni, la prima accezione di *heimlich* sia completamente caduta, per lasciare il posto a significati quali "nascosto", "segreto" [...][13],

il che implica che «la familiarità contiene già in sé il germe dell'estraneità, nella dimensione del nascondimento, della segretezza». Il "turbamento" non nasce, insomma, da «una semplice negazione del familiare, come il prefisso *un-* parrebbe suggerire», bensì da una sua modificazione[14].

In un tale "garbuglio", continua Berto, «spicca un problema: scoprire una relazione genetica tra i due significati di *heimlich*». Un soccorso sembra arrivare a Freud dal vocabolario di Jacob e Wilhelm Grimm (Lipsia 1877), in cui si legge:

---

[11] Ivi, p. 19.
[12] *Das Unheimliche*, cit., p. 235 ted. e p. 86 it.
[13] *Op. cit.*, pp. 19-20. Berto, in proposito, cita *Der grosse Duden*, Dudenverlag, Mannheim 1970, che alla voce "heimlich" riporta vari esempi in questo senso.
[14] Ivi, p. 21.

"Dal significato di 'natale' (heimatlischen), *'domestico'* (häuslichen), *si sviluppa inoltre il concetto di: sottratto a occhi estranei, celato* (verborgenen), *segreto* (geheimen)"[15].

Da ciò deriva che il più "prossimo", il più "intimo" (alla nostra "dimora") *si sottrae allo sguardo.* «Il percorso della prossimità conduce dunque a un luogo nascosto, e quindi in qualche modo lontano: vicinanza e lontananza si confondono...»[16]. Inoltre, come afferma il vocabolario dei Grimm (e Freud lo sottolinea): «*Il significato di "nascosto"* (versteckten), *"pericoloso" si sviluppa ulteriormente, sicché "heimlich" assume il significato abitualmente proprio a "unheimlich"*»[17]. Ma c'è di più, nell'analisi linguistica di Freud. Egli rimanda, nelle righe finali, a una definizione di *unheimlich* data da Schelling:

> *È detto* unheimlich *tutto ciò che dovrebbe restare... segreto, nascosto, e che è invece affiorato* (Alles, was im Geheimnis, im Verborgenen... bleiben sollte und hervorgetreten ist)[18].

Berto commenta così: «l'originalità dell'affermazione schellinghiana risulta subito chiara: l'*Unheimliche* implica una negazione della segretezza, del nascondimento. In esso si ripresenta dunque il carattere di opposizione rispetto allo *Heimliche* [...]; ma il polo dell'antitesi si è qui spostato dal primo al secondo significato di *heimlich*: l'*Unheimliche* non indica una non-familiarità, ma piuttosto un non-nascondimento»[19].

Unheimlich, insomma, «è un affiorare piuttosto che un sottrarsi: ciò che ci turba è una presenza, piuttosto che una mancanza». Questa presenza è *spaesante*: conducendoci in prossimità della nostra dimora, «genera inquietudine»[20].

---

[15] Ivi, pp. 21-22 (pp. 236 ted. e 87 it. del saggio di Freud).

[16] *Ibidem* (p. 22.

[17] *Ibidem* (p. 237 ted. e p. 87 it. di *Das Unheimliche*).

[18] Ivi, pp. 22-23 (p. 237 ted. e p. 86 it. di *Das Unheimliche*). Berto rimanda a F. W. J. Schelling, *Filosofia della mitologia* (1857), ed. it. a cura di L. Procesi, Mursia, Milano 1990, p. 390, e specifica: «"Unheimlich" è tradotto qui con "sinistro". Schelling riferisce questa parola al principio oscuro che stava alla base delle religioni orientali, e che, in epoca omerica, era stato assorbito e nascosto nei misteri, permettendo così il "puro cielo" della mitologia greca"».

[19] Ivi, p. 23.

[20] Ivi, pp. 24-25.

Siamo in tal modo ricondotti, scrive Berto, alla definizione iniziale:

> l'*Unheimliche* ritorna (*geht... zurück*) a ciò che è conosciuto da molto tempo (*Altbekannte*), a ciò che è da lungo tempo e di gran lunga familiare (*Längstvertraute*); in questo gesto di arretramento si produce lo "spavento" da cui siamo colpiti. Alla luce dell'analisi linguistica, che ha fatto emergere le complesse risonanze del termine *unheimlich*, tale definizione acquista però nuovo spessore: il noto (*Bekannte*) e il familiare (*Vertraute*) divengono spaventosi nel momento in cui lasciano affiorare la dimensione dello *Heim* che in essi normalmente si nasconde, e che svela una "dimora" che non coincide con il conosciuto e il consueto, pur essendo il luogo del nostro "abitare" [...]. Si potrebbe dire che il particolare turbamento proprio dell'*Unheimliche* nasce da qualcosa che, pur negandosi a ogni possibilità di definizione e di controllo, ci riguarda da vicino, come qualcosa che ci appartiene (*o a cui apparteniamo*) e che non possiamo quindi allontanare o trascurare[21].

A questo punto del suo lavoro, Graziella Berto fa intervenire Lacan, il quale, nel Seminario X (*L'angoisse*), «attribuisce un rilievo particolare» a *Das Unheimliche*, «sottolineando tra l'altro l'importanza data qui da Freud all'analisi linguistica[22]. Dice infatti Lacan, nella lezione del 5 dicembre 1962: «Anche a una lettura superficiale, la prima cosa che vi salterà agli occhi è l'importanza che Freud attribuisce all'analisi linguistica. Se la cosa non fosse eclatante ovunque, basterebbe questo testo a giustificare la prevalenza che do alle funzioni del significante nel mio commento di Freud [*Même à une lecture superficielle, la première chose qui vous y sautera aux yeux est l'importance qu'y donne Freud à l'analyse linguistique. Si ce n'était éclatant partout, ce texte suffirait à lui seul à justifier la prévalence que je donne aux fonctions du signifiant dans mon commentaire de Freud*]»[23]. E subito dopo: «La seconda cosa che vi salterà agli occhi quando leggerete l'esplorazione dei dizionari con cui Freud introduce il suo saggio è

---

[21] Ivi, p. 25. Il corsivo è nostro: pensiamo ad Heidegger...

[22] Ivi, p. 26.

[23] Citiamo qui da J. Lacan, *L'angoisse*, Éditions du Seuil (Collection Points – Essais), Paris 2004, p. 75; trad. it. a cura di Antonio Di Ciaccia, *Il seminario. Libro X. L'angoscia 1962-1963*, Biblioteca Einaudi, Torino 2007, p. 52. Il testo è stabilito da Jacques-Alain Miller e si basa (come Miller stesso dice nella *Notice*) su «un eccezionale esemplare dattiloscritto», che Lacan inviò alla figlia Judith (allora assente da Parigi) e sul quale apportò annotazioni e correzioni manuali.

che la definizione dell'*unheimlich* è di essere *heimlich*. È ciò che si trova al culmine dell'*Heim* a essere *Unheim*»[24].

Subito risorge, commenta Berto, "l'ambiguità" tra *Heim* e *Unheim*: «Heim è – afferma Lacan – "la casa dell'uomo", ma questa "casa" è situata "nel luogo dell'*Altro*"»[25]. Scrive infatti Lacan:

> Diciamo, se questo termine [*Heim*] ha un senso nell'esperienze umana, che si tratta della casa dell'uomo. Date a questo termine casa tutte le risonanze che volete, comprese quelle astrologiche. L'uomo trova la propria casa in un punto situato nell'Altro, al di là dell'immagine di cui siamo fatti. Questo posto rappresenta l'assenza in cui noi siamo. Supponiamo che, come capita, esso si riveli per quello che è, ossia supponendo che si riveli la presenza altrove che rende tale posto un'assenza, esso diventa allora il re del gioco [*cette place... est la reine du jeu*], si impadronisce dell'immagine che lo sostiene e l'immagine speculare diventa l'immagine del doppio, con tutto quello che comporta di estraneità [*étrangeté*] radicale. Per impiegare dei termini che prendono significato nella contrapposizione con i termini hegeliani, esso ci fa apparire come oggetto, in quanto ci rivela la non-autonomia del soggetto[26].

Il fatto, continua Berto, che la casa dell'uomo sia situata "nel luogo dell'Altro", vuol dire che essa si trova nella dimensione del simbolico, del linguaggio, «in quella rete di significanti che precede il soggetto», il quale «si accasa in costruzioni estranee».

> La dimensione dello *Heim* si muove fra la parola e l'immagine [...]. Lacan ci suggerisce – nel brano citato – la possibilità di un duplice squardo su questa "casa". Se ne possono, come abitualmente accade, guardare i pieni, le complesse costruzioni di parole e immagini; ma è anche possibile – e succede, benché succeda raramente e come per caso, per distrazione – gettare un'occhiata sul rovescio di questa dimora: ciò che si mostra è l'assenza che ne costituisce la struttura. L'*Unheimliche* affiora in questo gesto di rovesciamento, improvviso, in cui emerge un vuoto che rivela però una paradossale pienezza: l'assenza è il riflesso di una "presenza altrove", che diviene la "regina del gioco"[27].

Si potrebbe affermare, con Berto, che *Heim – Unheim* è una *questione di sguardo*.

---

[24] *Ibidem*.
[25] G. Berto, *op. cit.*, p. 26.
[26] J. Lacan, *L'angoscia*, cit. p. 53 (pp. 75-76 dell'edizione francese citata). Gli inserimenti in parentesi quadre sono nostri.
[27] G. Berto, *op. cit.*, pp. 27-28.

È Ernst Theodor Amadeus Hoffmann a fornire l'esempio di tutto ciò a Freud. Lacan lo dice chiaramente, in quella lezione del 5 dicembre 1962: «I testi di Hoffmann, come mostrano tutti gli e-sempi che Freud vi ha ritrovato, si situano al cuore di una simile esperienza»[28].

Freud, in effetti, dedica circa la metà della seconda parte (che è la più ampia delle tre) di *Das Unheimliche* a Hoffmann, in parti-colare al suo racconto *Der Sandmann* (1816)[29].

Quella dell'*Uomo della sabbia* è una atroce storia, ricorda La-can. A suo parere, ciò che "dà il filo esplicativo di tutto il raccon-to" di Hoffmann, come sottolinea Berto, è «l'immagine dell'oc-chio e, più precisamente, il motivo della sottrazione dell'occhio, da cui il protagonista è ripetutamente minacciato»[30].

Seguiamo dunque Berto nella lettura freudiana di *Der Sand-mann*. Nell'ampio riassunto del racconto di Hoffmann, dice l'au-trice, «Freud focalizza tutta la sua attenzione sull'immagine degli occhi, quasi cercando di ricreare attraverso di essa l'atmosfera perturbante dell'originale, e lasciando sullo sfondo gli altri motivi che si intrecciano nel testo hoffmanniano». Accantonando l'«in-treccio tra vita e morte» e «il motivo dell'incertezza prodotta dal-lo sfumare dei confini tra realtà e fantasia» (temi che «si ripresen-teranno, nel seguito del saggio, in tutta la loro centralità»), egli è all'inizio «completamente assorbito da quello *sguardo* che Hoff-mann mette in scena»[31].

Scandendo in quattro momenti – evidenziati dalla suddivisione in paragrafi – l'esposizione della storia, Freud ricostruisce un ordine cronologico al di là del-la discontinuità temporale del racconto hoffmanniano, fondandolo sul riapparire dell'immagine dell'occhio: la descrizione dell'uomo della sabbia fatta dalla bambinaia al piccolo Nathaniel; il momento in cui questi, fanciullo, viene sco-perto mentre spia di nascosto il misterioso Coppelius, che minaccia di cavargli

---

[28] J. Lacan, *L'angoscia*, cit. p. 53 (p. 76 dell'ed. fr. cit.).

[29] Cfr. G. Berto, *op. cit.*, pp. 31-32. L'autrice fa riferimento, per la traduzione italiana di questo scritto, a E.T.A. Hoffmann, *L'uomo della sabbia*, in *L'uomo della sabbia e altri racconti*, a cura di G. Fraccari, Mondadori, Milano 1987, pp. 25-58.

[30] Ivi, p. 31 (cfr., nel testo di Lacan, p. 76 fr. e p. 53 it., dove troviamo *L'Homme de sable* tradotto con *Mago sabbiolino*).

[31] Ivi, pp. 33-34 (corsivo nostro).

gli occhi; l'incontro di Nathaliel, studente universitario in una città italiana, con l'ottico Coppola, che si conclude con la visione degli occhi di Olimpia, gettati al suolo; e, infine, nella piazza della cittadina dove il giovane vive, ormai in procinto di sposarsi, lo sguardo risucchiante di Coppelius, che ne provoca la morte[32].

Effettivamente, «tutto il racconto di Hoffmann [...] è attraversato dall'immagine dell'occhio, che [...] ritorna con un'insistenza ossessiva [...], e la trama potrebbe essere ricondotta a un intreccio di sguardi». Ma ciò che di più colpisce «è che gli occhi appaiono spesso come strappati dal corpo, ricondotti a uno sguardo [...] esterno al soggetto». È per questo che sia Freud sia Lacan «individuano [...] il cuore del racconto nel tema della sottrazione degli occhi»[33].

A questo punto, Berto ritiene interessante riportare i passi più significativi in proposito. Quando, per esempio, e già all'inizio, viene fatta la descrizione della bambinaia (che anche Freud riprende):

"È un uomo cattivo, che viene dai bambini che non vogliono andare a letto e butta loro negli occhi manciate di sabbia sino a farglieli schizzare sanguinanti fuori dal capo; poi li prende, li mette in un sacco e li porta sulla luna in pasto ai suoi figlioletti; questi stanno lassù in un nido e hanno il becco ricurvo come le civette e con questo beccano gli occhi dei bambini cattivi"[34].

O quando Spallanzani grida a Nathaniel:

" '... gli occhi... gli occhi rubati a te... prenditi i tuoi occhi'. E Nataniele vide un paio di occhi sanguinanti sul pavimento che lo fissavano, Spallanzani li afferrò con la mano illesa e glieli scagliò contro colpendolo al petto"[35].

---

[32] Ivi, p. 34. Come fa notare Berto in nota, *Der Sandmann* inizia in realtà «con uno scambio di lettere tra Nathaniel, Clara e Lotario, fratello di lei, risalenti al periodo in cui Nathaniel studia in Italia, a loro volta contenenti salti temporali tra presente e passato. Solo successivamente si inserisce la voce del narratore, che cerca di mettere ordine nei frammenti della storia emersi dalle parole dei personaggi stessi. È interessante notare come Freud, se non si sofferma esplicitamente su questi elementi strutturali, li lascia tuttavia agire nel suo stesso testo» (*ibidem*).

[33] Ivi, p. 35.

[34] *Ibidem* (p. 27 di E.T.A. Hoffmann, *L'uomo della sabbia*, trad. it. cit.).

[35] *Ibidem* (pp. 54-55 di *L'uomo della sabbia*).

Oppure nella «parata inscenata da Coppola, vista attraverso lo sguardo atterrito e delirante di Nathaniel»:

" 'Ho anche degli occhi belli, begli occhi'. Atterrito Nataniele gridò: 'Pazzo, come puoi tu avere degli occhi?.. occhi?'. In quell'istante Coppola, messi da parte i suoi barometri, prese dalla larga tasca del soprabito occhiali e occhialini e li pose sul tavolo. 'Ecco, ecco... occhiali... occhiali... da mettere sul naso... questi sono i miei occhi... occhi belli!'. E traeva fuori continuamente occhiali, cosicché tutto il tavolo cominciò stranamente a sfavillare e a lampeggiare. Mille occhi lampeggiavano e occhieggiavano convulsi e fissavano Nataniele che non riusciva a distogliere lo sguardo dal tavolo, e sempre di nuovo Coppola vi metteva altri occhiali, mentre sempre più sfrenatamente quegli sguardi fiammeggianti si intrecciavano, scoccando nel petto di Nataniele i loro raggi sanguigni"[36].

E, scrive Berto, "gli occhi belli" «ritornano, alla fine, nel grido di Nathaniel che si lancia dalla torre, quasi che Coppelius si fosse ridotto alla presenza di uno sguardo che lo attrae, lo risucchia fino alla morte [...]. Come se proprio questo sguardo fosse quella dimensione segreta che, per quanto prossima, sarebbe dovuta rimanere nascosta, e invece per Nathaniel è affiorata, impadronendosi della sua vita»[37].

Oltre all'immagine degli occhi staccati dal corpo, ce n'è un'altra che "ritorna", nel testo di Hoffmann, quella di "cavità oculari rimaste vuote":

Come fa notare Freud stesso [...] il nome Coppelius/Coppola è ricollegabile etimologicamente all'italiano "coppo", cavità dell'occhio [...]; al di là di questo [...], colpiscono le osservazioni di Nathaniel [...]: "Mi sembrava di vedere tutto attorno visi umani, ma senza occhi, e al posto di questi impressionanti cavità nere". Un'immagine che a Nathaniel apparirà, molti anni dopo, nel volto di Olimpia [...]: "il volto di cera di Olimpia, pallido come la morte, non aveva occhi: al loro posto caverne buie"[38].

Ma cosa ci dice sull'*Unheimliche* questa "raccolta di immagini inquietanti"?

[...] Freud ci sorprende, lasciando inaspettatamente cadere il tema della vista [...]. Nel commento del racconto, egli [...] sostiene che psicoanaliticamente "sia-

---

[36] Ivi, p. 36 (p. 46 del testo di Hoffmann).
[37] *Ibidem*.
[38] Ivi, pp. 36-37 (pp. 30 e 54 del racconto di Hoffmann).

mo di fronte a una tremenda angoscia infantile, causata dalla prospettiva di un danno agli occhi o alla loro perdita" [...], per concludere con questa affermazione: "Lo studio dei sogni, delle fantasie e dei miti ci ha [...] insegnato che la paura per gli occhi, l'angoscia di perdere la vista, è abbastanza spesso un sostituto della paura dell'evirazione" [...]; è su questo problema che Freud sposta tutta l'attenzione, fino a fornirci [...] un'interpretazione [...] articolata del racconto hoffmanniano, letto come una messa in scena del complesso edipico, dove l'uomo della sabbia, nelle sue metamorfosi, non è altro che il ripresentarsi del lato temuto dell'*imago* paterna, che minaccia di punire con la castrazione il legame del bambino con la madre [...]. Anche l'autoaccecamento cui Edipo si sottopone nel mito "non è altro che una forma mitigata della pena dell'evirazione" [...]. E alla fine [...] il turbamento per una possibile sottrazione dell'occhio [...] viene avvicinato al sentimento prodotto dalla perdita di qualsiasi altra parte del corpo. La conclusione è piuttosto secca: "Oseremmo dunque ricondurre l'elemento perturbante rappresentato dal mago sabbiolino all'angoscia propria del complesso di evirazione infantile"[39].

Tale affermazione, dice Berto, «ci lascia insoddisfatti, come davanti a un'attesa delusa»:

> È come se il testo freudiano contenesse un'eccedenza che ci attrae, la cui complessità ed enigmaticità viene accresciuta piuttosto che cancellata dal gesto con cui Freud tende a rifugiarsi in territori a lui più familiari, dopo essersi sporto su qualcosa di meno controllabile [...]. Lo stesso procedere di Freud in questo scritto sembra contenere qualcosa di *unheimlich*: sia nell'intreccio di familiare (il contesto edipico) ed estraneo (lo spiccare dello sguardo); sia nell'emergere di un qualcosa (lo sguardo stesso) che sarebbe forse dovuto rimanere nascosto. *L'interpretazione freudiana cerca invano di ricoprire, ricacciandola sullo sfondo, l'immagine di uno sguardo che, staccatosi dall'io, tende ad attrarlo, fino a fargli perdere il dominio di sé e della realtà*[40].

È su questa immagine dello sguardo (e della sua sottrazione) che Lacan si concentra nel suo Seminario X. Tale motivo, nota Berto, "si insinua" nell'ambito dell'*Unheimliche* attraverso la me-

---

[39] Ivi, pp. 38-39. Cfr. le pagine 243-245 ted. e 92-94 it. di *Das Unheimliche*, cit. Berto osserva inoltre che anche in *Totem e tabù* Freud «aveva indicato l'accecamento come sostituto della castrazione, rimandando in nota al mito di Edipo» (GW IX, p. 158; OSF 7, p. 134), e che Lacan, «pur senza l'intento di opporsi all'interpretazione freudiana, rilegge il testo di accecamento di Edipo, scorgendovi invece l'emergere di una "lacerazione" che è il luogo della "parola": di quella parola in cui il soggetto [...] riconosce e nomina il suo desiderio» (*Il Seminario. Libro II. L'io nella teoria di Freud e nella tecnica della psicoanalisi 1954-1955*, trad. it. a cura di G. Contri, Einaudi, Torino 1991, pp. 290-296).
[40] Ivi, pp. 39-40 (corsivo nostro).

diazione di una «figura centrale» del suo pensiero, quella del-
l'«immagine speculare»[41].

Scrive Lacan (lezione del 9 gennaio 1963):

... il nostro corpo [...] non è costituibile nel modo in cui Cartesio lo istituisce
nel campo dell'estensione. Non ci è neppure dato, in modo puro e semplice, nel
nostro specchio. Anche nell'esperienza dello specchio può arrivare un momento
in cui l'immagine che crediamo di afferrarvi si modifica. Se l'immagine speculare che abbiamo di fronte a noi, che è la nostra statura, il nostro viso, i nostri
due occhi, lascia insorgere la dimensione del nostro sguardo [*regard*], il valore
dell'immagine comincia a cambiare, soprattutto se c'è un momento in cui questo
sguardo che appare nello specchio comincia a non guardare più noi stessi. *Ini-
tium*, aura, aurora di un sentimento di estraneità che è una porta aperta sull'angoscia[42].

Un "doppio che sfugge", dunque, e lo sguardo come "dimensione autonoma":

Il tema della sottrazione dell'occhio, attorno a cui ruota *Der Sandmann*, è il
tema della perdita di autonomia del soggetto, o meglio della rivelazione di tale
perdita [...]. Fin quando lo sguardo è incorporato nel soggetto, e rimane quindi
nascosto (non possiamo guardarci guardare, guardare il nostro sguardo), esso dà
unità all'io [...]. Che cosa accade se lo sguardo diviene esterno al soggetto?
Quest'ultimo [...] ne risulta disgregato e insieme irresistibilmente attratto. Attraversato dallo sguardo, il soggetto [...] scorge l'estraneità che lo abita [...], si accorge di essere altrove rispetto all'immagine con cui si identificava [...]; ma è insieme attratto da un'esteriorità normalmente scartata[43].

Nel Seminario successivo, Lacan, pur non riferendosi esplicitamente a *Das Unheimliche*, parla anche lui dell'occhio come
"coppa":

L'essenziale del rapporto tra l'apparenza e l'essere, di cui il filosofo, con-
quistando il campo della visione, si rende così facilmente padrone, è altrove.
Non è nella linea retta, è nel punto luminoso – punto di irradiazione, sfavillio,
fuoco, fonte zampillante di riflessi. Senza dubbio la luce si propaga in linea ret-

---

[41] Ivi, p. 40.
[42] J. Lacan, *L'angoscia*, cit., p. 96 (p. 133 dell'ed. fr. cit). L'inserimento in francese è nostro.
[43] G. Berto, *op. cit.*, pp. 41-42. L'autrice, a proposito dello sguardo *incorporato* che dà u-
nità all'io, ricorda che la figura di Olimpia, nel racconto di Hoffmann, «comincia a vivere
nel momento in cui possiede gli occhi, mentre, quando li perde, ritorna una bambola inanimata, semplice assemblaggio di pezzi diversi» (ivi, p. 42).

ta, ma si rifrange, si diffonde, inonda, riempie – non dimentichiamo quella coppa che è il nostro occhio – trabocca anche, e necessita, attorno alla coppa oculare, di tutta una serie di organi, di apparecchi, di difese[44].

E poco dopo:

Ciò che è luce mi guarda, e grazie a questa luce in fondo al mio occhio, qualcosa si dipinge – che non è semplicemente il rapporto costruito, l'oggetto su cui si attarda il filosofo – ma è impressione, sfavillio di una superficie che non è, in anticipo, situata per me nella sua distanza [...]. In ciò che si presenta a me come spazio della luce, ciò che è sguardo è sempre un certo gioco della luce e opacità[45].

A questa luce, commenta Berto, "ormai sottratta alla padronanza dell'occhio", appartiene lo sguardo. Il vedere «è dunque preceduto e reso possibile da un essere-guardato».

Le cose che mi guardano non sono le cose come abitualmente io le vedo: non oggetti situabili in uno spazio esterno, ma punti luminosi – come quell'insignificante scatola di sardine, galleggiante sull'acqua, al sole, che, da volgare scarto della civiltà industriale, si trasforma improvvisamente, per Lacan, in sguardo inquietante. Le cose sono "luccichio", "sfavillio", con quanto di seducente e di imprendibile esso implica, "gioco di luce e opacità", eccesso di mostrarsi che insieme si sottrae [...]. Esse non si lasciano costruire con contorni definiti, ma sono "impressione" [...]. Lo spazio diviene allora – come, in *Der Sandmann*, il tavolo di Nathaniel su cui Coppola espone i suoi occhiali – un intreccio vorticante di lampeggiamenti, che coinvolgono e catturano il soggetto, disorientandolo[46].

Lo "sguardo", si è visto, rimane per lo più nascosto. Si è visto anche che l'evento del suo affiorare ha un carattere inquietante (nella lacaniana "immagine speculare", nella definizione schellinghiana dell'*Unheimliche*). Su questo nascondimento, la coscienza "si costituisce e si mantiene". Ma essa è letteralmente

[44] Cfr. J. Lacan, *Il Seminario. Libro XI. I quattro concetti fondamentali della psicoanalisi 1964*, nuova edizione italiana a cura di Antonio Di Ciaccia, con uno scritto di Jacques-Alain Miller, Einaudi, Torino 2003, p. 93.
[45] Ivi, p. 95.
[46] G. Berto, *op. cit.*, pp. 43-44. Il "piccolo apologo" lacaniano della scatoletta di sardine si trova alle pagine 93-94 dell'ed. it., citata, dell'undicesimo seminario. Cfr., anche, il capitolo *I giri del dire* del nostro *Fort und Da...*, cit.

"scotoma", «un difetto del campo visivo», un'"illusione" che "e-lide" la luce»:

> La coscienza [...] distorce e occulta il vedere, lo addomestica, assorbendolo nel [...] pensiero "esatto" [...], che diviene [...] il luogo della chiarezza e dell'evidenza [...]. Ma se il vedere non è solo quello della coscienza, se la luce non è l'insieme di rette che disegnano lo spazio geometrico [...], come ripensare allora questa dimensione? Lacan contrappone alla linea retta il "punto luminoso" [...]. Alla luce viene restituito spessore [...], "carnalità" [...], profondità [...]. "Lo sguardo – dice Lacan – è questo inverso della coscienza". La coscienza nasconde [...] la segreta presenza di una luce che è altro da essa: una luce *heimlich*, si potrebbe dire [...][47].

Si sa che la filosofia, fin dalle sue origini, «è stata attratta da un "oltre", da un "altro" rispetto all'apparenza». I filosofi «hanno generalmente teso a sostituire l'occhio del corpo con l'occhio della mente: l'uscita dalla caverna, dallo spazio angusto di una visione incatenata a un'unica prospettiva, verso la luce, è l'acquisizione della capacità di guardare la luce stessa, senza rimanerne abbagliati, ma facendone l'oggetto del proprio vedere, l'idea». Ma così, «appena percepita, *l'inquietudine dello sguardo* è già ingabbiata nell'idea»[48]. Forse non si tratta, dice Berto, di «cancellare il tremore» che "increspa" l'apparenza; forse bisogna insinuarsi nelle "pieghe", nelle "cavità del visibile", per incontrare, come dice Merleau-Ponty, "l'invisibile *di* questo mondo, quello che lo abita, lo sostiene e lo rende visibile, la sua possibilità interna e propria, l'Essere di questo essente"[49]. Questa "invisibilità" «è molto vicina a ciò che Lacan chiama "sguardo"».

---

[47] Ivi, pp. 45-48.
[48] Ivi, p. 49 (corsivo nostro).
[49] *Ibidem*. Le parole di Merleau-Ponty sono tratte dal suo *Il visibile e l'invisibile*, trad. it. a cura di M. Carbone, Bompiani, Milano 1993, p. 166. Questo libro fu pubblicato postumo proprio nell'anno in cui Lacan tenne il Seminario XI. E Lacan vi fa espressamente riferimento: «Non sapevo [...] che avrei dato un tale sviluppo allo sguardo. A questo sono stato indirizzato dal modo con cui vi ho presentato il concetto di ripetizione in Freud. Non neghiamo che è all'interno della spiegazione della ripetizione che si situa questa digressione sulla funzione scopica – indotta, molto probabilmente, dall'opera che è appena uscita di Maurice Merleau-Ponty, *Il visibile e l'invisibile*. Mi sembra [...] che se vi è un incontro, è un incontro felice e destinato a segnalare [...] in che modo, nella prospettiva dell'inconscio, noi possiamo situare la coscienza» (cfr. *Seminario X*, cit., p. 78).

Lo sguardo è qui l'opposto dell'Idea: nel suo oltrepassare l'apparenza, non si pone oltre le imperfezioni del sensibile, ma piuttosto nella zona che precede le correzioni che il nostro occhio, o la nostra coscienza, apportano a quell'"imperfezione". Esso rovescia l'evanescenza in cui l'Idea si è sfumata nel noumeno kantiano – quell'"un che ignoto" a cui si è ridotta la realtà purificata dal sensibile – in una "concretezza" che nei fenomeni risulta già filtrata, setacciata. Lo sguardo delle cose è il caos della loro presenza, il loro affiorare inafferrabile, la densità che ne sbava i contorni, il loro essere molteplicità di frammenti, custodendo paradossalmente in questo stato la loro "pienezza". Una "pienezza" da sempre perduta per il soggetto, il quale [...] emerge proprio nell'atto di questa perdita, ma che continua ad attrarlo in un desiderio inesauribile, attraversandolo come una mancanza [...], "oggetto *a*" [...] irraffigurabile e ineffabile [...], tagliato fuori da ogni rappresentazione [...], dall'immagine speculare. L'oggetto come "scintillio", come "sguardo" [...] che, in quanto residuo inassorbibile, attraversa, con un tremito, la visione [...]. Oltre l'apparenza, il soggetto trova [...] tutt'altro che una rassicurazione, un terreno solido su cui poggiare (come l'Idea platonica, il *cogito* cartesiano, e già meno il noumeno kantiano); esso scorge piuttosto il suo venir meno [...], l'essere inghiottito da uno sguardo che oscura il suo vedere. Questo oltre è un al di qua [...], qualcosa con cui abbiamo già da sempre a che fare, ma a cui, proprio per questa sua prossimità, è molto più difficile rapportarsi che a ciò che comunemente s'intende per "trascendenza"[50].

Ma perché ciò che non posso vedere mi guarda? Nel Seminario XI Lacan ci offre una "pregnante indicazione" in proposito. Si tratta di "guardare" il quadro di Holbein *Gli ambasciatori* (che non a caso è riprodotto all'inizio del testo stabilito da Jacques-Alain Miller).

Prima di distribuirne una riproduzione, nella lezione del 26 febbraio 1964, Lacan ricorda che è «nell'epoca in cui la meditazione cartesiana inaugura nella sua purezza la funzione del soggetto che si sviluppa quella dimensione dell'ottica che distinguerò chiamandola geometrale». Il quadro, però, risale a un centinaio di anni prima.

Ora farò circolare qualcosa datata un centinaio di anni prima, 1533, una riproduzione di un quadro che penso tutti voi conosciate – *Gli ambasciatori* dipinto da Hans Holbein [...]. Che cosa vedete? Che cos'è quell'oggetto strano, sospeso, obliquo, in primo piano davanti ai due personaggi? I due personaggi sono fissi, rigidi nei loro ornamenti di parata. Tra di loro, tutta una serie di oggetti che, nella pittura dell'epoca, raffigurano i simboli della *vanitas* [...]; questi oggetti simbolizzano tutti le scienze e le arti [...]. Allora, che cos'è dunque, davanti

---

[50] Ivi, pp. 49-51.

a questa *mostrazione* del campo dell'apparenza nelle sue forme più affascinanti, che cos'è dunque questo oggetto, un po' volante e un po' inclinato? Non potete saperlo – poiché vi voltate, sfuggendo alla fascinazione del quadro. Cominciate a uscire dalla stanza in cui, indubbiamente, vi ha a lungo avvinti. È allora che, voltandovi mentre state andando via – come descrive l'autore delle *Anamorfosi* – cogliete sotto questa forma, che cosa? – un teschio. All'inizio non si presenta affatto così, questa figura che l'autore paragona a un osso di seppia e che a me evoca piuttosto quel pane da due libbre che Dalì, in un tempo lontano, si divertiva a porre sulla testa di una vecchia [...]. Tutto ciò rende manifesto che, nel cuore stesso dell'epoca in cui si delinea il soggetto e si cerca l'ottica geometrale, Holbein rende qui visibile qualcosa che non è altro che il soggetto come annientato [...][51].

Berto commenta così:

La presenza informe e quindi inconoscibile che, in questo dipinto, si erge tra le altre immagini – immagini che rappresentano la rappresentazione stessa del mondo, nell'ordine gerarchico e armonioso delle scienze –, rimandando all'irraffigurabilità della morte, mette in crisi la compiutezza e l'assolutezza della visione rappresentativa. Nessuna visione del mondo può contenere il paradosso della morte, pur essendone inquietata, attraversata, quasi attratta, nel momento stesso in cui cerca di nasconderlo. L'emergere di un irraffigurabile (la morte, ma anche il residuo che accompagna la rappresentazione di ogni cosa) toglie all'occhio [...] la pretesa di una coincidenza tra la propria visione e la realtà. Non essendo catturata nella rappresentazione, la cosa disorganizza il campo percettivo, rimanda a una visibilità non controllabile da quel "punto geometrale" in cui il soggetto si insedia, strappa a quest'ultimo l'egemonia del visibile, risucchiandolo piuttosto, dalla posizione privilegiata di vedente, in una visibilità che non può dominare, poiché non coincide con la rappresentabilità[52].

---

[51] J. Lacan, *Il Seminario. Libro XI*, cit., pp. 84-87. Per quel che riguarda "l'autore delle *A-namorfosi*", Lacan si riferisce a Jurgis Baltrušaitis, *Anamorphoses*, apparso la prima volta nel 1955, presso Olivier Perrin (Coll. "Jeu savant"), Paris, poi edito da Flammarion, ivi 1984 (trad. it. di P. Bertolucci, *Anamorfosi o thaumaturgus opticus*, Adelphi, Milano, nuova ed. 1990). Può essere interessante, qui, riportare quanto scrive Graziella Berto in una sua nota: «Su una maggiore problematicità del tema della visione in Cartesio, cfr. la voce "Visione" di A. Costa e M. Brusatin, in *Enciclopedia*, vol. 14, Einaudi, Torino 1981, pp. 1110-1142, in particolare p. 1122: accanto al lato razionale, geometrico della visione, Cartesio ha scorto il suo lato oscuro, magico, fonte di inquietudine; egli "si occupò delle illusioni ottiche, delle prospettive falsate e delle scenografie con automi"; si profila qui il retroscena dei suoi discorsi sul dubbio... Per questi temi, rimando allo studio di J. Baltrušaitis sull'anamorfosi [...]. In generale, sui caratteri di ambiguità e di eccesso propri della visione, luogo della conoscenza e della fascinazione, luogo dell'ordine e della dismisura, cfr. anche J. Starobinski, *L'occhio vivente* (1961, 1970), trad. it. di G. Guglielmi, Einaudi, Torino 1975» (cfr. *op. cit.*, p. 46).

[52] *Op. cit.*, pp. 51-52.

Prima di ritornare a Freud, vorremmo concludere questa parte del discorso riportando ciò che Lacan dice nella lezione dell'11 marzo 1964:

...devo insistere sul fatto che, nel campo scopico, lo sguardo è al di fuori – io sono guardato, cioè sono quadro. Questa è la funzione che si trova nel più intimo dell'istituzione del soggetto nel visibile. Ciò che fondamentalmente mi determina nel visibile è lo sguardo che è al di fuori. È attraverso lo sguardo che io entro nella luce, ed è dallo sguardo che ne ricevo l'effetto. Da cui risulta che lo sguardo è lo strumento attraverso cui la luce si incarna e – mi permetto di servirmi di una parola, come spesso faccio, scomponendola – attraverso cui sono *fotografato*. Non si tratta qui del problema filosofico della rappresentazione. In tale prospettiva, in presenza della rappresentazione mi assicuro da me stesso come, insomma, chi la sa lunga, mi assicuro come coscienza che sa che è solo rappresentazione e che, al di là, c'è la cosa, la cosa in sé. Dietro il fenomeno, il noumeno, per esempio. Indubbiamente io non posso farci niente, poiché le mie *categorie trascendentali*, come dice Kant, fanno di testa loro e mi obbligano a prendere la cosa a modo loro. E, in fondo, poi, va bene così – tutto si aggiusta per il meglio. Per noi, non è in questa dialettica tra la superficie e ciò che è al di là, che le cose sono in bilico. Noi partiamo, per parte nostra, dal fatto che c'è qualcosa che instaura una frattura, una bipartizione, una schisi dell'essere alla quale questo si adatta [...][53].

A questo punto Berto si chiede se davvero in Freud non sia "rintracciabile" nulla di tutto ciò, se, cioè, «egli si ritragga in modo assoluto da quella dimensione dello sguardo su cui ci aveva fatti affacciare». Non è affatto così, e si vedrà splendidamente dallo sguardo "affascinato" e "stupito" dei lupi nella scena del sogno di Sergej Constantinovič Pankëev, l'"Uomo dei lupi", appunto, come lo chiamò Freud: *Der Wolfsmann*. Uno sguardo, quello dei lupi bianchi, che "si fissa con attenzione" (*aufmerksamen Schauen*) su di lui, sul bambino Sergej[54]. Ma, prima di arrivare a parlare più estesamente di questo celeberrimo sogno, Berto comincia col rintracciare altre indicazioni, nell'opera freudiana, relative alla "esteriorità dello sguardo". La prima è quasi "sotterranea", «ma anche più direttamente connessa a *Das Unheimliche*». È contenuta in *Al di là del principio di piacere*, (che, come si sa,

---

[53] *Il Seminario. Libro XI*, p. 105.
[54] Cfr. S. Freud, *Aus der Geschichte einer infantilen Neurose* (1914; 1918), GW XII, pp. 27-157; trad. it. *Dalla storia di una nevrosi infantile (Caso clinico dell'uomo dei lupi)*, OSF 7, pp. 481-593 (la citazione qui riportata è a p. 60 ted. e 511 it.).

si intreccia con "molteplici fili" proprio al saggio che qui si sta e-
saminando).

Nella quarta parte di *Al di là...*, ricorda Berto, Freud si sofferma sul ruolo della coscienza nell'ambito dei processi psichici, in
particolare sulla *corteccia*, dove essa ha sede. La coscienza, nella
sua collocazione superficiale, «esposta, al confine tra interno e e-
sterno», si presenta come, dice Freud, "un residuo della superficie
primitiva dell'organismo, e potrebbe averne ereditate alcune proprietà fondamentali". In particolare, «essa avrebbe ereditato la
funzione di "scudo protettivo" [...], permettendo [...] all'organismo di salvarsi dalla distruzione dovuta all'eccesso di stimoli che
lo incalzano dall'esterno: "Con la sua morte lo strato più esterno
[divenuto inorganico] ha salvato gli strati più profondi dallo stesso destino, almeno finché non arrivano stimoli così forti da spez-
zare lo scudo protettivo [...]. Per l'organismo vivente la protezione dagli stimoli [...] è una funzione quasi più importante della ri-
cezione degli stessi"»[55]. La coscienza, dunque, è *segnata dalla
morte*. Essa è «una restrizione del campo percettivo, come una
pupilla che dosa l'ingresso della luce [...] per evitare l'accecamento». In questa prospettiva, «la sottrazione degli occhi, l'affiorare inatteso dello squardo, si avvicina [...] all'esperienza spaesante di uno scoprirsi altrove dal proprio io, di un presentarsi delle cose in un modo che non coincide con il ruolo a esse preventi-
vamente attribuito dall'ordine della coscienza»[56].

L'altra indicazione, nell'opera freudiana, sull'"esteriorità dello
sguardo", è più esplicita. Si tratta dell'istanza del Super-io.

Essa affiora [...] proprio nella figura di uno sguardo, che osserva costantemente l'io [...]; uno sguardo che si scinde dall'io, che gli sfugge, per osservarlo
dall'esterno, spostandolo nella posizione dell'oggetto; risulta subito evidente che
questa istanza osservatrice, con funzioni critiche, di censura o di giudizio, è
qualcosa di molto diverso dallo sguardo di cui parla Lacan. Ciò che risulta tuttavia interessante è che la scissione che essa introduce nell'io approda, negli sviluppi della riflessione freudiana, a un indebolimento della sovrapposizione tra
l'io e la coscienza[57].

---

[55] Cfr. G. Berto, *op. cit.*, p. 53. Per le citazioni da "*Jenseits...*" si vedano le pp. 25-27 ted. e
212-213 it. di S. Freud, *Al di là del principio di piacere*, GW XIII e OSF 9.
[56] Ivi, pp. 54-55.
[57] Ivi, pp. 56-57.

Le riflessioni di Freud in tal senso «vengono presentate [...],
all'inizio di *L'Io e l'Es*, come una continuazione dei temi di *Al di
là del principio di piacere*: testo che è a sua volta, come sappiamo, strettamente legato a *Das Unheimliche*».

Il motivo della perdita della vista, che spicca in questo saggio, tende dunque
a connettersi alla perdita da parte dell'io del suo statuto di coscienza, alla scoperta inquietante di un io invaso fin dall'inizio dall'inconscio, prima di ogni rimozione. Vi è uno sguardo che non appartiene alla coscienza, e che fa gravare
sul soggetto il peso di dimensioni apparentemente lontane: istanze parentali, eredità arcaiche, invisibili all'occhio della coscienza[58].

Ma lo sguardo "perturbante" per eccellenza, nel sogno di la vita la morte (come direbbe Derrida), crediamo sia quello dei bianchi lupi di Sergej P. Leggiamolo, quel sogno, nel "racconto" di
Freud:

"*Sognai che era notte e mi trovavo nel mio letto (il letto era orientato con i
piedi verso la finestra e davanti ad essa c'era un filare di vecchi noci; sapevo
ch'era inverno mentre sognavo, e ch'era notte). Improvvisamente la finestra si
aprì da sola, e io, con grande spavento, vidi che sul grosso noce proprio di fronte alla finestra stavano seduti alcuni lupi bianchi. Erano sei o sette. I lupi erano
tutti bianchi e sembravano piuttosto volpi o cani da pastore, perché avevano u-
na lunga coda come le volpi, e le orecchie ritte come quelle dei cani quando
stanno attenti a qualcosa. In preda al terrore – evidentemente di esser divorato
dai lupi – mi misi a urlare* e mi svegliai. La bambinaia accorse al mio letto per
vedere cosa mi fosse successo. Passò un bel po' di tempo prima che mi convin-
cessi che era stato soltanto un sogno, tanto naturale e nitida mi era parsa l'immagine della finestra che si apre e dei lupi che stanno seduti sull'albero. Finalmente
mi tranquillizzai, mi sentii come liberato da un pericolo, e mi riaddormentai.
L'unica azione contenuta nel sogno fu l'aprirsi della finestra, poiché i lupi stavano seduti tranquilli e immobili sui rami dell'albero, a destra e a sinistra del tronco, e mi guardavano. Era come se avessereo rivolto su di me tutta la loro attenzione. Credo che questo sia stato il mio primo sogno d'angoscia. Avevo tre o
quattro anni, cinque al massimo. Da allora, fino agli undici o dodici anni, ho

---

[58] Ivi, p. 57. Le "riflessioni" di Freud, che l'autrice qui richiama, sono queste: «Ora che
sappiamo che anche l'Io può essere inconscio nel vero senso della parola, vorremmo cono-
scerlo meglio»; e: «La novità che richiede un chiarimento è data dal fatto che questa parte
dell'Io [il Super-io] ha un rapporto meno stretto con la coscienza» (cfr. S. Freud, *Das Ich
und das Es*, GW XIII, pp. 246 e 256; trad. it. *L'Io e l'Es*, OSF 9, pp. 482 e 491).

sempre avuto paura di vedere in sogno qualcosa di terribile". Il giovane aggiunge quindi un disegno dell'albero coi lupi che conferma la sua descrizione [...][59].

Questa, dunque, *la scena* "narrata". Graziella Berto nota che nell'ultima parte del saggio *Das Unheimliche* Freud «si accorge di aver fatto riferimento [...] soprattutto a materiali tratti dalla letteratura». Lo scrittore, infatti, «possiede "una quantità di mezzi di cui la vita non può disporre" [...]». Alla letteratura è concessa la possibilità «di muoversi liberamente su diversi piani di realtà». In essa, «l'effetto perturbante si produce con particolare forza». È per tale ragione che il "realismo" di Hoffmann può «far apparire l'assurdo e l'ignoto all'interno della dimensione quotidiana»[60]. Non a caso, come dice Lacan,

---

[59] Citiamo qui da *Sigmund Freud, Casi clinici 7. L'uomo dei lupi. Dalla storia di una nevrosi infantile*, trad. di Mauro Lucentini e Renata Colorni, Biblioteca Bollati Boringhieri, Torino 1977, ristampa aprile 2021, pp. 35-36. Si vedano anche, nell'ottima edizione dell'"Universale Economica Feltrinelli"/Classici (*Sigmund Freud, L'uomo dei lupi*, introd. di Giorgio Pressburger, cura di Mario Ajazzi Mancini, trad. di Michela Marcacci, Milano 2021, 3ª), con testo tedesco a fronte, le pp. 94-97. L'originale suona, nella limpida scrittura di Freud, così: «*Ich habe geträumt, dass es Nacht ist und ich in meinem Bett liege, (mein Bett stand mit dem Fussende gegen das Fenster, vor dem Fenster befand sich eine Reihe alter Nussbäume. Ich weiss, es war Winter, als ich träumte, und Nachtzeit). Plötzlich geht das Fenster von selbst auf, und ich sehe mit grossem Schrecken, dass auf dem grossen Nussbaum vor dem Fenster ein paar weisse Wölfe sitzen. Es waren sechs oder sieben Stück. Die Wölfe waren ganz weiss und sahen eher aus wie Füchse oder Schäferhunde, denn sie hatten grosse Schwänze wie Füchse und ihre Ohren waren aufgestellt wie bei den Hunden, wenn sie auf etwas passen. Unter grosser Angst, offenbar, von den Wölfen aufgefressen zu werden, schrie ich auf* und erwachte. Meine Kinderfrau eilte zu meinem Bett, um nachzusehen, was mit mir geschehen war. Es dauerte eine ganze Weile, bis ich überzeugt war, es sei nur ein Traum gewesen, so natürlich und deutlich war mir das Bild vorgekommen, wie das Fenster aufgeht und die Wölfe auf dem Baume sitzen. Endlich beruhigte ich mich, fühlte mich wie von einer Gefahr befreit und schlief wieder ein. Die einzige Aktion im Traume war das Aufgehen des Fensters, denn die Wölfe sassen ganz ruhig ohne jede Bewegung auf den Ästen des Baumes, rechts und links vom Stamm und schauten mich an. Es sah so aus, als ob ihre ganze Aufmerksamkeit auf mich gerichtet hätten. – Ich glaube, dies war mein erster Angsttraum. Ich war damals drei, vier, höchstens fünf Jahre alt. Bis in mein elftes oder zwölftes Jahr hatte ich von da an immer Angst, etwas Schreckliches im Traum zu sehen*». Er gibt dann noch eine Zeichnung des Baumes mit den Wölfen, die seine Beschreibung bestätigt» (qui tratto da *Sigmund Freud, Aus der Geschichte einer infantilen Neurose*, Lunata, Berlin 2021, pp. 31-32). Nell'introdurre il sogno, Freud dice di averlo già pubblicato, proprio per la sua natura "fiabesca", sulla *Int. Zeitschr. f. ärztl. Psychoanalyse*, Bd. I. 1913 (cfr. S. Freud. *Märchenstoffe in Träumen*, GW X, pp. 5-9; trad. it. *Materiale fiabesco nei sogni*, OSF 7, pp. 197-201).

[60] Cfr. G. Berto, *op. cit.*, pp. 107-108. Per la citazione freudiana cfr. p. 264 ted. e p. 111 it. di *Das Unheimliche*, cit.

Freud insiste sulla dimensione essenziale che il campo della finzione dà alla nostra esperienza dell'*unheimlich*. Nella realtà questa è troppo fugace. La finzione la dimostra molto meglio, la produce anche come effetto in un modo più stabile, perché meglio articolato. È una sorta di punto ideale, ma quanto prezioso per noi! Tale effetto ci permette infatti di vedere la funzione del fantasma[61].

Ci troviamo qui di fronte a una «caduta della barriera tra fantastico e reale», a ciò che «costituisce un evento fondamentale per la storia della psicoanalisi»:

La scoperta di Freud consiste nell'accorgersi che la vicenda del soggetto si organizza attorno a fantasie, a costruzioni immaginarie, variamente mescolate a frammenti di fatti accaduti, e spesso legate a fenomeni traumatici[62].

Ed è proprio "il caso dell'Uomo dei lupi" il luogo «in cui Freud ci cala con maggiore intensità in questo intreccio inestricabile»[63]. Scrive Berto:

Il cuore della vicenda dell'Uomo dei lupi è occupato da una scena: la scena primaria [...]. Si tratta di un sogno d'angoscia, in cui spiccano due elementi: la finestra che si spalanca all'improvviso e lo sguardo dei lupi bianchi che, immobili, fissano il bambino [...][64].

E, in nota:

Risultano particolarmente significative [...] le seguenti affermazioni: "Egli [il paziente] aveva sempre sottolineato che due particolari del sogno gli avevano fatto maggiore impressione: l'assoluta tranquillità e immobilità dei lupi, e la concentrata attenzione con cui essi lo fissavano [...]. I due elementi che colpiscono il paziente nel contenuto manifesto del sogno (lo sguardo che si fissa con attenzione su di lui e l'assenza di ogni movimento) dovrebbero condurci al contenuto di questa scena" (GW XII, pp.59-60; OSF 7, p. 511)[65].

Ma anche quando, nel corso dell'analisi, la scena primaria "affiora"[66], «le immagini del sogno non svaniscono»:

---

[61] J. Lacan, *L'angoscia*, cit., p. 54 (p. 77 dell'ed. fr. cit.).
[62] G. Berto, *op. cit.*, pp. 114-116.
[63] Ivi, p. 116.
[64] Ivi, pp. 116-117.
[65] Ivi, p. 117. Nell'edizione della "Biblioteca" Bollati Boringhieri, cit., le affermazioni di Freud sono alle pagine 39-40 (l'inserimento in parentesi quadra è nostro).
[66] Ecco come Freud racconta la scena: «Er hatte also im Zimmer der Eltern in seinem Bettchen geschlafen [...]. Es stimmt zur Annahme eines heissen Sommertages, wenn sich die

Lo sguardo fisso dei lupi, che [...] rimane in primo piano, sembra poterci dire qualcosa di più [...]. La scena del sogno dei lupi contiene in sé l'immagine della scena: il problema della finzione, del suo rapporto con la realtà, che attraversa il caso clinico in questione, viene così in primo piano all'interno del sogno stesso, e rivela uno stretto nesso con il tema dello sguardo[67].

È in questa cornice che si "riaffaccia" Lacan.

È proprio la finestra, con la sua funzione di cornice, con il suo spalancarsi improvviso, ad attirare l'attenzione di Lacan nel sogno dell'Uomo dei lupi, nel Seminario X. In questa immagine appare, secondo Lacan, la forma pura del fantasma, che si svela nella sua struttura: una sorta di "quadro che viene a porsi nella cornice di una finestra", e in cui non si tratta certo di vedere meglio ciò che c'è sul quadro, ma, "quale che sia il fascino di ciò che è dipinto sulla tela, di non vedere ciò che si vede dalla finestra" [...]. Nell'aprirsi della finestra, il fantasma mostra innanzitutto i suoi limiti: esso non si estende all'infinito, ma ha dei contorni, così come lo specchio, l'immagine speculare possiedono dei margini, e implicano dunque un fuori, qualcosa che essi non contengono. Lacan ci richiama con [...] forza [...] al particolare del bordo, della cornice, poiché il suo apparire coincide con il sorgere dell'angoscia: "Ciò che solamente voglio oggi accentuare qui, è che *l'horrible, le louche, l'inquiétant*, tutto ciò con cui traduciamo, come possiamo in francese, questo magistrale '*Unheimlich*', si presenta attraverso delle finestrelle, che il campo dell'angoscia si situa per noi come inquadrato.

Eltern halb entkleidet zu einem Nachmittagsschläfchen zurückgezogen hätten. Als er erwachte, wurde er Zeuge eines dreimal wiederholten coitus a tergo, konnte das Genitale der Mutter wie das Glied des Vaters sehen und verstand den Vorgang wie dessen Bedeutung. [...il bambino aveva dormito nel suo lettino in camera dei genitori (...). Poteva essere una calda giornata estiva e non è così fuori luogo supporre che i genitori, semisvestiti, si fossero ritirati per un sonnellino pomeridiano. Quando si svegliò, divenne testimone di un *coitus a tergo* ripetuto tre volte, poté vedere sia l'organo genitale della madre sia il membro del padre, comprendendo l'atto e il suo significato]». Il Professore fa qui anche tre annotazioni. La prima, relativa al "semisvestiti", è come un illuminante lampo: «Con la sola biancheria: i lupi bianchi»; la seconda è una precisazione: «Perché tre volte? A un certo punto sostenne all'improvviso che ero stato io a ricavare questo particolare dall'interpretazione. Non era vero. Si trattava di una sua associazione spontanea, sottratta a ogni ulteriore critica, che lui, come al solito, attribuì a me per farla diventare attendibile attraverso questa proiezione»; l'ultima riguarda la "comprensione" dell'atto: «Voglio dire che lo comprese all'epoca del sogno, a quattro anni, e non all'epoca dell'osservazione. A un anno e mezzo raccolse impressioni, la cui comprensione posteriore, al momento del sogno, gli fu permessa dallo sviluppo, dall'eccitazione sessuale e dall'indagine condotta in campo sessuale» (cfr. p. 40 dell'ed. ted. Lunata e p. 113 dell'ed. it. Feltrinelli, citate; nell'ed. della "Biblioteca" Bollati Boringhieri, cit., cfr. pp. 43-44).
[67] G. Berto, *op. cit.*, pp. 117-118. Berto rimanda qui anche a Hélène Cixous, *La fiction et ses fantômes. Une lecture de l'*Unheimliche *de Freud* (in "Poétique" 10, Seuil, Paris 1972, pp. 199-216), dove l'autrice «interpreta lo scritto freudiano stesso come la costruzione di una scena [...], in cui il protagonista, l'*Unheimliche*, non compare mai di persona» e «non può che darsi obliquamente». Ritorneremo su questo «denso e stimolante» saggio.

Così ritroverete ciò attraverso cui ho introdotto per voi la discussione, cioè il rapporto della scena con il mondo". L'angoscia è inquadrata [...], ha a che fare con il rapporto tra scena e mondo, fantasma e reale [...]. La scena è per Lacan il luogo del riconoscimento, che, a partire dall'immagine speculare, si estende all'intera storia: è il luogo [...] "in cui tutte le cose del mondo vengono a dirsi, a mettersi in scena secondo le leggi del significante" [...]. La cornice è in fondo il segno della finzione [...]; ciò che essa contorna qui è [...] ciò che è considerato più propriamente reale: il luogo [...] del senso. L'apparire dell'inquadratura [...] lo trasforma da solida presenza ad apertura su un'assenza. La scena si ribalta in una finestra che lascia entrare proprio ciò che essa [...] escludeva [...], ciò che non è passato attraverso i setacci del riconoscimento [...]. La finestra si spalanca [...] su ciò che sfugge al gioco del significante [...], su ciò che [...] non rientra in alcuna percezione preparata, strutturata: l'*Unheimliche*, secondo Lacan. "L'angoscia, è quando appare in questa cornice ciò che era già molto più vicino alla casa" [...][68].

Lo *sguardo*, dunque, "regge la finzione". Ad esso, la scena è "appesa". Ma esso, anche, *ne rimane fuori*: lo sguardo è «il rovescio della scena».

Nel sogno dell'Uomo dei lupi è rappresentato il movimento repentino con cui questo rovescio può emergere: lo spalancarsi della finestra ricorda lo spostamento che permette di scorgere, nel dipinto di Holbein *Gli ambasciatori*, la figu-

---

[68] G. Berto, *op. cit.*, pp. 118-120. Per i riferimenti a *L'Angoisse* si vedano, da un lato, le pp. 55 e 112-117 fr., e, dall'altro, le pp. 37 e 79-83 it. (nelle edizioni da noi citate); nell'ed. a cura di Di Ciaccia, inoltre, le "finestrelle" sono rese con "lucernari" (*lucarnes*). Crediamo sia interessante, qui, riportare ciò che Lacan dice sulla "vista", dopo aver parlato del "fantasma incorniciato" e prima del brano citato su "l'orribile, il losco, il perturbante", sul "magistrale *unheimlich* del tedesco": «In questo sogno, sono i lupi sui rami dell'albero. Basta aprire una qualsiasi raccolta di disegni di schizofrenici per trovarne, se così posso dire, a palate. Potete trovarvi anche degli alberi con qualcosa in cima [...]. Guardate questo disegno di una schizofrenica. Che cosa c'è in cima ai rami? Per il soggetto in questione, a svolgere il ruolo che i lupi hanno per l'Uomo dei lupi sono dei significanti. Al di là dei rami dell'albero, ella ha scritto la formula del suo segreto, *Io sono sempre vista*. È quello che sino a quel momento non era mai riuscita a dire: *Io sono sempre vista*. Mi devo però fermare un attimo per farvi notare che in italiano, come in francese, *vista* è ambiguo. Non è soltanto un participio passato, è anche *la vista*, con i suoi due sensi, soggettivo e oggettivo: la funzione della vista e il fatto di essere una vista, come si dice la vista di un paesaggio, quella che viene presa come oggetto su una cartolina». Cfr. *L'Angoisse*, pp. 113-114 fr. e 80-81 it. Da notare che Lacan, il primo "*Io sono sempre vista*" (*Je suis toujours vue*), lo dice in italiano. Dopo la pagina 256 dell'ed. fr. cit. il disegno, riprodotto come *Dessin d'Isabella* (observatoire de Jean Bobon, Liège), mostra, oltre alla frase citata (scritta in italiano, appunto), tre occhi che dal tronco di un albero fissano lo spettatore (cfr. J. Bobon, *Psychopathologie de l'expression*, Masson et C., Paris 1962). Lacan prende questo esempio dalla relazione che Bobon «ha tenuto all'ultimo Congresso di Anversa sul fenomeno dell'espressione» (cfr. pp. 80-81 it. e p. 113 fr. de *L'Angoisse*).

ra anamorfica del teschio, mentre la ricca scenografia delle immagini raffigurate
– i simboli delle scienze – scompare [...]. Vi è dunque un movimento di torsione,
uno spostamento [...] che lascia intravvedere ciò che sempre manca sulla scena:
uno sguardo che si pone [...] nel luogo della mancanza, su cui la finestra del sogno si spalanca[69].

Uno sguardo, continua Berto, che potremmo chiamare *stupito*,
che "non comprende", che è quello "attonito" del bambino di
fronte alla "scena primaria", quello dei lupi che nel sogno lo fissa
e nel quale egli «coglie il proprio stesso sguardo, muto e immobile»:

> Ciò che crea angoscia non è semplicemente l'essere guardato, ma l'apparire
> del proprio sguardo come qualcosa di esteriore, di non padroneggiato, da cui il
> sognatore rischia di essere inghiottito. Ritorna [...] il motivo della sottrazione de-
> gli occhi [...] incontrato nell'*Uomo della sabbia* di Hoffmann, ma arricchito ora
> dal suo porsi in rapporto alla dimensione della scena: lo sguardo appare qui in-
> corniciato[70].

Quel che è importante rilevare è che *la mancanza può darsi
solo attraverso la scena*:

---

[69] Ivi, pp. 123-124.
[70] Ivi, pp. 124-125. In nota, l'autrice richiama le parole di Freud: «Il guardare attentamente
che nel sogno è attribuito ai lupi va piuttosto attribuito a lui [...]; la deformazione sarebbe
consistita in una permuta tra soggetto e oggetto [...], tra l'essere guardato e il guardare»;
cfr. GW XII, p. 61 e OSF 7, pp. 512-513; nelle ed. it. da noi citate cfr. p. 41 di quella della
"Biblioteca" Bollati Boringhieri e p. 107 di quella della Feltrinelli, dove al posto di "guardare attentamente" troviamo "lo sguardo attento", e, al posto di "permuta", "scambio". Riportiamo comunque le parole originali di Freud: «*Das aufmerksame Schauen, das im
Traum den Wölfen zugeschrieben wird, ist vielmehr auf ihn zu schieben* [...]; *die Entstel-
lung bestünde in einer Vertauschung von Subjekt und Objekt* [...], *angeschaut werden anstatt anschauen*» (cfr., nell'ed. Lunata cit., pp. 37-38). Inoltre, Berto rinvia qui al Seminario XI di Lacan. Riprendiamo il passo cui l'autrice accenna: «Vi prego di prendere una
delle grandi analisi di Freud e in particolare una, *la più grande fra tutte*, la più sensaziona-
le, perché in essa, meglio che da qualsiasi altra parte, si vede dove viene a convergere il
problema della conversione del fantasma e della realtà, cioè in qualcosa di irriducibile [...].
Sto parlando dell'osservazione dell'*Uomo dei lupi*. Nell'*Uomo dei lupi* [...], non è soltanto
il fatto che il soggetto sia affascinato dallo sguardo di questi lupi in numero di sette, che
d'altronde nel suo disegno sono solo cinque, appollaiati sull'albero. È il fatto che *il loro
sguardo affascinato è il soggetto stesso*» (cfr. p. 246 dell'ed. da noi citata). I corsivi sono
nostri.

il bordo emerge quando le immagini e i discorsi che appaiono sulla scena, e in cui normalmente il soggetto è preso, in cui si rispecchia e si riconosce, si presentano come *luogo dell'Altro*[71].

Lo "spaesamento", tuttavia, non è solo «l'effetto pietrificante di quello sguardo medusiaco in cui vedo riflessa la mia morte, la mia alterità più radicale». La scena, tramutandosi da quadro in finestra, apre, anche: «lascia emergere una familiarità nascosta». Lo spaesamento diviene così, oltre «la scoperta del proprio rispecchiarsi nell'Altro», la *percezione di essere anche sguardo*:

> Si tratta di un movimento vertiginoso [...]. Ciò che si profila è [...] una dimora paradossale che rovescia l'idea stessa della dimora [...]; è [...] il nostro essere sguardo che ci colloca in questa dimensione [...]. Questo sguardo ci rimanda all'atteggiamento di stupore da cui nasce la filosofia [...]: rapporto con le cose nel loro emergere, prima di ogni definizione che le argini e le padroneggi. La meraviglia filosofica si intreccia allo spaesamento e all'angoscia [...]. Lo spaesamento, si potrebbe dire, è in questo essere sbalzati dal luogo in cui (ci) si vede al luogo da cui (ci) si guarda, nell'emergere di quest'ultimo come qualcosa che il primo non contiene, ma che anzi ottura, nasconde [...]. Lo sguardo è ciò che nessuna immagine speculare contiene[72].

---

[71] Ivi, p. 125. Il corsivo, qui, ci è sorto pensando alle parole di Lacan nel Seminario X: «Ricordiamo dunque come il rapporto speculare si trovi a prendere il suo posto e a dipendere dal fatto che il soggetto si costituisce nel luogo dell'Altro, e come la sua impronta *(sa marque)* si costituisca nel rapporto con il significante. Difatti, già nella piccola immagine esemplare da cui parte la dimostrazione dello stadio dello specchio – quel momento detto giubilatorio in cui il bambino, venendo a cogliersi nell'esperienza inaugurale del riconoscimento allo specchio, si assume come totalità che funziona in quanto tale nella sua immagine speculare –, non ho forse sempre ricordato il movimento che fa il bambino? È un movimento così frequente, direi costante, che tutti possono averne il ricordo. Vale a dire: egli si volta, ho annotato, verso colui che lo sostiene e che sta dietro di lui. Se cerchiamo di assumere il contenuto dell'esperienza del bambino e di ricostruire il senso di quel momento, diremo che, con tale movimento di rotazione della testa che si volta verso l'adulto come per fare appello al suo assenso, e che poi ritorna verso l'immagine, egli sembra domandare a colui che lo sostiene – e che rappresenta qui il grande Altro – di ratificare il valore di quell'immagine. Certo, questo è solo un indizio, che rende conto del legame inaugurale tra il rapporto con il grande Altro e l'avvento (*l'avènement*) della funzione dell'immagine speculare [...]». Cfr. p. 53 fr. e p. 36 it. de *L'angoisse*, cit. Gli inserimenti tra parentesi tonde sono nostri.

[72] Ivi, pp. 126-130.

Ma è solo *stando sulla scena*, conclude Berto, che «si può forse fare attenzione ai suoi margini», «scorgere il ritrarsi dello
sguardo» e «il presentarsi di un'alterità in cui siamo coinvolti»[73].

Prima di lasciare Freud, vorremmo, da un lato, ritornare sul-
l'articolo di Hélène Cixous, e, dall'altro, riprendere alcune considerazioni sull'"Uomo dei lupi".
Partiamo da quest'ultimo punto. Il caso dell'uomo dei lupi,
scrive Giorgio Pressburger nel maggio del 1994, unitamente con
quello del piccolo Hans e del Presidente Schreber, «fa ormai parte
della cultura ma anche della Storia della civiltà occidentale, ne
costituisce una mitologia che ha influenzato in modo determinante il pensiero e il costume del nostro secolo»[74]. Pressburger equi-
para l'opera di Feud a «una vera e propria opera narrativa»:

> la chiarezza dell'esposizione, lo stile semplice, l'uso limitato di termini
> scientifici fanno presentire una forte consapevolezza da parte dell'autore, di una
> futura "popolarità" di quegli scritti. Forse il sogno del professore di Vienna era
> quello di trasformare tutti gli abitanti del mondo occidentale in psicanalisti e pa-
> zienti virtuali[75].

In particolare, la descrizione della "scena originaria" nell'*Uomo dei lupi* è «uno dei pezzi di letteratura più appassionanti di
tutto il Novecento». Il tutto è raccontato con "maestria di toni",
ed è basato «sulla precisione ma nello stesso tempo sulla discrezione del linguaggio [...], con un controllo invidiabile del reale
eppure con un vago sentimento panico, da classicità greca».
Freud, per Pressburger, è un vero "maestro di seduzione":

> Da quel punto di vista il vero quadro familiare non è soltanto quello del
> bambino che vede i genitori nell'atto del coito, condizionando in seguito tutta la
> propria esistenza al desiderio di essere posseduto e soddisfatto dal padre, ma an-
> che quello del "padre" della psicoanalisi che vuole "sedurre" i propri figli, cioè i
> suoi seguaci. Sotto questo aspetto, il racconto di Freud è un labirinto, è di una
> misteriosa complessità che lo rende davvero "eccitante"[76].

---

[73] Ivi, pp. 131-132.
[74] G. Pressburger, *Introduzione* a S. Freud, *L'uomo dei lupi*, ed. Feltrinelli cit., p. VII.
[75] Ivi, p. VIII.
[76] Ivi, pp. X-XI.

Dice ancora lo scrittore:

La storia dell'analisi dell'uomo dei lupi si conclude con la guarigione del paziente che riesce a trasformare, grazie alla terapia, il proprio potente impulso omosessuale in "meravigliosi sentimenti per l'umanità" [...]. L'esito più chiaro del procedimento di Freud è stato questo: far arrivare alla vecchiaia un ventenne che non si reggeva in piedi, perseguitato com'era dai fantasmi della sua mente. Si ha l'impressione che quel "meraviglioso sentimento dell'umanità" fosse non soltanto un risultato della terapia, ma anche un preciso insegnamento del professore. Tra le due guerre, quando l'uomo dei lupi per qualche tempo si trovò senza lavoro, Freud gli pagò una sorta di vitalizio per il suo contributo al progresso della scienza. Il vero insegnamento di questo caso è proprio qui, nella grandezza d'animo e nell'integrità dei suoi protagonisti[77].

Il curatore di questa edizione italiana del *Wolfsmann*, Mario Ajazzi Mancini, pone a sua volta l'accento sulla «strana "realtà"» che si configura nella *situazione analitica*, al di fuori della quale, forse, nessuna "storia" della psicoanalisi può essere scritta:

Seguendo dappresso le vicende dell'Uomo dei lupi, probabilmente il più famoso caso di Freud, tuttora considerato un classico per la formazione e la didattica, tenteremo di accostarci a tale situazione, costruendone lo scenario, con la stessa discrezione e lo stesso timore di chi varca, per la prima volta, la porta chiusa dell'analisi[78].

---

[77] Ivi, pp. XI-XII e p. XVI. Poi aggiunge: «ciò che in quel racconto colpisce di più è [...] questa assoluta serietà con cui il caso viene trattato, la responsabilità di agire nei riguardi dell'uomo dei lupi con la consapevolezza di lavorare per tutti gli uomini sofferenti. In tutta la storia successiva della psicoanalisi sarà difficile reperire tanta grandezza e tanta partecipazione [...]. Né Proust né Joyce [...], né altri sono giunti ad avere uno sguardo così ampio e profondo sulla vita [...]; di fronte all'immenso "corpus" degli scritti "fondanti" di Freud ci pare di avere a che fare con una nuova *Odissea*, una nuova *Iliade* [...], la "comédie humaine" di Freud [...]; i casi presentati sono dei veri e propri "romanzi" [...]. L'uomo dei lupi si lascia dietro tutte le trasposizioni letterarie successive alla sua apparizione [...]» (pp. XVII-XIX). Anche Pressburger ha scritto una sua "commedia", dove immagina, come Dante, una discesa agli inferi. La guida, il "Virgilio", è proprio il professor Freud. Si tratta di un «viaggio nell'Inferno del Ventesimo secolo», come l'autore stesso dice (cfr. G. Pressburger, *Nel regno oscuro*, Bompiani, Milano 2008, p. 329). Nel romanzo, Sigmund Freud ripercorre con il "paziente", in "una lunga serie di incontri" «tutto ciò che causa il suo tormento». Riemergono così, e parlano, «persone imprigionate, uccise, torturate, costrette al suicidio: grandi e piccole figure del Novecento, che gli rivelano il segreto della loro sofferenza e morte». Il "percorso" si compie «in paesaggi scoscesi, dolci, terrifici, in teatri, prigioni, sotterranei, fuoco, fumo, oceani...» (*ibidem*).

[78] Cfr. M. Ajazzi Mancini, *Il caso clinico dell'Uomo dei lupi*, in S. Freud, *L'uomo dei lupi*, ed. Feltrinelli cit., pp. 6-7.

Proprio come fece, verrebbe da dire, il signor Sergej Constantinovič Pankëev, quel febbraio del 1910, alla Berggasse, «per consultare il professor Sigmund Freud»[79]. Anche Ajazzi Mancini ricostruisce con maestria le tappe del saggio freudiano. Dopo aver annotato che l'"Uomo dei lupi", «legato da riconoscenza e profonda stima nei confronti di Freud [...], sarà sempre ben felice di testimoniare a favore del proprio analista, contribuendo personalmente, con lettere e scritti, al riconoscimento scientifico e alla "difesa" della disciplina freudiana, fino al punto di parlare di sé come di un "pezzo di psicoanalisi"», e dopo aver sottolineato che «molti anni dopo, lo stesso Freud riconoscerà il carattere eccezionale di questo caso», egli si sofferma sull'"equazione" che il professore stabilisce tra "sognare" e "ricordare", che consente di «approdare a una base certa» per sostenere la tesi della *realtà* di "scene originarie" come quella dell'Uomo dei lupi. Scrive infatti Freud:

Io però penso che queste scene, siccome non ritornano sotto forma di ricordo, debbano per forza essere delle fantasie. Se, come avviene nel nostro caso, sono sostituite da sogni che, analizzati, riconducono inesorabilmente alla stessa scena e ne riproducono ogni parte del contenuto, rielaborandolo instancabilmente, questo mi pare che possa equivalere al ricordo. *Comunque anche sognare è un ricordare*, per quanto condizionato dall'ora notturna e dalla forma onirica. Che queste scene originarie si ripresentino nei sogni lo spiego con il fatto che nel paziente stesso si forma gradualmente una ferma convinzione della loro realtà, una convinzione in nulla inferiore a quella che si fonda sul ricordo[80].

Fantasia o realtà, commenta Ajazzi Mancini, «le cose non cambiano». Quel che conta, insomma, è la *realtà psichica* dell'"evento" della scena originaria.

---

[79] Ivi, p. 7. Il varcare la soglia dello studio alla Bergstrasse fa subito pensare alla descrizione che prima aveva fatto Pressburger: «Dopo Tolstoj e Turgeniev, dopo il grande Dostoevskij [...], ecco la Russia raccontata a Vienna, nella penombra di uno studio medico, la Russia delle bambine seduttrici e dei padri sodomizzatori dei figli (nel desiderio di questi), dei coiti repentini, dei lupi seduti alle finestre di neonati spaventati a morte. Il lettore, malgrado l'onestà scientifica della narrazione, diventa un voyeur, un cultore di tutte le stranezze di cui è intessuta la vita segreta dei ceti più abbienti di quella sterminata nazione» (cfr. p. XII della sua *Introduzione*).

[80] Ivi, pp. 8-9 e p. 18. Il corsivo, nel brano di Freud (che si trova alle pp. 141-143 dell'ed. Feltrinelli cit.), è di Ajazzi Mancini.

Qual è allora il senso del grande sforzo dimostrativo dell'intera stesura del caso? L'ipotesi più probabile, sottoscritta da diversi autori, sostiene che il vero scopo di Freud era quello di ottenere il convincimento del lettore riguardo alla validità delle proprie tesi, affidandosi a strumenti di persuasione di tipo retorico[81].

Ma nell'analisi dell'Uomo dei lupi, dice ancora il curatore dell'edizione italiana di cui ci stiamo occupando, «sembra essere accaduto anche qualcos'altro, qualcosa che il testo della redazione non riporta»:

L'incontro avvenuto nel transfert – scena originaria tra Freud e l'Uomo dei lupi – non si trasferisce all'interno della narrazione del caso, ma pare depositarsi altrove, nel luogo di una memoria inaccessibile [...]. L'evento prodotto dalla situazione analitica resta come isolato. Non passa puntualmente da una rappresentazione all'altra, perché la sua scena è quella di un completo cambiamento[...][82].

La memoria "fedele", allora, è quella che «non assume in sé», che «non interiorizza nell'elaborazione», bensì «lascia all'altro la propria alterità»:

Un corpo estraneo abita da sempre lo spazio dell'analisi [...]; il suo nome può essere anche quello di Sergej Constantinovič Pankëev [...], la cui presenza è attestata in più di un luogo della riflessione freudiana [...]; si potrebbe affermare che [...] la rammemorazione non è più autopossesso, ritorno a sé nella presenza, ma una sorta di spossessamento, di perdita che indica al soggetto il proprio oltre [...][83].

---

[81] Ivi, pp. 21-22.
[82] Ivi, pp.29-30: «...un completo cambiamento di scena», scrive Freud, «come quando uno spettacolo viene interrotto per l'improvvisa irruzione di un elemento reale: ad esempio quando durante una rappresentazione teatrale si leva un grido d'allarme per un incendio» (cfr., S. Freud, Osservazioni sull'amore di traslazione, capoverso 9, in Opere complete, Bollati Boringhieri, ed. digitale 2013, vol. 7, Totem e tabù e altri scritti).
[83] Ivi, pp. 30-31. Corsivo nostro: il rinvio "immancabile", qui, è al Verbario dell'uomo dei lupi. Si tratta del lavoro di Nicholas Abraham e Maria Torok, coppia (nel lavoro e nella vita) di analisti ungheresi emigrati in Francia, Cryptonimie. Le Verbier de l'Homme aux Loups, précédé de Fors par Jacques Derrida, Éditions Flammarion, Paris 1976; trad. it. di M. Ajazzi Mancini, Il Verbario dell'Uomo dei Lupi. Preceduto da F(U)ORI di Jacques Derrida, Liguori editore, Napoli 1992. Il traduttore e curatore italiano, in un suo articolo, La psicoanalisi, un libro e l'amicizia (apparso in "Simposio", 1, 1994, pp. 69-81), racconta come fosse stato introdotto alla lettura del libro da un nipote degli autori, Nicholas Rand, professore di letteratura francese negli Stati Uniti, «conosciuto in circostanze fortuite, e poi caro amico», durante una sua permanenza di studio in America (era il 1983). Nessuno (gli autori, il nipote, lui stesso), dice Ajazzi Mancini, «nel proprio luogo di apparte-

nenza, a casa nella lingua che parla, e però tutti nel transito fluviale di uno spostamento, le cui anse definiscono l'area di una lingua franca, e comune, per cui è possibile trovarsi, e parlare. La lingua della psicanalisi, certo, insieme a quella della letteratura e della filosofia, ma anche la lingua costruita del libro – *Le Verbier de l'Homme aux Loups* – che intreccia, per assonanza e contaminazione, le altre lingue del famoso paziente di Freud, che il tedesco dell'analisi aveva relegato al silenzio – ad un silenzio [...] popolato di voci, scene e fantasmi. Lingue che abitano l'anfratto di una cripta intrapsichica, ancora un'ansa nel cuore dell'Io, e che offrono l'occasione per un altro ascolto [...]». Come narra Elisabeth Roudinesco nella sua *Histoire de la psychanalyse en France* (Seuil, Paris 1986), Abraham incontrò Jacques Derrida nel 1959, a Cerisy-la-Salle, e ne divenne "amico fedele": «Hanno in comune l'interesse per la filosofia husserliana, per la letteratura [...]. Li unisce una posizione marginale rispetto al discorso filosofico dominante, ed una sintassi pressoché i-dentica [...]. Derrida si confronta con l'opera lacaniana [...], Abraham elabora una lettura personale della scoperta di Freud, centrata su alcune parole chiave [...]: il simbolo, l'anasemia, l'incorporazione [...], la cripta» (cfr., ivi, vol. 2, p. 601). Quando, nel 1976, "semi po-stumo" (Abraham era scomparso l'anno prima), esce *Le Verbier*..., il libro fu accompagnato proprio da uno scritto di Derrida, *Fors*, appunto. Ajazzi Mancini richiama ancora la Roudinesco: «l'opera [*Le Verbier*...] ottiene uno straordinario successo, specialmente presso certi lacaniani, affascinati da questa cripta barocca [...]. Lacan stesso ne è stupito [...]. Nel suo seminario commenta l'opera, dimenticando che Abraham è morto da un anno, ed affermando che Derrida deve essere in analisi dai due analisti [...]. Quest'osservazione fa-rà vendere ancora di più il libro, ma sarà ritratta in *Ornicar*, là dove Lacan si limita a dire: "quello che mi sorprende [...] è che Derrida abbia fatto a questo libro una prefazione fer-vente ed entusista [...]. Non trovo, devo dirlo, che né il libro né la sua prefazione siano di un *très bon ton* [...]. Sono spaventato di sentirmi più o meno responsabile di avere aperto le cateratte"» (ivi, p. 603). Il seminario cui qui si allude è il XXIV (inedito), *L'insu que sait de l'une-bévue s'aile à mourre*. Nella lezione dell'11 gennaio 1977 Lacan dice: «...une chose qui m'étonne [...] ce n'est pas que *Le Verbier de l'Homme aux loups*, non seulement il vogue mais il fasse des petits, c'est que quelqu'un dont je ne savais pas que – pour dire la vérité, je le *crois* en analyse – dont je ne savais pas qu'il fût en analyse – mais c'est une simple hypothèse – c'est un nommé Jacques Derrida qui fait *une préface à ce Verbier*. Il fait une préface absolument fervente, enthousiaste où je crois percevoir un frémissement qui est lié... je ne sais pas auquel des deux analystes il a affaire ...ce qu'il y a de certain, c'est qu'il les couple [...]; ...je ne trouve pas que ce livre, ni cette préface soient d'un très bon ton. Dans le genre *délire* [...]; je sais bien qu'en fin de compte vous allez vous précipi-ter chez Aubier-Flammarion [...]; je suis effrayé de ce dont en somme je me sens plus ou moins responsable, à savoir d'avoir ouvert les éclusés [...]» (cfr. la versione Staferla del seminario su lacan-con-freud.it, biblioteca digitale di psicanalisi). Su questa "vicenda" si sofferma Fabrizio Palombi nel suo *Storie di lupi: filosofia e psicoanalisi nell'ultimo semi-nario di Jacques Derrida*, in *Corpo, linguaggio e psicoanalisi*, a cura di Felice Cimatti e Alberto Luchetti, Quodlibet, Macerata 2013, pp. 135-148. L'autore sottolinea come la "ve-lenosa critica" di Lacan ferisse ancora Derrida dopo ventiquattro anni, riportando le parole che il filosofo pronunciò in occasione del suo ultimo seminario, tenuto all'École des hautes études en sciences sociales (EHESS) tra il 2001 e il 2003: «Lacan, in un seminario aggressivo che non è mai stato e certamente mai sarà pubblicato aveva osato dire che mi credeva in analisi con gli autori de *Il verbario dell'uomo dei lupi*, e che, nella mia analisi con loro [...], li "accoppiavo"» (J. Derrida, *Séminaire. La bête et le souverain. Volume I*, Galilée, Paris 2008; trad. it. *La bestia e il sovrano. Volume I*, Jaca Book, Milano 2009, p. 187). Secondo Palombi, Lacan «apparirebbe turbato non tanto dal successo del *Verbario* quanto dalla sua capacità di "partorire dei cuccioli" tra i quali indica proprio Derrida. La feroce ironia lacaniana va riletta sullo sfondo del caso clinico dell'uomo dei lupi e della sua scena primaria costituita dall'aver assistito, in tenera età, a un rapporto sessuale, *more ferarum*, tra i genitori. In questo senso Derrida "li coppia (il les couple)" non solo rafforzando la pratica di lavoro comune dei due analisti ma soprattutto ripetendo e diffondendo quello che Lacan considera il loro plagio» (*Storie di lupi...*, cit., pp. 143-144). Per capire perché Lacan parla qui di "plagio" (verso il quale egli, come nota Palombi, nutriva una "fobia"), occorre tener conto che la coppia di analisti aveva partecipato alle "elucubrazioni sull'uomo dei lupi", «sulle quali Lacan si è impegnato nel corso del suo insegnamento sin dal cosiddetto seminario zero (1952-1953)». La teoria Abraham-Torok dell'anasemia e della designificazione, infatti, «possiede più di una somiglianza con quella del primato del significante lacaniano» (cfr., ivi, p. 143), nonostante Abraham non avesse, pare, subito "una particolare fascinazione" da Lacan partecipando a qualche suo seminario (ivi, p. 142). C'è da dire, poi, che questa "lezione" dell'inedito seminario apparve, nel 1979, sul numero 14 della rivista *Ornicar?* (cui si era riferita, come abbiamo visto, anche Roudinesco), curata da Jacques-Alain Miller (genero di Lacan ed esecutore testamentario dei Seminari). A pagina 8 dell'edizione francese della rivista (p. 27 di quella italiana: *Ornicar?* 4, Marsilio, Venezia 1979, trad. di G. Sangalli), compaiono due *omissis* (segnalati da tre punti di sospensione tra parentesi): si tratta del *Verbier* che "partorisce cuccioli", dell'"ipotesi" che Derrida fosse in analisi presso gli autori del libro, e del "fatto" che il filosofo li "accoppi". Per Palombi, «già il titolo della prefazione di Derrida può aver irritato Lacan» (cfr. *Storie di lupi...*, cit., p. 144). La parola *Fors*, infatti, «nel complesso intende richiamare "la problematica di uno spazio che si definisce interno ed esterno allo stesso tempo" [...]. Si tratta di un concetto sul quale Lacan aveva lavorato sin dal suo settimo seminario coniando il neologismo di *estimità*» (*ibidem*; cfr. la *préface* al *Verbier...*, p. 48 e, soprattutto, p. 51; e cfr. J. Lacan, *Livre VII. L'éthique de la psychanalyse*, Seuil, Paris 1986, trad. it. *Libro VII. L'etica della psicoanalisi*, Einaudi, Torino 1994, p. 177). Ma anche le riflessioni di Derrida sulla "Cosa", sul "pensiero della Cosa" e su "cosa significa pensare" (cfr. pp. 49 e 60 it. di *Fors*) potrebbero costituire un altro «motivo di irritazione», in quanto «invadono nuovamente e senza riconoscerlo [...] il campo del settimo seminario di Lacan» (*Storie di lupi...*, p. 144; e cfr. J. Lacan, *Libro VII*, pp. 53-68). Nell'ultimo paragrafo del suo intervento, Palombi parla della figura retorica del *chiasmo*, «il cui significato etimologico riconduce alla definizione greca di "collocazione in forma di croce" e alla lettera Î che simboleggia l'incrocio». Egli ritiene che questa figura «sia un efficace modello teorico per esaminare la complessa relazione che Derrida intrattiene con la psicoanalisi e, in particolare, con Lacan». Un modello che lo stesso Derrida propone nel testo *Pour l'amour de Lacan*, in AA. VV., *Lacan avec les philosophes*, Michel, Paris 1991, pp. 397-420 (cfr., in italiano, *Per l'amore di Lacan*, "aut aut", n. 260-261, pp. 150-172; cfr. anche D. Tonazzo, *Tra Derrida e Lacan: un chiasmo*, in *Su Jacques Derrida. Scrittura filosofica e pratica di decostruzione*, a cura di P. D'Alessandro e A. Potestio, LED, Milano 2008, pp. 283-304). Proponendosi di sviluppare in futuro questo modello, qui conclude con un brillante "motteggio", "alla maniera di Derrida e Lacan": «nell'affresco dell'ultimo seminario [di Derrida] si trova un chiasmo tra due Jacques che nel recente dibattito filosofico ha prodotto ben più di una *jacquerie*» (*Storie di lupi...*, p. 145). Ritornando al *Verbier...*, dove, come ben riassume Palombi, le ricerche proposte «si fondano sulla scoperta "dell'anglofonia infantile dell'uomo dei lupi" e sull'analisi di alcuni termini, contemporaneamente attivi e nascosti, definiti "parole angolate", che portano i due analisti a formulare il concetto di "cripta dell'Io" descritto nei termini di un inconscio "falso" e "artificiale"» (cfr. *Storie di lupi...*, p. 142, e cfr. *Verbario* it., pp. 32 e 102-103), Ajazzi Mancini, nel saggio apparso in "Simposio", dice che i "sentimenti contraddittori" (entusiasmo o rifiuto) con cui è stato accolto questo libro «potrebbero essere interpretati come testimonianza del fatto che gli autori sono riusciti

Oltre al saggio introduttivo *Il caso clinico dell'Uomo dei lupi*, l'edizione Feltrinelli contiene un altro articolo del curatore. Si tratta di una "nota alla seconda edizione dei casi clinici": *Tradurre Freud*. In essa, Ajazzi Mancini dice che Freud «ha più volte ribadito che le vicende di cui scrive hanno da leggersi come racconti o novelle, in quanto il fantasticare vi gioca una parte preminente, costituendone l'autentico potenziale "speculativo"»[84]. In realtà, il "Professore", «sin dagli esordi, ha fatto ricorso a una "strega". Dinanzi a ciò che sfugge di continuo, e che tiene desti la notte, non c'è che un'operazione: *phantasieren*, *übersetzen*, *erra-*

---

a cogliere qualcosa che, come una sorta di segreto dell'anima psicoanalitica, doveva rimanere celato [...]. Installata nel cuore dell'Io diviso, la cripta del Wolfsmann ospita infatti fantasmi di parole fossilizzate, corpi estranei che appartengono a morti ancora in vita [...]. Di fronte al tribunale dell'Io, all'autorità dell'istituzione psicanalitica internazionale, l'Uomo dei Lupi diviene, in questa lettura, il *revenant* di un'ossessione che muove alla censura, al rispetto di un segreto che deve rimanere [...] nel luogo dove si cela». L'Uomo dei lupi, in realtà, non ci ha mai lasciati, dicono a un certo punto (p. 140) Abraham e Torok. Ajazzi Mancini, a sua volta, sottolinea come la sua "cripta" si sia costituita "per incorporazione", "per importazione dello straniero nel cuore stesso dell'Io", e sembra dirci che «l'altro abita in noi», rimanendo tuttavia estraneo... Quella cripta indica che anche l'«interiorità più propria», il *foro* interiore di cui scrive Derrida, «è tagliato da una scissione, attraversato da una fenditura che rivela la presenza enigmatica dell'altro». Si tratta di qualcuno o qualcosa che «ci chiama al compito della memoria». Questa memoria è "fedele", nella misura in cui «ci impegna realmente in un dialogo con l'altro, con la consapevolezza presente che ciascuno dei due potrà anche non esserci più, e che quindi ogni gesto, ogni atto, fondamentalmente ogni parola detta, hanno la struttura di un lascito, di un testamento che l'uno riceve dall'altro affinché se ne serbi il ricordo, se ne assicuri la sopravvivenza». Così, «le parole di Nicolas Abraham sull'Uomo dei Lupi sono affidate alla cripta di Derrida perché ne serbi fedelmente la memoria, all'interno di un orizzonte di sopravvivenza in cui i due amici potranno vivere l'uno nel ricordo dell'altro». Conclude Ajazzi Mancini: «...autenticità [...] sembra non voler dire che il riconoscimento della presenza, inestinguibile in noi, dell'altro, e che [...] il nostro "dovere" di lettori [...] è quello di lasciarci incontrare, al di là [...] di tutti quei fantasmi di padronanza che popolano la casa che crediamo nostra». Tutto l'intervento di Ajazzi Mancini, citato nella presente nota, oltre che su "Simposio" 1, è reperibile, in 7 pagine, anche su academia.edu. Sul Seminario XXIV di Lacan, ci permettiamo di rimandare al capitolo *La mourre* del nostro *Fort und Da...*, cit. Per quel che riguarda la metafora "fluviale" di cui parla Ajazzi Mancini, e sulle "anse", cfr., qui, il prossimo capitolo. Un'osservazione, infine (che si tra-duce in domande), sulla "cosa"-del-pensiero: e se al centro dell'incrocio chiasmatico dei *due* (Lacan e Derrida) ci fosse un *terzo* (Heidegger) a "raccoglierli", includendo il *quarto* (Freud), in un *Ge-viert*? Non dovremmo allora nominare un *quinto assente*, che ci parli dei *luoghi* dell'inconscio e dell'evento? La parola qui assente è quella di Carlo Sini. Per "leggerla", si apra il suo *Kinesis. Saggio di interpretazione*, Spirali, Milano 1982, alle pagine 129-144 e 159-162.

[84] M. Ajazzi Mancini, *Tradurre Freud*, in S. Freud, *L'uomo dei lupi*, ed. Feltrinelli cit., p. 38.

ten [...]; quando i responsi non soddisfano, bisogna ricorrere alla *Hexe* [...], alla strega goethiana»[85].

Ajazzi Mancini continua sottolineando il fatto che Freud già nel 1907 aveva dedicato un breve saggio al tema della fantasia, *Der Dichter und das Phantasieren*, «in cui, rapportando il gioco infantile alla creazione poetica, sostiene che quest'ultima è il risultato di un processo di distacco, una sorta di lutto rispetto all'abbandono dell'appoggio che il mondo circostante fornisce all'immaginazione del bambino. Invece di giocare, il poeta fantastica»[86]. Il fantasticare metapsicologico, secondo Ajazzi Mancini, può fornire indicazioni anche alla traduzione:

> L'oggetto che la fantasia intrattiene indica infatti che la lingua, per avere da dire, abbia da poggiare su [...] quel passaggio che consente la *Wiederholung*, la ripetizione nell'accezione freudiana dell'andare a prendere di nuovo ciò che è venuto meno [...]. La clinica lo coglie per lo più come un lapsus, un *Witz* [...], condizione di quel transito, di quella traduzione che il Professore ha chiamato *Übertragung*, transfert. Materia di poeti [...]. Tradurre Freud costituirebbe allora la fantasia di una "psicoanalisi in lingua italiana". Occasione per riguardare in essa, non tanto la conformità dei riferimenti a un testo divenuto canone, quanto la loro efficacia nella bottega della clinica, là dove si costruisce la teoria [...]; anche questa si fa *nachträglich* [...], "a cose fatte"[87].

Un tale modello di traduzione, «che proceda [...] senza la garanzia di un riferimento certo per la trasmissione del sapere [...], potrebbe far pensare a [...] un'improvvisazione destinata al [...]

---

[85] Ivi, p. 39. Scrive Freud, il 25 maggio 1895, all'amico Fliess: «Nelle ultime settimane [...] ho impiegato le ore notturne [...] intento a fantasticare, interpretare e congetturare, interrompendomi solo quando arrivavo a qualche assurdità o quando non ne potevo proprio più, con la conseguenza che poi perdevo interesse per il mio lavoro quotidiano» (cfr. S. Freud, *Lettere a Wilhelm Fliess (1887-1904)*, Boringhieri, Torino 1986, p. 155). E ancora nel 1937, in *Die endliche und unendliche Analyse*: «Dobbiamo dirci: "E allora non c'è che la strega". Ebbene, questa strega è la metapsicologia. Non si può avanzare di un passo se non speculando, teorizzando – stavo per dire fantasticando – in termini metapsicologici» (cfr. GW XVI, p. 69 e *Analisi terminabile e interminabile*, § 3, cpv. 2, in *Opere complete*, Bollati Boringhieri, ed. dig. cit., vol. 11, *L'uomo Mosè e la religione monoteistica e altri scritti*). La frase di Goethe è tratta dal *Faust* (Parte prima. La cucina delle streghe): "*So muss denn doch die Hexe dran*".

[86] Ivi, pp. 39-40. Cfr. GW, VII, pp. 213-225. Scrive Freud: «tanto l'attività poetica quanto la fantasticheria costituiscono una continuazione e un sostitutivo del primitivo giuoco di bimbi» (cfr. *Il poeta e la fantasia*, in *Opere complete*, cit., vol. 5, *Il motto di spirito e altri scritti*, cpv. 19).

[87] Ivi, pp. 40-41.

naufragio». Eppure... Non viene in mente, con quest'ultima parola, il "precedente illustre" del "più noto idillio leopardiano"? In
esso «affiora [...] un altro luogo nel luogo dell'abitudine [...], in
cui il pensiero trova infine la propria condizione di "dolcezza"».
Se Leopardi ha dato ad essa il nome dell'infinito, Hölderlin, «indugiando sulla traduzione ai margini della follia, quello dello
smisurato: *das Ungeheure* [...], che [...] marca nella *Sprache* il
luogo di un incontro, tra le lingue non meno che tra uomini e
dei». Ma, conclude Ajazzi Mancini, è stato Celan, riprendendo
proprio le note di Hölderlin, «a rivelarne lo statuto "segreto" – tra
suono e significato (*Deut/Bedeutung*) – in un gesto che [...] si
compie e si celebra nell'*interruzione* [...]: *Königszäsur*»[88].

Ci sembra interessante, a questo punto, chiudere il discorso
sull'Uomo dei lupi, *rivenendo* a Derrida e al "contributo" di Fabrizio Palombi. Parlando dell'ultimo seminario del filosofo, egli
dice che una *bestia* «attraversa in lungo e in largo il testo del primo volume tracciando sentieri che conducono il lettore [...] soprattutto a Freud e Lacan»[89]. Sono due "nomi propri" che interes-
sano l'autore «perché segnano il luogo dove la riflessione filosofica di Derrida interseca quella psicoanalitica»[90]. Il confronto del
filosofo con la psicoanalisi, fa notare Palombi, procede «in modo
circospetto e felpato», con cautela, "a passo di lupo": «in francese
il "passo di lupo" generalmente esprime "una sorta di introduzione, di intrusione discreta [...] quasi segreta, clandestina"»[91]. In un
lungo brano, Derrida dice:

> quello che forma il sintagma "a passo di lupo" è [...] l'assenza del lupo [...]
> espressa anche nell'altra operazione silenziosa del "passo", del vocabolo *"pas"*
> [...] lascia percepire [...] l'intrusione selvaggia dell'avverbio di negazione
> (*"pas"*, passo di lupo, non ci sono lupi, non c'è il lupo) l'intrusione clandestina
> [...] dell'avverbio di negazione "non" nel *nome*, nel "passo di lupo". Un avver-

---

[88] Ivi, p. 41 (cfr. F. Hölderlin, *Edipo il tiranno*, Feltrinelli, Milano 1991, p. 194, e P. Celan, *Ich trink Wein*, in *Gesammelte Werke in sieben Banden*, Suhrkamp, Frankfurt am Main 2000, III, p. 108). Il corsivo è nostro: si veda, per questa "cesura reale", il saggio di B. Bö-schenstein, *Hölderlin und Celan*, in "Hölderlin-Jahrbuch", 23, 1982-1983, pp. 147-155; trad. it. di M. Baldi, in aisthesis, rivista on-line del Seminario Permanente di Estetica, anno III, numero 1, 2010, pp. 25-34.

[89] F. Palombi, *Storie di lupi...*, cit., p. 136.

[90] *Ibidem*.

[91] *Ibidem*; cfr. J. Derrida, *La bestia e il sovrano. Volume I*, cit., pp. 19-20.

bio abita un nome. L'avverbio "non" si è introdotto in silenzio, a passo di lupo, nel nome "passo" [...]. Là dove le cose si annunciano "a passo di lupo", il lupo non c'è ancora, non il lupo reale [...]. C'è solo [...] un fantasma [...] nel senso e-nigmatico della psicoanalisi [...] nel senso in cui un *totem* corrisponde a un fantasma [...]; c'è solo un altro lupo che simboleggia un'altra cosa [...] o qualcun altro [...] come un sostituto o un supplemento metonimico[92].

Così commenta Palombi:

> [...] nella conclusione del brano, Derrida menziona esplicitamente la psicoanalisi per evidenziare la genealogia di una serie di concetti: fantasma, totem, supplemento e metonimia [...]. Il tema del supplemento attraversa la riflessione di Derrida a partire da due testi fondamentali come *Della grammatologia* [...] e *La voce e il fenomeno* [...], nei quali esso surroga una sorta di mancanza [...]; l'indagine sul supplemento s'intreccia precocemente con la speculazione freudiana per confluire in una delle cifre della ricerca derridiana costituita dalla traccia. La metonimia è una figura retorica ampiamente usata dalla psicoanalisi per esaminare quella parte fondamentale del lavoro onirico costituita dallo spostamento. Il lupo metonimicamente tiene il posto di qualcos'altro che non è rappresentabile per la coscienza in quanto originariamente mancante [...]. Così viene posta la relazione tra altri due concetti riforgiati dalla tradizione freudiana in modo che il lupo assuma una funzione totemica e insieme incarni il fantasma di qualcosa che ritorna. Il fantasma è un concetto sul quale Derrida si concentra in *Spettri di Marx* [...], che viene esplicitamente richiamato in una nota del seminario [...]. Il legame tra il fantasma e il lupo è rinsaldato anche da un significato francese della parola lupo, assente in italiano, che indica una "maschera di velluto nero" indossata, soprattutto dalle donne, per travisare il volto in occasione di feste mascherate. Chi la usava poteva riconoscere gli altri ospiti senza essere a sua volta identificato provocando un "effetto visiera" esaminato proprio in *Spettri di Marx* [...]. Questo passo, ponendo a tema la scissione tra vedere ed essere visto, propone molteplici suggestioni e richiama la tradizionale posizione dell'analista che è collocato alle spalle del paziente, in una posizione cieca per quest'ultimo [...]. Non si deve trascurare un'altra suggestione che attraversa un capolavoro letterario usato da Derrida [...], ovvero l'*Amleto*. Il protagonista del testo shakesperiano deve fare i conti con lo spettro paterno che si manifesta, come ogni fantasma che si rispetti, in modo evanescente, una cosa che vede più che essere vista [...]. Lentamente [...], in una successione di citazioni e allusioni, assistiamo a un progressivo avvicinarsi dell'immagine di un padre a quella di un lupo sino a quando queste due non si sovrapporranno. Questo evento richiederà ancora un poco di pazienza dedicata innanzitutto a ricordare che il fantasma, pri-

---

[92] Ivi, p. 24.

vo di riflesso speculare, "non si riconosce" in uno specchio [...]: un altro indizio psicoanalitico[93].

Ne *La bestia e il sovrano*, continua Palombi, c'è uno "spettro", in particolare, che "si aggira": quello di Lacan. È nota, egli dice, «l'idiosincrasia dello psicanalista francese per qualsiasi uso della sua riflessione che potesse, anche lontanamente, assomigliare a un mancato riconoscimento o addirittura a un plagio». Ebbene, quando Derrida parla dell'ambiguità, in francese, del vocabolo "pas" (che può significare sia "passo" sia l'avverbio di negazione "non"), ci troviamo di fronte a uno di questi casi di "mancato riconoscimento". In Derrida, sono diverse «le occorrenze di questo gioco di parole», sia nel suo ultimo seminario, sia nel suo importante *Speculare – su "Freud"*, dove il nome di Lacan è evocato "solo indirettamente". E se, in effetti, il termine "pas" è stato «assiduamente usato» da Lacan «per coniare uno dei suoi più celebri aforismi rappresentato dal "pas-de-sens"», per Derrida si tratta «di un vero è proprio "passo falso, al tempo stesso colpevole e innocente"», nota Palombi, «di grande valore perché ci riporta sulle tracce del lupo»[94].

Si parla molto di lupi, nell'ultimo seminario di Derrida:

a furia di gridare 'al lupo' si rischia di non essere pronti quando questa bestia arriva davvero. In effetti, la pratica decostruttiva che ha reso celebre Derrida si lega precocemente alla figura del lupo quando, per approfondire la sua critica

[93] F. Palombi, *Storie di lupi...*, cit., pp. 137-139. Di Derrida, cfr.: *De la grammatologie*, Minuit, Paris 1967, trad. it. *Della grammatologia*, Jaca Book, Milano 1969; *La voix et le phénomène*, PUF, 1967, trad. it. *La voce e il fenomeno*, Jaca Book, Milano 1968; *Spettri di Marx*, cit. (pp. 13-15 e p. 196); de *La bête et le souverain* si vedano le pp. 24-25 it. (nota 14) del *Volume I*. Cfr. anche G. Dalmasso, *L'eccesso di sapere*, in J. Derrida, *Donner la mort*, Galilée, Paris 1999; trad. it. *Donare la morte*, Jaca Book, Milano 2002.

[94] Ivi, pp. 139-140. Cfr., per quel che riguarda Derrida: *La bestia e il sovrano*, cit., pp. 19-24 e nota 12, e, ivi, *Volume II* (Paris-Milano 2010), pp. 81-85, p. 88 e p. 308; *La Carte postale*, cit. (qui trad. it. parziale *Speculare – su "Freud"*, Cortina, Milano 2000, pp. 2 e 140). Relativamente a Lacan, cfr. *Livre V. Les formations de l'inconscient*, Seuil, Paris 1998, trad. it. *Libro V. Le formazioni dell'inconscio*, Einaudi, Torino 2004, pp. 81-141. Cfr. inoltre G. Berto, *Premessa. Il passo zoppo di Freud*, in J. Derrida, *Speculare – su "Freud"*, cit., pp. IX-XVII, e F. Palombi, *Lo specchio. Lacan e il Barocco*, «Bollettino Filosofico del Dipartimento di Filosofia dell'Università della Calabria», vol. 22, pp. 102-104. Ci permettiamo, infine, di rimandare, relatvimante a *Speculare – su "Freud"*, alla seconda parte del nostro *Fort und Da*, cit., pp. 37-78.

alla metafisica della presenza, provoca un cortocircuito tra la filosofia heideggeriana e la psicoanalisi avvalendosi dell'importante concetto freudiano noto come "effetto a ritardo (*nachträglich*)". Si tratta di una chiave di volta condivisa con la riflessione di Lacan che "ha avuto il merito di richiamare l'attenzione sull'importanza di questo termine" anche proponendo l'efficace traduzione francese di *après-coup*; di nuovo la ricerca dei due studiosi pare convergere non per produrre una sinergia teorica ma uno scontro. Vicenda complicata della quale ci limitiamo a fornire la coordinata del seminario diciottesimo nel quale Lacan attacca frontalmente la critica derridiana al "*logocentrismo*" che mette "in conto della parola tutte le sciocchezze in cui si è perso un certo discorso" al solo fine di "condurci [...] verso una mitica *archiscrittura*"[95].

Il *Nachträglich*, come sappiamo, gioca un ruolo fondamentale nel caso dell'*Uomo dei lupi*. Derrida lo commenta «in relazione alla natura "vera o fantomatica" della scena primaria "vissuta nella sua significazione con effetto ritardato"»[96]. Questo riferimento spiega, dice Palombi, «il sovrapporsi del lupo alla figura paterna». Ma Derrida, nel suo ultimo seminario, va oltre, usando la "genealogia del lupo". Egli scrive:

quando si associa il lupo all'albero, ecco sbucare subito il sogno dell'uomo dei lupi di Freud, del Wolfsmann che narra come egli abbia visto, in sogno, seduti su un albero, un grande noce, sei o sette lupi bianchi[97].

E Palombi:

L'uso genealogico consente di intrecciare il lungo elenco di studiosi interessati ai lupi redatto da Derrida e in particolare la celeberrima massima che Hobbes estrapola da Plauto: "Lupo è l'uomo per l'uomo, quando non si sa quale sia" [...]. Questa frase, trapiantata nel contesto freudiano, sembra innestarsi sull'uomo dei lupi dove il padre, e parzialmente la madre, non sono riconosciuti come appartenenti al genere umano e sono scambiati per lupi[98].

---

[95] Ivi, p. 140. Cfr. J. Derrida, *Della grammatologia*, cit., p. 75 e Id., *L'écriture et la différence*, Seuil, Paris 1967, trad. it. *La scrittura e la differenza*, Einaudi, Torino 1971, p. 263; cfr. anche J. Laplanche – J. Pontalis, *Vocabulaire de la psychoanalyse*, PUF, Paris 1967, trad. it. *Enciclopedia della psicoanalisi*, Laterza, Roma-Bari 1981, p. 426, e J. Lacan, *Livre XVIII. D'un discours qui ne serait pas du semblant*, Seuil, Paris 2007, trad. it. *Di un discorso che non sarebbe del sembiante*, Einaudi, Torino 2010, p. 70.

[96] Ivi, pp. 140-141. Cfr. J. Derrida, *La scrittura e la differenza*, cit., p. 277.

[97] J. Derrida, *La bestia e il sovrano. Volume I*, cit., p. 95.

[98] F. Palombi, *Storie di lupi...*, cit., p. 141. Cfr. J. Derrida, *La bestia e il sovrano. Volume I*, cit., pp. 90 e pp. 94-95. Per quel che riguarda Plauto, si veda *Asinaria*, atto II, v. 495: *lupus est homo homini, non homo, quom qualis sit non novit*; nella traduzione di Ettore Paratore: «Quando un uomo non lo si conosce, non lo si considera un uomo, ma un lupo per

Le immagini del sogno dell'uomo dei lupi "non svaniscono", si diceva sopra; nemmeno quando, nel corso dell'analisi, la scena primaria "affiora". Esse continuano a "perturbare"... Ciò che perturba, potremmo dire, parafrasando e chiasmando la traduzione francese dell'*Unheimliche*, è una "inquietante stranezza", una "(e)stran(e)a inquietitudine"[99]. Hélène Cixous, nel suo saggio[100], intende proporre una lettura "bifida" dello scritto di Freud, "tra letteratura e psicoanalisi". Con un'attenzione sia a ciò che "si mostra" nel testo, sia a ciò che "si sottrae". Si tratta, dice l'autrice, più che di un discorso, di uno *strano* (étrange) *romanzo teorico*:

il y a quelque chose de "sauvage" dans l'*Unheimliche*, un souffle, un esprit de provocation qui parfois prend au dépourvu l'auteur lui-même [...]. Freud et l'objet de son désir (: la vérité sur l'*Unheimliche*) s'allument de feux réciproques [...]; ce long texte [...], pour traquer le concept *das Unheimliche*, l'Inquiétante Étrangeté, inscrit étrangement un système d'inquiétudes. Rien de moins rassurant, pour le lecteur, que cette poursuite [...] prudente – mais [...] interminable – rien de plus inquiétant que cette étude [...], rien de plus fuyant que cette recherche dont le mouvement constitue le labyrinthe qui la suscite; l'étrange propose partout sa secrète nécessité [...]. Un texte et son ombre hésitante [...]. Nouements: mais ce qui se rassemble ici est aussitôt défait [...]. En l'espace-labyrinthe, comparaissent bien des personnages cités comme témoins, interrogés, éclairés, et aussitôt renvoyés au coin [...]. Il se produit sous les yeux du lecteur, immanquablement, la forme d'un théâtre de marionnettes où vraies poupées et simulacres de fantoches, vraie vie et fausse vie, sont actionnés par un machiniste souverain mais capricieux [...]. La lecture saute de l'un à l'autre bord. On pense suivre une démonstration; on sent le terrain se fendiller: le texte glisse quelques racines sous le sol, d'autres sont aériennes. Ce qui a ici figure de science ressemble plus loin à quelque façon de roman. Métaphore de lui-même [...];

c'è qualcosa di "selvaggio" nell'*Unheimliche*, un soffio, uno spirito di provocazione che a volte prende alla sprovvista l'autore stesso [...]. Freud e l'oggetto del suo desiderio (la verità sull'*Unheimliche*) si accendono e si alimentano con dei fuochi reciproci [...]; questo lungo testo [...], per rintracciare il concetto dell'*Unheimliche*, dell'"inquietante stranezza", mette su, in modo curioso e strano, una rete, un *sistema* di inquietudini. Niente di meno rassicurante, per il lettore, di questo 'inseguimento' [...] accorto – ma [...] interminabile – niente di più

l'uomo che gli sta di fronte» (cfr. Plauto, *Amphitruo. Asinaria. Aulularia. Bacchides,* cura e traduzione di E. Paratore, testo latino a fronte, Newton Compton, Roma 1978, 1992, p. 189).

[99] Cfr. S. Freud, «L'Inquiétante Étrangeté», in *Essais de psychanalyse appliquée*, Gallimard, Idées, Paris 1971.

[100] *La fiction et ses fantômes. Une lecture de l'*Unheimliche *de Freud,* cit.

inquietante di questo studio [...], niente di più sfuggente di questa ricerca il cui movimento costituisce il labirinto che la suscita; lo 'strano' fa vedere dappertutto la sua segreta necessità [...]. Un testo e la sua ombra esitante [...]. Annodamenti: ma ciò che si riunisce presto si disfa [...]. Nello spazio-labirinto compaiono, sì, dei personaggi come testimoni, sono interrogati, chiariti, ma anche subito congedati [...]. Sotto gli occhi del lettore si produce immancabilmente la forma di un teatro di marionette, dove vere bambole e simulacri di fantocci, vera vita e falsa vita, sono azionati da un macchinista supremo, ma capriccioso [...]. La lettura salta da un'estremità all'altra. Si pensa di seguire una dimostrazione, ecco che si sente il terreno incrinarsi: il testo fa scivolare qualche radice sotto terra, altre sono aeree. Ciò che qui ha figura di scienza, più in là assomiglia a una specie di romanzo. Metafora di se stesso [...][101].

La lettura del testo freudiano provoca uno strano piacere, continua l'autrice, ma anche un certo malessere (*malaise*), un disagio, una inquietudine appunto, che ben si sposa con quello che Freud stesso prova. Questi conduce la sua indagine, su quel qualcosa di spaventoso (*effrayant*) che costituisce il nocciolo dell'*Unheimliche*, percorrendo due cammini. Anche Cixous intende lasciarsi condurre da due percorsi di lettura, secondo Freud o suo malgrado (*au gré de Freud et malgré Freud*), attraverso il "certo" e l'"ipotetico", tra scienza e finzione o, anche, tra "simbolizzato" e "simbolizzante", con "ambivalenza" e conformemente alla natura indecidibile di tutto ciò che riguarda l'*Unheimliche* (vita e finzione, mito edipico, complesso di castrazione, creazione letteraria...). Il ruolo del lettore, che si prende in *Das Unheimliche*, è uno *strano* "doppio ruolo", perché nel contempo viene assunto quello del lettore de l'*Homme au sable*, al quale siamo in certi momenti "spettralmente identificati": secondo Freud, scrive Cixous, gli occhiali pericolosi che "circolano", «saltano agli occhi del lettore» e lo gettano nell'«orribile singolarità del mondo dei doppi». Ciò che gli "occhi complementari" scorgono, non trova posto né nel reale né nel verosimile, ma solo nell'*Unheimliche*.

Freud, continua l'autrice, nel prologo si giustifica di "prendere possesso" di un luogo che non sembra rientrare nel campo della "giurisdizione analitica". Ma non è la prima incursione di questo tipo, per Freud. L'opera d'arte lo ha sempre "chiamato". Sorge, qui, "il mistero della creazione letteraria": «il segreto di questa in-

---

[101] Ivi, p. 199. La traduzione italiana dei brani di Cixous, qui e in seguito, è nostra.

vidiabile potenza del creatore che arriva a sedurci, ecco ciò che affascina Freud»[102].

Sulla scena, Freud entra sia come attore sia come macchinista, come analista e come analizzante.

Sur la scène et la scène de la scène peut se poser le rapport entre la découverte faite par Freud dans l'ordre de la vérité scientifique, et le mécanisme de la fiction; le texte de Freud fonctionnant lui-même *à la façon* d'une fiction [...], "l'auteur" y exerçant ces droits privilégiés du narrateur que l'analyste ne se peut consentir. "Mieux qu'aucun autre", dit Freud, c'est l'écrivain qui s'entend à faire naître l'*Unheimliche*. L'écrivain est aussi ce que Freud veut être. Freud voit en l'écrivain celui que l'analyste doit interroger, pour se connaître.

Sulla scena e sulla scena della scena si può porre il rapporto tra la scoperta fatta da Freud nell'ordine della verità scientifica e il meccanismo della finzione; il testo di Freud funziona infatti esso stesso *come* una finzione [...], visto che "l'autore" vi esercita i diritti privilegiati del narratore che all'analista non sono consentiti. "Meglio di nessun'altro", dice Freud, è lo scrittore che si intende di far nascere l'*Unheimliche*. Lo scrittore è anche ciò che Freud vuole essere. Freud vede nello scrittore colui che l'analista deve interrogare, per conoscersi[103].

Freud, inoltre, ci tiene a mettersi sotto la nostra protezione (*sous notre garde*). L'"oratore", infatti, dice che spera di avere l'assenso della maggior parte dei lettori del racconto. Il dialogo con il lettore, scrive Cixous, è in tal modo "artificio teatrale". Ed è anche con piacere che egli aderisce alla "necessità strutturante" di ri-scrivere il racconto[104].

Ma Freud "sfronda" il denso testo hoffmanniano, l'"eterogeneità" dei suoi punti di vista, togliendo «tutto il significante che non aveva l'aria di partecipare all'economia tematica». Ora, chiede Cixous, questo taglio, non è "rimarcabile" nel suo *gesto*? Non si tratta di un riassunto: è come se l'insistenza sulla privazione degli occhi contaminasse lo sguardo stesso che "opera" sul testo letto. La parte "pantomimica", così eclatante nel racconto di Hoffmann (e che ne costituisce lo "charme"), la "re-duplicazione" di un reale ordinario con un reale straordinario («che *interdice*

---

[102] Cfr. ivi, pp. 200-201.
[103] Ivi, pp. 202-204.
[104] Ivi, p. 205.

l'installarsi della lettura nell'uno o nell'altro mondo»), questa "*e-screzione* superba" è decisamente "espulsa" da Freud[105].

Il lavoro teorico di Freud si dirige verso la *paura*, continua Cixous: «L'attention se pose [...] sur ce sentiment fort et obscur qui est l'*étrange* de inquiétude». La paura, è quella della castrazione. In una nota, Freud ci offre una "seconda recita", una recita "primitiva": non si tratta più del *Sandmann*, ma «della sua versione analitica». Freud fa apparire la struttura di un mito, che funziona analogamente a quello che opera nelle nevrosi: «*cet Homme au sable est aussi une re-lecture subreptice de L'Homme-aux-Loups*». Ri-lettura surrettizia, dunque, dell' "Uomo dei lupi": ecco cosa anche è, in Freud, l'*Uomo della sabbia* di Hoffmann[106].

L'"anima primitiva", dice ancora Cixous, rinvia alla "figurazione" del linguaggio onirico, all'arte egiziana, all'anima del bambino, «attraverso un sistema di metafore o di rappresentazioni che la psicoanalisi articola»:

l'*Unheimliche* est ce qui masque "l'égoïsme illimité", le narcissisme primaire [...]; signe *changeant*, il passe de l'affirmation de la survie à l'annonce de la mort. "Signe avant-coureur", l'*Unheimliche* fait allusion à la pulsion de mort (comme tout ce texte est avant-coureur de *Jenseits des Lustprinzips*)[107].

L'*Unheimliche*, dunque, maschera il narcisismo primario; esso è un "segno", che "cambia", passando dall'affermazione della sopravvivenza all'annuncio della morte. Un segno *pre-corritore*, che allude alla *pulsione di morte*. Tutto il testo di Freud, del resto, è pre-corritore di *Al di là del principio di piacere*. Poche pagine prima, Cixous aveva scritto in una nota: «*Das Unheimliche* appare in *Imago*, volume V, nel 1919. *Au-delà du principe de Plaisir* apparve nel maggio del 1920, ma fu scritto, a detta di Freud, nel 1919». I due testi sono inseparabili, come un *chiasmo*, e rinviano l'uno all'altro[108].

La "figura" dell'*Étrangeté*, è *le Revenant*:

[105] Ivi, pp. 205-206.
[106] Cfr., ivi, pp. 207-209.
[107] Ivi, p. 210.
[108] Cfr., ivi, p. 201. Sulla tonalità heideggeriana di questo brano di Cixous, si veda, qui, il prossimo capitolo. Su *Jenseits des Lustprinzips*, cfr. la prima parte di G. Senatore, *Fort und Da...*, cit.

Le *Revenant* est la fiction de notre relation à la mort concrétisée par le spectre et dans la littérature. La *relation* à la mort procure *le plus haut degré* de l'*Unheimliche*[109].

Perché questa "potenza" della morte?
L'autrice risponde così:

"La mort" n'a pas de figure dans la vie. Notre inconscient n'a pas de place "pour la représentation de notre mortalité". Impossible *représentation*, la mort est ce qui mime, par cette impossibilité même, une réalité de la mort. Elle va plus loin. Signifiant sans signifié. Secret absolu, nouveau absolument, qui devrait rester caché, car s'il se manifeste à moi, c'est que je suis mort: seuls les morts connaissent le secret de la mort. La mort nous connaîtra; nous ne la connaîtrons pas.

["La morte" non ha "figura" nella vita. Il nostro inconscio non ha posto "per la rappresentazione della nostra mortalità". Impossibile *rappresentazione*, la morte è ciò che mima, per questa impossibilità stessa, una realtà della morte. Essa va oltre. Significante senza significato. Segreto assoluto, assolutamente nuovo, che dovrebbe restare nascosto, perché se si manifesta a me, vuol dire che sono morto: solo i morti conoscono il segreto della morte. La morte ci conoscerà; noi non la conosceremo][110].

Ma cos'è, "in realtà", la finzione? La questione frequenta, come un fantasma, i dintorni del testo freudiano, quasi assillandolo, (*hante les abords du texte*), dice Cixous, ma non vi entra. Freud afferma che l'*Unheimliche* della finzione, così come quello della fantasia e della poesia, merita di essere effettivamente considerato a parte (*verdient in der Tat eine gesonderte Betrachtung*). Affer-

---

[109] Ivi, p. 212. Sul derridiano *revenant* cfr. ciò che scrive il traduttore italiano di *Spectres de Marx*, Gaetano Chiurazzi: «*Revenant*: fantasma, redivivo. Poiché l'uso di questo termine ha un essenziale riferimento alla ripetizione e al ritorno, e non essendoci in italiano un termine corrispondente, si lascerà la forma francese» (p. 221 dell'ed. it. cit.). Il passo di Cixous è ripreso anche, nella traduzione tedesca del saggio (*Die Fiktion und ihre Geister. Eine Lektüre von Freuds Das Unheimliche*, in *Orte des Unheimlichen. Die Faszination verborgenen Grauens in Literatur und bildender Kunst*, a cura di K. Herding – G. Gehrig, Göttingen 2006, pp. 37-59), dal curatore dell'edizione Reclam di *Das Unheimliche* (Stuttgart 2022), Oliver Jahrhaus, il quale, nel suo *Nachwort* (*Literatur und Psychoanalyse*), accostandolo all'*Unheimlich* di Heidegger, scrive: «Unheimlich ist also die Selbstbegegnung des Menschen mit sich selbst und seiner eigenen Endlichkeit, seiner Todesvefallenheit, seinem 'Sein-zum-Tode'» (p. 123). Ciò che autenticamente si rivela nell'*Unheimlichkeit*, è l'incontro con se stessi e con la propria finitudine: *cadere* alla morte ed *essere* alla morte sono, allora, la *medesima* cosa...

[110] Ivi, pp. 212-213.

ma anche che la finzione può creare nuove forme del sentimento
"perturbante" che non si danno nella vita reale, nella vita "vissuta" (*die im Erleben wegfallen*)[111]. Per la scrittrice, e drammaturga,
è proprio attraverso l'invenzione di nuove forme dell'*Unheimliche* che la finzione diventa il *très étrange*:

> si l'on se représente l'*Unheimliche* comme une fourche dont une branche
> pointe vers l'étrange et l'autre vers l'angoissant, on voit, à l'extrême de l'étran-
> ge, la fiction pointer vers l'inconnu: le nouveau le plus nouveau, par quoi elle a
> partie liée avec la mort[112].

La finzione, alla fine, è ciò che *resiste* all'analisi. E, per questo, è ciò che più l'attira... Noi, però, conclude Cixous, non possiamo esimerci dal pensare che Freud non ha niente da invidiare a
Hoffmann nell'"arte" o nell'"astuzia" di suscitare l'"effetto" del-
l'*Unheimliche*...[113].

---

[111] Ivi, p. 215. Per quel che riguarda il testo di Freud, cfr. p. 48 e p. 51 dell'ed. ted. cit.
[112] Ivi, p. 216.
[113] *Ibidem*.

Il ritorno del fiume

È il momento di voltarsi, seguendo il percorso di Graziella Berto, ancora verso Heidegger. Crediamo si possa dire che il passaggio da Freud a Heidgger è il passaggio dal "perturbante" allo "spaesamento", dalla psicoanalisi alla filosofia, se si pensa alle due traduzioni italiane prevalenti del termine *unheimlich*[1].

Berto ricostruisce in modo magistrale il soffermarsi di Heidegger su questa *parola*, sia prendendo in considerazione i luoghi del suo apparire nell'"opera" del filosofo, sia mettendo in evidenza ciò che essa, di volta in volta, implica. Ne viene fuori, crediamo, un significativo "affresco" del pensiero heideggeriano *überhaupt*, in generale.

L'autrice parte dall'*Hölderlins Hymne "Der Ister"*, corso tenuto da Heidegger nel semestre estivo del 1942[2]. In esso, per tradurre il termine greco δεινόν, che compare all'inizio del primo Coro dell'*Antigone* di Sofocle, Heidegger utilizza l'espressione *das Unheimliche*[3]. Δεινόν, ricorda Berto (richiamando in nota un

---

[1] Alludiamo, naturalmente, alle "cure" di Musatti, per quel che riguarda Freud (trad. di S. Daniele), e di Chiodi per Heidegger. Ma l'*unheimlich* heideggeriano è tradotto anche con "inquietante" (Giuseppe Masi in *Introduzione alla metafisica*) e con "inospitale" (Alfredo Marini in *Essere e tempo*, il quale, tuttavia, usa "spaesamento" per tradurre il *Nicht-zu-hause-sein*).

[2] Cfr. M. Heidegger, *Hölderlins* Hymne *"Der Ister"*, GA 53, hrsg. von Walter Biemel, Klostermanna, Frankfurt am Main 1984; trad. it. di Chiara Sandrin e Ugo Ugazio, *L'inno Der Ister di Hölderlin*, Mursia, Milano 2003.

[3] Cfr. G. Berto, *op. cit.*, p. 135. Questi sono i versi dell'*Antigone* (333-334): πολλὰ τὰ δεινὰ κοὐδὲν ἀνθρώπου δεινότερον πέλει· Heidegger (che, relativamente a Sofocle, si serviva dell'edizione di Oxford curata da A. C. Pearson, 1923, come nota Walter Biemel), così traduce: «Vielfältig das Unheimliche, nichts doch / über den Menschen hinaus Unheimlicheres ragend sich regt» (GA 53, p. 73). In italiano, Sandrin e Ugazio dicono: «In molte pieghe involto l'inquietante, nulla però / di più inquietante al di fuori dell'uomo si muove sopravanzando» (p. 57 dell'ed. cit.).

vocabolario greco-italiano[4]), «è una parola strana, che porta in sé una molteplicità di significati [...]: essa indica qualcosa che desta timore ma anche venerazione, che respinge e insieme attrae». La sua traduzione "conserva e svela" proprio questo "carattere spaesante". Heidegger infatti dice:

Dobbiamo tuttavia ammettere che la parola greca τò δεινóν non solo indica l'*Unheimliche*, ma, in quanto parola autentica, nomina il suo detto in modo tale che come parola stessa è del tipo del detto, cioè è essa stessa una parola *unheimlich*[5].

Lo spaesamento, dunque, «è detto da una parola spaesante»[6]. In *Einführung in die Metaphysik* Heidegger afferma:

Das Un-heimliche verstehen wir als jenes, das aus dem 'Heimlichen', d. h. Heimischen, Gewohnten, Geläufigen, Ungefährdeten herauswirft. Das Unheimische lässt uns nicht einheimisch sein. Darin liegt das Überwältigende.

Noi concepiamo l'in-quietante come quello che estromette dalla "tranquillità", ovverosia dal nostro elemento, dall'abituale, dal familiare, dalla sicurezza inconcussa. Ciò che è insolito, non familiare, non ci permette di rimanere nel nostro elemento. Ed è in ciò che consiste il pre-dominante[7].

L'*Unheimliche* è, allora, qualcosa «che consiste nell'essere gettati fuori dalla casa, nel non poter permanere in essa [...]; l'abitare stesso è, in qualche modo, un volgersi verso il fuori, porta con sé l'oltrepassamento della soglia dell'abituale e del familiare»[8].
Queste affermazioni del '35, nel '42 "si precisano e si sviluppano":

---

[4] L. Rocci, *Vocabolario greco-italiano*, Dante Alighieri-Lapi, Città di Castello 1974.

[5] G. Berto, *op. cit.*, pp. 135-136. A parte l'«inquietante» per *unheimlich*, la traduzione Sandrin-Ugazio è solo di poco diversa: «Dobbiamo ammettere che la parola greca τò δεινóν non solo indica l'inquietante, ma nomina, in quanto è autentica parola, quel che dice in modo tale che come parola è essa stessa del genere di quel che essa nomina, è cioè parola inquietante» (cfr. p. 63 dell'ed. cit.). Ecco comunque l'originale tedesco: «Gleichwohl müssen wir zugestehen, dass das griechische Wort τò δεινóν nicht nur das Unheimliche bezeichnet, sondern als echtes Wort sein Gesagtes so nennt, dass es als Wort selbst von der Art des Genannten, also selbst ein unheimliches Wort ist» (GA 53, p. 83).

[6] Ivi, p. 137.

[7] M. Heidegger, *Einführung in die Metaphysik*, GA 40, cit., p. 160; p. 159 della trad. it. cit.

[8] G. Berto, *op. cit.*, p. 139.

Das Unheimliche meinen wir im Sinne dessen, was nicht daheim – nicht im Heimischen heimisch ist. Nur deshalb kann das Un-heimische in der Folge dann auch "unheimlich" sein in der Bedeutung des befremdlich und beängstigend und "furchtbar" Wirkenden[9].

Come fa notare Berto, le parole *unheimisch* e *unheimlich*, per Heidegger, non sono connesse in una "semplice assonanza esteriore"[10]. Ciò che le unisce è l'"*Ungeheure*": «Indem wir das δεινόν mit "unheimlich" übersetzen, denken wir in die Richtung des Nicht-geheuren»[11]. Traducendo il δεινόν con *unheimlich*, Heidegger pensa quindi nella direzione del *Nicht-geheure*: "ciò che non è ordinario", "che non si adatta ad alcuna misura", "l'immenso"[12]. Scrive Berto:

L'enorme, lo smisurato non è il quantitativamente grande, nel senso dell'estensione e soprattutto della potenza, ma il non-familiare, l'*Un-heimische*, come ciò che nega la misura stessa [...]. Ma [...] la dismisura che infrange la familiarità si mostra, nello stesso tempo, come appartenente [...] a essa: "... nicht *im Heimischen* heimisch ist" [...]. L'*Unheimliche* sorge [...] con lo svelarsi, generalmente in modo confuso e inconsapevole [...], di uno strano rimando alla familiarità [...]. L'insolito [...] proviene [...] dall'interno della casa stessa. L'inabituale, l'estraneo, l'altro, ciò che mette in scacco le nostre misure, ci inquieta, perché ci riguarda e ci coinvolge[13].

La parola *unheimlich*, continua l'autrice, "si affaccia" già in una conferenza del 1924 sul concetto di tempo[14], in relazione «al-

---

[9] M. Heidegger, *Hölderlins Hymne "Der Ister"*, cit., p. 87. Nell'edizione italiana, la traduzione suona così: «Intendiamo l'inquietante nel senso di ciò che non è a casa, di ciò che tra le cose di casa non è di casa. Solo per questo motivo, in quel che viene dopo, allora, ciò che non fa parte di ciò-che-è-di-casa può essere l'inquietante nel significato di ciò che produce l'effetto dello straniamento, dell'angoscia, della "paura"» (cfr. p. 66).

[10] Ivi, p. 84: «Wir deuten [...] auf einen Zusammenhang hin, der vermutlich über den bloss äusseren Anklang der Wörter "unheimisch" und "unheimlich" hinausreicht»; in italiano: «[...] indichiamo una connessione che probabilmente va al di là della semplice assonanza dei due termini *unheimisch* [spaesato, non di casa] e *unheimlich* [inquietante]» (p. 64). Berto rende *das Un-heimische* con "il non-familiare" (cfr. *op. cit.*, p. 139).

[11] Ivi, p. 87.

[12] Cfr. p. 66 della trad. it. cit. e p. 140 del libro di Graziella Berto.

[13] *Op. cit.*, p. 140.

[14] Cfr. M. Heidegger, *Der Begriff der Zeit*, GA 64, herausgegeben von F.-W. von Herrmann, Klostermann, Frankfurt am Main 2004; trad. it. di F. Volpi, *Il concetto di tempo* (basata sull'ed. ted. a cura di H. Tietjen, Niemeyer Verlag, Tübingen 1989), Adelphi, Milano 1999 (terza edizione). Ricordiamo, qui, che la conferenza fu tenuta da Heidegger in presenza dei teologi di Marburgo, ai quali il "giovane" filosofo già all'esordio specificò

l'anticipazione della morte da parte del *Dasein*, all'emergere del suo "non-più"». Lì la parola «è strettamente connessa alla condizione dell'angoscia, in rapporto alla quale viene ripresa in *Essere e tempo* e in *Che cos'è metafisica?*»[15]. Ma anche dopo l'*Einführung in die Metaphysik*, nel corso immediatamente precedente quello sull'inno *Der Ister*, e cioè nell'*Höldelins Hymne "Andenken"*, Heidegger «ritorna insistentemente sul rapporto tra *Heimische* e *Unheimische*, *Eigene* e *Fremde*», lasciando indicare alla parola *unheimlich* «quelle realtà che sono "unheimisch in ihrem Heimischen"[16]. Come si è detto, la parola *unheimlich* «è in grado di nominare [...] la misteriosa coappartenenza del proprio e dell'estraneo» ed è essa stessa "una parola *unheimlich*", che mette in rapporto "lo stesso" e "l'altro".

Se questi due termini, che fondano la possibilità della distinzione, e quindi della contraddizione, non sono separati, ma anzi si implicano inscindibilmente, è ancora possibile un discorso, un dire sensato? Il nostro dire non è forse essen-

---

che la "trattazione" non sarebbe stata teologica (cfr. pp. 107-108 ted. e 23-24 it.). Su questo testo cfr. il capitolo *Il tempo*, in G. Senatore, *Il nulla e l'eterno...*, cit.

[15] G. Berto, *op. cit.*, p. 141. Questo "non-più", dice Heidegger, «può spaesare l'esserci, nel bel mezzo della gloria della sua quotidianità. Il precorrimento (*Vorlauf*), in quanto mette l'esserci di fronte alla sua possibilità estrema, è l'atto fondamentale dell'interpretazione dell'esserci» (cfr., nella traduzione di Volpi, la pagina 39). In tedesco la frase suona così: «*Dieses Vorbei vermag, das Dasein inmitten der Herrlichkeit seiner Alltäglichkeit in die Unheimlichkeit zu stellen. Der Vorlauf ist, sofern er die äusserste Möglichkeit des Daseins ihm vorhält, der Grundvollzug der Daseinsauslegung*» (p. 117 di GA 64). Degni di nota sono anche i *prolegomeni*, in relazione al "concetto di tempo" (ma non solo): cfr. M. Heidegger, *Prolegomena zur Geschichte des Zeitbegriffs*, GA Band 20, hrsg. von Petra Jaeger, Klostermann, Frankfurt am Main 1979; ed. it. a cura di Renato Cristin e Alfredo Marini, *Prolegomeni alla storia del concetto di tempo*, il nuovo melangolo, Genova 1999. Si tratta del corso estivo del 1925: la *Parte principale* dello scritto (denominata *Analisi del fenomeno del tempo e conseguimento del concetto di tempo*) costituisce di fatto una "prima redazione" di *Essere e Tempo*. In particolare, per i temi qui trattati, si veda il § 30, *Die Struktur der Unheimlichkeit*. Cfr., inoltre, il capitolo *Habitare* del nostro *Fort und Da...*, cit.

[16] Ivi, p. 142. Cfr. M. Heidegger, *Hölderlins Hymne "Andenken"*, GA 52, hrsg. von Curd Ochwadt, Klostermann, Frankfurt am Main 1982, 2. Auflage 1992, p. 188; trad. it. di C. Sandrin e U. Ugazio, *L'inno* Andenken *di Hölderlin*, Mursia, Milano 1997, p. 158: *unheimisch in ihrem Heimischen*, dice lì Heidegger, sono *die Götter und die Menschen*, gli uomini e gli dèi. Degli *altri* luoghi, dove le parole *unheimlich* e *unheimisch* si presentano, in Heidegger, ricordiamo i più significativi: GA 10, p. 47 e p. 121; GA 16, pp. 577-578; GA 17, pp. 289-290 e p. 317; GA 18, p. 261; GA 20, pp. 400-404; GA 71, pp. 210, 218-19, 234-236, 275-277, 279 e 329-31; GA 73.1, pp. 137, 147, 208-209, 280-281 e p. 893; GA 73.2, p. 1110; GA 78, p. 145; GA 95, pp. 290-291. Su di essi ritorneremo alla fine di questo capitolo.

zialmente un delimitare, un tracciare i confini nel concetto, distinguendo ciò che gli appartiene e ciò che ne è escluso? *Unheimlich* è quindi una parola che, con il suo affiorare, rischia di inghiottire nel non senso ogni altra parola. Essa nomina qualcosa che normalmente in ogni dire rimane nascosto, che si ritrae nella pretesa all'univocità e all'esattezza. Nell'*Unheimliche* viene nominato ciò che sporge da ogni significato, ciò che rimane non detto in ogni dire che pretenda di afferrare qualcosa. Parola eccedente, essa nomina [...] una residualità del significante, che non viene assorbita nella coerenza del discorso, ma che piuttosto [...] ne disturba l'ordine [...][17].

L'*Unheimlichkeit* come "non essere a casa propria", in *Sein und Zeit* compare, come è noto, al paragrafo 40 (*Die Grundbefindlichkeit der Angst als eine ausgezeichnete Erschlossenheit des Daseins*[18]): «*Unheimlichkeit meint [...] das Nicht-zuhause-sein*», scrive Heidegger[19]. Questa parola indica, nell'*opus maius* del grande pensatore, «la condizione del *Dasein* nel rapportarsi alla propria morte»[20]. Come egli dirà nel § 57, «*Die Unheimlichkeit enthüllt sich eigentlich in der Grundbefindlichkeit der Angst und stellt als die elementarste Erschlossenheit des geworfenen Daseins dessen In-der-Welt-sein vor das Nichts der Welt, vor dem es sich ängstet in der Angst um das eigenste Seinkönnen*»[21]. E subito

---

[17] Ivi, pp. 142-143. Berto riprende qui, in nota, un brano da *L'essenza del linguaggio*: «Ma dove il linguaggio, come linguaggio, si fa parola? Pare strano, ma là dove noi non troviamo la giusta parola per qualche cosa che ci tocca, ci trascina, ci tormenta e ci entusiasma. Quello che intendiamo lo lasciamo allora nell'inespresso e, senza che ce ne rendiamo pienamente conto, viviamo attimi in cui il linguaggio, proprio il liguaggio, ci sfiora da lontano e fuggevolmente con la sua essenza» (cfr. *In cammino verso il linguaggio*, cit. p. 129). Questo è l'originale tedesco: «Wo aber kommt die Sprache selber als Sprache zum Wort? Seltsamerweise dort, wo wir für etwas, was uns angeht, uns an sich reisst, bedrängt oder befeuert, das rechte Wort nicht finden. Wir lassen dann, was wir meinen, im Ungesprochenen und machen dabei, ohne es recht zu bedenken, Augenblicke durch, in denen uns die Sprache selber mit ihrem Wesen fernher und flüchtig gestreift hat» (*Das Wesen der Sprache*, in *Unterwegs zur Sprache*, GA 12, cit., p. 151; p. 161 dell'ed. Neske, cit.).
[18] "Il trovarsi fondamentale dell'angoscia come schiusura privilegiata dell'esserci", nella traduzione di Marini; "La situazione emotiva fondamentale dell'angoscia come apertura eminente dell'Esserci", in quella Chiodi-Volpi.
[19] *Sein und Zeit*, GA 2, p. 250.
[20] G. Berto, *op. cit.*, p. 148.
[21] *Sein und Zeit*, GA 2, p. 367. In italiano: «L'inospitaltà si disocculta autenticamente nel trovarsi fondamentale dell'angoscia e, in quanto è la più elementare schiusura dell'esserci dejetto, ne pone l'esser-nel-mondo di fronte al nulla del mondo, davanti al quale esso si angoscia, nell'angoscia per il più proprio poter essere» (p. 779 della trad. Marini); e: «Lo spaesamento si rivela autenticamente nella situazione emotiva fondamentale dell'angoscia che, in quanto apertura più elementare dell'Esserci gettato, pone il suo essere-nel-mondo

dopo: «*Der Rufer* [...] *ist das Dasein in seiner Unheimlichkeit, das ursprüngliche geworfene In-der-Welt-sein als Un-zuhause, das nackte "Dass" im Nichts der Welt*»[22]. Sempre nel § 40, Heidegger inoltre precisa: «Das beruhigt-vertraute In-der-Welt-sein ist ein Modus der Unheimlichkeit des Daseins, nicht umgekehrt. *Das Un-zuhause muss existenzial-ontologisch als das ursprünglichere Phänomen begriffen werden*»[23].

"Fenomeno" primario, dunque, l'*Un-zuhause*, «manifestazione dell'estraneità a sé», come dice Berto:

> Se "l'Esserci... è condotto dall'angoscia in cospetto del proprio essere", questo gesto di richiamo non si risolve certo in una pacificante coincidenza con sé, ma è piuttosto il luogo stesso dello spaesamento. Questo movimento evidenzia lo scarto che attraversa il sé, la dimensione di alterità che risiede nel *Da* [...] e che la deiezione cerca di coprire[24].

L'angoscia "svela" il niente: «Quando l'angoscia è dileguata, il discorso quotidiano suole dire che "in realtà, non era nulla"»[25].

---

davanti al nulla del mondo; di fronte a questo nulla l'Esserci si angoscia nell'angoscia per il più proprio poter-essere» (p. 330 di quella Chiodi-Volpi).

[22] *Ibidem*: «il chiamante [...] è l'esserci nella sua inospitalità, l'originariamente dejetto esser-nel-mondo come spaesamento, il nudo "fatto-che" nel nulla del mondo» (trad. Marini); «il [...] chiamante [...] è l'Esserci nel suo spaesamento, l'originario e gettato essere-nel-mondo come non-sentirsi-a-casa-propria, il nudo "fatto che" nel nulla del mondo (trad. Chiodi-Volpi, p. 331). Ricordiamo che il titolo del § 57 è *Das Gewissen als Ruf der Sorge*, "La coscienza come chiamata della Cura" (Chiodi-Volpi), o, nella versione di Marini, "La coscienza morale come chiamata della cura".

[23] Ivi, p. 252. Il corsivo è di Heidegger. Ecco le traduzioni italiane: «L'acquietato e familiare esser-nel-mondo è un modo dell'inospitalità dell'esserci, non viceversa. *Dei due fenomeni, lo spaesamento deve essere concepito in sede esistenzial-ontologica come quello più originario*» (Marini, p. 541); «L'essere-nel-mondo, tranquillizzato e familiare, è un modo dello spaesamento dell'Esserci e non il contrario. *Dal punto di vista ontologico esistenziale, il non-sentirsi-a-casa-propria deve esser concepito come il fenomeno più originario*» (Chiodi-Volpi, p. 231). Da osservare che, accanto alla parola *Un-zuhause*, nelle sue annotazioni a margine, Heidegger scrive: «(Enteignis)». Ciò ci rinvia ad altri "luoghi" dell'"*unheimlich*" che, come già accennato, citeremo alla fine del presente capitolo.

[24] G. Berto, *op.cit.*, p. 151. Per il virgolettato (Das Dasein wird in ihr [in der Angst] durch sein eigenes Sein vor es selbst gebracht), cfr. GA 2, p. 245 (p. 225 della trad. Chiodi-Volpi e p. 527 di quella di Marini). Il *Verfallen*, in italiano noto, dopo Chiodi, come "deiezione" (traduzione ripresa qui da Berto), è reso da Marini con "scadimento" (cfr., nel suo *Lessico di "Essere e tempo"*, pp. 1477-1479 della trad. cit.). Lo stesso Volpi, del resto, pur mantenendo la traduzione di Chiodi, nella sua revisone annota che «in italiano sarebbe preferibile "decadimento"» (p. 608 dell'ed. cit.).

[25] *Essere e tempo*, p. 228 (trad. Chiodi-Volpi). «*Wenn die Angst sich gelegt hat, dann pflegt die alltägliche Rede zu sagen: "es war eigentlich nichts"*», dice Heidegger (cfr. GA

Questo discorso, dice Heidegger, «onticamente, coglie nel segno, coglie *che cosa* era»[26].

Ma cosa distingue, "fenomenalmente" (*phänomenal*), l'angoscia dalla paura (*Furcht*)? Il suo davanti-a-che (*das Wovor*), che è "completamente indeterminato" (*völlig unbestimmt*).

Daher "sieht" die Angst auch nicht ein bestimmtes "Hier" und "Dort", aus dem her sich das Bedrohliche nähert. Dass das Bedrohende *nirgends* ist, charakterisiert das Wovor der Angst. Diese "weiss nicht", was es ist, davor sie sich ängstet. "Nirgends" aber bedeutet nicht nichts, sondern darin liegt Gegend überhaupt, Erschlossenheit von Welt überhaupt für das wesenhaft räumliche In-Sein. Das Drohende kann sich deshalb auch nicht aus einer bestimmten Richtung her innerhalb der Nähe nähern, es ist schon "da" – und doch nirgends, es ist so nah, dass es beengt und einem den Atem verschlägt – und doch nirgends. Im Wovor der Angst wird das "Nichts ist es und nirgends" offenbar. Die Aufsässigkeit des innerweltlichen Nichts und Nirgends besagt phänomenal: *das Wovor der Angst ist die Welt als solche* [...]. Was beengt, ist [...] die *Möglichkeit* von Zuhandenem überhaupt, das heisst die Welt selbst [...]: *wovor die Angst sich ängstet, ist das In-der-Welt-sein selbst.*

[Perciò l'angoscia non "vede" neppure un determinato "*qui*" e "*là*" a partire dal quale la minaccia si avvicini. Che il minaccioso non sia *in nessun luogo*, caratterizza il davanti-a-che dell'angoscia. Essa "non sa" cosa sia ciò davanti a cui si angoscia. "In nessun luogo", però, non è come dire nulla, perché implica comunque paraggi e comunque schiusura di un mondo per l'essenziale spazialità dell'in-essere. Quindi il minaccioso non può neppure avvicinarsi, all'interno della prossimità, da una determinata direzione, esso "ci" è già lì – e tuttavia in nessun luogo è così vicino da recare angustia e mozzare il fiato –, e tuttavia in nessun luogo. Nel davanti-a-che dell'angoscia il "non è nulla né in alcun luogo" si fa palese. Fenomenalmente, l'impertinenza dell'intramondano "nulla e in nessun luogo" vuol dire: *il davanti-a-che dell'angoscia è il mondo in quanto tale* [...]. Ciò che reca angustia [...] è [...] la *possibilità* dell'ente allamano in quanto tale,

---

2, p. 248). Nella traduzione di Marini, si veda p. 535. Anche in *Was ist Metaphysik?* leggiamo: «Dass die Angst das Nichts enthüllt, bestätigt der Mensch selbst unmittelbar dann, wenn die Angst gewichen ist. In der Helle des Blickes, den die frische Erinnerung trägt, müssen wir sagen: wovor und worum wir uns ängsteten, war "eigentlich" – nichts. In der Tat: das Nichts selbst – als solches – war da [Che l'angoscia sveli il niente, l'uomo stesso lo attesta non appena l'angoscia se ne è andata. Nella luminosità dello sguardo sorretto dal ricordo ancora fresco, dobbiamo dire: ciò di cui e per cui ci angosciavamo non era "propriamente" – niente. In effetti il niente stesso, in quanto tale, era presente» (cfr. *Wegmarken*, cit., p. 119; p. 68 della trad. it.).
[26] *Ibidem*.

ossia il mondo stesso [...]: *ciò per cui l'angoscia si angoscia è l'esser-nel-mondo stesso*][27].

L'"oggetto" dell'angoscia, commenta Berto, «si profila nella finitezza del *Dasein*», nella sua «impossibilità di solidificarsi in qualcosa di determinato, di stabile». È per questo che l'angoscia «porta l'Esserci innanzi al suo *esser-libero per... (propensio in...)* l'autenticità del proprio essere in quanto possibilità che esso è già sempre», come dice Heidegger[28]. L'oggetto dell'angoscia, per Berto, in fondo è l'*alterità*, «qualcosa che ha molto a che fare con la prossimità»:

l'altro per eccellenza è paradossalmente proprio il vicino, nella sua refrattarietà a quella distanza che ogni forma esige. Il vicino è l'inoggettivabile, l'irrappresentabile. È questa irrappresentabilità a risultare insopportabile e a spingere il *Dasein* alla fuga dal *Da* [...]. "La fuga deiettiva verso il sentirsi-a-casa-propria, caratteristico della pubblicità, è fuga davanti al non-sentirsi-a-casa-propria, cioè davanti a quel sentirsi-spaesato che è proprio dell'Esserci in quanto essere-nel-mondo gettato e rimesso a se stesso nel proprio essere. Questo spaesamento rode costantemente l'Esserci e minaccia, sia pure inesplicitamente, la sua quotidiana dispersione nel Si"[29].

---

[27] Cfr. pp. 247-249 di GA 2 e pp. 531-535 della trad. di Marini, qui ripresa. Per la versione Chiodi-Volpi, si vedano le pp. 227-229 dell'ed. cit. A margine dell'ultima frase sopra riportata, Heidegger inoltre annota: «als Bestimmendes des Seyns als solches; das schlechthin Unverhoffte und Unaustragbare – Befremdliche», che Marini così traduce: «in quanto determinante l'*esse* come tale; il puramente insperato e indecidibile – l'estraneante»; e Volpi: «In quanto elemento determinante dell'Essere come tale; l'assolutamente insperato e indirimibile – lo straniante».

[28] Cfr. G. Berto, *op. cit.,* p. 153; e cfr. M. Heidegger, GA 2, p. 250: «Die Angst bringt das Dasein vor sein *Freisein für...* (propensio in...) die Eigentlichkeit seines Seins als Möglichkeit, die es immer schon ist». Qui è riportata la trad. Chiodi-Volpi, p. 229; per quella di Marini, si veda, nel suo citato libro, p. 537.

[29] Ivi, pp. 154-155. Cfr. GA 2, p. 251: «Die verfallende Flucht *in* das Zuhause der Öffentlichkeit ist Flucht *vor* dem Unzuhause, das heisst der Unheimlichkeit, die im Dasein als geworfenen, ihm selbst in seinem Sein überantworteten In-der-Welt-sein liegt. Diese Unheimlichkeit setzt dem Dasein ständig nach und bedroht, wenngleich unausdrücklich, seine alltägliche Verlorenheit in das Man». La traduzione ripresa da Berto si trova a p. 231 dell'ed. Chiodi-Volpi citata. Marini, dal canto suo, traduce così: «La fuga scadente *nell'*essere-a-casa propria della pubblicità è fuga *davanti allo* spaesamento, ossia all'inospitalità che vi è nell'esserci, in quanto esser-nel-mondo dejetto e rimesso, nel suo essere, a se stesso. Tale inospitalità non fa che inseguire l'esserci e minacciarlo, sia pure non esplicitamente, questo suo quotidiano perdersi nel *si*» (cfr. pp. 539-541 dell'ed. cit.).

In *Was ist Metaphysik?* Heidegger chiede cosa significhi che l'angoscia "originaria" accade solo in rari momenti:

Nichts anderes als: das Nichts ist uns zunächst und zumeist in seiner Ursprünglichkeit verstellt. Wodurch denn? Dadurch, dass wir uns in bestimmter Weise völlig an das Seiende verlieren. Je mehr wir uns in unseren Umtrieben an das Seiende kehren, um so weniger lassen wir es als solches entgleiten, um so mehr kehren wir uns ab vom Nichts. Um so sicherer aber drängen wir uns selbst in die öffentliche Oberfläche des Daseins [...]; diese ursprüngliche Angst wird im Dasein zumeist niedergehalten. Die Angst ist da. Sie schläft nur. Ihr Atem zittert ständig durch das Dasein [...]. Die ursprüngliche Angst kann jeden Augenblick im Dasein erwachen...

[Nient'altro che questo: innanzitutto e per lo più il niente nella sua originarietà ci è dissimulato. Perché mai? Perché noi in certo modo ci perdiamo completamente nell'ente. Quanto più nel nostro affaccendarci ci volgiamo all'ente, tanto meno lo lasciamo dileguare come tale, tanto più ci distogliamo dal niente. Tanto più sicuramente, però, spingiamo noi stessi alla superficie pubblica dell'esserci [...]; nell'esserci quest'angoscia originaria viene per lo più repressa. Eppure l'angoscia c'è. È solo assopita. Il suo respiro, come un tremito, percorre costantemente l'esserci [...]. L'angoscia originaria può risvegliarsi nell'esserci in ogni momento...][30].

Berto commenta così:

L'angoscia, con un movimento che riporta indietro verso lo strano luogo dello spaesamento, intacca il rifugio dell'ente [...] fino a dissolverlo e a inghiottirlo. Per questo essa non può confondersi con la paura, che invece continua a difendere questo rifugio, fino a fare del pericolo stesso un ente, circoscrivendolo in qualcosa di determinato e quindi ancora controllabile. La paura è un aspetto della fuga stessa[31].

Prima di vedere come questo "riportare indietro" si leghi all'"*Ister*", occorre soffermarsi ancora un po' su *Essere e tempo* e "dintorni".

Nel paragrafo 50 Heidegger afferma:

Das Sein zum Ende entsteht nicht erst durch eine und als zuweilen auftauchende Einstellung, sondern gehört wesenhaft zur Geworfenheit des Daseins, die sich in der Befindlichkeit (der Stimmung) so oder so enthüllt. Das je im Da-

---

[30] M. Heidegger, *Wegmarken*, cit., pp. 116-118; pp. 71-73 di *Segnavia*, cit.
[31] G. Berto, *op. cit.,* p. 156.

sein herrschende faktische "Wissen" oder "Nichtwissen" um das eigenste Sein zum Ende ist nur der Ausdruck der existenziellen Möglichkeit, in verschiedener Weise sich in diesem Sein zu halten. Dass faktisch Viele zunächst und zumeist um den Tod nicht wissen, darf nicht als Beweisgrund dafür ausgegeben werden, dass das Sein zum Tode nicht "allgemein" zum Dasein gehöre, sondern nur dafür, dass sich das Dasein zunächst und zumeist das eigenste Sein zum Tode, flüchtig *vor* ihm, verdeckt. Das Dasein stirbt faktisch, solange es existiert, aber zunächst und zumeist in der Weise des *Verfallens*. Denn faktisches Existieren ist nicht nur überhaupt und indifferent ein geworfenes In-der-Welt-sein-können, sondern ist immer auch schon in der besorgten "Welt" aufgegangen. In diesem verfallenden Sein bei... meldet sich die Flucht aus der Unheimlichkeit, das heisst jetzt vor dem eigensten Sein zum Tode. Existenz, Faktizität, Verfallen charakterisieren das Sein zum Ende und sind demnach konstitutiv für den existenzialen Begriff des Todes. *Das Sterben gründet hinsichtlich seiner ontologischen Möglichkeit in der Sorge.*

[L'essere-alla fine non sorge soltanto grazie a un atteggiamento, che si può assumere ogni tanto, ma appartiene essenzialmente alla dejezione dell'esserci, che si disocculta in questo o quel modo nel trovarsi (della tonalità). Il fattizio e dominante "sapere" o "non sapere" circa il più proprio essere-alla fine è solo l'espressione della possibilità esistentiva di tenersi in questo essere in maniere diverse. Che in effetti molti in prima istanza e per lo più non sappiano della morte, non va addotto a prova che l'essere-alla morte non apparterrebbe "generalmente" all'esserci, ma solo che l'esserci in prima istanza e per lo più, fuggendo *davanti-a* esso, vela a se stesso il suo più proprio essere-alla morte. L'esserci muore fattiziamente, finché esiste, ma in prima istanza e per lo più nella maniera dello *scadere*. Infatti esistere fattiziamente non è solo, in generale e indifferentemente, un dejetto poter-esser-nel-mondo, ma è anche qualcosa che si è già sempre risolto nel "mondo" pro-curato. In questo scadente esser-presso si annuncia la fuga dall'inospitalità, il che significa, qui, davanti al più proprio essere-alla morte. Esistenza, fatticità, scadimento caratterizzano l'essere-alla fine e sono quindi costitutivi del concetto esistenziale di morte. *Il morire, rispetto alla sua possibilità ontologica, si fonda nella cura*][32].

Così, dirà nel § 52, «verdeckt das Man das Eigentümliche der Gewissheit des Todes, *dass er jeden Augenblick möglich ist* [il *si vela ciò che è peculiare nella certezza della morte: che essa è possibile in ogni istante*]»[33].

---

[32] *Sein und Zeit*, cit., pp. 334-335 (pp. 711-713, nella versione di Marini). Per la traduzione Chiodi-Volpi, cfr. p. 302 dell'ed. cit. Alla fine dell'ultima frase Heidegger annota: «Aber die Sorge west aus der Wahrheit des Seyns». La cura «essenzia dalla verità dell'*esse*», come scrive Marini (p. 1245).

[33] Ivi, p. 343; p. 731 della trad. di Marini (qui ripresa) e p. 309 di quella Chiodi-Volpi.

La morte dunque, dice Berto, «non si colloca alla fine della vita, ma è l'indeterminatezza [...] che attraversa tutta l'esistenza, e da cui il *Dasein* fugge»; come se il mondo degli enti fosse «un complesso e sofisticato rifugio» contro di essa. Ma, chiede l'autrice del saggio che stiamo leggendo, se l'angoscia è "ciò che fa fallire" questa fuga, se essa "va a riprendere il *Dasein*" riconducendolo nel "luogo dello spaesamento", «è possibile scorgere in essa un'"apertura"?»[34].

Certo, se si pensa che nella sua "singolare quiete", l'angoscia com-porta, come possibilità, l'"atteggiamento" del *coraggio*.

L'*Er-schlossennhei*t, l'"apertura" (o la "schiusura", come dice Marini) può diventare *Ent-schlossenheit*, decisione coraggiosa...

Ricordiamo con quali parole viene al linguaggio, in *Sein und Zeit*, la *Vorlaufende Entschlossenheit*, la "risolutezza precorritrice": *das verschwiegene, angstbereite Sichentwerfen auf das eigenste Schuldigsein*, ossia *auf das (nichtige) Grund-sein einer Nichtigkeit*[35].

L'angoscia, si diceva, è diversa *fondamentalmente* dalla paura. Noi abbiamo paura sempre di un ente determinato, che ci minaccia. Chi ha paura, è anche sempre «prigioniero di ciò in cui si trova [*wird (...) worin er sich befindet, festgehalten*]». Per cercare di salvarsi da questa indeterminatezza, diventa insicuro e "perde la testa" (*wird* [...] *unsicher, d. h.* [...] *"kopflos"*).

Die Angst lässt eine solche Verwirrung nicht mehr aufkommen. Weit eher durchzieht sie eine eigentümliche Ruhe. Zwar ist die Angst immer Angst vor..., aber nicht vor diesem oder jenem. Die Angst vor... ist immer Angst um..., aber nicht um dieses oder jenes. Die Unbestimmtheit dessen jedoch, wovor und wo-

---

[34] G. Berto, *op. cit.*, pp. 156-157.

[35] Cfr. *Sein und Zeit*, GA 2, pp. 393 e 378. Vediamo le versioni italiane. In Chiodi-Volpi la "decisione anticipatrice" è *"il tacito e pronto all'angoscia autoprogettarsi nel più proprio esser-colpevole"*, cioè nel "(nullo) esser-fondamento di una nullità" (pp. 354 e 340); in Marini, la "risolutezza precorritrice" è *"il projettarsi tacito e disposto all'angoscia sul più proprio essere in debito"*), ossia sul "(negativo) esser-fondamento di negatività" (pp. 835 e 803). Sulla *Vorlaufende Entschlossenheit*, ci permettiamo di rinviare all'omonimo capitolo del nostro *Heidegger e l'abitare poetico...*, cit. Qui ci limitiamo a ricordare che nel *"(nichtige) Grund-sein einer Nichtigkeit"* il *Da-sein* è "fondamento" perché *solo* attraverso di esso il nulla traspare, ma è *"(nichtig)"* perché *non in virtù sua (nicht durch es selbst) es*(so) traspare... Il *Da-sein* è *«an es selbst entlassen aus dem Grunde, um als dieser zu sein»* (cfr. GA 2, p. 378, p. 803 trad. Marini e p. 340 trad. Chiodi-Volpi): è (ri)lasciato a se stesso dal fondamento, per "averlo da essere", questo fondamento.

rum wir uns ängstigen, ist kein blosses Fehlen der Bestimmtheit, sondern die
wesenhafte Unmöglichkeit der Bestimmbarkeit.

[L'angoscia non fa insorgere un simile perturbamento. È attraversta piuttosto da una quiete singolare. Certo, l'angoscia è sempre angoscia di..., ma non di
questo o di quello. L'angoscia di... è sempre angoscia per..., ma non per questo o
per quello. Tuttavia, l'indeterminatezza di ciò di cui e per cui noi ci angosciamo
non è un mero difetto di determinatezza, bensì l'essenziale impossibilità del de-
terminabile][36].

Heidegger continua in questo modo:

In der Angst – sagen wir – "ist es einem unheimlich". Was heisst das "es"
und das "einem"? Wir können nicht sagen, wovor einem unheimlich ist. Im
Ganzen ist einem so. Alle Dinge und wir selbst versinken in eine Gleichgültigkeit. Dies jedoch nicht im Sinne eines blossen Verschwindens, sondern in ihrem
Wegrücken als solchem kehren sie sich uns zu. Dieses Wegrücken des Seienden
im Ganzen, das uns in der Angst umdrängt, bedrängt uns. Es bleibt kein Halt. Es
bleibt nur und kommt über uns – im Entgleiten des Seienden – dieses "kein".
Die Angst offenbart das Nichts. Wir "schweben" in Angst. Deutlicher: die Angst
lässt uns schweben, weil sie das Seiende im Ganzen zum Entgleiten bringt. Darin liegt, dass wir selbst [...] inmitten des Seienden uns mitentgleiten. Daher ist
im Grunde nicht "dir" und "mir" unheimlich, sondern "einem" ist es so. Nur das
reine Da-sein in der Durchschütterung dieses Schwebens, darin es sich an nichts
halten kann, ist noch da. Die Angst verschlägt uns das Wort. Weil das Seiende
im Ganzen entgleitet und so gerade das Nichts andrängt, schweigt im Ange-
sichts seiner jedes "Ist"-Sagen. Dass wir in der Unheimlichkeit der Angst oft die
leere Stille gerade durch ein wahlloses Reden zu brechen suchen, ist nur der Be-
weis für die Gegenwart des Nichts.

[Nell'angoscia, noi diciamo, "uno è spaesato". Ma cos'è quell'"es" e che cosa significa quell'"uno"? Non possiamo dire dinanzi a che cosa uno è spaesato:
lo è nell'insieme. Tutte le cose e noi stessi affondiamo in una sorta di indifferenza. Questo, tuttavia, non nel senso che le cose si dileguino, ma nel senso che nel
loro allontanarsi come tale le cose si rivolgono a noi. Questo allontanarsi del-
l'ente nella sua totalità, che nell'angoscia ci assedia, ci opprime. Non rimane
nessun sostegno. Nel dileguarsi dell'ente, rimane soltanto e ci soprassale questo
"nessuno". L'angoscia rivela il niente. Noi "siamo sospesi" nell'angoscia. O meglio, è l'angoscia che ci lascia sospesi, perché fa dileguare l'ente nella sua totalità. Qui è la ragione per cui noi stessi (...) nel mezzo dell'ente ci sentiamo dileguare con esso. Per questo, in fondo non "tu" o "io" ci sentiamo spaesati, ma "u-
no" si sente spaesato. Resta solo il puro esser-ci che, nel travaglio di questo es-

---

[36] *Was ist Metaphysik?*, in *Wegmarken*, cit., p. 111; p. 67 della trad. it. cit. (leggermente
modificata).

sere sospeso, non può tenersi a niente. L'angoscia ci soffoca la parola. Poiché l'ente nella sua totalità si dilegua e poiché così proprio il niente ci assale, tace al suo cospetto ogni tentativo di dire "è". Che nello spaesamento dell'angoscia noi si cerchi spesso di infrangere il vuoto silenzio proprio con parole dette a caso, non è che la prova della presenza del niente][37].

Dal "vuoto silenzio", tuttavia, non nascono solo "parole dette a caso", ma anche, in una dimensione autentica, il *coraggio dell'angoscia*, che non a caso sta alla base della *Vorlaufende Entschlossenheit*. Dice Heidegger nel *Poscritto a "Che cos'è metafisica?"* (1943):

Die Bereitschaft zur Angst ist das Ja zur Inständigkeit, den höchsten Anspruch zu erfüllen, von dem allein das Wesen des Menschen getroffen ist. Einzig der Mensch unter allem Seienden erfährt, angerufen von der Stimme des Seins, das Wunder aller Wunder: *dass* Seiendes *ist*. Der also in seinem Wesen in die Wahrheit des Seins Gerufene ist daher stets in einer wesentlichen Weise gestimmt. Der klare Mut zur wesenhaften Angst verbürgt die geheimnisvolle Möglichkeit der Erfahrung des Seins. Denn nahe bei der wesenhaften Angst als dem Schrecken des Abgrundes wohnt die Scheu. Sie lichtet und umgeht jene Ortschaft des Menschenwesens, innerhalb deren er heimisch bleibt im Bleibenden.

[L'esser pronto all'angoscia è il sì all'in-sistenza nel soddisfare la pretesa somma, dalla quale soltanto l'essenza dell'uomo è toccata. Unico fra tutti gli enti, l'uomo, chiamato dalla voce dell'essere, esperisce la meraviglia di tutte le meraviglie: *che* l'ente *è*. Colui che, nella sua essenza, è così chiamato nella verità dell'essere, è per ciò "accordato" in una maniera essenziale. Il pronto coraggio per l'angoscia essenziale assicura la possibilità, piena di mistero, dell'esperienza dell'essere, ché, vicino all'angoscia essenziale come sgomento dell'abisso, abita il pudore. Esso dirada e frequenta quel luogo essenziale, all'interno del quale l'uomo stabilmente dimora come a casa][38].

---

[37] Ivi, pp. 111-112; pp. 67-68 it. (leggermente modificata). Nella 5ª edizione (1949) dello scritto, appare una *Randbemerkung* accanto alla parola "*Gleichgültigkeit*", "indifferenza": «*das Seiende spricht nicht mehr an* [l'ente non ci parla più]».
[38] M. Heidegger, *Nachwort zu «Was ist Metaphysik?»*, in *Wegmarken*, cit., p. 307; pp. 261-262 della trad. it. cit. (qui parzialmente modificata). Nell'*Introduzione a «Che cos'è metafisica?»* (1949), sull'"*Inständigkeit*" Heidegger dice: «Das, was im Namen "Existenz" zu denken ist, wenn das Wort innerhalb des Denkens gebraucht wird, das auf die Wahrheit des Seins zu und aus ihr her denkt, könnte das Wort "Inständigkeit" am schönsten nennen. Nur müssen wir dann zumal das Innestehen in der Offenheit des Seins, das Austragen des Innestehens (Sorge) und das Ausdauern im Äussersten (Sein zum Tode) zusammen und als das volle Wesen der Existenz denken. [Ciò che va pensato col termine "esistenza", se la parola è impiegata all'interno del pensiero che pensa in direzione della verità dell'essere e a partire dalla verità dell'essere, potrebbe essere indicato nel modo più bello col termine "in-sistenza". Soltanto che allora, a maggior ragione, dobbiamo pensare come tutt'uno e

L'angoscia, dice Berto, «è fondamentalmente il presentarsi di un'assenza». C'è un'affermazione di Heidegger (contenuta in *Zeit und Sein*) che a suo avviso "illumina" le indicazioni che abbiamo visto in *Essere e tempo* e in *Che cos'è metafisica?*. Il brano recita:

> Zuhandenheit sowohl wie Vorhandenheit sind Weisen des Anwesens. Am bedrängendsten zeigt sich uns das Weitreichende des Anwesens dann, wenn wir bedenken, dass auch und gerade das Abwesen durch ein bisweilen ins Unheimliche gesteigertes Anwesen bestimmt bleibt.

> *Zuhandenheit* e *Vorhandenheit* sono modi del venire ed essere nella presenza. Ma fin dove giunge l'*Anwesen* ci si mostra nel modo più pressante allorquando meditiamo che anche e proprio l'assenza (*Abwesen*) resta determinata da un venire nella presenza dell'essere a volte spinto nell'*Unheimliche*[39].

Ciò che è *spaesante*, commenta Berto, è «la straordinaria ampiezza della presenza, che le permette di abbracciare l'assenza stessa». Questa presenza, naturalmente, «è molto più ricca e meno controllabile delle forme di oggettività a cui tendiamo a ridurla». Nell'angoscia, il presente non è «una puntualità priva di spessore»[40]:

> Nell'angoscia il presente si dilata al di là della semplice presenza [...], sporgendosi su un'assenza che, nella sua incontrollabilità, risulta spaesante[41].

---

come piena essenza dell'esistenza lo stare-dentro nell'apertura dell'essere, il sostenere sino in fondo questo in-stare (la cura) e il resistere nella condizione estrema (essere per la morte)]» (cfr. *Einleitung zu "Was ist Metaphysik?"*, in *Wegmarken*, cit., p. 374; trad. it. *Introduzione a "Che cos'è metafisica?"*, in *Segnavia*, cit., p. 326). Ma si veda anche ciò che su questa parola Heidegger scrive, soprattutto, in *Das Ereignis*, GA Band 71, hrsg. von F.-W. von Herrmann, Klostermann, Frankfurt am Main 2009; trad. it. a cura di G. Strummiello, *L'evento*, Mimesis Edizioni, Milano 2017 (cfr., in G. Senatore, *Il nulla e l'eterno...*, cit., i capitoli *Da-seyn* e *Il tesoro della parola*).

[39] Cfr. M. Heidegger, *Zeit und Sein*, in *Zur Sache des Denkens*, GA Band 14, hrsg. von F.-W. von Herrmann, Klostermann, Frankfurt am Main 2007, p. 11; trad. it. *Tempo ed essere*, a cura di Eugenio Mazzarella, Guida editori, Napoli 1980, p. 109 dell'ed. del 1991. La traduzione è stata qui leggermente modificata. Per *Zuhandenheit* e *Vorhandenheit* Mazzarella usa i "classici" termini chiodiani "utilizzabilità" e "semplice-presenza" (là dove Marini dice, come abbiamo visto, *essere-allamano* e *esser-sottomano*), e l'*Unheimliche* è reso con «l'inquietante, estrema regione dell'inabituale». Sulla *Zuhandenheit*, cfr. il capitolo *Zeug zuhanden* in G. Senatore, *Heidegger e l'abitare poetico*, cit.

[40] Cfr. G. Berto, *op. cit.*, p. 160 e p. 168, dove l'autrice precisa: «I "rari attimi" in cui l'angoscia affiora non sono dei semplici istanti nella catena temporale, valutabili quantitativamente, poiché in essi accade un infrangersi del tempo come successione».

[41] Ivi, p. 168.

Ciò che l'angoscia scorge, sporgendosi sull'assenza, è l'*apertura* in cui le cose si danno, venendo incontro, e in cui il *Da-sein* con-siste, come gettatezza insuperabile. Nell'apertura, infatti, si è *trattenuti* in un movimento che è «un andare dove si è»: è il movimento dello spaesamento, appunto[42]. È così che entra in gioco la *temporalità* come «originario "fuori di sé"», come «*ekstatikon* puro e semplice». Scrive Heidegger nel § 65 di *Sein und Zeit*:

> Zukunft, Gewesenheit, Gegenwart zeigen die phänomenalen Charaktere des "Auf-sich-zu", des "Zurück auf", des "Begegnenlassens von". Die Phänomene des zu..., auf..., bei... offenbaren die Zeitlichkeit als das ἐκστατικόν schlechthin. *Zeitlichkeit ist das ursprüngliche "Ausser-sich" an und für sich selbst.* Wir nennen daher die charakterisierten Phänomene Zukunft, Gewesenheit, Gegenwart die *Ekstasen* der Zeitlichkeit. Sie ist nicht vordem ein Seiendes, das erst aus *sich* heraustritt, sondern ihr Wesen ist Zeitigung in der Einheit der *Ekstasen*.

> [Avvenire, esser-stato, presenza mostrano i caratteri fenomenali del (venire) "a-sé", del (rivenire) "su di sé", del "lasciar incontrare" (l'altro). I fenomeni dell'"a...", del "su...", del "presso..." palesano la temporalità come lo ἐκστατικόν puro e semplice. *La temporalità è in sé e per se stessa l'originario "fuori-di-sé".* Perciò chiamiamo i fenomeni caratterizzati come avvenire, esser-stato e presenza, le *estasi* della temporalità. Questa non comincia con l'essere un ente per poi, in un secondo momento, uscire da *sé*, la sua essenza è invece temporizzazione nell'unità delle *estasi*][43].

L'angoscia, allora, implica «un ripensamento del tempo». Essa si presenta come un «riportare indietro»:

> Essa porta l'Esserci davanti al suo esser-gettato più proprio e svela lo spaesamento dell'essere-nel-mondo familiare nella quotidianità [...]. Essa riporta-indietro sul puro "che" del più proprio e isolato esser-gettato[44].

---

[42] *Ibidem.*

[43] *Sein und Zeit*, GA 2, cit., p. 435; pp. 923-925 della trad. di Alfredo Marini, cit.; per la trad. Chiodi-Volpi si veda p. 390 dell'ed. cit.

[44] Cfr. G. Berto, *op. cit.*, p. 167. Le parole di Heidegger qui riprese si trovano alle pp. 406-407 della trad. Chiodi-Volpi di *Sein und Zeit*. In tedesco suonano: «Sie bringt das Dasein vor sein eigenstes Geworfensein und enthüllt die Unheimlichkeit des alltäglich vertrauten In-der-Welt-seins [...]. Sie bringt zurück auf das pure Dass der eigensten, vereinzelten Geworfenheit» (GA 2, pp. 453-454). Marini, a sua volta, traduce così: «Esso (il "trovarsi fondamentale", la *Grundbefindlichkeit*) porta l'esserci davanti al suo più proprio esser-dejetto e disocculta l'inospitalità del quotidiano e familiare essere-nel-mondo [...]. Essa (l'angoscia) riporta indietro al puro fatto-*che* della più propria, singolarizzata dejezione» (pp. 963-965 dell'ed. cit.).

In questo riportare-indietro, dice Berto, «il presente dell'angoscia *si mantiene*»:

> a differenza di quel presente che, nel suo stesso scaturire, è già sfuggito, tra-
> volto nel vortice delle possibilità sempre nuove [...], il presente dell'angoscia
> permane, quasi gli fosse impedito di dileguarsi...[45].

Questo movimento, «un andare che è un trattenersi», che compare in *Essere e tempo*, è lo stesso, continua Berto, del «procedere singolare di quel fiume, l'Istro, a cui è dedicata la poesia di
Hölderlin su cui è incentrato il corso universitario del '42»:

> 'Istro' è il nome con cui Hölderlin chiama il Danubio: è il nome dato dai
> Greci e poi dai Romani al corso inferiore del fiume [...]. Il nome esotico non è
> casuale: "Il fiume di casa (*heimisch*) viene chiamato con un nome che non è di
> casa (*unheimisch*)". Ma ciò che più colpisce in questo fiume è la stranezza del
> suo scorrere: "... sembra quasi / Che vada a ritroso / E io penso debba venire /
> Da Oriente"... [...]; il suo stare si confonde con l'errare di una sorgente che, sen-
> za esaurirsi, si mantiene, nascosta, nel disperdersi lontano: basterebbe [...] que-
> sta percezione del fiume [...] per produrre [...] una sovversione della continuità
> temporale e della successione ordinata di passato, presente e futuro. Ma nel pro-
> cedere dell'Istro si svela qualcosa di più: vi è un esitare, un indugiare, un tratte-
> nersi presso la fonte, addossandosi alle rocce, formando dei gorghi, tanto che la
> direzione appare incerta, quasi che l'andare fosse piuttosto un tornare indietro,
> come se la foce stesse nel luogo della sorgente[46].

Scrive Heidegger:

> Der Ister scheint fast rückwärts zu gehen. Es scheint, als ginge er überhaupt
> nicht vorwärts und von der Quelle weg. Aber der Ister geht nicht nur rückwärts.
> Inwiefern entsteht überhaupt der Schein, dass er fast rückwärts geht? Weil er zö-
> gernd fliesst: dieses Zögern kann nur daraus kommen, dass dem ursprünglichen
> Entspringen eine geheime Gegenströmung entgegendrängt. So entsteht der An-
> blick, dass die obere Donau unter den "Felsen" und dem Fichtenwald zuweilen
> steht und in Wirbeln rückwärst drängt.

> [L'Istro sembra quasi andare indietro. Sembra che non vada per niente avan-
> ti e che non si allontani dalla sorgente. Ma l'Istro non va solo indietro. In che

---

[45] Ivi, p. 168.
[46] Ivi, pp. 170-171. Per i virgolettati si vedano: M. Heidegger, *"Andenken"*, in Id., *Erläuterungen zu Hölderlins Dichtung*, cit., p. 79 (p. 98 della trad. it. cit.); F. Hölderlin, *Poesie*,
trad. it. di G. Vigolo, Einaudi, Torino 1963, p. 170.

senso sorge l'apparenza che esso quasi vada all'indietro? Perché scorre indugiando: questo indugiare può provenire solo dal fatto che all'originario sgorgare si oppone una misteriosa corrente contraria. Si offre così allo sguardo l'immagine che il Danubio superiore a volte stia fermo, tra le "rupi" e la foresta di abeti, e tenda, in vortici, a volgersi indietro][47].

E nelle "*Erläuterungen*":

Im oberen Lauf nahe der Quelle zwischen den Felsen fliesst die Donauzögernd. Ihre dunklen Wasser stehen zuweilen und drängen sogar in Wirbeln rückwärts. Fast als käme dieses dem Ursprung entgegendrängende Strömen von dem Ort her, an dem der Strom in das fremde Meer ausgeht. Fast als sei der Strom, der in die Fremde des Ostens gehört als der Ister, gegenwärtig in der oberen Donau [...]. Der heimische Strom kommt in die Nennung des unheimischen Namens. Er verbirgt das Rätsel des Ursprungs seines zu dichtenden Stromwesens.

[Nel suo corso superiore, vicino alla sorgente, il Danubio scorre, tra le rocce, esitando. Le sue acque scure talvolta ristagnano e, formando dei vortici, si spingono addirittura all'indietro. Quasi come se la corrente fluviale che si spinge verso la sorgente venisse dal luogo in cui il fiume sfocia nel mare straniero. Quasi come se il fiume che, col nome di Istro, appartiene all'Oriente straniero, fosse presente nel Danubio superiore (...). Il fiume di casa viene chiamato con un nome che non è di casa. Questo nasconde l'enigma dell'origine della sua essenza fluviale che deve essere poetata][48].

Come dice Berto, «colui che trova la propria dimora nel fiume [...], abita il tempo. E viene da pensare che abitare il tempo possa essere la condizione stessa dello spaesamento»[49]. L'Istro, infatti, «*è* quel fiume presso il quale già alla sorgente l'estraneo è presente come ospite, e nel cui fluire incessantemente si esprime il dialogo del proprio e dell'estraneo»[50].

Così, nel corso dell'Istro, dialogano la fonte e il mare, l'Occidente e l'Oriente, l'ombrosità della sorgente e la luminosità del tratto inferiore [...]. "L'appropriazione del proprio è solo come confronto e dialogo ospitale con l'estraneo"

---

[47] M. Heidegger, *Hölderlins* Hymne *"Der Ister"*, cit., p. 178; pp. 129-130 della trad. it. cit. (modificata).

[48] Id., *Erläuterungen zu Hölderlins Dichtung*, cit., p. 79; pp. 97-98 it.

[49] G. Berto, *op. cit.*, p. 171.

[50] M. Heidegger, *Hölderlins* Hymne *"Der Ister"*, cit., p. 182: «Der Ister *ist* jener Strom, bei dem schon an der Quelle das Fremde zu Gast und gegenwärtig ist, in dessen Strömen die Zwiesprache des Eigenen und Fremden ständig spricht»; p. 132 della trad. it. cit. (leggermente modificata).

[...]. Il proprio [...] introduce uno scarto, è questo scarto: [...] il *Da* [...]. In quanto tale, esso ospita fin dall'inizio l'estraneo: non lo contiene, ma ne è abitato[51].

In una lezione di quel semestre estivo del '42 Heidegger aveva
affermato:

> Der eigentlich Unheimische bezieht sich gerade auf das Heimische und nur
> auf dieses zurück, aber in der Weise des Nichterlangens [...]. Der Unheimische
> entbehrt das Heimische, das Entbehren ist die Art, wie der Unheimische das
> Heimische besitzt, genauer gesagt, die Weise, wie dieses, das Heimische, jenen,
> den Unheimischen, besitzt. In diesen Bezügen offenbart sich das Wesen der Un-
> heimlichkeit selbst: nämlich die Anwesung in der Art einer Abwesung, so zwar,
> dass das An- und Abwesende selbst hier zugleich der offene Bereich aller An-
> wesung und Abwesung ist.

> [L'autenticamente spaesato si riferisce a ciò-che-è-di-casa e ad esso soltanto,
> nel modo però del non raggiungimento (...). Lo spaesamento sente la mancanza
> di ciò-che-è-di-casa; il sentire la mancanza è il modo in cui lo spaesamento pos-
> siede il ciò-che-è-di-casa, o, detto in modo più preciso, il modo in cui questo,
> ciò-che-è-di-casa, possiede quello, lo spaesamento. In questi rapporti si rivela
> l'essenza dell'*Unheimlichkeit* stessa: cioè il venire ad essere nella presenza nel
> modo di un'assenza, così che l'*An-* e l'*Abwesende* sono qui, nel *medesimo* tem-
> po, l'ambito aperto di ogni venire-ad-essere-nella-presenza e di ogni as-senza][52].

Il "familiare" «che giunge a possedere il "non familiare"», dice Berto, «non è certo l'abituale e il rassicurante; è la mancanza
stessa». È per questo che «il proprio, nella sua inaccessibilità [...],
fa di ogni andare un vagare». Ciò che risalta nel testo di Heidegger è «il gioco di continui rovesciamenti». Nello "strano rivolgi-
mento", nella *Gegenwendigkeit*, risiede l'*Unheimlichkei*t: «*Zunächst fassen wir freilich am leichtesten die Gegenwendigkeit im*

---

[51] G. Berto, *op. cit.*, pp. 173-174. Per il virgolettato cfr. p. 177 dell'*Hölderlins* Hymne
"Der Ister": «Die Aneignung des Eigenen *ist* nur als die Auseinandersetzung und gastli-
che Zwiesprache mit dem Fremden».
[52] M. Heidegger, *Hölderlins* Hymne *"Der Ister"*, pp. 91-92; p. 69 della trad. it. cit. (qui
modificata), capitolo 14 (*Weitere Wesensbestimmungen des Menschen* [*"Ulteriori determinazioni essenziali dell'uomo"*]). Nel suo *Nachwort* al volume 53 della GA, Walter Biemel
specifica che le lezioni di Heidegger, alle quali egli per la prima volta poté assistere, insieme con la moglie, si tennero dal 21 aprile al 14 luglio. Per questo *Band* 53 è stato dunque
possibile tenere conto anche degli appunti personali del curatore, il quale ha inoltre prov-
veduto, conformemente al desiderio di Heidegger, all'articolazione del testo e ai titoli dei
capitoli. Le citazioni di Hölderlin, infine, sono tratte dalla seconda edizione di Norbert von
Hellingrath.

Unheimlichen [È certamente nell'inquietante che innanzitutto ci è più facile cogliere la densità di contrasti]». L'*Unheimliche* è «uno scoprirsi ad andare dove non si pensava [...], uno scorgersi portati altrove rispetto al luogo in cui ci si era diretti...»[53].

Prima ancora, il filosofo aveva richiamato i versi iniziali della poesia di Hölderlin *Stimme des Volkes*:

Um unsre Weisheit unbekümmert
Rauschen die Ströme doch auch, und dennoch

Wer liebt sie nicht? Und immer bewegen sie
Das Herz mir, hör ich ferne die Schwindenden
Die Ahnungsvollen, meine Bahn nicht
Aber gewisser ins Meer hin eilen[54].

E così, in modo stupendo, li aveva commentati:

Unbekümmert sind die Ströme um menschliche Weisheit, weil sie nämlich ihr eigenes Wissen haben, den "Stromgeist", der sie ihre eigene Bahn eilen lässt. So sind sie dem Menschen fern und fremd. Und beinahe ist es, als ob ihr Strömen und Reissen sich jedem Bezug zu den Menschen entrisse.

Und dennoch, wer liebt sie nicht?...

Also ist doch eine Zugehörigkeit zu den Strömen, ein Mitgehen mit ihnen. Das Reissende und Gewisse der eigenen Bahn der Ströme ist es gerade, was den Menschen aus der gewöhnlichen Mitte seines Lebens herausreisst, damit er in einem Zentrum ausserhalb seiner und d. h. exzentrisch sei. Das Innehalten der exzentrischen Mitte des menschlichen Seins, der selbst "zentrische" und "zentrale" Aufenthalt im Exzentrischen hat seine Vorstufe in der Liebe. Die eigentliche Sphäre des Stehens in der exzentrischen Mitte des Lebens ist der Tod.

---

[53] Cfr. G. Berto, *op. cit.*, p. 176; e cfr. M. Heidegger, *Hölderlins* Hymne *"Der Ister"*, p. 92 (p. 69 it.).

[54] "Indifferenti alla nostra saggezza / Scroscian ben anche i fiumi, e tuttavia / Chi non li ama? E sempre mi commuovono / Il cuore, quando li sento lontanare, / Carichi di presagi, non per la mia strada, / Ma la sicura che li guida al mare" (cfr. F. Hölderlin, *Poesie*, cit., p. 54); o, nella traduzione di R. Mandruzzato, *Le liriche*, Adelphi, Milano 1993, p. 455: "Anche senza preoccuparsi della nostra saggezza, / i fiumi scrosciano, e chi tuttavia / non li ama? E mi toccano sempre / il cuore quando li sento di lontano, come i dileguanti, / i colmi di presagio, affrettarsi verso il mare, / seguendo non il mio cammino, ma uno più sicuro".

[I fiumi non si preoccupano della saggezza umana perché hanno il loro proprio sapere, lo "spirito fluviale", che li spinge a percorrere il loro proprio cammino. Per gli uomini sono quindi lontani ed estranei. Ed è quasi come se il loro scorrere e tracciare il percorso si sottraesse ad ogni rapporto con gli uomini.

E chi tuttavia non li ama?

C'è dunque una appartenenza ai fiumi, un andare insieme con essi. È proprio l'aprirsi e il consolidarsi del cammino dei fiumi a strappare l'uomo dalla medietà in cui ordinariamente trascorre la sua vita, perché l'uomo sia in un centro al di fuori di sé, sia cioè eccentrico. Il fermarsi della medietà eccentrica dell'essere dell'uomo, il soggiornare stesso "centrico" e "centrale" nell'eccentrico ha il suo stadio iniziale nell'amore. La sfera autentica dello stare nella medietà eccentrica della vita è la morte][55].

Più su, in una nota, accennavamo ad altri luoghi dell'*Unheimliche*, in Heidegger. Intendiamo ora mostrarli brevemente, partendo dal primo corso marburghese, tenuto nel semestre invernale 1923-24. Proprio alla fine del corso Heidegger dice:

Dem Erkennen kommt es darauf an, *im Seienden heimisch zu werden*, in ihm selbst zu Hause zu sein in der Weise des gesicherten Daseins. Das besagt aber [...] nichts anderes als: *Wovor* das Dasein in der Weise der *Sorge der Gewissheit flieht*, ist die *Unheimlichkeit* [...]. Die Unheimlichkeit ist, wenn man fragt, was sie ist, *nichts*, wo sie ist, *nirgends*. Sie drückt sich aus in der Flucht des Daseins vor ihm selbst als die Flucht in die Vertrautheit und die Beruhigung.

[Al conoscere importa *di divenire familiare nell'ente*, in esso stesso di essere a casa nel modo dell'esserci assicurato. Questo però (...) non significa altro che: *ciò dinanzi a cui* l'esserci *fugge*, nel modo della *cura della certezza*, è lo *spaesamento* (...). Se si chiede che cos'è lo spaesamento, esso è *niente*, se si chiede dov'è, *non è da nessuna parte*. Esso si esprime nella fuga dell'esserci dinanzi a se stesso in quanto fuga nella familiarità e nell'acquietamento][56].

Nell'*Appendice* del testo, come *Ergänzung* al brano, leggiamo:

Sorge [...] ist nichts als der Ausdruck des Wegkommens aus der Unheimlichkeit. Besorgend aussein gleich auf der Flucht aus der Unheimlichkeit sein.

---

[55] Cfr. GA 53, pp. 32-33; p. 29 della trad. it. cit. (leggermente modificata).
[56] M. Heidegger, *Einführung in die phänomenologische Forschung*, GA 17, hrsg. von F.-W. von Herrmann, Klostermann, Frankfurt am Main 1994, 2., unveränderte Auflage 2006, pp. 289-290; trad. it. a cura di M. Pietropaoli, *Introduzione all'indagine fenomenologica* (testo tedesco a fronte), Giunti/Bompiani, Firenze/Milano 2018, pp. 599-601 (trad. leggermente modificata).

[La cura (...) non è altro che l'espressione dell'allontanarsi dallo spaesamento. L'esser rivolto che si prende cura è uguale all'essere in fuga dallo spaesamento].

E ancora:

Aus diesem Grundphänomen der Unheimlichkeit muss auch expliziert werden das, was wir als *Sprache* bezeichnen [...]. *Sprache* besagt, primär gesehen [...] als Sprechen in der Unheimlichkeit: sich aussprechen, *lautwerden in der Unheimlichkeit*.

[A partire da questo fenomeno fondamentale dello spaesamento deve essere anche esplicitato ciò che noi designiamo come *linguaggio* (...). *Linguaggio* significa, visto primariamente (...) in quanto parlare nello spaesamento: esprimersi, *far sentire la voce nello spaesamento*][57].

Nel corso immediatamente successivo, quello del semestre estivo del '24[58], il linguaggio e lo spaesamento tornano a intrecciarsi. Parlando del φόβος, della "paura", in Aristotele, Heidegger afferma:

Mit Rücksicht auf das Miteinandersprechen in der Alltäglichkeit zeigt sich die Furcht als diejenige Befindlichkeit, die *zum Sprechen bringt*. Was hier im Umkreis der Alltäglichkeit sich zeigt, ist ein Phänomen, das ein viel ursprünglicheres Fundament hat, sofern es sich im Dasein des Menschen noch um Furcht in einem anderen Sinne handeln kann, was wir als *Angst* oder *Grausen* bezeichnen: wo es uns *unheimlich* ist, wo wir nicht wissen, wovor wir uns fürchten. Wenn uns unheimlich ist, fangen wir an zu reden. Das ist ein Hinweis für die *daseinsmässige γένεσις des Sprechens*: wie das Sprechen zusammenhängt mit der Grundbestimmung des Daseins selbst, die durch die *Unheimlichkeit* charakterisiert ist.

---

[57] Cfr., ivi, p. 317 ted. e p. 653 it. (trad. leggermente modificata).

[58] Cft. M. Heidegger, *Grundbegriffe der aristotelischen Philosophie*, GA 18, hrsg. von M. Michalski, Klostermann, Frankfurt am Main 2002; trad. it. a cura di G. Gurisatti, *Concetti fondamentali della filosofia aristotelica*, Adelphi, Milano 2017. Il volume «riporta le trascrizioni eseguite a lezione dagli studenti e una parte del manoscritto originale di Heidegger». Il corso si tenne dal 1° naggio al 31 luglio, di lunedì, martedì, giovedì e venerdì, dalle 7 alle 8 di mattina, e fu interrotto, oltre che nella pausa di Pentecoste (dal 9 al 16 giugno), solo dal 5 all'8 maggio, quando Heidegger dovette assentarsi per la morte del padre, avvenuta il 2 maggio (sulla pagina 7 del manoscritto appare l'annotazione "orlata di nero": «† V. 2. Mai 24»). Le ore di lezione furono, in totale, 43 (cfr. il *Nachwort* del curatore, pp. 405-406; in italiano, cfr. p. 15 e p. 430).

[In relazione al parlare l'uno con l'altro nella quotidianità, la paura si mostra come il sentirsi-situati che *induce a parlare*. Quello che emerge qui nell'ambito della quotidianità è un fenomeno che ha un fondamento assai più originario, nella misura in cui, quanto all'esserci dell'uomo, si può avere a che fare con la paura anche in un altro senso, che chiamiamo *angoscia* o *orrore*: il che avviene quando ci sentiamo *spaesati*, quando non sappiamo di che cosa abbiamo paura. Quando ci sentiamo spaesati, cominciamo a parlare. È un accenno, questo, alla γένεσις ontologica *del parlare*, cioè al fatto che il parlare è strettamente connesso con la determinazione fondamentale dell'esserci caratterizzata dallo *spaesamento*][59].

Non a caso, dirà Heidegger in *Essere e tempo* parlando della *Befindlichkeit*, Aristotele analizza i πάθη (*die Affekte*) nel secondo libro della *Retorica*, e non nell'ambito della "psicologia". La *Befindlichkeit* viene prima di ogni «conoscere e volere» (*Erkennen und Wollen*). Essa è così fondamentale e originaria da render possibile ogni «dirigersi verso... [*Sichrichten auf...*]», ogni «scoperta del mondo». Persino la teoria più pura deve fare i conti con essa[60].

Siamo alle porte di *Sein und Zeit*, ormai, ossia al corso del semestre estivo del 1925. Il "prolegomeno" (*Die Angst und die Unheimlichkeit*) è purissimo:

... die Angst [...]; ja dieses unbestimmte Drohende ist nun und kann ganz nahe sein, so dass es beengt, so nahe und doch nicht anwesend als dieses und jenes, nicht ein Furchtbares [...]. Mitten in der vertrautesten Umwelt [...] kann einen die Angst 'befallen'. Wir sagen dann: *es wird einem unheimlich*. Man ist in der nächstvertrauten Umwelt nicht mehr zu Hause, nicht so, dass ein bestimmter Umkreis der vorher bekannten und vertrauten Welt in ihrer Organisation ausfällt, nicht so, dass man gerade in dieser Umgebung, in der man sich befindet, nicht zu Hause wäre, wohl dagegen in einer anderen, sondern das In-der-Welt-sein wird in der Angst zu einem völligen 'Nicht-zu-Hause' schlechthin [...]. Als was haben wir das zu bestimmen, wovor die Angst sich ängstigt? Wenn die Angst sich gelöst hat, dann sagen wir: 'es war eigentlich nichts', und diese Rede trifft völlig den Tatbestand [...]; *das Wovor der Angst ist das Nichts*, d. h. nichts in der Welt Vorkommendes, Bestimmtes, nichts Weltliches, sondern [...] ist es viel mehr als eine Bedrohlichkeit für die Furcht, nämlich die *Welt in ihrer Weltlichkeit selbst* [...]. Dieses Nichts als das Drohende ist ganz nahe, so dass sich

---

[59] Ivi, p. 261; pp. 288-289 della trad. it.
[60] Cfr. GA 2, pp. 181-184; pp. 393-401 della trad. di Marini e 169-172 di quella Chiodi-Volpi. Cfr. anche il capitolo *Befindlichkeit* del nostro *Heidegger e l'abitare poetico*..., cit.

gewissermassen dieses Drohende ([...] die Welt als solche) um einen legt und den Atem verschlägt, ohne dass es etwas wäre, von dem man sagen könnte: dieses da [...]. Mit dieser weltlichen Unbestimmtheit dessen, wovor die Angst sich ängstet, geht nun konstitutiv die Unbestimmtheit dessen einher, worum Angst sich ängstet. Bedroht ist nicht dieses und jenes Besorgen, sondern das *In-der-Welt-sein als solches* [...]; *das Wovor und Worum ist das Dasein*. In der Angst erschliesst sich das In-der-Welt-sein als solches und zwar nicht als dieses bestimmtes Faktum, sondern in seiner *Faktizität*. Angst ist nichts anderes als die *Befindlichkeit in der Unheimlichkeit* [...]; ich bin nämlich im Sinne des nackten In-der-Welt-seins [...]. Dasein ist in einem radikalen Sinn 'vorhanden', im Sinne der Faktizität [...]. Die Angst ist nichts anderes als die schlechthinnige Erfahrung des Seins im Sinne des In-der-Welt-seins. Diese Erfahrung kann, sie muss nicht [...], sich in einem ausgezeichneten Sinne im *Tode* einstellen, genauer: im *Sterben*. Wir sprechen dann von der *Todesangst*, die völlig von der Todesfurcht zu scheiden ist; denn sie ist nicht Furcht vor dem Tode, sondern Angst als Befindlichkeit des nackten In-der-Welt-seins selbst, des reinen Daseins [...]. Mit dieser Analyse der Angst, die ein Phänomen darstellt, das man naturgemäss nicht einfach erzwingen kann und dessen Analyse hier auch nichts mit irgendwelcher Sentimentalität zu tun hat, hat sich dieses Phänomen herausgestellt als die seinsmässige Grundlage des Fliehens des Daseins vor ihm selbst. Dieses Phänomen der Angst ist nicht etwa eine Erfindung von mir, sondern es wurde schon immer, wenn auch nicht in der Begrifflichkeit, gesehen. Ich versuche hier nur, die Begriffe von den Dingen zu geben, mit denen man sonst als nebulose in den Wissenschaften zu arbeiten pflegt, auch in der Theologie zuweilen[61].

---

[61] M. Heidegger, *Prolegomena zur Geschichte des Zeitbegriffs*, cit., pp. 400-404. Ed ecco la versione di Marini: « ... l'angoscia [...]; questo minacciante indeterminato è ora, e può essere, assai vicino, così da produrre una strettoia, tanto vicino e tuttavia non presente come questo o quello, sì da non essere qualcosa di temibile [...]. Nel bel mezzo del più famigliare dei mondi circostanti [...] uno può "venire assalito" dall'angoscia. Diciamo allora: *ci si sente spaesati*. Non ci si sente più a casa nel mondo-circostante più prossimo e famigliare, non nel senso che un determinato ambito del mondo prima noto e famigliare nella sua orientazione scompaia, e neppure nel senso che proprio in questo ambiente in cui ci si trova non si sia a casa propria, ma si goda invece dell'ospitalità altrui, bensì: l'essere-nel-mondo si trasforma, nell'angoscia, in una totale "non ospitalità" in assoluto [...]. Come dobbiamo determinare ciò di fronte a cui l'angoscia si angoscia? Quando l'angoscia si è sciolta, allora diciamo: "non era propriamente nulla" e questo modo di parlare coglie pienamente lo stato dei fatti [...]; *il davanti-a-che dell'angoscia è il nulla*, ossia niente che occorra nel mondo, niente di determinato, niente di mondano, bensì [...] è molto più di una minacciosità per la paura, ossia è *il mondo stesso nella sua mondità* [...]. Questo nulla, in quanto minacciante, è assai vicino, così che in questo senso questo minacciante ([...] il mondo in quanto tale) ci si ripiega intorno e ci toglie il respiro, senza essere qualcosa di cui si possa dire: questo qui [...]. A questa indeterminatezza mondana di ciò davanti-a cui l'angoscia si angoscia, si accompagna costitutivamente l'indeterminatezza di ciò *che* e *per cui* l'angoscia si angoscia. Minacciato non è questo o quel procurare ma l'*esser-nel-mondo in quanto tale* [...]; *il davanti-a-cui e il che e per cui sono l'esser-ci*. Nell'angoscia si dischiude l'esser-nel-mondo in quanto tale e cioè: non come questo fatto determinato, ma nella sua *fattualità*. Angoscia non è altro che *trovarsi nello spaesamento* [...]; io sono in-

Come abbiamo visto, il corso sull'*Hölderlins Hymne "Der Ister"*, dal quale Graziella Berto era partita per parlare dell'*Unheimliche* in Heidegger, fu tenuto nel semestre estivo del 1942. Ebbene, i 682 fogli scritti a mano che, insieme con i dattiloscritti di Fritz Heidegger, hanno permesso a Friedrich-Wilhelm v. Herrmann di "curare" *Das Ereignis*, datano 1941-42[62]. In questo testo Heidegger arriva a parlare di *Unheimischkeit*, confermando «l'estremo sperimentalismo linguistico e concettuale» proprio del suo stile di pensiero[63].

L'*Unheimischkeit* è la "non-familiarità", il "non essere di casa", lo *spaesamento* dunque. Nell'*Abschnitt* numerato da von Herrmann come il 225, Heidegger scrive che *Da-sein* (è): non esser-di-casa nel *Seyn* («*das Da-sein – die Ortschaft der Unhei-*

---

fatti nel senso del nudo esser-nel-mondo [...]. Esser-ci è "sottomano" in un senso radicale: nel senso della fattualità [...]. L'angoscia non è altro che la pura e semplice esperienza dell'essere nel senso dell'esser-nel-mondo. Questa esperienza può, non deve [...], instaurarsi in senso eminente nella *morte*, più esattamente: nel *morire*. Allora noi parliamo di *angoscia di morte*, che deve essere rigorosamente distinta dalla "paura della morte", perché non si tratta della paura di fronte alla morte, bensì dell'angoscia in quanto trovarsi del nudo esser-nel-mondo stesso, del puro esser-ci [...]. Con questa analisi dell'angoscia, la quale rappresenta un fenomeno che, secondo natura, non può essere semplicemente indotto a forza e la cui analisi qui non ha neppure nulla a che fare con un qualche sentimentalismo, si è messo in luce questo fenomeno come fondamento d'essere del fuggire dell'esser-ci di fronte a se stesso. Questo fenomeno dell'angoscia non è una specie di invenzione mia personale, ma è già sempre stato visto, sia pure non in questa forma concettuale. Qui io tento soltanto di dare i concetti di quelle cose con le quali altrimenti si è soliti, nelle scienze, lavorare come in una specie di nebulosa; talvolta anche in teologia» (pp. 359-362 della trad. cit.). Heidegger, poi, ricorda: «Das Phänomen der Angst ist bei *Augustinus* nicht thematisch gesehen, aber in der Tat (...). Dann hat das Phänomen der Angst *Luther* (...) behandelt. In neuerer Zeit (...) hat *Kierkegaard* das Phänomen der Angst zum Thema in seiner besonderen Schrift "Der Begriff der Angst" gemacht. [Il fenomeno dell'angoscia è visto in Agostino non tematicamente, ma di fatto (...). Poi anche Lutero ha trattato il fenomeno dell'angoscia (...). In tempi recenti (...) Kierkegaard ha fatto del fenomeno dell'angoscia il tema del suo speciale scritto "Il concetto dell'angoscia"]» (cfr. p. 404; p. 362 it.); e così conclude: «Vom Verfallen zur Angst kommen wir jetzt auf das letzte Fundament des Seins, das der Angst überhaupt, d. h. dem In-der-Welt-sein seine ursprüngliche Verfassung gibt, auf das Phänomen der Sorge. [Dallo scadimento all'angoscia, arriviamo ora all'ultimo fondamento dell'essere, quello che all'angoscia in assoluto, cioè all'esser-nel-mondo conferisce la sua costituzione originaria: al fenomeno della cura]» (*ibidem*; p. 363 it.).

[62] Cfr. M. Heidegger, *Das Ereignis*, GA Band 71, cit., p. 343 (p. 339 dell'ed. it. cit.).

[63] Cfr., a p. 15, l'*Avvertenza* della curatrice dell'edizione italiana,. Scrive, inoltre, Giusi Strummiello: «Al pari degli altri sei trattati degli anni Trenta e Quaranta, raccolti nella III sezione della *Gesamtausgabe* dedicata ai "Testi inediti", e inaugurata dalla pubblicazione dei *Contributi alla filosofia*, anche *L'evento* si presenta avvolto da un'aura esoterica e attraversato da una voce dai toni evocativi, a tratti oracolari» (*ibidem*).

mischkeit im Seyn»). In questo "luogo" dell'*Unheimischkeit*, nel *Da-sein*, «ci sono "posti" aperti per l'entrata dell'inizio», *für die Hereinkunft des Anfangs...*[64].

Il termine appare ancora nelle sezioni 303 e 305, dove troviamo l'espressione *Lichtung der Unheimischkeit*. *Da-sein*, abbiamo visto, è non-essere-di-casa; ma sappiamo anche che esso è apertura, schiusura, attraverso cui soltanto il *Seyn* si manifesta. È questa l'*esperienza*, dolorosa, sì, ma massimamente dignitosa.

Scrive Heidegger:

Das seynsgeschichtliche Denken ist das anfängliche Erfahren der Verwindung des Seyns. Dieses Erfahren ist der Schmerz der Fragwürdigkeit des Seyns. Dieser Schmerz ist das Wissen der Innigkeit des Zugehörens in die Fragwürdig-

---

[64] Cfr., ivi, p. 210 ted. e p. 212 it. Tutta la "sezione" suona così: «*Das Zeit-tum der seynsgeschichtlichen (erfahrenen) Gott-losigkeit* (das Da-sein – die Ortschaft der Unheimischkeit im Seyn) kann sehr wohl den christlichen Scheingott und Ersatzgötter zulassen; dieses alles bleibt im "weltanschaulichen" Zurechtrichten der Gottlosigkeit, die in ihrer Wahrheit gar nicht erfahren werden kann, solange das metaphysische Denken in der Herrschaft bleibt. Und deshalb ist zu sagen: Alle Lichter am Himmel verlöschen. Die Menschen der Metaphysik werden unter erloschenen Sternen sterben. Die Gott-losigkeit ist der Zeit-Raum, in dem nicht mehr geordnet und eingerichtet werden kann, weil hier jedes berechenbare Seiende ausbleibt. In der Ortschaft der Unheimischkeit im Seyn sind die offenen "Stellen" für die Hereinkunft des Anfangs, der in der Verwindung des Seyns anfänglich erscheint. [*Il dominio del tempo dell'assenza di Dio (esperita) conforme alla storia dell'Essere* (l'esser-ci – la località del non essere di casa nell'Essere) può sicuramente consentire la parvenza del Dio cristiano e la sostituzione degli dèi; tutto questo resta nell'"ideologica" giustificazione dell'assenza di Dio, che, fino a che il pensiero metafisico resta sovrano, non può essere affatto esperita nella sua verità. E perciò bisogna dire: Estinguere tutte le luci in cielo. Gli uomini della metafisica moriranno sotto stelle estinte. L'assenza di Dio è lo spazio-tempo in cui niente può più essere ordinato e allestito, perché qui ogni ente calcolabile viene a mancare. Nella località del non essere di casa nell'Essere ci sono "posti" aperti per l'entrata dell'inizio, che appare inizialmente nell'in-volgimento dell'Essere]». A proposito del termine *Verwindung*, che di solito viene tradotto con "superamento" ma che ha anche il significato di "torsione", la curatrice dell'edizione italiana scrive: «Nell'orizzonte speculativo di questo trattato *Verwindung* è posto, insieme al termine *Entwindung*, in relazione alla dimensione svoltante dell'essere, nella sua verità, in quanto e-vento (*Ereignis*). La svolta (*Kehre*) disegna quella che Heidegger definisce la corona (*Kranz*) dell'evento, il cui intreccio (*Gewind*) è dato dal riunirsi insieme dei due movimenti di avvolgimento opposti dell'*Entwindung* e della *Verwindung*: *Entwindung*, che qui è tradotto con "s-volgimento", dice il volgere-via dell'essere dalla sua verità, il quale dà avvio al primo inizio del pensiero, ovvero al procedere della metafisica; *Verwindung*, tradotto con "in-volgimento", esprime il volgere-dentro dell'essere nella sua verità, il quale offre l'attimo per l'oltrepassamento (*Überwindung*) della metafisica e il passaggio all'altro inizio del pensiero» (cfr. l'*Avvertenza*, p. 16). Ci permettiamo qui di rimandare ancora al nostro *Il nulla e l'eterno*..., cit.: oltre ai capitoli *Da-seyn* e *Il tesoro della parola*, cfr. quelli intitolati *Die Kehre* e *La corona dell'evento*.

keit des Seyns, welches Seyn in seiner Verwindung zum Anfang die Abgeschiedenheit von diesem verlangt. In der äussersten Entfernung von der Wahr-heit
des Seyns als dem Ab-grund vermag das seynsgeschichtliche Denken allein
gründend den Anfang zu sagen. Die Innigkeit in der Abgeschiedenheit ist der
Schmerz. Der seynsgeschichtliche Schmerz ist der da-seinshafte Offenheit der
er-eigneten Lichtung der Unheimischkeit im Seyn. Dieser Schmerz allein ist das
Er-langen des Austrags der Geschichte des Seyns. Diese Geschichte er-eignet
sich uns als die Verwindung des Seyns. Der seynsgeschichtliche Schmerz ist
grundverschieden vom "Schmerz" des "metaphysischen" Bewusstseins; das ist
der Schmerz der Zerrissenheit der *Gewissheit* und ihrer im Absoluten schon auf-
gehobenen und daher absolut gesehen nur erscheinenden und scheinenden Nega-
tivität. Der seynsgeschichtliche Schmerz ist unhaufhebbar; er ist der Schmerz
der Fragwürdigkeit und so die Ferne zur Nähe der einzigen Würde des Seyns.
Der seynsgeschichtliche Schmerz ist die Gestimmtheit des inständlichen Denkens. Diese Gestimmtheit bestimmt alle Stimmungen des denkerisch gegründe-
ten Da-seins, worein ein Menschentum geschichtlich inskünftig sich wagen
muss, wenn ihm ein Wissen des "Seienden" werden soll.

[*Il pensiero conforme alla storia dell'Essere è l'esperienza iniziale dell'in-*
volgimento dell'Essere. Tale esperienza è il dolore della dignità di domanda del-
l'Essere. Questo dolore è il sapere dell'intimità dell'appartenere alla dignità di
domanda dell'Essere, Essere che, nel suo in-volgimento in direzione dell'inizio,
esige il distacco da questo. Nell'estrema lontananza dalla verità dell'Essere come fondamento abissale, solo il pensiero conforme alla storia dell'Essere è in
grado di dire l'inizio fondando. L'intimità del distacco è il dolore. Il dolore conforme alla storia dell'Essere è l'aperto, nei termini dell'esser-ci, dell'ap-propria-
ta radura del non essere di casa nell'Essere. Solo questo dolore è il conseguimento della di-vergenza della storia dell'Essere. Questa storia ci accade come
l'in-volgimento dell'Essere. Il dolore conforme alla storia dell'Essere è fondamentalmente diverso dal "dolore" della coscienza "metafisica"; questo è il dolore della lacerazione della *certezza* e della sua negatività già tolta nell'assoluto e
perciò, considerata assolutamente, negatività che solamente appare e si mostra.
Il dolore conforme alla storia dell'Essere non può essere tolto; esso è il dolore
della dignità di domanda e, così, la lontananza rispetto alla prossimità dell'unica
dignità dell'Essere. Il dolore conforme alla storia dell'Essere è l'essere accordato del pensiero insistente. Questo essere accordato determina ogni tonalità emotiva dell'esser-ci fondato speculativamente, nel quale un'umanità deve osare sto-
ricamente in futuro, se ha da darsi per essa un sapere dell'"ente"][65].

---

[65] Ivi, pp. 275-276 (trad. it. leggermente modificata). Accanto al "pensiero insistente", sul
secondo dattiloscritto del fratello Fritz, Heidegger annota: «Hier ist der Schmerz als Charakter der Inständigkeit, d.h. des Austrags selbst verstanden. Das ereignishafte Wesen des
Schmerzes zeigt sich erst, wenn er als das Zeichen des Unterschiedes gedacht wird. [Qui il
dolore è inteso come carattere dell'insistenza, cioè della divergenza stessa. L'essenza, conforme all'evento, del dolore si mostra solo quando esso viene pensato come il segno della
differenza] (cfr. p. 276). Come si vede, già qui Heidegger era *unterwegs zur Sprache*:

E poco dopo:

Das Wissen des Denkens ist die Erfahrenheit im Seyn und seiner Verwindung in den Anfang, welche Verwindung die Anfängnis in der Weise des Ereignisses lichtet und aus dieser Lichtung die Unheimischkeit des Da-seins er-eignet. Dieses Wissen ist nicht das blosse erklärende Kennen des Seienden der
Wissenschaft. Die Wissenschaft gelangt nie zu einem Wissen, wohl aber bedarf
sie eines Wissens, von dem sie selbst, da sie auf das "Bewusstsein" gestellt
bleibt, nie eine Vor-stellung haben kann. Sie kennt dieses Wissen nur in der Gestalt der "Vor-aus-setzungen", die sie notgedrungen hinnimmt in der Benützung,
aber nie in einer "Besinnung", bei der bekanntlich "nichts herauskommt", was
"wissenschaftlich" für die "Forschung" einen "Wert" haben könnte.

[*Il sapere del pensiero* è l'esperienza nell'Essere e nel suo in-volgimento
nell'inizio, in-volgimento che dirada l'inizialità nel modo dell'evento e appropria il non essere di casa dell'esser-ci a partire da questa radura. Questo sapere
non è la mera conoscenza esplicativa dell'ente da parte della scienza. La scienza
non consegue mai un sapere, ma ha bisogno, invece, di un sapere di cui essa
stessa, dal momento che rimane fissata sulla "coscienza", non può mai avere una
rappresentazione. Essa conosce questo sapere solo nella forma dei "presuppo-
sti", che essa per necessità accetta nell'uso, ma mai in una "meditazione", attraverso cui, notoriamente, "non risulta niente" che "scientificamente" possa avere
un "valore" per la "ricerca"][66].

Ma leggiamo anche, in relazione all'*Unheimischen*, altri passi
del "vertiginoso" trattato.
Nell'*Abschnitt* 242 Heidegger scrive:

Sofern "die Stimmung" in "Sein und Zeit" als "Befindlichkeit" begriffen ist,
sagt das, sie muss aus dem Da-sein erfahren werden. "Befindlichkeit" meint hier
nicht das psychologisch-zuständliche "Wohl"- und "Schlecht"-befinden. "Befin-
den" sagt hier das ekstatische Sich-be-finden im Da als der Ortschaft des unheimischen Zeit-tums des Da-seins. Zeit als Zeit-tum ist das Wesen der "Zeitlichkeit" des Da-seins. "Die Stimmung" ist hier bereits die Gestimmtheit aus der
Stimme, d. h. dem zugedachten Anspruch der Fragwürdigkeit des Seyns. Die
Grund-stimmung ist die solchem Anspruch antwortende "Stimmung", der
Schmerz der Fragwürdigkeit. Die Stimmung muss auch in ihrem Wesen aus
dem Wesen des *Schmerzes* erfahren sein als der Abgeschiedenheit der Innigkeit;

"*Schmerz versteinerte die Schwelle...*", cantava Trakl (cfr., sopra, oltre a «*La questione*», il
capitolo *...e "la voce dell'amico"*).
[66] Ivi, pp. 276-277 (p. 277 della trad. it., leggermente modificata). Anche qui, già si annunciano le parole della celeberrima (anche se inizialmente tenuta per una piccola cerchia di
uditori) conferenza del 1953, *Wissenschaft und Besinnung*, poi raccolta in *Vorträge und
Aufsätze* (cit.).

(nicht etwa darf der Schmerz als "Stimmung" im gewöhnlichen Verstande zu einem "Gefühl" missdeutet werden). Stimmung ist innestehendes Hören auf – (antworten) die Stimme der Würde des Seyns, welche Stimme in den Schmerz der Fragwürdigkeit des Seyns stimmt.

[Se in *Essere e tempo* la "tonalità emotiva" è compresa come "situazione e- motiva", questo significa che essa deve essere esperita a partire dall'esser-ci. "Situazione emotiva" non significa qui lo stato psicologico di benessere o di ma- lessere. "Sentirsi situati" dice qui l'estatico sentirsi situati nel ci come la località non familiare del dominio del tempo dell'esser-ci. Tempo come dominio del tempo è l'essenza della "temporalità" dell'esser-ci. "La tonalità emotiva" è qui già l'essere accordato a partire dalla voce, cioè dal destinato richiamo alla digni- tà di domanda dell'Essere. La tonalità emotiva fondamentale è la tonalità emoti- va che risponde a tale richiamo, il dolore della dignità di domanda. La tonalità e- motiva deve essere esperita nella sua essenza anche a partire dall'essenza del *dolore* come distacco dell'intimità; (il dolore non deve essere frainteso come "tonalità emotiva" nel senso comune di "sentimento"). Tonalità emotiva è il pre- stare ascolto, che sta-dentro, a – (rispondere) alla voce della dignità dell'Essere, voce che, nel dolore della dignità di domanda dell'Essere, è in ac-cordo][67].

Nel 257 (*Der Schmerz des Austrags*), invece, leggiamo:

Im auständig-inständigen Wesen des Schmerzes ruht die Erfahrung des Er- eignisses, welche Erfahrung stets den Unterschied in seiner Geschichte zum Wissen bringt. Diese Er-fahrung ist das Wissen des seynsgeschichtlichen Den- kens, das selbst wieder die Erfahrenheit gründet, in der das seynsgeschichtliche Wesen des Menschen das Un-heimische bewahrt, das die Ortschaft des Abgrun- des ist für den Menschen.

[Nell'insistente-sopportante essenza del dolore riposa l'esperienza dell'e- vento, la quale sempre porta al sapere la differenza nella sua storia. Questa espe- rienza è l'essenza del pensiero conforme alla storia dell'Essere, che fonda esso stesso, di nuovo, l'esperienza in cui l'essenza dell'uomo conforme alla storia dell'Essere protegge ciò-che-non-è-di-casa, che è, per l'uomo, il luogo dell'abis- so][68].

E nel successivo, parlando della *povertà* «di cio che è sempli- ce dell'inizialità [*der Armut des Einfachen der Anfängnis*]», dice che l'in-sistere in essa costituisce «la nobiltà del ringraziare [*der Adel des Dankens*]». Il ringraziare appartiene all'«eccellenza del

---

[67] Ivi, pp. 218-219 (p. 220 della trad. it., leggermente modificata).
[68] Ivi, pp. 234-235 e pp. 236-237 della trad. it. (leggermente modificata).

dolore dell'esperienza dell'evento» («*Das Danken* [...] *gehört zur Auszeichnung des Schmerzes der Erfahrung des Ereignisses*»):

> Dieses Danken ist nicht die Unterwürdigkeit dessen, der beseligt ist über den Besitz einer Habe, die ihm alles leicht macht. Dieses Danken ist das Hochgemute des hohen Mutes, der das Wagnis der Auszeichnung zum Austrag anerkennt. In diesem Danken ist das seynsgeschichtliche Denken wesenhaft die Er-fahrung der Zugewiesenheit in die Wahr-heit des Seyns. Dieses Danken ist die er-eignete Bereitschaft zur Unheimischkeit im Ab-grund des Anfangs.

> [Questo ringraziare non è il servilismo di chi è reso felice dal possesso di beni, che gli rendono tutto facile. Questo ringraziare è la serenità dell'animo superiore che riconosce l'osare dell'eccellenza nei riguardi della divergenza. In questo ringraziare, il pensiero conforme alla storia dell'Essere è essenzialmente l'esperienza dell'assegnazione alla verità dell'Essere. Questo ringraziare è l'appropriata prontezza nei confronti del non essere di casa nel fondamento abissale dell'inizio][69].

Questo ringraziare, dirà Heidegger alla fine della sezione 306, è la *libertà* dell'in-sistenza nell'*Unheimischen*, «in vista della dignità del Essere»[70]. È solo nel *Danken*, come si legge nell'*Abschnitt* 246, che «veniamo accordati [*gestimmt*] innanzitutto per pensare e poetare [*Denken und Dichten*] e per la loro futura verità conforme alla storia dell'Essere»[71]. E se il poeta instaura (*stiftet*) l'abitare «in ciò che è di casa dell'ente» (*im Heimischen des Seienden*), attraverso il dire del sacro, preparando così l'avvento degli dèi (*die Ankunft der Götter*), il pensatore fonda (*gründet*) l'insistenza in ciò-che-non-è-di-casa dell'"*esse*" (*im Unheimischen des Seyns*), osando e rischiando, nell'«esperita assenza di Dio» (*erfahrene Gott-losigkeit*). Poetare è «sacralizzazione del sacro» (*Heiligung des Heiligen*), là dove pensare è «apprezzamento di ciò che è degno di domanda» (*Würdigung des Fragwürdigen*). È questa, l'«estrema discordia» (*der äusserste Zwiespalt*) di *Dichten* e *Denken*, che *e-viene*, possiamo a questo punto dire, intimamente nel *Danken*. Questa è: «divergenza della differenza» (*Austrag des Unterschieds*)[72]. Si ricordi "l'intimità dello stacco" nel-

---

[69] Ivi, pp. 235-236; p. 237 della trad. it., leggerm. mod.
[70] Cfr., ivi, p. 279.
[71] Cfr., ivi, p. 222 ted. e p. 224 it.
[72] Cfr., ivi, la sezione 373 (pp. 329-330 ted. e pp. 326-27 it.).

l'*Unter-Schied*, in «*Die Sprache*»... Lì si parla del *frammezzo* di
mondo e cosa. Qui, in *Das Ereignis*, lo *Zwischen* è tra essere ed
ente (*Zwischen zwischen dem Sein und dem Seienden*), dove si dirada «la località di casa-non di casa dell'uomo storico» (*lichtet
sich die heimisch-unheimische Ortschaft des geschichtlichen
Menschen*)[73].

"Intorno" all'*Ereignis* sono stati raccolti, nelle 1496 pagine del
volume 73 della *Gesamtausgabe* (suddiviso in due *Teilbänden*),
altri numerosi manoscritti di Heidegger, che vanno dal 1932 fino
ai suoi ultimi anni di vita (i quindici fogli dell'ultimo manoscritto,
"*Die Ortschaft [im Echo des Parmenides]*", appartengono infatti
alla fine degli anni sessanta o all'inizio degli anni settanta)[74].

Già in un primo passo troviamo, uniti, l'*Unheimische* e l'*Unheimliche*. Heidegger, infatti, parlando dell'uomo come di colui
che è nel bel mezzo dell'essenziale presentarsi dell'essere (*inmitten der Wesung*), dice che esso deve essere inteso come δεινότατον, cioè come l'*Unheimischste* e l'*Unheimlichste*. Propriamente:
come *Da-sein*[75]. L'*Unheimlichkeit* è *l'apertura* stessa, *die Offenheit*[76]. Ma "apertura", sappiamo, è *Wahr-heit*, cioè ancora: *Unheimischkeit*[77]. È l'«essenziale presentarsi dell'essere» (*die Wesung
des Seins*) che *(si) es-pone* (diremmo parafrasando) nell'aperto
non-esser-di-casa («*setzt... selbst in die eröffnete Unheimischkeit!*»)[78]. La verità è l'«*Un-heimlichkeit des Inzwischen*», del
"frammezzo": «*Unheimlichkeit als Wesen*», scrive Heidegger,
«*nicht als "Wirkung"!*», *Unheimlichkeit* essenziale ed essenzian-
te, dunque, non "effetto". La verità è, allora, in *se stessa* Un-
wahrheit («*Wahrheit in sich Un*-wahrheit»)[79]. Il *Da* è il *gettato*
non-essere-a-casa («jenes *geworfene* Un-heimliche»); anzi, il
massimamente *Un-heimliche*, l'*Un-heimlichste*, perché l'"Unheimlichkeit" *consiste* nell'«*uneinheimisch*»:

---

[73] Ivi, p. 331 (p. 328 it.).
[74] Cfr. M. Heidegger, *Zum Ereignis-Denken*, GA 73.1 e 73.2, hrsg. von P. Trawny, Klostermann, Frankfurt am Main 2013, p. 1489. La traduzione dei riferimenti a questo volume,
qui e in seguito, è nostra.
[75] Cfr., ivi, p. 137.
[76] Ivi, p. 147.
[77] Cfr., ivi, p. 208.
[78] Cfr., ivi, p. 209.
[79] Ivi, p. 280.

Der Mensch ist τὸ δεινότατον – als Da-sein! Dieses wird bei den Griechen nicht als solches ausgesprochen – aber es wird da anfänglich eingenommen als Grundstellung – um alsbald aufgegeben zu werden.

L'uomo è il δεινότατον – in quanto Da-sein! Questo presso i Greci non viene pronunciato in quanto tale – ma viene da essi inizialmente assunto come posizione fondamentale – per poi essere subito abbandonato[80].

Sempre nel volume 73.1, sull'esser-di-casa leggiamo:

Der bleibende Schmerz gibt das beginnliche Schweigen, worin die Sage des Denkens heimisch ist.

Il dolore che resta dona l'iniziale silenzio, in cui la saga del pensiero è di casa[81].

Per finire, nel volume 73.2 troviamo questa frase:

Die anscheinend *misstönenden* Namen der *Vergessenheit* und ihres "Wesens" – sagen nichts "Negatives" oder gar *Abwertiges* – wenngleich aber – den *Grimm* des "*Un*" und (der Kehr) im *Ereignis des Brauchs* und so das Un-heimliche [...].

I nomi evidentemente *stonati* dell'*oblio* [dell'essere] e della sua "essenza" – non dicono niente di "negativo", o addirittura di *sminuente* – anche se, però, [dicono] l'*ostilità* dell'"*Un*" e (la svolta) nell'evento dell'aver bisogno, e, in tal modo, [dicono] il non-esser-di-casa [...][82].

Al Coro dell'*Antigone*, e a τὰ δεινὰ, Heidegger accenna anche nello *Spruch des Anaximander* (testo redatto molto probabilmente nei tardi mesi estivi o nell'autunno del 1942), dove troviamo ribadito che è l'uomo stesso ad essere "inquietante" e "possente":

ein Chorlied aus der "Antigone" des Sophokles sagt auch sogleich in seinem Beginn, dass unheimlicher, gewaltiger nichts anderes sei als der Mensch[83].

Qualche anno prima, Heidegger parlava così dell'*Unheimlichkeit*, in una *Überlegung*:

---

[80] Ivi, p. 281.
[81] Ivi, p. 893.
[82] Ivi, p. 1110.
[83] M. Heidegger, *Der Spruch des Anaximander*, GA Band 78, hrsg. von Ingeborg Schüssler, Klostermann, Frankfurt am Main 2010, p. 145.

Die Philosophie versetzt nicht auf neue Berge und Gipfel – aber sie ergründet Abgründe – aus denen erst das Ragende sichtbar wird und ihre Durchmessung und Überbrückung eine Notwendigkeit. Die Ergründer der Abgründe stammen selbst von hohen Bergen – denen eine eigene Sonne leuchtet –; im Begriff gesagt: das Seyn ist aus dem Seienden niemals zu erklären und das Seiende ist auch nie die "Wirkung" des Seyns. Unerklärbar und wirkungslos ist das Seyn – dies zu wissen, gehört in den Anfang des Denkens. Aber dieses Wissen bedeutet das Offenhalten der *Unheimlichkeit* des Seyns als einer Bestimmung seiner Wahrheit –; wobei diese Un-heimlichkeit mit der gewöhnlichen – innerhalb des Seienden angetroffenen – nichts gemein hat.

[La filosofia non trasporta su nuovi monti e vette – ma sonda abissi –, dai quali soltanto si rende visibile ciò che si eleva, e la necessità di misurarli in tutta la loro estensione, e di superarli. I sondatori degli abissi discendono essi stessi da alti monti – per i quali risplende un sole proprio –; detto nei termini del concetto: l'Essere non si spiega mai a partire dall'ente e neanche mai l'ente è l'"effetto" dell'Essere. Inspiegabile e privo di effetti è l'*esse* –; sapere ciò, fa parte dell'inizio del pensiero. Ma questo sapere significa mantenere aperto lo spaesamento del *Seyn*, come una determinazione della sua verità –; dove questo non-essere di casa non ha niente in comune con l'abituale, incontrato all'interno dell'ente][84].

Chiudiamo il capitolo con due altri tardi accenni di Heidegger all'*Unheimliche*. Il primo risale al corso del semestre invernale 1955/56:

Das Atomzeitalter ist als planetarische Epoche der Menschheit dadurch ausgezeichnet, dass sich die Macht des grossmächtigen Prinzips, des principium reddendae rationis auf eine unheimliche Weise im massgebenden Bereich des Daseins des Menschen entfaltet, wenn nicht gar entfesselt. Wenn hier das Wort "unheimlich" gebraucht wird, ist es nicht in einem rührseligen Sinne gemeint. Es ist wörtlich-sachlich dahin zu denken, dass die einzigartige Entfesselung des Anspruches auf Zu-stellung des Grundes alles Heimische des Menschen bedroht und ihm jeden Grund und Boden für eine Bodenständigkeit raubt, d. h. für jenes, woraus bislang jedes grosse Zeitalter der Menschheit, jeder weltaufschliessende Geist, jede Prägung der Menschengestalt gewachsen ist.

[L'era atomica è contraddistinta come epoca planetaria dell'umanità dal fatto che il dominio del principio grande e potente – del *principium reddendae rationis* – si dispiega, anzi, addirittura si scatena in modo spaesante nell'ambito

---

[84] M. Heidegger, *Überlegungen* VII-XI (*Schwarze Hefte* 1938/39), Band 95 GA, herausgegeben von Peter Trawny, Klostermann, Frankfurt am Main 2014, pp. 290-291; trad. it. *Quaderni neri* 1938/1939 [*Riflessioni* VII-XI], a cura di Alessandra Iadicicco, Bompiani, Milano 2016, p. 382 (leggermente modificata).

decisivo dell'esistenza dell'uomo. Se è qui adoperata la parola "spaesante", essa non è intesa in un senso patetico, ma va pensata, in termini letterali e obiettivi, in riferimento al fatto che lo scatenarsi, unico nel suo genere, della pretesa alla fornitura del fondamento minaccia tutto ciò che vi è di familiare per l'uomo, privandolo di qualsiasi fondamento e di qualsiasi terreno per un radicamento nella propria terra, privandolo, cioè, di tutto ciò da cui sono cresciuti finora ogni grande epoca dell'umanità, ogni spirito capace di grandi aperture e ogni ben marcata configurazione dell'uomo][85].

Il secondo è tratto dall'*Ansprache zum Heimatabend*, tenuta il 22 luglio 1961 per i 700 anni di Messkirch:

Jedermann kennt die Erscheinungen der technischen Produktion. Man bestaunt sie. Und doch weiss niemand, was dies in Wahrheit ist, wodurch der heutige Mensch in steigendem Masse zu so grenzenloser Betriebsamkeit herausfordert wird. Was den Menschen in solcher Weise übermächtigt, kann selbst kein blosses menschliches Gemächte sein. Darum bleibt es rätselhaft und unheimlich. Genau dieses Unheimliche ist es jedoch, was im Unheimischen herrscht und durch dieses auf den Menschen zukommt, seine Zukunft bestimmt. Das Morgen ist nicht nur das erst nachfolgende Morgen zum Heute, sondern es herrscht schon innerhalb des Heutigen.

Tutti conoscono i fenomeni della produzione tecnica. Al loro cospetto ci si stupisce. E tuttavia nessuno sa che cosa sia in verità ciò che in misura crescente sfida l'uomo d'oggi a una laboriosità così sfrenata. Ciò che soverchia l'uomo in questo modo, non può essere semplicemente una sua creazione. Ecco perché esso è enigmatico e spaesante. È proprio questa inquietudine ciò che domina nello spaesamento e che attraverso di esso arriva all'uomo, determinandone il futuro. Il domani non è solo il giorno che viene dopo l'oggi: esso è-già nell'oggi[86].

«Kann... kein blosses menschliches Gemächte sein»: "*non* in virtù sua", diceva *Essere e tempo*; *Un*heimlich: "spaesamento", appunto. Il pensiero, qui, come il fiume, *ritorna* alle origini. Del resto, meno di dieci anni prima, Heidegger aveva scritto: «*Herkunft... bleibt stets Zukunft*»[87], la provenienza rimane sempre futuro; ora, nell'allocuzione di Messkirch, dice: «*Das Morgen... herrscht schon innerhalb des Heutigen*»...

---

[85] M. Heidegger, *Der Satz vom Grund*, cit., p. 47 (p. 61 della trad. it. cit., leggermente modificata).

[86] M. Heidegger, *Reden und andere Zeugnisse eines Lebensweges*, cit., pp. 577-578 (p. 517 della trad. it. cit., in parte modificata).

[87] Cfr. *Unterwegs zur Sprache*, p. 96 dell'ed. Neske e p. 91 del volume 12 della GA, citati (p. 90 della ed. it. cit.).

Hantise

Graziella Berto, nell'ultima parte del suo saggio, riprende le "corrispondenze" tra Freud e Heidegger secondo Derrida[1], il quale, in *Spettri di Marx*, fa ritornare l'*Unheimlichkeit* «principalmente nella forma di una *hantise*, di un'"ossessione"»[2].

> "*Unheimlich*" – afferma Derrida [...] – "è la parola della irriducibile *hantise*. Il più familiare diventa il più inquietante L'essere 'a casa propria' [...], il domestico [...], si fa paura. Si sente occupato, nel segreto (*Geheimnis*) [...], dal più estraneo [...], il minaccioso"[3].

La parola *hantise*, dice Berto, «sottolinea una frequentazione, un ritorno costante [...], in cui ciò che ritorna è qualcosa di inafferrabile, di incorporeo: [...] un fantasma [...], tanto più inquietante [...] perché [...] appartiene alla casa»[4].

In *Das Unheimliche* Freud a un certo punto scrive:

> Im allerhöchsten Grade unheimlich erscheint vielen Menschen, was mit dem Tod, mit Leichen und mit der Wiederkehr der Toten, mit Geistern und Gespenstern zusammenhängt. Wir haben ja gehört, dass manche moderne Sprachen unseren Ausdruck: ein unheimliches Haus gar nicht anders wiedergeben können als durch die Umschreibung: ein Haus, in dem es spukt. Wir hätten eigentlich unsere Untersuchung mit diesem, vielleicht stärksten Beispiel von Unheimlichkeit beginnen können, aber wir taten es nicht, weil hier das Unheimliche zu sehr mit dem Grauenhaften vermengt und zum Teil von ihm gedeckt ist. Aber auf kaum einem anderen Gebiet hat sich unser Denken und Fühlen seit den Urzeiten

---

[1] Cfr., qui, l'inizio del capitolo *Unheimlichkeit*.
[2] G. Berto, *op. cit.*, p. 234.
[3] Ivi, p. 235; p. 182 di *Spettri di Marx*, cit.
[4] *Ibidem*. Come annota Chiurazzi nella sua traduzione, *hantise* viene dal verbo *hanter*, «che significa l'ossessione e la frequentazione spettrale di un luogo» (cfr. *Spettri di Marx*, pp. 221-222).

so wenig verändert, ist das Alte unter dünner Decke so gut erhalten geblieben, wie in unserer Beziehung zum Tode.

A molti uomini appare perturbante in sommo grado ciò che ha rapporto con la morte, con i cadaveri e con il ritorno dei morti, con spiriti e spettri. Abbiamo visto che alcune lingue moderne non possono rendere le parole tedesche "una casa *unheimlich*" che con un'espressione [*"a haunted* house"] che noi renderemmo con la seguente circonlocuzione: "una casa abitata dagli spettri". A dire il vero avremmo potuto iniziare la nostra ricerca con questo esempio di perturbante, che è forse di tutti il più spiccato, ma non l'abbiamo fatto perché, in questo caso, il perturbante è troppo strettamente frammisto con l'orrido e coincide in parte con esso. Ma è raro trovare un ambito in cui il nostro modo di pensare e di sentire sia cambiato così poco dai tempi primordiali, in cui l'elemento antico si sia conservato così bene sotto una scorza sottile, come nella nostra relazione con la morte[5].

Ein Haus, in dem es spukt, «una casa abitata dagli spettri». Per Derrida, l'*Unheimliche* ha a che fare proprio con "questi fantasmi". Del resto, già in *La carte postale* Freud e Heidegger si incontrano "come due spettri", ricorda Berto. Gli spettri sono, «secondo Derrida, [...] altro dal presente nella sua immediatezza, dall'identità nella sua compiutezza. La loro alterità [...] ci fa pensare la condizione del fantasma, tra presenza e assenza, vita e morte, apparizione e invisibilità...»[6].

Lo spettro è un *revenant*, è il ritorno di un morto [...]: un sopravvivere assillante [...]. *"Es spukt"*, *"ça hante"*, dice Derrida; e ancora: *"ça revient"* [...], *"ça spectre"*, *"ça apparitionne"*. Il fantasma si dà [...] come l'ambito di un'"an-identità", che abita fin dall'inizio il luogo della "casa", di ogni "casa" [...], come l'assillo del "tutt'altro"[7].

---

[5] S. Freud, *Das Unheimliche*, ed. Reclam cit., pp. 37-38, e *Opere complete*, ed. dig. cit., vol. 9 (*L'io e l'Es e altri scritti*), *Il perturbante*, II, cpv. 28.

[6] Cfr. G. Berto, *op. cit.*, pp. 236-237.

[7] Ivi, p. 237; cfr. *Spettri di Marx*, cit., pp. 168-169 e p. 215. Dice ancora Derrida, a proposito dell'"*es spukt*": «La sua traduzione si impiglia sempre, purtroppo, nel rendere il legame tra l'impersonalità o il quasi-anonimato di un'operazione [*spuken*] senza atto, senza soggetto o senza oggetto reali, e la produzione di una figura, quella del *revenant* [*der Spuk*]: non solo *"ça hante"*, come ci siamo appena arrischiati a tradurre, ma piuttosto "riviene"» (pp. 168-169). E più avanti: «"*Es spukt*": difficile da tradurre, dicevamo. Questione di *revenant* e di *hantise*, certo, ma poi? L'idioma tedesco sembra nominare la *revenance*, ma sotto forma verbale. Questa non dice che ci sono *revenants*, spettri o fantasmi, non dice che c'è un'apparizione, *der Spuk*, e neanche che appare, ma che "spettra" (*ça spectre*), "appariziona" (*ça apparitionne*). *Si tratta*, nella neutralità di questa forma verbale del tutto impersonale, di qualcosa o di qualcuno, né qualcuno né qualcosa, di un "si" che non

Ogni determinazione, continua Berto, «porta già in sé il suo fantasma», cioè «ogni casa è abitata da spettri».

> Sta in questa complessa coabitazione l'"ossessione" irriducibile che l'*Unheimlichkeit* nomina [...]: è l'essere visitati (*hanté*) dal doppio [...]. Ogni cosa porta in sé il proprio altro. Nello "spettro" la propria immagine, anziché produrre un effetto di identificazione, come normalmente accade nella specularità, si mostra invece come sdoppiamento di sé, come uno sfuggirsi e un essere abitati da questo sfuggimento, nell'impossibilità di cancellarlo o assorbirlo, riconducendolo all'unità [...]; un'"anacronia" [...], che per Derrida assume, significativamente, anche il carattere di uno sguardo invisibile, il quale, nella sua invisibilità, si dà come voce [...][8].

In questo esser visitati dal "doppio", che richiama anche il "diabolico" o il "demoniaco" di altri testi, Derrida, come dice Berto, "incontra" l'*Unheimliche*[9].

In *La doppia seduta*, il filosofo scrive:

> [...] rimanderemmo a *Das Unheimliche* (1919) di cui abbozziamo qui una rilettura. Vi saremmo ricondotti di continuo dai paradossi del doppio e della ripetizione, dalla cancellazione del limite tra l'"immaginazione" e la "realtà", tra il "simbolo" e il "simbolizzato", dai riferimenti a Hoffmann e alla letteratura fantastica, dalle considerazioni sul *doppio senso* della parola: "*Heimlich* è quindi un termine che sviluppa il suo significato in senso ambivalente, fino a coincidere in conclusione col suo contrario: *unheimlich. Unheimlich* è in un certo senso una variante di *heimlich*".

E più avanti:

---

agisce. *Si tratta* piuttosto del movimento passivo di un'apprensione, di un'esperienza apprensiva pronta ad accogliere, ma dove? Nella testa? Che cos'è la testa prima di questa apprensione, che non può neanche contenere? E se la testa, che non è il soggetto, né la coscienza, né l'io, né il cervello, si definisse inizialmente attraverso la possibilità di una tale esperienza, attraverso quello che non potrebbe neppur contenere né delimitare, attraverso l'indefinitezza dello "*es spukt*"?» (pp. 215-216).

[8] Ivi, p. 238. Scrive Derrida: «Questa Cosa che non è una cosa [...] ci guarda e vede che noi non la vediamo anche quando c'è. Una dissimmetria spettrale interrompe [...] ogni specularità. Disincronizza, ci richiama all'anacronia [...]: questo *qualcun altro* spettrale *ci guarda*, noi ci sentiamo guardati da lui, al di fuori di ogni sincronia [...]. Ci sentiamo visti da uno sguardo che sarà sempre impossibile incrociare [...]. Poiché non vediamo chi ci vede e detta legge [...], non possiamo identificarlo con assoluta certezza, siamo rimessi alla sua voce» (cfr. *Spettri di Marx*, pp. 14-15). E ancora: «quel che distingue lo spettro o il *revenant* dallo *spirito*, inteso anche come spirito nel senso di fantasma in generale, è una fenomenicità indubbiamente soprannaturale e paradossale, la visibilità furtiva e inafferrabile dell'invisibile» (ivi, p. 14).

[9] Ivi, pp. 238-239.

In *Das Unheimliche*, Freud, più attento che mai all'ambivalenza indecidibile, al gioco del doppio, allo scambio senza fine del fantastico e del reale [...], al processo della sostituzione interminabile, può fare appello a questo gioco senza contraddirlo [...]. Non dimentichiamo che in *Das Unheimliche*, dopo aver preso a prestito tutto il proprio materiale dalla letteratuta, Freud tiene in serbo stranamente il caso della finzione letteraria che comprende risorse supplementari di *Unheimlichkeit*[10].

Ma è nella *Carte postale* che troviamo due pagine straordinarie di Derrida, in cui le figure del "doppio" e del "diabolico" si intrecciano, dove Rousseau e Tasso appaiono, e dove viene ribadita la vicinanza di *Jenseits des Lustprinzips* e *Das Unheimliche*.
La prima dice:

La figure du diabolique regarde à la fois du côté de *Au delà...* et du côté de *Das Unheimliche* [...]. Le diable y revient selon un mode qui n'est ni celui d'une représentation imaginaire (d'un double imaginaire) ni celui d'une apparition en personne. Sa revenance défie une telle distinction ou une telle opposition. Tout se passe et marche comme si le diable "en personne" revenait doubler son double. Alors, doublure doublant son double, il déborde son double au moment où il n'est plus que son double, double de son double qui produit l'effet "*unheimlich*". Or la simple opposition distinguant entre l'original "en personne" et son masque, son simulacre, son double, cette simple dissociation oppositionnelle apaiserait au contraire l'inquiétude. Tout concourt à la produire et à la garantir – et la logique oppositionnelle, qu'elle soit ou non dialectique, se met ici au service d'une telle quiétude pour s'acquitter, si l'on peut dire, du double. Une petite note de la *Lettre à d'Alembert* évoque le diable "en personne", si l'on peut dire, et son apparition sous les traits du fantôme de son double: sur une scène, sur la scène où il était simplement, croyait-on selon la convention, représenté. Comme acteur ou comme personnage, la chose n'est pas claire. Apparition, donc, du diable "lui-même", en plus de sa représentation: apparition ou présentation de l'"original" en plus de son représentant censé le suppléer; apparition, à entendre au sens de la visitation, de la "chose même" en supplément de son "propre" supplément. Une telle apparition dérange sans doute l'ordre apaisant de la représentation. Mais elle ne le fait pas en réduisant les effets de double, elle les multiplie au contraire, et la duplicité sans original en quoi consiste peut-être la diabolicité, son inconsistance même. L'effroi est alors à son comble, dit Rousseau, l'*Unheimlichkeit* dirait plutôt Freud.

---

[10] J. Derrida, *La doppia seduta*, in Id., *La disseminazione*, trad. it. a cura di S. Petrosino, Jaca Book, Nuova edizione, Milano 2018, pp. 240-241 e p. 283; nell'originale (Jacques Derrida, *La dissémination*, Éditions du Seuil, Paris 1972), cfr. p. 249 e p. 300.

[La figura del diabolico ri-guarda ad un tempo dal lato di *Al di là*... e dal lato di *Das Unheimliche* (...). Il diavolo vi ritorna secondo una modalità che non è né quella di una rappresentazione immaginaria (di un doppio immaginario) né quella di un'apparizione in persona. Il suo rivenire sfida una tale distinzione o una tale opposizione. Tutto accade e funziona come se il diavolo "in persona" rivenisse per raddoppiare il suo doppio. Allora, controfigura che raddoppia il suo doppio, esso deborda il suo doppio nel momento in cui non è più che il suo doppio, doppio del suo doppio che produce l'effetto "*unheimlich*". Ora, la semplice opposizione che distingue tra l'originale "in persona" e la sua maschera, il suo simulacro, il suo doppio, questa semplice dissociazione opposizionale placherebbe al contrario l'inquietudine. Tutto concorre a produrla e a garantirla – e la logica, che sia o no dialettica, si mette qui al servizio di una tale tranquillità per sciogliersi, se così si può dire, dal doppio. Una piccola nota della *Lettera a d'Alembert* evoca il diavolo "in persona", se si può dire, e la sua apparizione nelle vesti del fantasma del suo doppio: su una scena, la scena dove, si credeva secondo la convenzione, era semplicemente rappresentato. Come attore o come personaggio, la cosa non è chiara. Apparizione, dunque, del diavolo "stesso", oltre la sua rappresentazione; apparizione o presentazione dell'"originale" oltre il suo rappresentante tenuto a supplirlo; apparizione da intendere nel senso della visitazione, della "cosa stessa" quale supplemento del suo "proprio" supplemento. Una tale apparizione disturba senza dubbio l'ordine tranquillizante della rappresentazione. Ma non lo fa riducendo gli effetti di doppio, essa al contrario li moltiplica, e la duplicità senza originale in cui consiste forse la diabolicità, la sua stessa inconsistenza. Il terrore è allora al suo culmine, dice Rousseau; l'*Unheimlichkeit*, direbbe piuttosto Freud][11].

---

[11] *La carte postale...*, cit., p. 288; p. 243 della trad. it. Mimesis, cit. (leggermente modificata). Derrida così prosegue: «Voici le footnote de la *Lettre à d'Alembert*. J'y tiens l'exergue de mon propos. L'appel de note est au mot 'diable': "J'ai lu dans ma jeunesse une tragédie de l'Escalade, où le diable était en effet un des acteurs. On me disait que cette pièce ayant une fois été représentée, ce personnage, en entrant sur la scène, se trouva double, comme si l'original eût été jaloux qu'on eût l'audace de le contrefaire et qu'à l'instant l'effroi fit fuir tout le monde et *finir la représentation*. Ce conte est burlesque, et le paraîtra bien plus à Paris qu'à Genève; cependant qu'on se prête aux suppositions, on trouvera dans cette double apparition un effet théâtral et vraiment effrayant. Je n'imagine qu'un spectacle plus simple et plus terrible encore, c'est celui de la main sortant du mur et traçant des mots inconnus au festin de Balthasar. Cette seule idée fait frissonner. Il me semble que nos poètes lyriques sont loin de ces inventions sublimes, ils font pour épouvanter un fracas de décorations sans effet. Sur la scène même, il ne faut pas tout dire à la vue, mais ébranler l'imagination." (J'ai souligné.). [Ecco la nota della *Lettera a d'Alembert*. La pongo come esergo al mio discorso. Il richiamo si trova alla parola 'diavolo': "Ho letto in gioventù una tragedia sull'*Escalade* in cui il diavolo era in effetti uno degli attori. Mi si raccontava che una volta, nel corso di una rappresentazione, questo personaggio, entrando in scena, si trovò raddoppiato, come se l'originale fosse stato geloso dell'audacia di contraffarlo e che all'istante lo spavento fece fuggire tutti e *finire la rappresentazione*. Questo racconto è una burla, e lo sembrerà molto più a Parigi che a Ginevra; tuttavia, se ci si presta alle supposizioni, si troverà in questa doppia apparizione un effetto teatrale veramente spaventoso. Mi immagino un solo spettacolo più semplice e ancora più terribile, quello della mano che e-

Nella seconda leggiamo:

La *"fiction littéraire"* est donc déjà de la partie. Le démonique montre l'un des trajets qui relient *Au-delà...* à *Das Unheimliche*. Je ne peux reprendre ici ce qui fut ailleurs mis en place (la logique de la duplicité sans original, la résistance inépuisable du "littéraire" aux schémas de *Das Unheimliche*, le ressort de la littérature dite fantastique, etc.). Je note seulement ceci [...]: le recours à l'"exemple" littéraire ne saurait être simplement illustratif dans *Au-delà...*, quoi que semble en dire Freud. Il l'est visiblement dans la rhétorique intentionnelle de Freud [...]. Mais cette rhétorique intentionnelle est disloquée par ce qui se passe (d'elle) avant même qu'elle s'occupe de ce qui l'occupe. La "fiction littéraire" [...] veille déjà, comme une fée ou un démon, sur la structure du *fort:da*, sur sa scène d'écriture ou d'héritage en dissémination. Ainsi *La Jérusalem délivrée*, à la fin du chapitre III. Ce qu'il y a de "plus saisissant" dans ce que Freud appelle un "epos romantique", ce n'est pas seulement le meurtre inconscient, par deux fois, de la bien-aimée dissimulée sous un homme (l'armure d'un chevalier ennemi, l'arbre de la forêt fantastique, pleine d'esprits et de revenants, *"in den unheimlichen Zauberwald"*); ce n'est pas seulement le retour de la voix fantomatique de Clorinde; ce n'est pas seulement la répétition *unheimliche*, au-delà du PP, du meurtre de l'aimée. Non, ce qu'il y a de *"plus* saisissant" (*ergreifendste*), quoi que déclare Freud, et qui se déclare ici avant lui pour s'imposer à lui, c'est la répétition (dites si vous voulez "littéraire", d'une fiction en tout cas qui ne relève plus de l'imaginaire) de ces répétitions de répétitions *unheimlich*. L'élément de ce qui *fait-œuvre*, dans l'abîme où s'opèrent les répétitions, saisit l'esthétique dominée par le PP [...]. Le *fait-œuvre* saisit cette anticipation esthétique sans se laisser par elle ressaisir. Il est plus "originaire" qu'elle....

[*La "finzione letteraria"* è dunque già della partita. Il demonico mostra uno dei tragitti che legano *Al di là...* a *Das Unheimliche*. Non posso riprendere qui ciò che è stato sviluppato altrove (la logica della duplicità senza originale, la resistenza inesauribile del "letterario" agli schemi di *Das Unheimliche*, la forza della letteratura detta fantastica, ecc.). Osservo soltanto questo (...): il ricorso all'"esempio" letterario non può essere semplicemente illustrativo, in *Al di là...*, qualsiasi cosa sembri dirne Freud. Lo è visibilmente nella retorica intenzionale di Freud (...). Ma questa retorica intenzionale è dislocata da ciò che (le) accade prima ancora che essa si occupi di ciò che la occupa. La "finzione letteraria" (...) veglia già, come una fata o un demone, sulla struttura del *fort:da*, sulla sua scena di scrittura o di eredità in disseminazione. Così *La Gerusalemme liberata*, alla fine del capitolo III. La cosa "più impressionante" in ciò che Freud chiama "e-

---

sce dal muro e traccia delle parole sconosciute al festino di Balthasar. La sola idea fa venire i brividi. Mi pare che i nostri poeti lirici siano ben lontani da queste sublimi invenzioni, e per spaventare mettono su una gran quantità di decorazioni inefficaci. Persino sulla scena non bisogna dare tutto alla vista, ma scuotere l'immaginazione". (Corsivi miei)]» (ivi, p. 289; pp. 243-44 della trad it., leggermente modificata). Su questa nota di Rousseau cfr. il capitolo *"L'a-tesi* diabolica" nel nostro *Fort und Da...*, cit.

pos romantico", non è soltanto l'assassinio inconsapevole, per due volte, dell'a-mata dissimulata nelle sembianze di un uomo (l'armatura di un cavaliere nemi-co, l'albero della foresta fantastica, piena di spiriti e di fantasmi, "*in den un-heimlichen Zauberwald*"); non è soltanto il ritorno della voce fantomatica di Clorinda; non è soltanto la ripetizione *unheimliche*, al di là del PP, dell'assassi-nio dell'amata. No, la cosa "*più* impressionante" (*ergreifendste*), checché ne di-ca Freud, e che si dichiara qui prima di lui e per imporsi a lui, è la ripetizione (se volete dite "letteraria", di una finzione che in ogni caso non dipende più dall'im-maginario) di queste ripetizioni di ripetizioni *unheimlich*. L'elemento di ciò che *fa-opera*, nell'abisso dove si verificano le ripetizioni, coglie l'estetica dominata dal PP (...). Il *fatto-opera*, nel cogliere questa anticipazione estetica, non si la-scia ri-prendere da essa, perché è più "originario" di lei...]¹².

C'è un altro luogo, infine, in cui l'*Unheimliche* viene "incon-trato" da Derrida in relazione al "doppio", ed è *De l'esprit*. Lì, parlando di "alterco tra le lingue", di *Übersetzung* in quanto *Aus-einandersetzung*, e del fatto che *Geist*, a un certo punto, «non si lascia più tradurre» né nel greco *pnêuma* né nel latino *spiritus*, l'autore richiama Heidegger a proposito dell'*Antigone* di Sofocle: «Dimmi che cosa pensi del tradurre e ti dirò chi sei [*Dis-moi ce que tu penses de la traduction, je te dirai qui tu es*]» ("*Sage mir, was du vom Übersetzen hältst, und ich sage dir wer du bist*"). E in nota: «Il s'agit aussitôt après de la traduction, elle-même "*dei-non*", du *deinon*: "*furchtbar*", "*gewaltig*", "*ungewöhnlich*" et, de façon moins "correcte" mais plus "vraie", dit Heidegger, "*un-heimlich*" (...). [Si tratta proprio della traduzione, essa stessa "*dei-non*", del *deinon*: "*furchtbar*", "*gewaltig*", "*ungewöhnlich*", e, in modo meno "corretto" ma più "vero", dice Heidegger, "*unheim-lich*" (...)]»¹³.

---

¹² Ivi, p. 364; pp. 307-308 della trad. it., leggermente modificata. Sul «*ce qui fut ailleurs mis en place*», cfr., "per esempio" (come lo stesso Derrida annota), proprio *La doppia se-duta* citata.

¹³ J. Derrida, *De l'esprit...*, cit., pp. 15-16; p. 14 e p. 122 della trad. it., cit. Per quel che ri-guarda Heidegger, cfr. pp. 74 sgg. (*Die Bedeutung des* δεινόν) di GA 53, *Hölderlins Hym-ne "Der Ister"*, cit. (pp. 57 sgg. della trad. it. cit.). *Deinon, unheimlich*, commenta Berto, «sono parole doppie, che portano in sé il loro opposto, come doppia è la parola *pharma-con*, protagonista di *La farmacia di Platone*» (cfr. G. Berto, *op. cit.*, p. 239). *La farmacia di Platone* costituisce la prima parte di *La disseminazione* (pp. 101-197). In essa Derrida dice, tra le altre cose: «La traduzione abituale di *pharmakon* con *rimedio* – droga benefica – non è certo inesatta [...]. Eppure la traduzione con "rimedio" cancella, nell'uscir fuori dalla lingua greca, l'altro polo che il termine *pharmakon* tiene in serbo. Annulla la risorsa di ambiguità e rende più difficile, se non impossibile l'intelligenza del contesto. A diffe-

Insomma, come ricorda Berto, non c'è, per Derrida, «senso u-
nivoco dietro l'ambiguità della parola: e in primo luogo della parola *unheimlich*, che si sdoppia subito nel suo altro e lo porta in
sé, senza potersene separare, oscillando tra estraneità e familiarità». Non c'è, quindi, «originale dietro la maschera», né «verità
del pensiero dietro la scena della scrittura», né «fondo da raggiungere», ma soltanto un «processo interminabile di sdoppiamento
[...], di "disseminazione"»[14].

Le figure dell'*Unheimliche* incontrate (lo sguardo, il silenzio,
il fiume "nel suo andare esitante", la scena...), continua Berto, alla fine «sembrano [...] sfilare, una accanto all'altra [...] senza fon-
dersi, come l'ambito di un raddoppiamento»:

> Questo raddoppiamento non può che avere la tonalità dell'angoscia: è senza
> via d'uscita, un'ossessione [...]; è il ripresentarsi [...] di un altro che non si lascia
> mai racchiudere a sua volta in un'identità, poiché ne è sempre l'ombra, e che
> quindi ricompare ogni volta che un'unità sembra raggiunta, a offuscarne la lim-
> pidezza e a sbavarne i contorni: non per caso, o per errore, ma come ciò che già
> aspetta lì, abita quel luogo, un disturbo innestato nella quiete della "casa", ineli-
> minabile. Un assillo che – ci suggerisce insistentemente Derrida – ha a che fare
> con la morte: [...] una morte [...] che si infiltra continuamente nella vita [...], e
> che ci riguarda almeno fino a quando ci riguarda la vita[15].

---

renza di "droga" e anche di "medicina", *rimedio* indica la razionalità trasparente della
scienza, della tecnica e della causalità terapeutica, escludendo così [...] il richiamo alla virtù magica di una forza di cui si dominano a stento gli effetti [...]. *Rimedio*, certamente più
di "medicina" o "droga", cancella il riferimento virtuale, dinamico, agli altri usi dello stesso termine nella lingua greca [...]. Quando [...] il proscenio testuale della parola *pharmakon*, pur significando *rimedio*, cita, recita e fa leggere quello che *nella stessa parola* significa, in altro luogo e ad altra profondità della scena, *veleno* (ad esempio, perché *pharmakon* vuol dire anche altro), la scelta di una sola di queste parole [...] da parte del traduttore
ha per primo effetto la neutralizzazione del gioco citazionale, dell'"anagramma", e, al limite, semplicemente della testualità del testo tradotto [...]. Platone sospetta del *pharmakon*
in generale, anche quando si tratta di droghe usate a scopi esclusivamente terapeutici, anche se sono utilizzate con buone intenzioni, e anche se sono efficaci in quanto tali. Non e-
siste rimedio inoffensivo. Il *pharmakon* non può mai essere semplicemente benefico. Per
due motivi e a due livelli di profondità diversi. Anzitutto perché l'essenza o la virtù benefica di un *pharmakon* non gli impediscono di essere doloroso [...]. Poi, più profondamente,
al di là del dolore, il rimedio farmaceutico è essenzialmente nocivo perché artificiale [...].
Il *pharmakon* contraria la vita naturale: non solo la vita quando nessun male l'affligge, ma
anche la vita malata, o piuttosto la vita della malattia [...]» (cfr. pp. 131-134 it. e pp. 109-
113 fr.).

[14] G. Berto, *op. cit.*, p. 239.
[15] Ivi, pp. 241-242.

Il "doppio", nella filosofia di Derrida, «non può essere disgiunto» dalla *scrittura*. Anzi, per lui la scrittura è «il doppio per eccellenza», «il luogo di un pensiero che si trova fin dall'inizio scisso, differito...». Ebbene, Derrida "sembra suggerirci", dice Berto, che nei testi di Freud e Heidegger c'è qualcosa che, «più che in altri, testimonia di questa esperienza dello sdoppiamento e dell'"ossessione"»:

> la loro pratica di scrittura testimonia di uno strano rapporto con questa dimensione: come l'uso delle virgolette nel testo heideggeriano, quasi ad avvertirci che un termine dice e non dice ciò a cui comunemente rimanda, ha e non ha quel significato, dice una cosa ma anche altro, mentre definisce si sdoppia in qualcosa che sfugge a quella definizione, in una strana "sospensione" del senso; o come lo strano "passo" della scrittura freudiana, quel *fort/da* che procede e arretra, che non giunge mai alla tesi, attraverso, tra l'altro, un particolare slittamento dei significati, dove la stessa parola dice e non dice la stessa cosa, si distanzia dal suo significato comune, senza tuttavia separarsene completamente[16].

Si potrebbe dire in conclusione che se, da un lato, la scrittura di Freud e Heidegger «genera effetti non contenibili [...] in una "dottrina" o in una "scolastica"», dall'altro essa è "frequentata" (*hantée*) da un «irriducibile risorgere dell'estraneo in ogni tentativo di familiarizzazione e di definizione»[17].

---

[16] Cfr. ivi, pp. 243-244.
[17] Cfr., ivi, pp. 244-245.

Brividi d'angoscia

Scrive Søren Kierkegaard ne *Il concetto dell'angoscia*:

In una favola del Grimm si racconta di un ragazzo che andò in cerca di avventure per imparare a sentire l'angoscia (*for at lære at ængstes*). Lasciamo andare quell'avventuriero senza domandare in quale modo egli per la strada potesse imbattersi nel terribile (*Forfærdelige*). Vorrei dire, però, che questo – cioè l'imparare a sentire l'angoscia – è un'avventura attraverso la quale deve passare ogni uomo, affinché non vada in perdizione, o per non essere mai stato in angoscia o per essersi immerso in essa; chi invece imparò a sentire l'angoscia nel modo giusto, ha imparato la cosa più alta (*der Høieste*). Se l'uomo (*Menneske*) fosse un animale o un angelo, non potrebbe angosciarsi. Poiché è una sintesi, egli può angosciarsi, e più profonda è l'angoscia più grande è l'uomo; non l'angoscia, come gli uomini l'intendono di solito, cioè l'angoscia che riguarda l'esteriore, ciò che sta fuori dell'uomo, ma l'angoscia ch'egli stesso produce [...]. L'angoscia è la possibilità della libertà (*Frihedens Mulighed*); soltanto quest'angoscia (*denne Angest*) ha [...] la capacità di formare assolutamente, in quanto distrugge tutte le finitezze scoprendo tutte le loro illusioni. E nessun grande inquisitore tien pronte torture così terribili come l'angoscia, nessuna spia sa attaccare con tanta astuzia la pesona sospetta, proprio nel momento in cui è più debole, né sa preparare così bene i lacci per accalappiarla come sa l'angoscia; nessun giudice, per sottile che sia, sa esaminare così a fondo l'accusato come l'angoscia che non se lo lascia mai sfuggire, né nel divertimento, né nel chiasso, né sotto il lavoro, né di giorno né di notte (*ikke om Dagen, ikke i Natten*). Colui che è formato all'angoscia, è formato mediante possibilità; e soltanto chi è formato dalla possibilità, è formato secondo la sua infinità (*efter sin Uendelighed*). Perciò la possibilità è la più pesante di tutte le categorie[1].

Prima di questo passo, si può leggere:

---

[1] S. Kierkegaard, *Il concetto dell'angoscia*, in Id., *Le grandi opere filosofiche e teologiche*, trad. it. a cura di Cornelio Fabro, con prefazione di Giovanni Reale, testi originali a fronte, Bompiani, Milano 2013, ed. Giunti/Bompiani 2017, ristampa 2020, pp. 578-579 (gli inserimenti in danese sono nostri).

L'innocenza è ignoranza. Nell'ignoranza l'uomo non è determinato come spirito, ma è determinato psichicamente nell'unione immediata della sua naturalità. Lo spirito nell'uomo è come sognante (*drømmende*) [...]. In questo stato c'è pace e quiete (*Fred og Hvile*); ma c'è, nello stesso tempo, qualcos'altro che non è né inquietudine né lotta (*Strid*), perché non c'è niente contro cui lottare. Allora, che cos'è? Il nulla (*Intet*). Ma quale effetto ha il nulla? Esso genera l'angoscia (*føder Angest*). Questo è il profondo mistero (*dybe Hemmelighed*) dell'innocenza: essa nello stesso tempo è angoscia [...]. L'angoscia è una determinazione dello spirito sognante e come tale appartiene alla psicologia. Nella veglia la differenza tra l'io e l'altro da me è posta; nel sonno è sospesa; nel sogno è un nulla accennato (*antydet Intet*) [...]. Poiché il concetto dell'angoscia (*Begrebet Angest*) non si trova quasi mai trattato nella psicologia, io devo richiamare l'attenzione sul fatto ch'esso è completamente diverso da quello del timore (*Frygt*) e da simili concetti che si riferiscono a qualcosa di determinato, mentre invece l'angoscia è la realtà della libertà come possibilità per la possibilità. Perciò non si troverà l'angoscia nell'animale precisamente perché esso, nella sua realtà naturale, non è determinato come spirito[2].

E ancora:

L'angoscia si può paragonare alla vertigine (*Svimmelhed*). Chi volge gli occhi al fondo di un abisso, è preso dalla vertigine. Ma la causa non è meno nel suo occhio che nell'abisso: perché deve guardarvi. Così l'angoscia è la vertigine della libertà [...]; la libertà, guardando giù nella sua propria possibilità, afferra il finito per fermarsi in esso. In questa vertigine la libertà cade [...]; e, mentre [...] si solleva di nuovo, essa vede che è colpevole (*skyldig*). Tra questi due momenti si trova il salto (*Springet*), che nessuna scienza ha spiegato né può spiegare (...)[3].

La "favola del Grimm" cui Kierkegaard accenna all'inizio dell'ultimo capitolo di questa sua opera, si intitola *Märchen von einem, der auszog, das Fürchten zu lernen*. Si tratta di un ragazzo che se ne andò di casa *in cerca della paura*. Voleva imparare, per esser precisi, a "rabbrividire" (*gruseln*). In famiglia, non ci riusciva proprio ad avere la "pelle d'oca", a differenza del fratello maggiore, che se la cavava in tutto e imparava ogni cosa (non come lui, considerato stupido, anche dalla gente), ma rabbrividiva all'idea di dover passare, per esempio, di notte accanto al cimitero. Se la sera, davanti al fuoco, si raccontavano storie raccapriccianti e qualcuno degli ascoltatori diceva "mi viene la pella d'oca" (*es

---

[2] Ivi, pp. 408-411 (inserimenti nostri).
[3] Ivi, pp. 438-439.

gruselt mir), il ragazzo non riusciva a capirne il significato. Così, un bel giorno, al padre che lo spronava ad imparare un mestiere per guadagnarsi da vivere, lui rispose che sì, una cosa l'avrebbe imparata volentieri: l'arte di avere la pelle d'oca. Il padre naturalmente rispose che con una simile "arte" non si sarebbe guadagnato il pane. Finché una volta venne da loro in visita il sagrestano, il quale, saputa la cosa, suggerì al padre di affidargli il ragazzo: glielo avrebbe insegnato lui, ad aver paura. Ma il giovane non si spaventò affatto quando il sagrestano apparve in forma di spettro sul campanile, immobile come una pietra: lo buttò giù dalla scala. Il padre, a questo punto, non volle più vederlo; gli diede cinquanta scudi e gli disse di andarsene per il mondo senza rivelare a nessuno da dove venisse, perché si vergognava di lui...

Niente lo faceva rabbrividire. Prometteva scudi, sul suo cammino, a chi gli insegnasse quest'arte. Nessuno ci riusciva. Una sera, in un'osteria, gli fu raccontato che là vicino c'era un castello incantato dove veramente si poteva imparare ad avere la pelle d'oca. A chi avesse osato vegliarvi tre notti, il re aveva promesso in sposa sua figlia, la più bella fanciulla del mondo, e avrebbe donato i grandi tesori nascosti nel castello (custoditi da spiriti malvagi). Molti vi erano entrati, nessuno ne era uscito. Il giovane salì al castello e superò terribili prove, senza mai rabbrividire: gatti e cani neri che gridavano orribilmente sbucando da tutte le parti, attaccati a catene infuocate, un letto che si muoveva da solo e andava a spasso per il castello, si ribaltava e gli piombava addosso, mezzi uomini che cadevano dal camino, si ricongiungevano e giocavano a birilli con dei teschi, un morto che usciva dalla sua cassa e voleva strozzarlo, un grosso e vecchio uomo con una lunga barba bianca che lo minacciava di morte e lo conduceva per corridoi oscuri...

Stupito e contento che il giovane avesse rotto l'incantesimo del castello, il re, come promesso, gli diede in sposa sua figlia. Portarono i tesori e celebrarono le nozze. Ma il ragazzo, per quanto fosse anche lui contento, continuava a lamentarsi che non gli fosse venuta la pelle d'oca. Al punto che la sposa finì con lo stizzirsi e chiese aiuto alla sua cameriera. Ci pensò lei. Nel giardino scorreva un ruscello. La donna vi fece attingere un secchio pieno di gobioni (*voll Gründlinge*). Quel che doveva fare la moglie era, di notte, togliergli la coperta e gettargli addosso il secchio d'acqua fredda, con i pesciolini che gli guizzassero intorno. Fu quel che accadde. Lo sposo si svegliò e gridò: «*Ach was gruselt mir, liebe Frau! Ja, nun weiss ich, was Gruseln ist* (Ah, che pelle d'oca, moglie mia! Sì, ora lo so, cos'è la pelle d'oca)».

La fiaba è ripresa da Michael Düe nell'introduzione a un suo saggio sull'angoscia[4]. Essa mostra, dice l'autore, la debolezza delle scene paurose convenzionali, siano esse linguistiche o figurate, se non si è *già prima* angosciati. L'esperienza del brivido che il giovane protagonista *finalmente* fa, è di tipo *fisiologico*. Gli "affetti", in lui, durante tutto l'avventuroso percorso, non si trasformano in angoscia. Non vale per lui ciò che Freud scrive sulla fobia del piccolo Hans[5]. Si capisce allora perché, nella sua "premessa", accanto alla "favola del Grimm" Düe ponga il detto di Heidegger: «*Physiologische Auslösung von Angst wird nur möglich, weil das Dasein im Grunde seines Seins sich ängstet*»[6].

---

[4] M. Düe, *Ontologie und Psychoanalyse. Metapsychologische Untersuchung über den Begriff der Angst in den Schriften Sigmund Freuds und Martin Heideggers*, Hain Verlag bei Athenäum, Frankfurt am Main 1986.

[5] Cfr., ivi, pp. 11-13. La frase di Freud, cui qui si allude, è questa: «Wenn einmal der Angstzustand hergestellt ist, so zehrt die Angst alle anderen Empfindungen auf; mit fortschreitender Verdrängung, je mehr die schon bewusst gewesenen affekttragenden Vorstellungen ins Unbewusste rücken, können sich alle Affekte in Angst verwandeln». Düe la trae da S. Freud, *Analyse der Phobie eines fünfjährigen Knaben*, Studienausgabe Bd. VIII, hrsg. von Alexander Mitscherlich u. a., Frankfurt am Main 1969, p. 35. In italiano, essa suona così: «Una volta instaurato lo stato d'angoscia, l'angoscia assorbe tutte le altre sensazioni; col progredire della rimozione, man mano che le rappresentazioni cariche d'affetto che sono state coscienti retrocedono nell'inconscio, tutti gli affetti divengono capaci di trasformarsi in angoscia» (cfr. S. Freud, *Analisi della fobia di un bambino di cinque anni*, 2, *Relazione settimanale del padre*, cpv. 6, in *Opere complete*, ed. digitale cit., vol. 5, *Il motto di spirito e altri scritti*).

[6] Cfr. M. Heidegger, *Sein und Zeit*, GA 2, cit., p. 252. L'angoscia fisiologica "insorge", o "si scatena", solo perché l'esserci *nel fondo del suo essere*, si angoscia. Si angoscia, nel suo fondo, del proprio essere (cfr. p. 232 della traduzione Chiodi-Volpi e p. 543 di quella di Marini, citate). Crediamo sia opportuno qui, per gli scopi che si prefigge il presente capitolo, riprendere quel che Heidegger dice prima e dopo la frase citata da Düe. Siamo al § 40 di *Sein und Zeit*, dove si legge che il "*beruhigt-vertraute In-der-Welt-sein*" è un modo dell'*Unheimlichkeit* del *Dasein*, e non il contrario (cfr., sopra, la nota 23 de *Il ritorno del fiume*). Poi Heidegger aggiunge: «Und nur weil die Angst latent das In-der-Welt-sein immer schon bestimmt, kann dieses als besorgend-befindliches Sein bei der "Welt" sich fürchten. Furcht ist an die "Welt" verfallene, uneigentliche und ihr selbst als solche ver-

Prima di seguire Düe nella sua ricerca sull'angoscia, tra "onto-logia e psicoanalisi", ricordiamo quel che di *Kierkegaard* Heidegger dice. Abbiamo letto alcuni brani delle straordinarie pagine che il filosofo danese dedica al *concetto di angoscia*. Abbiamo incontrato parole come "possibilità", "finitezza", "nulla", "abisso", "salto", "colpa", che ruotano tutte intorno alla *vera* angoscia, quella che dà le *vertigini,* non quella «come gli uomini l'intendono di solito», diversa dal concetto del "timore". L'importanza di Kierkegaard per Heidegger è nota, e da lui stesso riconosciuta[7].

borgene Angst. Faktisch bleibt denn auch die Stimmung der Unheimlichkeit meist existen-ziell unverstanden. "Eigentliche" Angst ist überdies bei der Vorherrschaft des Verfallens und der Öffentlichkeit selten. Oft ist die Angst "physiologisch" bedingt. Dieses Faktum ist in seiner Faktizität ein *ontologisches* Problem, nicht nur hinsichtlich seiner ontischen Ver-ursachung und Verlaufsform [...]. Noch seltener als das existenzielle Faktum der eigentli-chen Angst sind die Versuche, dieses Phänomen in seiner grundsätzlichen existenzial-on-tologischen Konstitution und Funktion zu interpretieren. Die Gründe hierfür liegen zum Teil in der Vernachlässigung der existenzialen Analytik des Daseins überhaupt, im beson-deren aber im Verkennen des Phänomens der Befindlichkeit» (*ibidem*). Nella traduzione di Marini: «E solo perché l'angoscia determina già sempre latentemente l'esser-nel-mondo che quest'ultimo, come un trovarsi a pro-curare che è-presso il "mondo", può aver paura. La paura è angoscia che è scaduta-al "mondo", inautentica e coperta come tale a se stessa. Del resto, fattiziamente, anche la tonalità dell'inospitalità resta per lo più incompresa sul piano esistentivo. E inoltre l'angoscia "autentica", dato il predominio dello scadimento e della pubblicità, è cosa rara. Spesso l'angoscia è condizionata "fisiologicamente". Questo factum è, nella sua fatticità, un problema *ontologico* non solo a riguardo della sua causa-zione e forma di decorso ontica [...]. Ancor più rari del factum esistentivo dell'angoscia autentica sono i tentativi di interpretare questo fenomeno nella sua costituzione e funzione esistenzial-ontologica. Le ragioni di ciò stanno in parte nella generale ignoranza dell'anali-tica esistenziale dell'esserci, ma in particolare nel misconoscimento del fenomeno del tro-varsi» (cfr. pp. 541-543). Per la traduzione Chiodi-Volpi, si vedano le pp. 231-232.

[7] Si ricordi il *Vorwort* di *Ontologie (Hermeneutik der Faktizität),* corso tenuto a Friburgo nel semestre estivo del 1923, GA 63, hrsg. von Käte Bröcker-Oltmanns, Kloster-mann, Frankfurt am Main 1988, dove Heidegger, in una sorta di "precoce retrospettiva au-tobiografica", scrive: «Begleiter im Suche war der junge *Luther* und Vorbild *Aristoteles,* den jener hasste. Stösse gab *Kierkegaard,* und die Augen hat mir *Husserl* eingesetzt» (GA, 63, p. 5). Come traduce Volpi: «Compagno nel mio cercare fu il giovane Lutero e modello Aristotele, che quello odiava. Alcuni impulsi me li diede Kierkegaard, e gli occhi me li ha aperti Husserl» (cfr. *Guida a Heidegger,* a cura di F. Volpi, Laterza, Bari 1997, p. XIII). Non si esagera forse, a nostro avviso, se si dice che fu proprio Kierkegaard a dare una *scossa fondamentale.* Del resto, nello stesso corso, il giovane professore annota: «Der Tod Christi – das Problem! Überhaupt Toderfahrung; Tod – Leben – Dasein (Kierkegaard)» (p. 111); ma già nel § 6, parlando della fatticità, sottolineava le "forti spinte" che aveva rice-vuto dal filosofo danese: «Starke Anstösse für die hier vorgelegte Explikation kommen von der Arbeit *Kierkegaards*» (p. 30). È pur vero, tuttavia, che già qui Heidegger aveva le idee chiare: dal punto di vista autenticamente filosofico *(in der eigentlich philosophischen Hinsicht),* Kierkegaard non si è liberato di Hegel *(von Hegel nicht losgekommen),* fu filo-soficamente "poco radicale" *(wenig radikal),* e vide, come Trendelenburg (alla cui "dialet-

Ebbene, oltre a quanto accennato in precedenza[8], ecco cosa si può leggere in *Sein und Zeit*:

> Am weitesten ist *S. Kierkegaard* vorgedrungen in der Analyse des Angst-phänomens und zwar (...) im theologischen Zusammenhang einer "psychologi-schen" Exposition des Problems der Erbsünde.

> [Chi ha più approfondito l'analisi del fenomeno dell'angoscia e (...) nel con-testo teologico di un'esposizione "psicologica" del problema del peccato origi-nale, è stato S. Kierkegaard][9].

E, alla fine del § 45:

> Im 19. Jahrhundert hat *S. Kierkegaard* das Existenzproblem als existenziel-les ausdrückllich ergriffen und eindringlich durchdacht. Die existenziale Proble-matik ist ihm aber so fremd, dass er in ontologischer Hinsicht ganz unter der Botmässigkeit *Hegels* und der durch diesen gesehenen antiken Philosophie steht. Daher ist von seinen "erbaulichen" Schriften philosophisch mehr zu lernen als von den theoretischen – die Abhandlung über den Begriff der Angst ausgenom-men.

> [Nel XIX secolo Kierkegaard ha colto esplicitamente e studiato a fondo il problema dell'esistenza in quanto problema esistentivo. La problematica esisten-ziale gli è però tanto estranea che, dal punto di vista ontologico, è in piena sog-gezione rispetto a Hegel e alla sua visione della filosofia antica, Sicché, filoso-ficamente, c'è più da imparare dai suoi scritti "edificanti" che da quelli teoretici – fatto salvo il trattato sul concetto dell'angoscia][10].

Infine, in relazione al "tempo" e all'"attimo", nel § 68:

> *S. Kierkegaard* hat das *existenzielle* Phänomen des Augenblicks wohl am eindringlichsten gesehen, was nicht schon bedeutet, dass ihm auch die existen-ziale Interpretation entsprechend gelungen ist. Er bleibt am vulgären Zeitbegriff haften und bestimmt den Augenblick mit Hilfe von Jetzt und Ewigkeit. Wenn K. von "Zeitlichkeit" spricht, meint er das "In-der-Zeit-sein" des Menschen. Die Zeit als Innerzeitigkeit kennt nur das Jetzt, aber nie einen Augenblick.

---

tica" si associò tenacemente), Aristotele con gli occhiali di Hegel, «durch die Brille *He-gels*» (cfr. pp. 41-42).

[8] Cfr. *Il ritorno del fiume*, nota 61.

[9] M. Heidegger, *Sein und Zeit*, GA 2, cit, p. 253; p. 543 della trad. di Alfredo Marini (per la trad. Chiodi-Volpi cfr. p. 232).

[10] Ivi, p. 313; p. 667 della trad. di Marini, qui ripresa, e p. 283 di quella Chiodi-Volpi.

[S. Kierkegaard ha certo individuato nel modo più penetrante il fenomeno *e-sistentivo* dell'attimo, il che non significa ancora che anche l'interpretazione esistenziale gli sia riuscita altrettanto bene. Egli resta fedele al concetto volgare del tempo e nella determinazione dell'attimo ricorre all''ora' e all'eternità. Quando K. parla di "temporalità", intende l'"essere-nel-tempo" dell'uomo. Il tempo come temporizzazione interna conosce solo l''ora', ma giammai un attimo][11].

Michael Düe, nella sua indagine, parte dal concetto *psicoanalitico* dell'*Angst*. Ed è proprio il *Caso clinico del piccolo Hans* a rivestire, negli scritti di Freud relativi alla problematica dell'angoscia (ma non solo), un ruolo particolare. Ecco come lo inquadra Silvia Vegetti Finzi:

> Nel 1909 Freud si trova, per la prima volta, di fronte alla nevrosi di un bambino. È vero che l'esplorazione analitica compiuta sugli adulti lo aveva sempre ricondotto alle più precoci vicende infantili, ma era una infanzia ritrovata nella dimensione del ricordo e nella ricostruzione del transfert. Nel caso del piccolo Hans, invece, seguiamo i comportamenti del bambino attraverso i resoconti del padre: ci vengono riferiti i suoi discorsi, scorgiamo gli effetti che i suoi atteggiamenti nevrotici producono sui familiari. La radicale novità sta quindi in una maggior immediatezza ed attualità dell'approccio al bambino, ma non solo. Il paziente, la sua malattia, non sono mai considerati isolatamente: i vissuti di Hans interagiscono costantemente con quelli delle persone che lo circondano. La famiglia, con le sue complesse articolazioni, balza qui in primo piano, molto prima che sia teorizzata come oggetto d'analisi e di terapia. Intorno alla famiglia di Hans, si avverte poi la Vienna dell'epoca, con le sue tradizioni, i suoi traffici, le sue inquietudini[12].

E così lo riassume:

> Hans soffre di una nevrosi ossessiva (la paura dei cavalli) che l'indagine analitica rivelerà strettamente connessa al conflitto edipico. Il bambino, che ama la madre, vive dei sentimenti aggressivi verso il padre rivale (per altro teneramente amato) e teme, di conseguenza, le reazioni che il padre potrebbe avere nei suoi confronti. Il sintomo fobico esprime in altri termini – spostato in una metafora – questo conflitto. La paura dei cavalli tiene il posto della paura del padre. Hans, attribuendo al cavallo l'aggressività, riesce a preservare buona la figura paterna e, nello stesso tempo, a controllare l'ansia con la fuga (il piccolo si rifiuta di uscire). La terapia consiste essenzialmente in una presa di coscienza che il

---

[11] Ivi, p. 447; p. 951 della trad. di Marini (qui ripresa) e p. 401 di quella Chiodi-Volpi, dove "*Jetzt*" è reso con "istante".

[12] S. Vegetti Finzi, *Il bambino nella psicoanalisi* (a cura di), Zanichelli, Bologna 1976, pp. 15-16 della ristampa del febbraio 1978.

bambino progressivamente compie dei suoi reali sentimenti. Man mano che viene meno la rimozione inconscia delle pulsioni sessuali ed aggressive, subentra il
controllo conscio molto più duttile e realistico. Insieme a Hans anche noi siamo
indotti a prendere coscienza del conflitto, della sua dimensione transindividuale,
della sua necessità sociale. Una nevrosi infantile perde allora il suo carattere di
"eccezionalità" per rivelarsi solo un sintomo, particolarmente evidente, di una
fondamentale vicenda evolutiva. I trattamenti psicoanalitici dei bambini saranno
[...] ulteriormente perfezionati, specialmente per quanto concerne il rapporto te-
rapeuta-bambino, ma il caso del piccolo Hans costituisce ancora un punto di riferimento e di dibattito[13].

Il padre del piccolo Hans, dunque, che apperteneva alla cerchia dei primi seguaci di Freud[14], riferisce, nelle sue "relazioni" al
Professore, dello sviluppo sessuale del suo bambino, che all'epoca aveva circa tre anni (siamo nel 1906). Il piccolo mostra apertamente un vivo interesse per le funzioni e gli organi sessuali, os-
servandoli sugli animali, su se stesso, sulla sorellina[15]...

Queste "comunicazioni" su ciò che è, per Freud, un normale
sviluppo infantile, terminano nel 1908, quando, al loro posto, si
manifesta qualcosa di nuovo. Scrive il padre:

> Geehrter Herr Professor! Ich sende Ihnen wieder ein Stückchen Hans, dies-
> mal leider Beiträge zu einer Krankengeschichte. Wie Sie daraus lesen, hat sich
> bei ihm in den letzten Tagen eine nevröse Störung entwickelt, die mich und mei-
> ne Frau sehr beunruhigt, weil wir kein Mittel zu ihrer Beseitigung finden konn-
> ten.

> [Egregio professore, le mando ancora qualcosa su Hans. Purtroppo, questa
> volta si tratta del materiale per un caso clinico. Come vedrà, negli ultimi giorni
> si è sviluppato nel bambino un disturbo nervoso che tiene mia moglie e me nella
> massima agitazione, perché non riusciamo a trovare il modo di scacciarlo][16].

---

[13] Ivi, p. 16.
[14] Si tratta di Max Graf, storico della musica e compositore, amico personale di Freud e
appartenente fin dalla fondazione alla "Società psicologica del Mercoledì" (che nel 1908 si
trasformò in "Società psicoanalitica di Vienna"), «dove si adunavano per sedute scientifi-
che gli studiosi interessati alla psicoanalisi» (cfr. l'inizio dell'*Avvertenza editoriale* a *Personaggi psicopatici sulla scena* (1905), in S. Freud, *Opere complete*, ed. digitale cit., vol.
5, *Il motto di spirito e altri scritti*).
[15] Cfr. M. Düe, *op. cit.*, p. 14.
[16] Cfr. S. Freud, *Analyse der Phobie eines fünfjährigen* Knaben, p. 26 dell'ed. citata da
Düe, e *Analisi della fobia di un bambino di cinque anni*, 2, cpv. 1 dell'ed. it. cit. Ricordiamo che anche la madre di Hans, Olga Hönig, era stata, prima del matrimonio con Max
Graf, in terapia da Freud, e che il vero nome del piccolo era Herbert (cfr. l'*Introduzione* di

A questo punto, dice Düe, sono in tre a narrare la "storia". Quelle che erano semplici osservazioni del padre diventano interrogazioni. Egli verbalizza e invia al professore le sue registrazioni, dalle quali Freud trae la *sua* storia. È così che nasce il testo sull'analisi della fobia, da una stratificazione di tre narrazioni: le esternazioni del piccolo Hans sono messe tra virgolette; ad esse si aggiunge il testo del padre, attorno al quale si collocano, poi, le considerazioni di Freud[17].

L'8 gennaio del 1908, dunque, Hans, di malavoglia, dice alla madre: «Ho avuto paura che un cavallo mi mordesse (*Ich hab' mich gefürchtet, dass mich ein Pferd beissen wird*)»[18]. Scrive il padre:

La paura *che per strada un cavallo lo morda* sembra in qualche modo essere collegata al fatto che è terrorizzato da un pene grosso – come lei sa da una precedente annotazione [...]. Hans (quattro anni e nove mesi) la mattina si alza piangendo e alla domanda sui motivi del pianto, dice alla mamma: 'Quando dormivo ho pensato che tu eri andata via e io non avevo più una mami per far le moine' [...]. Quindi un sogno d'angoscia[19].

E Freud:

Il disturbo inizia con pensieri angoscioso-teneri (*ängstlich-zärtlichen Gedanken*) e poi con un sogno d'angoscia [...]. È appunto questa intensificata tenerezza per la madre che si capovolge poi in angoscia, che soggiace, come diciamo noi, alla rimozione (*der Verdrängung*) [...]. Questa angoscia, corrispondente a un intenso desiderio erotico rimosso, inizialmente è, come ogni angoscia infantile, senza oggetto (*objektlos*); è angoscia, non ancora paura (*noch Angst und nicht Furcht*). Il bambino non può sapere di che cosa ha paura [...]. Dice ciò che sa, e cioè che per strada gli manca la mamma, con la quale può fare le moine (*schmeicheln*), e che non vuole allontanarsi da lei. In questo modo rivela con tutta sincerità il primo motivo della propria avversione nei riguardi della strada[20].

È qui dunque che si situa l'inizio dell'analisi del piccolo Hans, come sottolinea Düe. Lo sviluppo dell'angoscia presuppone una

---

Daniele Del Giudice a *Sigmund Freud. Il Piccolo Hans*, a cura di Mario Ajazzi Mancini, trad. di Michela Marcacci, testo originale a fronte, Feltrinelli, Milano 2021, pp. XV-XVI).

[17] Cfr. M. Düe, *op. cit.*, pp. 14-15.

[18] La traduzione che qui utilizziamo è quella di M. Marcacci nell'ed. it. Feltrinelli, cit. (cfr., ivi, p. 93).

[19] Ivi, pp. 89-91.

[20] Ivi, pp. 93-95 (gli inserimenti in tedesco sono nostri).

rimozione. Il lavoro dell'analisi, allora, si "limita" alla ri-costruzione. Scrive Freud:

> Es ist aber nicht der therapeutische Erfolg, den wir an erster Stelle anstre-
> ben, sondern wir wollen den Patienten in den Stand setzen, seine unbewussten
> Wunschregungen bewusst zu erfassen. Dies erreichen wir, indem wir auf Grund
> der Andeutungen, die er uns macht, mit Hilfe unserer Deutekunst den unbewuss-
> ten Komplex *mit unseren Worten* vor sein Bewusstsein bringen. Das Stück Ähn-
> lichkeit zwischen dem, was er gehört hat, und dem, was er sucht, das sich selbst,
> trotz aller Widerstände, zum Bewusstsein durchdrängen will, setzt ihn in den
> Stand, das Unbewusste zu finden. Der Arzt ist ihm im Verständnisse um ein
> Stück voraus; er kommt auf seinen eigenen Wegen nach, bis sie sich am be-
> zeichneten Ziel treffen.

[Tuttavia il successo terapeutico non è la nostra prima preoccupazione; quello che vogliamo è mettere il paziente in grado di afferrare in modo conscio i suoi
moti di desiderio inconsci. E lo facciamo presentandogli alla coscienza *con le
nostre parole*, cioè utilizzando la nostra capacità interpretativa sulla base degli
accenni che lui fornisce, il suo complesso inconscio. La parte di somiglianza fra
quello che ha udito e quello che cerca, che, nonostante tutte le resistenze, si fa
strada da solo nella coscienza, lo mette in grado di trovare l'inconscio. Il medico
lo anticipa parzialmente nella comprensione; egli segue per la propria strada,
finché i due si incontrano nel punto di arrivo prestabilito][21].

Insomma, come dirà in *Introduzione alla psicoanalisi*:

> Drücken wir uns anders aus: Wir konstruiren den unbewussten Vorgang so,
> als ob er keine Verdrängung erfahren und sich ungehindert zum Bewusstsein
> fortgesetzt hätte.

[Esprimendoci in altri termini: ricostruiamo il processo inconscio così come
se non avesse subìto alcuna rimozione e avesse proseguito indisturbato fino alla
coscienza][22].

---

[21] Cfr. S. Freud, *Analyse der Phobie eines fünfjährigen* Knaben, p. 103 dell'ed. citata da
Düe e pp. 263-265 dell'ed. it. Feltrinelli, cit. Si noti come la "capacità interpretativa" del-
l'analista, per Freud, sia un'"arte": *Deute*kunst.

[22] Cfr. S. Freud, *Vorlesungen zur Einführung in die Psychoanalyse*, Nikol Verlag, Hamburg 2021, p. 385, e *Introduzione alla psicoanalisi*, trad. it. di Marilisa Tonin Dogana e
Ermanno Sagittario, Boringhieri, Torino 1978, pp. 363-364. (Nel riferire sulle pagine di
questa edizione italiana, terremo conto anche della traduzione apparsa in *Opere complete*,
ed. digitale citata, dove appaiono, qui e là, delle leggerissime variazioni. Questo libro, come dice Freud stesso nella *Prefazione*, è la «fedele riproduzione di lezioni da me tenute
nei due semestri invernali 1915-16 e 1916-17 dinanzi a un uditorio composto da medici e
profani di entrambi i sessi». E aggiunge: «Non era possibile conservare nell'esposizione la
fredda calma di una dissertazione scientifica; l'oratore dovette anzi proporsi di non lasciar

La frase è tratta dalla *Lezione 25*, che ha come titolo proprio *L'angoscia*[23]. Subito dopo Freud dice:

Die Angst (...) ist "die allgemein gangbare Münze, gegen welche alle Affektregungen eingetauscht werden oder werden können, wenn der dazugehörige Vorstellungsinhalt der Verdrängung unterlegen ist.

[L'angoscia è (...) la moneta valida universalmente con la quale vengono o possono venire scambiati tutti i moti affettivi, quando il contenuto rappresentativo ad essi legato è stato assoggettato alla rimozione][24].

L'angoscia come un "velo" (*ein Schleier*), commenta Düe, che viene gettato sugli affetti. Toglierlo, significa, appunto, ri-costruire[25].

Crediamo valga la pena, ora, vedere come Freud in quest'opera parla dell'angoscia, sia nella lezione 25 sia nella 32, aggiunta dopo[26].

---

ristagnare l'attenzione degli ascoltatori dato che le lezioni duravano quasi due ore» (cfr. p. 15 dell'ed. it. cit.). In realtà, dopo quelle lezioni, Freud «acquistò fama e popolarità [...], e in larga misura proprio attraverso la pubblicazione delle stesse. L'opera infatti ha avuto nel corso degli anni, e nel mondo intero, una grandissima diffusione [...]. Il successo editoriale dell'opera è dovuto alla estrema chiarezza e pacatezza del discorso, e al carattere sistematico, e perciò esauriente, della esposizione» (cfr. l'*Avvertenza editoriale* al volume 8 in S. Freud, *Opere complete*, ed. it. cit.).

[23] Questa lezione è una di quelle che hanno «costretto l'autore ad avvalersi per alcuni punti [...] anche di materiale finora non divulgato» (cfr. p. 15 della *Prefazione* a *Introduzione alla psicoanalisi*, ed. it. cit.).

[24] S. Freud, *Vorlesungen zur Einführung in die Psychoanalyse*, cit. p. 385, e cfr. p. 364 della trad. it. cit..

[25] Cfr. M. Düe, *op. cit.*, p. 19.

[26] Nella prima metà del 1932, Freud si decise a scrivere una seconda serie di lezioni, che non furono mai pronunciate. Così ne parla nella prefazione alla pubblicazione (qui contenuta in entrambe le edizioni da noi citate, con i titoli *Neue Folge der Vorlesungen zur Einführung in die Psychoanalyse* e *Seconda serie di lezioni*): «Le lezioni dell'*Introduzione alla psicoanalisi* furono tenute nei due semestri invernali 1915-16 e 1916-17 in un'aula della Clinica psichiatrica di Vienna, dinanzi ad ascoltatori provenienti da tutte le facoltà [...]. Queste nuove lezioni, a differenza di quelle, non sono mai state pronunciate. L'età mi ha dispensato, nel frattempo, dall'obbligo di manifestare la mia appartenenza all'università (che è comunque un'appartenenza solo periferica) col tenere lezioni, e un'operazione chirurgica mi ha reso impossibile ogni sforzo oratorio. Se dunque, durante le esposizioni che seguiranno, mi colloco nuovamente nell'aula, si tratta solo di un'illusione della fantasia; forse mi aiuterà a non farmi dimenticare, nell'approfondimento del tema, le esigenze del lettore. Queste nuove lezioni [...] sono [...] continuazioni e aggiunte [...]. La dipendenza di queste nuove lezioni da quelle dell'*Introduzione* si evidenzia anche nel fatto che ne continuano la numerazione [...]. Come le precedenti, esse offrono poco di nuovo all'analista di professione e si rivolgono a quella grande massa di persone colte cui vorremmo poter attri-

Nella lezione 25, dopo aver ricordato il fatto che, comunemente, «le parole "nervoso" (*nervös*) e "ansioso" (*ängstlich*) vengono usate l'una per l'altra, come se significassero la stessa cosa», e che ciò non è giusto, egli dice che si può senz'altro trattare "per un bel pezzo" dell'angoscia «senza pensare affatto al nervosismo»[27].

Capite senz'altro che cosa voglio dire se designo questa angoscia come angoscia "reale", in contrapposizione all'angoscia "nevrotica" [...]. Di essa affermeremo che è la reazione alla percezione di un pericolo esterno, cioè di un danno atteso, previsto; che è collegata al riflesso della "fuga", e che può essere considerata un'espressione della pulsione di autoconservazione (*Selbsterhaltungstrieb*) [...]. Troviamo del tutto comprensibile che il selvaggio abbia paura (*sich fürchtet*) di un cannone e sia terrorizzato (*sich... ängstigt*) da un'eclissi solare, mentre il bianco, che sa maneggiare quello strumento e prevedere quell'evento, in tali circostanze, non si angoscia affatto (*angstfrei bleibt*). Altre volte è proprio il maggior sapere a favorire l'angoscia, perché permette di riconoscere tempestivamente il pericolo. Così il selvaggio si spaventerà (*wird erschrecken*) davanti a una traccia, nella foresta, che non dice nulla all'inesperto ma che a lui rivela la vicinanza di una bestia feroce; e l'esperto navigante osserverà con terrore (*wird... mit Entsetzen... betrachten*) una nuvolette in cielo, che al passeggero pare insignificante mentre a lui annuncia l'approssimarsi dell'uragano[28].

E poi continua precisando:

Evito di addentrarmi più a fondo nel quesito se il nostro uso linguistico intenda designare con "angoscia" (*Angst*), "paura" (*Furcht*), "spavento" (*Schreck*) la stessa cosa o cose chiaramente differenti. Penso solo che "angoscia" si riferisce allo stato (*Zustand*) e prescinde dall'oggetto, mentre "paura" richiama l'attenzione proprio sull'oggetto. "Spavento" sembra invece avere un senso particolare, ossia mettere in risalto l'effetto di un pericolo che non viene accolto in uno stato di preparazione all'angoscia (*Angstbereitschaft*). Cosicché si potrebbe dire che l'uomo si protegge dallo spavento con l'angoscia[29].

Freud, a questo punto, rivela ai suoi uditori quale sia l'"affetto primordiale" dell'angoscia:

---

buire un benevolo, seppur cauto, interesse per le peculiarità e le conquiste della giovane scienza» (cfr. pp. 419-420 della trad. it. cit.).
[27] S. Freud, *op. cit.*, pp. 375-76 ted. e 354-55 it.
[28] Ivi, p. 376 ted. e p. 355 it. Inserimenti nostri.
[29] Ivi, p. 377 ted. e p. 356 it. Inserimenti nostri: "*Angstbereit*", "pronto all'angoscia", dice Heidegger parlando, in *Sein und Zeit*, della *Vorlaufende Entschlossenheit*...

Per quanto riguarda l'affetto d'angoscia, crediamo di sapere di quale impressione primordiale sia la ripetizione: riproduce l'*atto della nascita*, nel quale ha luogo quel misto di sentimenti spiacevoli, di impulsi di scarica e di sensazioni corporee che è divenuto il prototipo (*das Vorbild*) dell'effetto prodotto da un pericolo mortale e che da allora viene da noi ripetuto come stato d'angoscia [...]; la prima angoscia fu dunque un'angoscia tossica. Il termine "angoscia" – *angustiae*, *Enge* – sottolinea il carattere del restringimento del respiro (*Beengung im Atmen*), che allora fu presente come conseguenza della situazione reale e che oggi viene quasi sempre riprodotto nell'affetto. Riconosciamo anche come ricco di implicazioni il fatto che quel primo stato d'angoscia ebbe origine dalla separazione dalla madre. Naturalmente siamo persuasi che la disposizione a ripetere il primo stato d'angoscia si sia incorporata così profondamente, attraverso una serie incalcolabile di generazioni, nell'organismo, che un singolo individuo non può sfuggire all'affetto d'angoscia anche se, come il leggendario Macduff, "fu tratto innanzi tempo, con un taglio, dal grembo di sua madre" e quindi non sperimentò egli stesso l'atto della nascita. Quale sia stato per gli animali non mammiferi il prototipo dello stato d'angoscia, non possiamo dirlo. D'altro canto, non sappiamo nemmeno quale sia il complesso di sensazioni che in queste creature equivale alla nostra angoscia[30].

Poi l'Autore riferisce per la prima (e unica) volta un episodio che a suo avviso testimonia della correlazione tra angoscia e atto della nascita:

Vi interesserà forse sapere come si possa giungere a un'idea come quella che l'atto della nascita sia la fonte e il prototipo dell'affetto dell'angoscia. Qui la speculazione quasi non c'entra; mi sono avvalso piuttosto dell'ingenuo pensiero del popolo. Molti anni fa, mentre noi giovani medici ospedalieri eravamo a pranzo in una trattoria, un assistente della clinica ostetrica ci raccontò un divertente episodio occorso nell'ultimo esame per levatrici. A una candidata venne chiesto che cosa significa, al momento della nascita, la presenza di meconio (escrementi del feto) nell'acqua che esce, ed essa rispose prontamente: "Che il bambino ha paura (*Angst*)". Venne derisa e bocciata. Io però presi in silenzio le sue parti e cominciai a sospettare che quella povera donna del popolo avesse candidamente messo il dito su un'importante correlazione[31].

Passando all'angoscia nevrotica, Freud dice che le *fobie* sono da inserire nell'*isteria d'angoscia*, cioè da considerare «un'affezione strettamente imparentata alla [...] isteria di conversione»[32].

---

[30] Ivi, pp. 378-379 ted. e pp. 357-358 it. Inserimenti nostri. Per la frase sul "*sagenhafte*" Macduff, cfr. Shakespeare, *Macbeth*, atto 5, scena 7.
[31] Ivi, p. 379 ted. e p. 358 it. Inserimento nostro.
[32] Ivi, p. 361 it.

Siamo così ricondotti al caso clinico del piccolo Hans, dove quest'"affezione" è lungamente trattata. Qui, agli uditori della venticinquesima *Vorlesung*, Freud fa notare che l'"ansietà" (*die Ängstlichkeit*) dei bambini «è qualcosa di molto comune, e sembra davvero difficile distinguere se si tratti di angoscia nevrotica o reale»[33]. Si sa che il bambino piccolo (*das kleine Kind*) «ha paura anzitutto delle persone estranee». La verità, dice Freud, è che

il bambino si spaventa davanti alla figura dell'estraneo perché è abituato soltanto alla vista della persona familiare e amata, alla vista, in ultima istanza, della madre. La sua delusione e nostalgia si trasformano in angoscia; si tratta della sua libido che è divenuta inutilizzabile e che, non potendo più esser tenuta in sospeso, si scarica infine sotto forma di angoscia (*als Angst abgeführt wird*). Né può essere un caso che in questa situazione, esemplare dell'angoscia infantile, si riproduca la condizione del primo stato d'angoscia, durante l'atto della nascita (*während des Geburtsaktes*), ossia la separazione dalla madre. Le prime fobie dei bambini connesse con determinate situazioni sono quelle dell'oscurità e della solitudine. La prima sussiste spesso per tutta la vita; a entrambe è comune il fatto che viene sentita la mancanza della persona amata che si cura del bambino (*das Vermissen der geliebten Pflegeperson*), quindi della madre. Udii un bambino, che aveva paura al buio, gridare dalla stanza vicina: "Zia, parlami, ho paura (*ich fürchte mich*)". "Ma a che ti serve? Non mi vedi mica"; e il bambino: "Se qualcuno parla, diventa più chiaro". La *nostalgia* (*Sehnsucht*) provata nell'oscurità viene quindi trasformata in paura dell'oscurità [...]. Non vi è nulla di strano che fobie e angoscia infantile concordino, poiché le fobie dei bambini non sono soltanto il modello di quelle successive – che noi classifichiamo nell'"isteria d'angoscia" – bensì la loro diretta condizione preliminare e il loro preludio (*die direkte Vorbedingung und Vorspiel derselben*)[34].

---

[33] Cfr., ivi, p. 365 it. (p. 387 ted.).

[34] Ivi, pp. 366-368 it. (pp. 388-390 ted.). Gli inserimenti in tedesco sono nostri. In particolare, per quel che riguarda la parola *Sehnsucht* (qui tradotta, come usualmente si fa, con *nostalgia*), ricordiamo che anche a proposito del mito dell'androgino, ripreso da Freud in *Jenseits des Lustprinzips*, la versione tedesca (di U. v. Wilamowitz-Moellendorff) del passo del *Simposio* platonico (189d-191b), parla del "bramare la metà perduta" come *Sehnsucht* («...*trieb die Sehnsucht die beiden Hälften zusammen*»). Il termine lì usato da Platone è πόθος (che, come è noto, e proprio come *Sehnsucht*, è più che "nostalgia" intesa come "ritorno al passato"): ποθοῦν ἕκαστον τὸ ἥμισυ τὸ αὐτοῦ συνήει. Potremmo anche dire, con Heidegger, che «*Die Sehnsucht ist der Schmerz der Nähe des Fernen* [La nostalgia è il dolore della vicinanza del lontano]» (cfr. *Vorträge und Ausätze*, GA Band 7, cit., p. 107, e p. 71 della trad. it. cit., dove Heidegger commenta lo "Zarathustra" di Nietzsche). Per le citazioni da *Jenseits...*, cfr. S. Freud, *Jenseits des Lustprinzips*, Internationaler Psychoanalytischer Verlag, Leipzig Wien Zürich 1920, 3. durchgesehene Auflage 1923, p. 83; trad. it. di Anna Maria Marietti e Renata Colorni, *Al di là del principio di piacere*, Biblioteca Boringhieri, Torino 1975, pp. 92-93. Cfr. anche, su queste pagine di Freud, il capitolo *Todestrieb* del nostro *Fort und Da...*, cit.

Freud conclude la lezione ribadendo che il problema dell'angoscia «assume fra le questioni della psicologia delle nevrosi una posizione che dobbiamo propriamente definire centrale». Tuttavia, se è vero che «lo sviluppo d'angoscia è legato alle sorti della libido e al sistema dell'inconscio», c'è un punto dell'esposizione, egli dice, che «è rimasto a sé stante, quasi una lacuna della nostra concezione». Si tratta del fatto («unico ma difficilmente contestabile») che l'angoscia reale deve essere considerata come una manifestazione delle pulsioni di autoconservazione dell'Io (*Selbsterhaltungstriebe des Ichs*)[35].

In tal modo siamo idealmente introdotti alla Lezione 32, *Angoscia e vita pulsionale* (*"Angst und Triebleben"*).

Dopo aver riassunto la venticinquesima lezione della serie precedente, Freud scrive:

> Signore e signori, la scomposizione della personalità psichica in un Super-io, un Io e un Es [...] ci obbliga [...] a un nuovo orientamento circa il problema dell'angoscia. Con la tesi che l'Io è l'unica sede dell'angoscia, che soltanto l'Io può produrre e provare (*verspüren*) angoscia, abbiamo conquistato una nuova e salda posizione [...]. E invero non sapremmo che senso avrebbe parlare di un'"angoscia dell'Es" o attribuire al Super-io la facoltà di impaurirsi. Per contro, abbiamo accolto come un'auspicata corrispondenza il fatto che le tre principali forme di angoscia – l'angoscia reale, quella nevrotica e quella morale (*Gewissensangst*) – possano essere messe in relazione senza sforzo con le tre forme di dipendenza dell'Io: dal mondo esterno, dall'Es e dal Super-io[36].

Ai suoi immaginari uditori, Freud racconta poi che egli ha nel frattempo indagato su «come sorga l'angoscia in certe fobie che classifichiamo nell'isteria d'angoscia», concentrandosi in particolare sui casi in cui «era stata effettuata la tipica rimozione degli impulsi di desiderio derivanti dal complesso edipico». Ebbene, contrariamente alle aspettative, e cioè che «l'investimento libidico riguardante la madre [...] avrebbe dovuto trasformarsi in angoscia per effetto della rimozione», il risultato, sorprendentemente, fu l'opposto:

---

[35] Ivi, p. 370 it. e p. 392 ted.
[36] Cfr., ivi, pp. 489-490 it. e p. 522 ted. (inserimenti nostri).

Non era la rimozione a creare l'angoscia, l'angoscia esisteva sin da prima; era l'angoscia che produceva la rimozione (*die Angst macht die Verdrängung*)! Ma di che specie di angoscia poteva trattarsi? Solo della paura per un minaccioso pericolo esterno, ossia di un'angoscia reale[37].

Nel capitolo quarto di *Inibizione, sintomo e angoscia*, Freud ricorda, in proposito, il caso del piccolo Hans e quello dell'uomo dei lupi. Per entrambi si tratta, come è noto, di "zoofobia isterica infantile" (fobia del cavallo, in un uno, e del lupo, nell'altro), dove gli animali temuti avevano il significato di un sostituto paterno. Ad essi, in quest'opera, l'Autore aggiunge un terzo caso, quello di un giovane americano:

in lui non si era sviluppata una zoofobia, ma proprio a causa di questa mancanza il suo caso mi aiutò a comprendere gli altri. L'eccitamento sessuale del soggetto si era acceso ascoltando una fantastica storia infantile che qualcuno gli aveva letto, in cui un principotto arabo dà la caccia a un individuo fatto di una sostanza commestibile (il *Gingerbreadman* [l'uomo di panforte]) per mangiarselo. Egli stesso si identificava con quest'uomo commestibile, il principotto era facilmente riconoscibile quale sostituto del padre, e questa fantasia divenne il fondamento principale della sua attività autoerotica. L'idea di essere divorato dal padre appartiene del resto tipicamente a un antichissimo patrimonio infantile; le analogie mitologiche (Crono) e quelle tratte dalla vita degli animali sono largamente note [...]. L'esperienza analitica [...] ci insegna che l'idea di essere divorato dal padre è l'espressione regressivamente degradata di un tenero impulso passivo, di un desiderio di essere amato dal padre, di essere assunto a oggetto nel senso dell'erotismo genitale. La storia successiva del caso [del paziente russo] non lascia alcun dubbio circa l'esattezza di questa interpretazione [...]. La situazione del caso dell'uomo dei lupi, e quella un po' più semplice del piccolo Hans, sollecitano altre e diverse riflessioni; ma due cose che non ci aspettavamo le abbiamo già scoperte. Non v'è alcun dubbio che il moto pulsionale rimosso in queste fobie sia un impulso ostile contro il padre [...]. Si tratta, nel caso di Hans – molto meno chiaramente nel caso del russo – di un processo di rimozione che riguarda quasi tutti gli elementi del complesso edipico, gl'impulsi di ostilità e tenerezza verso il padre, e l'impulso di tenerezza verso la madre [...]. Noi crediamo di conoscere in entrambi i casi il fattore che ha provocato la rimozione [...]: la paura provocata da una minaccia di evirazione [...]; i contenuti angosciosi di essere morsi dal cavallo o divorati dal lupo sostituiscono, deformandolo, il contenuto seguente: essere evirati dal padre[38].

---

[37] Ivi, p. 490 it. e pp. 522-523 ted.
[38] Cfr., in particolare, cpvv. 10-14 del cap. 4 di *Inibizione, sintomo e angoscia (1925)*, in *Opere complete*, cit., vol. 10.

L'angoscia reale, dunque, è la "paura" «provocata da una minaccia di evirazione», ossia dal «pericolo reale che il bambino teme come conseguenza del suo innamoramento per la madre», come Freud specifica nella lezione 32 dell'*Introduzione alla psicoanalisi*; dove aggiunge:

È il castigo dell'evirazione, la perdita del membro. Naturalmente obietterete che questo non è un pericolo reale. I nostri maschietti non vengono evirati per il fatto di essersi innamorati della madre nella fase del complesso edipico. Ma la questione non può essere liquidata così semplicemente. Innanzitutto, il problema non è se l'evirazionne venga realmente praticata o meno; il punto è che si tratta di un pericolo che incombe minacciosamente dall'esterno al quale il bambino crede. Ha qualche motivo per comportarsi così, poiché durante la sua fase fallica, all'epoca del suo primo onanismo, lo si minaccia abbastanza spesso di tagliargli il membro e qualsiasi accenno a questo castigo è destinato a trovare in lui un rafforzamento filogenetico. La nostra ipotesi è che nei primordi della famiglia umana l'evirazionne venisse realmente eseguita sul maschio in fase di sviluppo dal padre geloso e crudele (*vom eifersüchtigen und grausamen Vater*), e che la circoncisione, la quale presso i primitivi è tanto spesso una componente del rito della pubertà, ne sia un residuo ben riconoscibile. Sappiamo quanto ci scostiamo con ciò dall'opinione generale, ma non per questo rinunciamo a tener per fermo che la paura dell'evirazione sia uno dei motori più frequenti e più forti della rimozione e quindi della formazione delle nevrosi. Il nostro convincimento si è tramutato in certezza dopo che abbiamo analizzato alcuni casi di ragazzi ai quali era stata praticata, per terapia o come castigo per la masturbazione, non certo l'evirazione, bensì la circoncisione [...]. La paura dell'evirazione non è, naturalmente, l'unico motivo della rimozione; intanto, è ovvio che non trova posto presso le donne, le quali hanno anch'esse un complesso di evirazione, ma non possono certo aver paura di essere evirate. In suo luogo subentra, nell'altro sesso, la paura della perdita d'amore, che è visibilmente una prosecuzione dell'angoscia del lattante che sente la mancanza della madre[39].

L'angoscia nevrotica, continua Freud, «si è [così] trasformata nelle nostre mani in angoscia reale, in angoscia di fronte a determinate situazioni di pericolo».

---

[39] S. Freud, *Introduzione alla psicoanalisi*, cit., p. 491 (p. 523-24 ted., inserimento nostro). Alla fine del capitolo 8 di *Inibizione, sintomo e angoscia*, Freud scrive che nello sviluppo d'angoscia della femmina «non si tratta più [...] della perdita vera e propria dell'oggetto, ma piuttosto della *perdita d'amore* da parte dell'oggetto. Dato che sicuramente l'isteria ha una maggiore affinità con la femminilità, così come la nevrosi ossessiva con la virilità, vien fatto di supporre che la condizione angosciosa della perdita d'amore abbia nell'isteria una parte simile a quella che la minaccia d'evirazione ha nelle fobie, e l'angoscia del Super-io nella nevrosi ossessiva» (corsivo nostro).

Ma non possiamo fermarci qui: dobbiamo ancora fare un passo, che sarà però un passo indietro (*ein Schritt zurück*). Ci chiediamo che cosa sia propriamente
ciò che è pericoloso, che cosa si tema in tali situazioni di pericolo. Evidentemente non il danno alla persona valutabile in senso oggettivo [...], bensì ciò che deriva da questo danno alla vita psichica. La nascita, ad esempio, il nostro modello
dello stato d'angoscia, difficilmente può essere considerata di per sé un danno,
benché *il pericolo di danneggiamenti non sia da escludere*. Nella nascita, come
in ogni situazione di pericolo, l'essenziale è che essa provoca nell'esperienza
psichica uno stato di tesa eccitazione, che viene avvertito come dispiacere e che
non può essere dominato mediante discarico. Chiamiamo un tale stato, di fronte
al quale gli sforzi del principio di piacere falliscono, momento *traumatico*[40].

È in tal modo che si avvicina ciò che è *al di là del principio di
piacere*, anche se «il cammino è ancora lungo»:

Siamo così giunti, attraverso la sequenza "angoscia nevrotica – angoscia reale – situazione di pericolo", alla semplice proposizione: ciò che è temuto, l'oggetto dell'angoscia, è ogni volta la comparsa di un momento traumatico, che non
può venir eliminato come richiederebbe il principio di piacere [...]. Dal principio
di piacere alla pulsione di autoconservazione il cammino è ancora lungo (*ist
noch ein weiter Weg*)[41].

Signore e signori, prosegue Freud, ho intenzione di condurvi
«sul terreno della teoria della libido o dottrina delle pulsioni».

La dottrina delle pulsioni è, per così dire, la nostra mitologia. Le pulsioni sono entità mitiche, grandiose nella loro indeterminatezza. Non possiamo prescin-
derne, nel nostro lavoro, un solo istante [...]. Voi sapete come il pensiero popola-
re le consideri: suppone che esistano tante pulsioni diverse quante ne occorrono
in quel dato momento: una pulsione di autoaffermazione, una di imitazione, una
di gioco, una di socialità e molte altre simili; esso, per così dire, le assume, fa fare a ciascuna il suo particolare lavoro e poi di nuovo le congeda. Avevamo sempre avuto il sospetto che dietro a queste molte piccole pulsioni prese a prestito si
nascondesse qualcosa di serio e di potente, cui fosse opportuno avvicinarci con
cautela. Il nostro primo passo fu piuttosto modesto. Dicemmo a noi stessi che
probabilmente non sbagliavamo distinguendo, per cominciare, due pulsioni principali, o specie di pulsioni o gruppi di pulsioni, in base ai due grandi bisogni: la
fame e l'amore [...]; qui ci imbattiamo [...] in un fatto biologico irrefutabile, che

---

[40] Ivi, pp. 496-497 (p. 529 ted.). Il primo corsivo è nostro: come cantava Leopardi, «è rischio di morte il nascimento». Notiamo, poi, come anche Freud facesse "passi indietro":
ein Schritt zurück, è scritto qui (da noi inserito), e torna alla mente Heidegger...
[41] Ivi, p. 497 it. e p. 529 ted. Sembra ripetersi, qui, quando ci si avvicina a *Al di là*..., quel
che in quel libro accade: *pas au-delà*, come dice Derrida (cfr. la seconda parte del nostro
Fort und Da..., cit.), in uno "zoppicante" ritmo.

attesta come il singolo essere vivente serva due intenti: l'autoconservazione e la conservazione della specie[42].

Dopo aver specificato che una pulsione si differenzia da uno stimolo perché «trae origine da fonti di stimolazione interne al corpo», e «la persona non le si può sottrarre con la fuga», Freud scrive:

> Noi supponiamo che vi siano due specie essenzialmente diverse di pulsioni: quelle sessuali, intese nel senso più ampio – l'*Eros*, se preferite questa denominazione –, e quelle *aggressive*, la cui meta è la distruzione [...]; non abbiamo arguito la presenza nell'uomo di una speciale pulsione aggressiva e distruttiva in seguito agli insegnamenti della storia e all'esperienza della vita; ciò è avvenuto invece in base a considerazioni generali, alle quali ci ha condotto l'*esame dei fenomeni del sadismo e del masochismo* [...]. Crediamo [...] che il sadismo e il masochismo ci offrano due eccellenti esempi di impasto delle due specie di pulsioni, l'Eros e l'aggressività[43].

In particolare, spiega Freud, il *masochismo* (prescindendo dalla sua componente erotica) «ci conferma che esiste una tendenza avente come meta l'autodistruzione». Esso è "più antico" del sadismo[44].

Ed ecco allora riproposta, nel 1932, a immaginari uditori, la celebre tesi di *Jenseits des Lustprinzips*, del 1920[45].

> Una strana pulsione, questa, che è rivolta alla distruzione della propria dimora organica! I poeti, è vero, parlano di simili cose, ma i poeti [...] godono del privilegio della licenza poetica. Indubbiamente idee simili non sono estranee neppure alla fisiologia, per esempio quella relativa alla mucosa dello stomaco che si digerisce da sé. Si deve però ammettere che questa nostra pulsione autodistruttiva ha bisogno di un più ampio sostegno[46].

Il "sostegno" non può che arrivare da «uno studio più approfondito delle pulsioni»:

---

[42] Ivi, p. 498 it.
[43] Ivi, p. 499 e pp. 505-506.
[44] Ivi, p. 507.
[45] Meglio sarebbe dire, con Derrida, l'*a-tesi* (cfr. il capitolo "*L'a-tesi* diabolica" in G. Senatore, *Fort und Da...*, cit.), e (meglio sarebbe dire) del *1919*, come Freud stesso tenne a precisare in una lettera a Fritz Wittels, suo primo biografo (cfr. la fine del vol. 9 di S. Freud, *Opere complete*, cit.).
[46] Ivi, pp. 507-508.

Le pulsioni non governano soltanto la vita psichica, ma anche quella vegetativa, e queste pulsioni organiche si distinguono per un tratto caratteristico che merita il nostro più vivo interesse [...]: esse rivelano, cioè, *una tendenza a ripristinare uno stato precedente*[47].

Freud così continua:

È lecito supporre che a partire dal momento in cui tale stato, già raggiunto, viene turbato sorga una pulsione tendente a ripristinarlo, la quale provoca fenomeni che possiamo designare come *coazione a ripetere*. Così l'embriologia nel suo insieme non è che un esempio di coazione a ripetere. La facoltà di formare di nuovo organi perduti si estende molto in alto nella scala animale, e la pulsione a risanare, alla quale, accanto agli ausili terapeutici, dobbiamo le nostre guarigioni, potrebbe essere il residuo di questa capacità così sviluppata negli animali inferiori. Le migrazioni dei pesci nella stagione della fregola, forse i voli degli uccelli, ed eventualmente tutto ciò che designiamo come manifestazione dell'istinto negli animali, avviene sotto l'imperativo della coazione a ripetere, la quale esprime la *natura conservatrice* delle pulsioni[48].

Questa coazione a ripetere «riesce a imporsi perfino sul principio di piacere». Essa si può osservare anche al di fuori dell'analisi:

Vi sono individui che nella loro vita ripetono sempre, senza correggersi, le medesime reazioni a loro danno, o che sembrano addirittura perseguitati da un destino inesorabile, mentre un più attento esame rivela che essi stessi si creano inconsapevolmente con le loro mani questo destino. In tal caso attribuiamo alla coazione a ripetere un carattere "demoniaco"[49].

Ma qual è lo stato precedente che una simile pulsione vorrebbe ripristinare?

Ammesso che una volta – in tempi immemorabili e in un modo che non si può rappresentare – la vita abbia avuto origine da materia inanimata, allora [...] deve essere sorta una pulsione che vuole abolire la vita, ripristinare lo stato inorganico [...], una *pulsione di morte*[50].

In sintesi:

---

[47] Ivi, p. 508 (corsivo nostro).
[48] *Ibidem*.
[49] *Ibidem*.
[50] Ivi, p. 509.

le pulsioni nelle quali crediamo si dividono in due gruppi: quelle erotiche, che vogliono convogliare la sostanza vivente in unità sempre più grandi, e le pulsioni di morte, che si oppongono a questa tendenza e riconducono ciò che è vivente allo stato inorganico. Dall'azione congiunta e opposta di entrambe scaturiscono i fenomeni della vita, ai quali mette fine la morte[51].

Forse, dice Freud, «scrollerete le spalle»:

"Questa non è scienza della natura, è filosofia, la filosofia di Schopenhauer". E perché mai, signore e signori, un audace pensatore non dovrebbe aver intuito ciò che una spassionata, faticosa e dettagliata ricerca è in grado di convalidare? E d'altronde, tutto è già stato detto una volta, e molti prima di Schopenhauer hanno detto cose simili[52].

Poi precisa:

Noi non affermiamo che la morte sia l'unico obiettivo della vita; non trascuriamo la vita [...]. Riconosciamo due pulsioni fondamentali e lasciamo a ognuna la propria meta. Come entrambe si intreccino nel processo vitale, come la pulsione di morte serva agli intenti dell'Eros, specialmente nel suo volgersi all'esterno in forma di aggressività, sono compiti che restano affidati all'indagine futura[53].

E "posticipatamente" comunica da dove ha preso le mosse per questa sua riflessione sulla teoria delle pulsioni. Tutto è nato dall'impressione, riportata nel lavoro analitico, che «il paziente che manifesta una resistenza, molto spesso di essa non sa nulla». Non solo: anche i *motivi* della resistenza sono sconosciuti al paziente.

---

[51] *Ibidem.*

[52] *Ibidem.* Ricordiamo, qui, ciò che Freud scrisse a Lou Andreas-Salomé, il 1° agosto 1919: «Ho scelto come argomento della mia indagine il tema della morte, dal quale sono approdato a una singolare concezione relativa alle pulsioni; e ora mi tocca leggere una quantità di cose in proposito: Schopenhauer, per esempio, e per la prima volta. Ma non leggo volentieri» (cfr. l'*Avvertenza editoriale* a *Al di là del principio di piacere* in *Opere complete*, cit.). Ma anche quel che dice alla fine del penultimo paragrafo del capitolo 5 dell'*Autobiografia* (1924): «Ho letto Schopenhauer molto tardi nella mia vita, e per un lungo periodo di tempo ho evitato di leggere Nietzsche, l'altro filosofo le cui intuizioni e scoperte coincidono spesso, in modo sorprendente, con i risultati faticosamente raggiunti dalla psicoanalisi; più che la priorità mi importava di conservarmi libero da ogni influsso esterno» (cfr. vol. 10 delle *Opere complete: Inibizione, sintomo e angoscia e altri scritti*). Inoltre, si veda la lettura che Derrida ci offre, di questo tentativo freudiano di "evitare" la filosofia in generale, in *La carte postale*, pp. 236-239 della trad. it. cit. (cfr., in proposito, il capitolo "L'a-tesi diabolica" del nostro *Fort und Da...*).

[53] *Ibidem.*

Il motivo principale, dice Freud, «con nostra sorpresa lo abbiamo trovato in un forte bisogno di punizione, che abbiamo potuto classificare solo fra i desideri masochistici»[54].

Sulla provenienza di questo inconscio bisogno di punizione non è possibile aver dubbi. È un bisogno che si comporta come un pezzo della nostra coscienza morale, come la continuazione di essa nell'inconscio [...]. Se soltanto non vi fosse una certa disarmonia terminologica, sarebbe senz'altro giustificato a tutti gli effetti pratici chiamarlo "inconscio senso di colpa" [...]. Gli individui in cui questo inconscio senso di colpa è strapotente si rivelano nel trattamento analitico essere quelli con reazione terapeutica negativa, il che crea alla prognosi serie difficoltà[55].

Dopo aver fatto notare che i problemi sollevati dall'inconscio senso di colpa (e dalle sue connessioni con la morale, la pedagogia, la criminalità e la delinquenza giovanile) «sono attualmente il campo di lavoro preferito degli psicoanalisti», Freud conclude così la lezione 32:

Siamo ormai d'accordo che, nonostante l'orgoglio per le nostre conquiste civili sia grande, non ci riesce facile assolvere le richieste di questa civiltà, sentirci a nostro agio in essa, perché le limitazioni pulsionali impostaci significano per noi un grave onere psichico. Ebbene, ciò che abbiamo riconosciuto valido per le pulsioni sessuali vale in uguale e forse maggior misura per le altre pulsioni, quelle aggressive [...]; la limitazione della propria aggressività è il primo e forse più difficile sacrificio che la società deve esigere dal singolo [...]. L'istituzione del Super-io, che attira su di sé i pericolosi impulsi aggressivi, introduce in certo qual modo un presidio nei luoghi ove ribolle la sommossa. Per contro, da un punto di vista puramente psicologico, si deve riconoscere che l'Io non si sente a suo agio quando viene così sacrificato ai bisogni della società [...]. Per fortuna le pulsioni aggressive non sono mai sole, sono sempre commiste con le pulsioni erotiche. A queste ultime spetta di mitigare e prevenire molte cose nell'ambito della civiltà creata dall'uomo[56].

È ora di ritornare a Michael Düe e al suo lavoro. Egli riprende *Inibizione, sintomo e angoscia* facendo notare che in quest'opera Freud rivede l'analisi della fobia del piccolo Hans. Se nel 1909, infatti, il compito della stessa consisteva nello sciogliere i nodi

---

[54] Ivi, p. 510.
[55] Ivi, pp. 510-511.
[56] Ivi, pp. 511-512. Per un'ampia trattazione di questo tema, l'opera di riferimento, come noto, è *Il disagio della civiltà* (cfr., in *Opere complete*, l'ultimo scritto del volume 10).

della trasformazione in angoscia (causata dalla rimozione) della libidica *Sehnsucht*, e nel rendere consapevoli gli inconsci moti del desiderio, col volgersi verso la nozione di "pericolo" si giunge, come abbiamo visto, a una *Realangst*, vero motore della rimozione. In entrambi i casi (quello del piccolo Hans e quello del *Wolfsmann*), scrive ora Freud, il motore della rimozione è la *Kastrationsangst*:

> der Angstaffekt der Phobie, der ihr Wesen ausmacht, stammt nicht aus dem Verdrängungsvorgang, nicht aus den libidinösen Besetzungen der verdrängten Regungen, sondern aus dem Verdrängenden selbst; die Angst der Tierphobie ist die unverwandelte Kastrationsangst, also eine Realangst, Angst vor einer wirklich drohenden oder als real beurteilten Gefahr;

> il contenuto affettivo angoscioso della fobia, ciò che ne costituisce l'essenza, non deriva dal processo di rimozione, non proviene dagli investimenti libidici dei moti rimossi, bensì dal "rimovente" stesso; l'angoscia della zoofobia è paura d'evirazione non trasformata, è quindi un'angoscia reale, angoscia di fronte a un pericolo che realmente incombe o che viene giudicato reale[57].

Ora è chiaro, commenta Düe, che l'elemento che porta alla formazione del sintomo fobico è la paura di perdere il pene[58].

Anche l'"angoscia della nascita", di cui si è visto nella lezione 25 delle *Vorlesungen*, viene ripresa e sviluppata in *Inibizione, sintomo e angoscia*:

> Die Angst ist also ein besonderer Unlustzustand mit Abfuhraktionen und bestimmte Bahnen [...]. Diese rein physiologische Zusammenfassung wird uns aber kaum genügen; wir sind versucht anzunehmen, dass ein historisches Moment da ist, welches die Sensationen und Innervationen der Angst fest aneinander bindet [...]. Als solches vorbildliches Erlebnis bietet sich uns für den Menschen die Geburt, und darum sind wir geneigt, im Angstzustand eine Reproduktion des Geburtstraumas zu sehen.

> L'angoscia è dunque un particolare stato spiacevole accompagnato da atti di scarica lungo determinate vie [...]. Questa concezione puramente fisiologica non potrà tuttavia bastarci; siamo tentati di supporre che vi sia un fattore storico che lega strettamente insieme le sensazioni e le innervazioni dell'angoscia [...]. Il

---

[57] Cfr. fine cpv. 14 del cap. 4 di *Inibizione, sintomo e angoscia*, in *Opere complete*, cit., vol. 10. In tedesco si veda *Hemmung, Symptom und Angst*, Studienausgabe cit., Bd. VI, pp. 252-253.

[58] Cfr. M. Düe, *op. cit.*, pp. 36-39.

prototipo di una simile esperienza è, nella specie umana, la nascita, ed è per questo che noi siamo inclini a vedere nello stato d'angoscia una riproduzione del trauma della nascita[59].

Più avanti Freud dice:

Die Angst erscheint [...] als die Reaktion auf das Vermissen des Objekts, und es drängen sich uns die Analogien auf, dass auch die Kastrationsangst die Trennung von einem hochgeschätzten Objekt zum Inhalt hat und dass die ursprüngliche Angst (die '*Urangst*' der Geburt) bei der Trennung von der Mutter entstand.

[L'angoscia si presenta (...) come la reazione alla mancanza dell'oggetto, e, per analogia, ci viene in mente che anche l'angoscia di evirazione ha come contenuto la separazione da un oggetto altamente stimato, e che l'angoscia più primitiva (l'"angoscia primaria" della nascita) ebbe luogo con la separazione dalla madre][60].

La "stima" narcisistica del pene, commenta Düe, deriva dal suo promettere il ricongiungimento con la madre nel coito. La castrazione è dunque una nuova separazione dalla madre e significa, come nella nascita, «una nuova, spiacevole tensione del desiderio»[61].

L'autore riporta poi, in proposito, un passo di Sandor Ferenczi e uno di Norman Brown. Il primo dice:

Der Zweck des Begattungsaktes (kann) nichts anderes sein als ein [...] Versuch zur Wiederkehr des Ich in den Mutterleib [...]. Die Begattung erreicht aber diese zeitweilige Regression auf dreierlei Weise: der ganze Organismus erreicht dieses Ziel nur *halluzinatorisch*, ähnlich wie etwa im Schlaf; dem Penis, mit dem sich der ganze Organismus identifizierte, gelingt dies bereits *partiell oder symbolisch*, und nur das Genitalsekret hat das Vorrecht, in Vertretung des Ich und seines narzisstischen Doppelgängers, des Genitales, auch *real* die Mutterleibssituation zu erreichen.

[Lo scopo dell'atto dell'accoppiamento non (può) essere nient'altro che un (...) tentativo di ritorno dell'Io nel corpo materno (...). Ma l'accoppiamento raggiunge questa temporanea regressione in tre diversi modi: l'intero organismo raggiunge questo obiettivo solo *allucinatoriamente*, press'a poco come nel sonno; al pene, con il quale l'intero organismo si è identificato, ciò riesce già par-

---

[59] S. Freud, *Hemmung, Symptom und Angst*, cit., p. 274; cap. 8, cpv. 4 della trad. it. cit.
[60] Ivi, p. 277 ted. e cpv. 14 it.
[61] M. Düe, *op. cit.*, p. 44. La traduzione dei passi di Düe, qui e in seguito, è di chi scrive.

zialmente o *simbolicamente*; solo la secrezione genitale ha il privilegio, in rappresentanza dell'Io e del suo narcisistico doppio, il genitale, di raggiungere anche *realmente* la situazione del ventre materno][62].

Il secondo recita:

Das Ergebnis des Kastrationskomplexes ist Genitalorganisation, der Primat des Penis. Die Identifizierung der ganzen Person mit dem Penis. Der Schauspieler stellt seine ganze Person als einen Penis zur Schau, doch deckt die Zurschaustellung die Kastration auf. Die ganze Person als ein Penis, ein Penis schlicht und simpel, ein Penis *tout court*, ist ein abgeschnittener Penis, eine Trophäe, ein abgetrenntes Haupt...

[Il risultato del complesso di castrazione è organizzazione genitale, il primato del pene. L'identificazione dell'intera persona con il pene. L'attore mette in mostra tutta la sua persona come un pene, ma l'esibizione svela la castrazione. L'intera persona come pene, un mero pene, un pene *tout court*, è un pene tagliato, un trofeo, una testa staccata...][63].

---

[62] S. Ferenczi, *Versuch einer Genitaltheorie*, in *Schriften zur Psychoanalyse II*, hrsg. von Michael Balint, Frankfurt am Main 1972, p. 333 (trad. nostra).

[63] Norman O. Brown, *Love's Body*, Frankfurt am Main-Berlin-Wien 1979, p. 114 (trad. it. nostra). L'originale inglese fu pubblicato la prima volta nel 1966, presso Random House, a New York. L'edizione cui noi ci riferiamo è la ristampa, del 1990, per conto dell'University of California. Esiste anche una traduzione italiana del libro di Brown, a cura di Silvia Giacomini: *Corpo d'amore*, SE, Milano 1991. Il brano qui riportato si trova a p. 124 ingl. e a p. 129 it. Crediamo valga la pena, inoltre, leggere quel che Herbert Marcuse scrisse all'apparire di *Love's Body*: «Ecco l'anima nuova, *profeta* dell'uomo nuovo – la rottura decisa col passato e col presente che è ancora dominio del passato. E si tratta del passato archetipo, sia per l'individuo che per la storia del genere umano: il peccato originale e la scena originaria. Nella sua rappresentazione della storia dell'uomo e della condizione umana, Brown è guidato dalle idee più avanzate ed estreme della psicoanalisi, e gli piace citare Adorno: "Nella psicoanalisi sono vere solo le esagerazioni". Solo le esagerazioni possono distruggere la compiacenza del buon senso e dello spirito scientifico con le loro illusioni e i loro limiti rassicuratori. Solo le esagerazioni possono (forse), con la violenza di uno shock, chiarire l'orrore del tutto, la profondità dell'inganno, e l'incomunicabile promessa di un futuro che potrà essere (o potrà pensarsi) solo in quanto annullamento totale di passato e presente. Apocalisse e Pentecoste: distruzione di ogni cosa e redenzione di ogni cosa: liberazione finale del contenuto represso – abolizione del principio della realtà, anzi, abolizione della realtà stessa. Brown infatti chiama illusione, menzogna, sogno, ciò che noi chiamiamo realtà. Noi dormiamo e il sonno equivale alla morte; viviamo ancora nel grembo [*in the womb*] o torniamo nel grembo; la nostra sessualità genitale è un regresso allo stato prenatale; e siamo ancora sotto il fascino della scena originaria [*primal scene*]: riproduciamo il padre che abbiamo introiettato in noi; la vita sessuale che crediamo nostra è la sua, e il nostro piacere è vicario. Se tutta la nostra vita è dunque sogno e illusione, il risveglio alla vera vita sarà la fine della nostra: la morte e la resurrezione [*death and resurrection*] sono una unica cosa. Per uscire dal grembo, per uscire dalla caverna dei sogni [*the dream cave*], dobbiamo morire e rinascere». Si tratta dell'esordio di una "recensione" al libro di Brown, pubblicata nel febbraio del 1967 dalla rivista *Commentary*, ripresa nell'ed.

Freud stesso, del resto, scriveva, nell'*Aggiunta circa l'ango-scia*:

Das Ich, welches das Trauma passiv erlebt hat, wiederholt nun aktiv eine ab-geschwächte Reproduktion desselben, in der Hoffnung, deren Ablauf selbsttätig leiten zu können.

[L'Io, che ha vissuto passivamente il trauma, ripete ora attivamente una ri-produzione attenuata dello stesso, nella speranza di poterne orientare autonoma-mente lo sviluppo][64].

Prima del passo riportato sopra, Brown aveva fatto questa os-servazione:

Eine rituelle Betrachtungsweise ist eine historische Betrachtungsweise. Das Ritual ist ganz einfach eine Neuinszenierung der Vergangenheit. Die grossen Revolutionen innerhalb der menschlichen Gesellschaft sind Veränderungen in der Gestalt symbolischer Repräsentation, Neuorganisationen des Theaters, der Bühne für menschliches Handeln...

[Un modo di considerare "rituale" è un modo di considerare *storico*. Il ritua-le è semplicemente una nuova messa in scena del passato. Le grandi rivoluzioni all'interno della società umana sono cambiamenti nella forma di una rappresen-tazione simbolica, nuove organizzazioni del teatro, del palcoscenico dell'agire dell'uomo...][65].

Nell'angoscia, commenta Düe, l'Io "celebra" un dramma anti-chissimo: la separazione dalla madre. Come dice Freud, l'ango-scia è, da un lato, «*Erwartung des Traumas*», "aspettazione del trauma", dall'altro «*eine gemilderte Wiederholung desselben*», u-na "ripetizione attenuata di esso"[66].

Die Signalangst ist erst durch die Bildung des Affekts ermöglicht. Die Anti-zipation der Gefahr, des Traumas ist nur ihr einer Charakter; ihr anderer ist die

---

it. cit. di *Love's Body* come postfazione (cfr., ivi, p. 275). Gli inserimenti in inglese sono nostri. Brown "replicò" a Marcuse, sulla stessa rivista, il mese successivo, con questo ini-zio: «My friend Marcuse and I: Romulus and Remus quarreling; which of them is the real "revolutionary."»...

[64] Cfr. *Hemmung, Symptom und Angst*, cit., p. 304; cap. 11, B, cpv. 7 della trad. it. cit.

[65] Norman O. Brown, *Love's Body*, ed. ted. cit., p. 106 (trad. it. e corsivo nostri); cfr. pp. 114-115 ingl. e p. 121 it. delle edizioni citate.

[66] Cfr. M. Düe, *op. cit.*, p. 44 e S. Freud, *Hemmung, Symptom und Angst*, cit., p. 303 (cap. 11, B, cpv. 6 della trad. it. cit.).

Wiederholung der Gefahr. Das Ich erzählt sich eine Geschichte, die von ihrem Ende her beginnt; es ist dieselbe Situation wie in der Analyse des kleinen Hans; er sehnt sich nach der Mutter, doch die Vergeblichkeit seines Sehnens wird von der Angst markiert. Nach dem Auftreten der Angst lässt sich die Libido nicht mehr vollständig zurückverwandeln. "Er ist jetzt mit der Mutter und hat doch Angst, d. h. ungestillte Sehnsucht nach ihr".

[Il segnale d'angoscia non è possibile prima della formazione del contenuto affettivo. E l'anticipazione del pericolo, del trauma è solo uno dei suoi caratteri; l'altro è la ripetizione del pericolo. L'Io si racconta una storia che comincia dalla sua fine. È la stessa situazione dell'analisi del piccolo Hans: egli brama la madre, ma l'inutilità del suo desiderare è evidenziata dall'angoscia. Col sorgere dell'angoscia, la libido non può più ri-trasformarsi pienamente. "Ora egli è insieme alla mamma: eppure l'angoscia, ossia il desiderio inappagato di lei, persiste"][67].

L'angoscia che persiste, il fallo che dovrebbe costituire un ponte per superare linee di demarcazione, fossati ed abissi, e che invece si rivela essere impotente[68]...

---

[67] Cfr. ivi, pp. 44-45 e, in S. Freud *Opere complete*, il volume 5, *(Caso clinico del piccolo Hans)*, 2, cpv. 2 dopo "le prime comunicazioni del padre". Nell'edizione Feltrinelli citata cfr. p. 97.

[68] Cfr. ivi, pp. 46-47, dove sono ripresi ancora un passo di Brown e uno di Freud. Il primo dice: «Und alle Grenzen, die Falschen Fronten oder Grenzlinien – zwischen Ich und Aussenwelt, zwischen Ich und Über-Ich, zwischen Ich und Es – sind befestigt [E tutti i confini, i falsi fronti o le linee di demarcazione – tra l'Io e il mondo esterno, tra l'Io e il Super-Io, tra l'Io e l'Es – sono fissati]» (Norman O. Brown, *Love's Body*, ed. ted. cit., p. 131, trad. it. nostra). Meglio ancora: «And all the boundaries, the false fronts or frontiers – between ego and external world, between ego and super-ego, between ego and it – are fortified. The walls are fortified, with "defense-mechanismus", and "character armor". [E tutti i confini, i falsi fronti o frontiere – tra l'Io e il mondo esterno, tra l'Io e il Super-io, tra l'Io e l'Es – sono fortificati, come "meccanismi di difesa" e "armature del carattere"]» (cfr. p. 148 ingl. e p. 152 it. delle ed. cit.). Il secondo passo è questo: «Ich füge hier an, dass die Phantasie der Rückkehr in den Mutterleib der Koitusersatz des Impotenten (durch die Kastrationsdrohung Gehemmten) ist. [Aggiungo qui che la fantasia del ritorno nel grembo materno è il surrogato del coito nell'impotente (inibito dalla minaccia di evirazione)]» (S. Freud, *Hemmung, Symptom und Angst*, cit., p. 279; cap. 8, cpv. 18 della trad. it. cit.). Ricordiamo che anche nella lezione 32 dell'*Introduzione alla psicoanalisi* Freud scriverà: «Ich erwähne Ihnen nebenbei, die so häufige Phantasie der Rückkehr in den Mutterleib ist der Ersatz dieses Koituswunsches [Vi accenno, per inciso, che la tanto frequente fantasia del ritorno nel grembo materno è il sostituto di questo desiderio di coito]» (cfr. p. 524 ted. e p. 492 it. delle edizioni citate). Düe, dal canto suo, qui annota: «Festungen und Gräben, Abgründe dazwischen – und der Phallus ist eine Brücke, die wieder hinwegführen soll über die Schlünde [Reclusioni in fortezze e fossati, abissi in mezzo – e il fallo è un ponte che dovrebbe di nuovo condurre via dai precipizi]» (p. 47).

Cos'è rimosso, in realtà, in tutto questo? Non c'è bisogno, forse, di una visione "esistenziale" dell'angoscia? È a questo punto, infatti, che Michael Düe fa intervenire Martin Heidegger. Perché ciò che è "rimosso" è la *fatticità*: non a caso l'angoscia c'è già "prima" (come Freud stesso arriva ad affermare), e per-siste. Noi diremmo, leggendo Heidegger, che l'im-potenza è *costitutiva* dell'uomo.

La fatticità rimossa

In *Was ist Metaphysik?* Heidegger dice che c'è una differenza essenziale tra il cogliere la totalità dell'ente in sé e il *trovarsi* in mezzo all'ente nella sua totalità. La prima cosa è fondamentalmente impossibile, l'altra accade di continuo nel nostro esserci[1].

Non solo il trovarsi in "tonalità emotiva" svela (a suo modo) l'ente nella sua totalità: lo svelamento, lungi dall'essere un mero "accidente", è *l'accadere fondamentale* del nostro esser-ci[2]. Esso porta l'uomo dinanzi al nulla, anche se ciò accade abbastanza di rado, e solo per degli "attimi" (ma realmente), nella *Grundstimmung* dell'angoscia[3].

Sappiamo che l'*Angst* non va confusa con la paura (*Furcht*)[4]. Ma che ne è del nulla che si manifesta nell'angoscia?

Wie steht es um das Nichts? [...]. Das Nichts enthüllt sich in der Angst – aber nicht als Seiendes. Es wird ebensowenig als Gegenstand gegeben. Die Angst ist kein Erfassen des Nichts. Gleichwohl wird das Nichts durch sie und in ihr offenbar, wenngleich wiederum nicht so, als zeigte sich das Nichts abgelöst "neben" dem Seienden im Ganzen, das in der Unheimlichkeit steht [...]. In der hellen Nacht des Nichts der Angst ersteht erst die ursprüngliche Offenheit des Seienden als eines solchen: dass es Seiendes ist – und nicht Nichts [...]. Nur auf dem Grunde der ursprünglichen Offenbarkeit des Nichts kann das Dasein des

---

[1] Cfr. M. Heideger, *Wegmarken*, cit., p. 110: «Am Ende besteht ein wesenhafter Unterschied zwischen dem Erfassen des Ganzen des Seienden an sich und dem Sichbefinden inmitten des Seienden im Ganzen. Jenes ist grundsätzlich unmöglich. Dieses geschieht ständig in unserem Dasein». In *Segnavia*, cit., cfr. p. 65.

[2] «Die Befindlichkeit der Stimmung enthüllt nicht nur je nach ihrer Weise das Seiende im Ganzen, sondern dieses Enthüllen ist zugleich – weit von einem blossen Vorkommnis – das Grundgeschehen unseres Da-seins» (cfr. *ibidem* ted. e p. 66 it.).

[3] «Dieses Geschehen ist möglich und auch wirklich – wenngleich selten genug – nur für Augenblicke in der Grundstimmung der Angst» (ivi, p. 111 ted. e p. 67 it.).

[4] Cfr., sopra, il capitolo *Il ritorno del fiume*.

Menschen auf Seiendes zugehen und eingehen [...]. Da-sein heisst: Hineingehaltenheit in das Nichts. Sich hineinhaltend in das Nichts ist das Dasein je schon
über das Seiende im Ganzen hinaus. Dieses Hinaussein über das Seiende nennen
wir die Transzendenz. Würde das Dasein im Grunde seines Wesens nicht trans-
zendieren, d. h. jetzt, würde es sich nicht im vorhinein in das Nichts hineinhal-
ten, dann könnte es sich nie zu Seiendem verhalten, also auch nicht zu sich
selbst [...]. Die Hineingehaltenheit des Daseins in das Nichts auf dem Grunde
der verborgenen Angst macht den Menschen zum Platzhalter des Nichts. So
endlich sind wir, dass wir gerade nicht durch eigenen Beschluss und Willen uns
ursprünglich vor das Nichts zu bringen vermögen. So abgründig gräbt im Dasein
die Verendlichung, dass sich unserer Freiheit die eigenste und tiefste Endlichkeit
versagt.

Che ne è del nulla? [...]. Il nulla si svela nell'angoscia, ma non come ente.
Esso non è nemmeno dato come oggetto. L'angoscia non è un cogliere il nulla.
Tuttavia, il nulla si manifesta attraverso di essa e in essa, anche se, di nuovo,
non nel senso che il nulla si mostri staccato, "accanto" all'ente nella sua totalità
che si presenta nello spaesamento [...]. Solo nella notte chiara del nulla dell'angoscia sorge l'originaria apertura dell'ente come tale, per cui esso è ente – e non
niente [...]. Solo sul fondamento dell'originaria evidenza del nulla, l'esserci del-
l'uomo può rivolgersi all'ente e occuparsene [...]. Esser-ci significa esser tenuto
immerso nel nulla. Tenendosi immerso nel nulla, l'esserci è già sempre oltre
l'ente nella sua totalità. Questo essere oltre l'ente noi lo chiamiamo trascendenza. Se l'esserci, nel fondo della sua essenza, non trascendesse, ossia, come ora
possiamo dire, non si tenesse immerso fin dall'inizio nel nulla, non potrebbe mai
com-portarsi all'ente, dunque neanche a se stesso [...]. L'essere tenuto immerso
dell'esserci nel nulla, sul fondamento della latente angoscia, fa dell'uomo il luo-
gotenente del nulla. Siamo così finiti, che appunto non siamo capaci di portarci
originariamente dinanzi al nulla mediante una nostra decisione o volontà. Così
abissalmente scava nell'esserci, questa finitudine, che alla nostra libertà si nega
la finitezza più propria e più profonda[5].

L'essere e il nulla sono la stessa cosa, potremmo dire con Hegel. Ma Heidegger precisa:

Sein und Nichts gehören zusammen, aber nicht weil sie beide – vom Hegel-
schen Begriff des Denkens aus gesehen – in ihrer Unbestimmtheit und Unmittel-
barkeit übereinkommen, sondern weil das Sein selbst im Wesen endlich ist und
sich nur in der Transzendenz des in das Nichts hinausgehaltenen Daseins offenbart.

---

[5] Cfr. M. Heidegger, *Wegmarken*, cit., pp. 112-118, e pp. 68-74 della trad. it. cit. (leggermente modificata). A proposito del *sich hineinhaltend* dell'esserci nel nulla, nella 5ª edizione di *Was ist Metaphysik?* (1949) Heidegger domanda: «*wer hält ursprünglich?*», chi
"tiene" originariamente?

Essere e nulla si appartengono. Ma non perché entrambi, dal punto di vista del concetto hegeliano del pensiero, coincidano nella loro indeterminatezza e immediatezza, bensì perché l'essere stesso è per essenza finito e si manifesta solo nella trascendenza dell'esserci che è tenuto fuori nel nulla[6].

Se è impossibile cogliere la totalità dell'ente in sé, e se questa impossibilità lascia scorgere, nell'angoscia del *trovarsi*, il nulla, che cosa ha a che fare *questa angoscia* con la pscologia e la psicoanalisi? È ciò che si chiede Heidegger:

Was hat das Seinsgeschick dieser Angst mit Psychologie und Psychoanalyse zu tun?

Ma che ha a che fare il destino d'essere di questa angoscia con la psicologia e con la psicoanalisi?[7].

Riprendendo questa domanda di Heidegger e mettendo in corsivo "dieser Angst", Michael Düe prova a rispondere con Freud:

Manchmal glaubt man zu erkennen, es sei nicht allein der Druck der Kultur, sondern etwas am Wesen der Funktion selbst versage uns die volle Befriedigung und dränge uns auf andere Wege. Es mag ein Irrtum sein, es ist schwer zu entscheiden.

Qualche volta crediamo di avvertire che non solo la pressione della civiltà, ma qualcosa nell'essenza della funzione [sessuale] stessa ci impedisca il pieno soddisfacimento e ci spinga a percorrere altre strade. Può essere un errore, è difficile decidere[8].

Per "decidere", ricordiamo cosa è scritto in *Sein und Zeit*:

Die Abkehr des Verfallens gründet [...] *in der Angst, die ihrerseits Furcht erst möglich macht.* Für das Verständnis der Rede von der verfallenden Flucht

---

[6] Ivi, p. 120 ted. e p. 75 it. (leggerm. modif.). La frase di Hegel («*Das reine Sein und das reine Nichts ist also dasselbe* [Il puro essere e il puro nulla è dunque lo stesso]») Heidegger la trae da *Wissenschaft der Logik, Werke*, Vollständige Ausgabe durch einen Verein von Freunden des Verewigten [Opere. Edizione completa a cura di un'associazione di amici dello scomparso], 19 voll., Berlin, 1832-1845, vol. III, libro I, p. 74.

[7] Cfr. *Einleitung zu "Was ist Metaphysik?"*, in *Wegmarken*, cit., p. 371; trad. it. cit., p. 323.

[8] Cfr. M. Düe, *op. cit.*, p. 56, e S. Freud, *Das Unbehagen in der Kultur*, Studienausgabe cit., Bd. IX, p. 235 (*Il disagio della civiltà*, fine del cap. 4, in *Opere complete*, ed. dig. cit., volume 10).

des Daseins vor ihm selbst muss das In-der-Welt-sein als Grundverfassung dieses Seienden in Erinnerung gebracht werden [...]; *das Wovor der Angst ist die
Welt als solche* [...], die *Möglichkeit* von Zuhandenen überhaupt [...]: *wovor die
Angst sich ängstet, ist das In-der-Welt-sein selbst* [...]. Das, *worum* die Angst
sich ängstet, enthüllt sich als das, *wovor* sie sich ängstet: das In-der-Welt-sein.
Die Selbigkeit des Wovor der Angst und ihres Worum erstreckt sich sogar auf
das Sichängsten selbst. Denn dieses ist als Befindlichkeit eine Grundart des In-
der-Welt-seins [...]. In der Angst ist einem *"unheimlich"*. Darin kommt zunächst
die eigentümliche Unbestimmtheit dessen, wobei sich das Dasein in der Angst
befindet, zum Ausdruck: das Nichts und Nirgends. Unheimlichkeit meint aber
dabei zugleich das Nicht-zuhause-sein [...]. Das In-Sein kommt in den existenzialen "Modus" des *Un-zuhause*. Nichts anderes meint die Rede von der "Unheimlichkeit".

La diversione dello scadimento si fonda [...] *nell'angoscia, la quale soltanto
rende possibile la paura*. Per capire cosa si intende quando si parla di fuga scadente dell'esserci davanti a se stesso, bisogna ricordare che l'esser-nel-mondo è
la costituzione fondamentale di questo ente [...]; *il davanti-a-che dell'angoscia è
il mondo in quanto tale* [...], la *possibilità* dell'ente allamano in quanto tale [...]:
ciò per cui l'angoscia si angoscia è l'esser-nel-mondo stesso [...]. Ciò *per cui*
l'angoscia si angoscia si rivela come ciò *davanti a cui* essa si angoscia: l'esser-
nel-mondo. La medesimezza del davanti-a-cui dell'angoscia e del suo per-cui si
estende perfino all'angosciarsi stesso. Infatti quest'ultimo, in quanto trovarsi, è
un modo fondamentale dell'esser-nel-mondo [...]. Nell'angoscia ci si trova in
uno stato di *"inospitalità"*. Vi si esprime in prima istanza la peculiare indeterminatezza di ciò presso cui l'esserci si trova nell'angoscia: "il nulla e in nessun
luogo". In questo contesto inospitalità significa, insieme, spaesamento [...]. L'in-
essere assume la "modalità" esistenziale dello *spaesamento*. Questo e nient'altro
si intende quando si parla di "inospitalità"[9].

Siamo così ritornati all'*Unheimlichkeit*. A questo punto infatti,
Düe, abbandonando espressamente la "metodicità" della ricerca
heideggeriana[10], fa intervenire di nuovo Freud, e quel che già sappiamo sul "perturbante". Ci sono però delle considerazioni dello
studioso che vorremmo mettere in evidenza.

Nel riprendere l'ambivalenza della parola *heimlich*, che indica,
come abbiamo visto, sia la familiarità, l'agio (*das Vertrauten, Behaglichen*) sia il nascondere, il tener celato (*das Versteckten, Verborgengehaltenen*)[11], Düe ricorda che il ritorno di ciò che, secon-

---

[9] Cfr. *SuZ*, cit., pp. 247-251, e pp. 531-539 della trad. di Marini, qui ripresa; nella trad.
Chiodi-Volpi, cfr. le pagine 227-230 dell'ed. citata (§ 40).
[10] Cfr. *op. cit.*, p. 60.
[11] Cfr., sopra, il capitolo *Unheimlichkeit*.

do Schelling, dovrebbe rimanere celato e "segreto", è il ritorno del rimosso (*des Verdrängten*) e ci è noto anche dalla sintomatologia delle malattie neurotiche, nonché da fenomeni come il sogno e gli atti mancati quotidiani. Tuttavia, un tale ritorno non porta il rimosso davanti alla nostra coscienza come ciò che esso era *prima* della rimozione:

> Der Akt der Verdrängung ist verantwortlich für die Entstellung des Verdrängten. Die Unheimlichkeit als begleitender Affekt dieser Wiederkehr ist die Kennzeichnung eben dieser nicht entscheidbaren Ent-stellung.

L'*atto* della rimozione è responsabile della deformazione del rimosso. Lo spaesamento, come affetto che accompagna il ritorno, è appunto il contrassegno della non decidibile de-formazione[12].

Alla fine del capitolo 2 di *Das Unheimliche* Freud scrive:

> Zum Schlusse [...] soll eine Erfahrung aus der psychoanalytischen Arbeit erwähnt werden, die [...] die schönste Bekräftigung unserer Auffassung des Unheimlichen mit sich bringt. Es kommt oft vor, dass neurotische Männer erklären, das weibliche Genitale sei ihnen etwas Unheimliches. Dieses Unheimliche ist aber der Eingang zur alten Heimat des Menschenkindes, zur Örtlichkeit, in der jeder einmal und zuerst geweilt hat. "Liebe ist Heimweh", behauptet ein Scherzwort, und wenn der Träumer von einer Örtlichkeit oder Landschaft noch im Träume denkt: Das ist mir bekannt, da war ich schon einmal, so darf die Deutung dafür das Genitale oder den Leib der Mutter einsetzen. Das Unheimliche ist also auch in diesem Falle das ehemals Heimische, Altvertraute. Die Vorsilbe 'un' an diesem Worte ist aber die Marke der Verdrängung.

> In conclusione [...] dobbiamo citare un'esperienza che traiamo dal lavoro psicoanalitico, e che [...] fornisce la più bella conferma alla nostra concezione del "perturbante". Succede spesso che persone nevrotiche dichiarino che l'apparato genitale femminile è per loro qualcosa di perturbante. Questo perturbante è però l'accesso all'antica patria dell'essere umano, al luogo in cui ognuno ha dimorato un tempo e che è anzi la sua prima dimora. "Amore è nostalgia", dice un'espressione scherzosa, e quando colui che sogna una località o un paesaggio pensa, sempre sognando: "Questo luogo mi è noto, qui sono già stato" è lecita l'interpretazione che inserisce al posto del paesaggio l'organo genitale o il corpo della madre. L'*Unheimliche*, dunque, anche in questo caso, è ciò che una volta

---

[12] M. Düe, *op. cit.*, p. 63.

fu *heimisch*, familiare. Il prefisso negativo *"un"* è il contrassegno della rimozione[13].

Düe osserva che le riflessioni freudiane sul fenomeno dell'*Unheimliche* sono caratterizzate da concetti che si intrecciano: la regressione, il ritorno del rimosso e la "località" (*Örtlichkeit*). Se regressione e ritorno sono modalità del movimento, la località indica presumibilmente il luogo (*die Gegend*) in cui questi movimenti si eseguono. E qui fa intervenire di nuovo Brown:

Die wandernden Helden sind phallische Helden in einem Zustand andauernder Erektion; durchs Land schweifend. Das Wort Koitus stellt genitale Sexualität als ein Gehen dar; aber auch die Umkehrung ist richtig: Jedes Gehen oder Wandern im Labyrinth ist genital-sexuell. Jede Bewegung ist phallisc, jeder Verkehr sexuell. Hermes, der Phallus, ist der Gott der Strassen, der Torwege, alles Hineingehens und Herauskommens, aller Vorgänge... Jedes Gehen oder Wandern ist von der Mutter zur Mutter in die Mutter; es führt uns irgendwo hin. Bewegung spielt sich im Raum ab; und Raum (χώρα), wie Platon im *Timaeus* sagt, ist ein Behälter, ein Gefäss (ὑποδοκή – 'Aufnehmerin'), eine Matrix (ἐκμαγεῖον); sozusagen die Mutter (μήτηρ) oder Amme (τιθήνη) alles Werdenden. Raum ist eine Sphäre, oder Sphären, die uns enthalten, umgebend und umfassend; die Welt-mutternde Luft als Atmosphäre. Auch ein Chaos oder ein Abgrund (χώρα), ein ähnender Schlund, eine verschlingende Mutter. Gestaltlos, leer und dunkel. Und dann gibt es das Licht, das in der Finsternis wandelt: Der Sohn-Sonnen-Held in der Mutter-Drachen-Nacht[14].

L'originale inglese suona così:

The wandering heroes are phallic heroes, in a permanent state of erection; pricking o'er the plain. The word coition represents genital sexuality as walking; but the converse is also true: all walking, or wandering in the labyrinth, is genital-sexual. All movement is phallic, all intercourse sexual. Hermes, the phallus, is the god of roads, of doorways, of all goings-in and comings-out; all goings-on... All walking, or wandering, is from mother, to mother, in mother; it gets us nowhere. Moment is in space; and space (χώρα), as Plato says in the *Timaeus*, is a receptacle, a vessel (ὑποδοκή – "undertaker"); a matrix (ἐκμαγεῖον); as it were the mother (μήτηρ) or nurse (τιθήνη), of all becoming. Space is a sphere or spheres containing us; ambient and embracing; the world-mothering air as atmosphere. Also a chaos or chasm (χώρα), a yawning pit, a devouring mother. With-

---

[13] S. Freud, *Das Unheimliche*, ed. Reclam cit., p. 42; trad. it. in *Opere complete*, ed. dig. cit., *Il perturbante*, II, ultimo cpv. (leggermente modificata).
[14] Cfr. M. Düe, *op. cit.*, p. 68 (p. 53 dell'ed. ted. del libro di Brown, citata).

out form; void; and dark. And then there is light walking in darkness: the son-sun-hero in the mother-dragon night.

[Gli eroi vaganti sono eroi fallici, in stato di permanente erezione; dritti nella pianura. La parola coito rappresenta la sessualità genitale come un andare; ma anche il contrario è vero: ogni andare o vagare nel labirinto è genito-sessuale. Ogni movimento è fallico, ogni rapporto è sessuale. Hermes, il fallo, è il dio delle strade, delle porte, di tutte le entrate e le uscite, di ogni percorso... Ogni andare o vagare è dalla madre alla madre nella madre; non ci porta da nessuna parte. Il movimento è nello spazio; e lo spazio, come dice Platone nel *Timeo*, è un ricettacolo, un recipiente che accoglie; una matrice, madre e nutrice di ogni divenire. Lo spazio è una sfera, o delle sfere che ci contengono, circondandoci e racchiudendoci; l'aria madre del mondo come atmosfera. Anche un caos o un abisso, una cavità spalancata, una madre divoratrice. Senza forma, vuota e scura. E poi c'è la luce che penetra le tenebre; l'eroe figlio del sole nella notte madre-drago][15].

Poi Düe riprende un altro passo dell'*Unheimliche* di Freud:

Als ich einst an einem heissen Sommernachmittag die mir unbekannten, menschenleeren Strassen einer italienischen Kleinstadt durchstreifte, geriet ich in eine Gegend, über deren Charakter ich nicht lange in Zweifel bleiben konnte. Es waren nur geschminkte Frauen an den Fenstern der kleinen Häuser zu sehen, und ich beeilte mich, die enge Strasse durch die nächste Einbiegung zu verlassen. Aber nachdem ich eine Weile führerlos herumgewandert war, fand ich mich plötzlich in derselben Strasse wieder, in der ich nun Aufsehen zu erregen begann, und meine eilige Entfernung hatte nur die Folge, dass ich auf einem neuen Umwege zum drittenmal dahingeriet. Dann aber erfasste mich ein Gefühl, das ich nur als unheimlich bezeichnen kann, und ich war froh, als ich unter Verzicht auf weitere Entdeckungsreisen auf die kürzlich von mir verlassene Piazza zurückfand.

[Una volta, mentre percorrevo in un assolato pomeriggio estivo le strade sconosciute e deserte di una cittadina italiana, capitai in un quartiere sul cui carattere non potevano esserci dubbi. Alle finestre delle casette non si vedevano che donne imbellettate, e mi affrettai a svoltare appena possibile abbandonando la stradina. Ma, dopo aver vagato senza meta per un bel po', improvvisamente mi ritrovai nella medesima strada, dove la mia presenza incominciò ad attirare l'attenzione, e la mia rapida ritirata ebbe un'unica conseguenza: dopo qualche altro giro vizioso mi ritrovai per la terza volta nel medesimo luogo. A questo punto mi colse un sentimento che non posso definire altro che perturbante, e fui

---

[15] Norman O. Brown, *Love's Body*, ed. ingl. cit., p. 50, e p. 58 della trad. it., citata (leggermente modificata)

contento quando – rinunciando ad altri giri esplorativi – mi ritrovai nella piazza
che avevo lasciato poco prima][16].

Düe osserva che questa esperienza, secondo Freud, è un esempio della ripetizione dell'uguale, che sta alla base del sentimento
di spaesamento. Ma noi possiamo supporre, egli continua, che la
definizione schellinghiana dell'*unheimlich* (cioè l'emergere di
qualcosa che sarebbe dovuto rimanere nascosto) sia altrettanto
confacente all'esperienza descritta. Questo perché la ripetizione
dell'uguale è condizionata dal "mettere in piazza", render pubbli-
co, un ambito privato:

> Der Koitus als privater Akt innerhalb der Abgeschlossenheit des eigenen
> Hauses drängt darauf, öffentlich zu werden. "Oder bei der Mühle, den dunklen,
> satanischen Mühlen: 'Man weiss nun, warum es in Mühlen so häufig spukt. Die
> rotierende Bewegung der Mühle bedeutet den Koitus, die Mühle selbst ist die
> Vagina'".

> [Il coito come atto privato, nell'isolamento della propria casa, spinge per di-
> venir pubblico. "O al mulino, gli oscuri mulini satanici: 'È chiara ora la ragione
> per cui i mulini sono spesso abitati da fantasmi. Il movimento rotatorio del muli-
> no è il coito, il mulino stesso è la vagina'"][17].

Il "ricorrente ritorno", nota Düe, nell'avventura italiana raccontata da Freud, accade in un bordello. Tuttavia, ciò non significa che la sfera privata della sessualità sia da intendere semplicemente come qualcosa di gradevole e intimo (*wohlig und heimisch*): anche dietro le porte chiuse, dove avviene il coito, è già
presente la rimozione, e il rimosso noi lo troviamo solo nel modo
del suo "ritorno", cioè *dopo*. È "per la pace del nostro compren-

---

[16] Cfr. M. Düe, *op. cit.*, p. 69, e S. Freud, *Das Unheimliche*, ed. Reclam cit., pp. 30-31
(trad. it. S. Freud, *Opere complete*, ed. dig. cit., *Il perturbante*, II, cpv. 20).

[17] Cfr., ivi, pp. 69-70. Il riferimento è di nuovo a *Love' Body* di Norman Brown, cit. (cfr.
pp. 69-70 ted., 70 ingl. e 77 it.), il quale, a sua volta, cita Géza Róheim. Scrive Brown:
«Or at the mill, the dark Satanic mills: "It is now clear why mills are frequently haunted.
The revolving motion of the mill is coitus, the mill itself is the vagina"». La frase di Róheim si trova nel suo *Gates of the Dream*, International Univ. Press. Inc., New York 1953,
p. 527; trad. it. di Margherita Novelletto Cerletti, *Le porte del sogno*, Guaraldi, Rimini
1973, dove leggiamo: «È chiaro dunque perché i mulini risultino spesso abitati [da fanta-
smi]. Il movimento rotatorio del mulino corrisponde al coito, il mulino stesso è la vagina»
(cfr. p. 431 del II volume dell'ed. Pgreco, Milano 2015, 2 voll., con prefazioni di Glauco
Carloni).

dere" (*zur Beruhigung unseres Verstandes*) che noi mettiamo il *Verdrängte* all'inizio del processo, laddove questo ci è noto solo a partire dalla sua fine:

> Der Charakter des Wohlig-Vertrauten ist der Sexualität überhaupt fremd; sie ist eine stete Quelle der Unruhe; und sie wird [...] in der Nachträglichkeit konstituiert.

> Il carattere del piacevole-intimo è del tutto estraneo alla sessualità; questa è una costante fonte d'inquietudine, e [...] si costituisce nella posteriorità[18].

Düe si rende a questo punto conto che la sua ricerca dell'*Unheimliche* in Freud, invece di arrivare a un risultato uniforme, si trova confrontata con una molteplicità di singoli momenti, che non lasciano scorgere una coesione interna. Egli, allora, cerca chiarimenti in un "cambio di prospettiva" (*Blickwechsel*), ritornando ad Heidegger[19].

Sappiamo che per Heidegger l'*Unheimlichkeit* è l'originario modo esistenziale dell'*In-Sein*, e che il *Da* del *Da-sein* indica l'essenziale *Erschlossenheit*, l'apertura. Il "*Da*", dice Düe, è anche la "cifra" dell'esistenziale spazialità (*Räumlichkeit*) dell'esserci. Heidegger mette tra virgolette questo "luogo" (*Ort*). Ciò indica il doppio senso di "*unheimlich*": il nascosto e il suo svelamento (*das Verborgene als auch dessen Entbergung*):

> Denn das, was man nicht sieht, ist um so aufdringlicher "da". Im Nicht-Sehen aber sieht man das "Nichts"; und von hier aus wird deutlich, weshalb Heidegger in der Einleitung zu "Was ist Metaphysik?" ausdrücklich die Frage stellt: "Warum ist überhaupt Seiendes und nicht vielmehr Nichts?". Es handelt sich um einen verbogenen Skandal, bei dem es einem in der Tat leicht unheimlich werden kann: um den Skandal der Faktizität.

> Poiché ciò che non si vede è ancora più importunamente "*da*". Nel non-vedere, però, si vede il "nulla"; e da qui diventa chiaro perché Heidegger nell'Introduzione a "Che cos'è metafisica?" ponga espressamente la domanda: "Perché c'è qualcosa e non piuttosto niente?". Si tratta di uno scandalo occultato, per il quale uno in effetti può facilmente sentirsi spaesato: lo scandalo della fatticità[20].

---

[18] Cfr. ivi, pp. 74-75.
[19] Cfr. ivi, p. 76.
[20] Cfr. ivi, pp. 76-77. Per la frase di Heidegger si vedano le pp. 381-382 di *Wegmarken*, cit., ma anche, ivi, p. 122 e p. 420; in italiano, cfr. pp. 332-333, 77 e 368 di *Segnavia*, cit.

Scrive Heidegger:

Die Tatsächlichkeit des Faktum Dasein, als welches jeweilig jedes Dasein ist, nennen wir seine *Faktizität*. Die verwickelte Struktur dieser Seinsbestimmtheit ist selbst *als Problem* nur erst fassbar im Lichte der [...] existenzialen Grundverfassungen des Daseins. Der Begriff der Faktizität beschliesst in sich: das In-der-Welt-sein eines "innerweltlichen" Seienden, so zwar, dass sich dieses Seiende verstehen kann als in seinem "Geschick" verhaftet mit dem Sein des Seienden, das ihm innerhalb seiner eigenen Welt begegnet.

La fattualità del factum esserci, quale di volta in volta ogni esserci è, la chiameremo la sua *fatticità*. La struttura complicata di questa determinazione d'essere è afferrabile, anche solo *come problema*, soltanto alla luce della [...] costituzione esistenziale dell'esserci. Il concetto di fatticità racchiude in sé l'essere-nelmondo di un ente "intramondano", nel senso che tale ente può comprendersi come solidale nel suo "comune mandato" con l'essere dell'ente incontrato all'interno del proprio mondo[21].

Più avanti (§ 29) scriverà, in corsivo:

Faktizität ist nicht die Tatsächlichkeit des factum brutum eines Vorhandenen, sondern ein in die Existenz aufgenommener, wenngleich zunächst abgedrängter Seinscharakter des Daseins.

La fatticità non è la fattualità del factum brutum di un ente sottomano, bensì un carattere d'essere dell'esserci accolto nell'esistenza, quantunque in prima istanza respinto[22].

E ancora:

Diesen in seinem Woher und Wohin verhüllten, aber an ihm selbst um so unverhüllter erschlossenen Seinscharakter des Daseins, dieses "Dass es ist" nennen wir die *Geworfenheit* dieses Seienden in sein Da, so zwar, dass es als Inder-Welt-sein das Da ist. Der Ausdruck Geworfenheit soll die *Faktizität der Überantwortung* andeuten. Das in der Befindlichkeit des Daseins erschlossene "Dass es ist und zu sein hat" ist nicht jenes "Dass", das ontologisch-kategorial die der Vorhandenheit zugehörige Tatsächlichkeit ausdrückt. Diese wird nur in

---

Sulla celeberrima proposizione di Leibniz (*Ratio est in Natura, cur aliquid potius existat quam nihil*) cfr. l'inizio del capitolo *La rosa, la tonalità, il gioco* in G. Senatore, *Il nulla e l'eterno...*, cit.

[21] M. Heidegger, *Sein und Zeit*, cit., p. 75; p. 169 della traduzione di Alfredo Marini, citata e qui ripresa; nella trad. Chiodi-Volpi, cit., cfr. pp. 76-77.

[22] Ivi, p. 180; p. 391 della trad. di Marini (qui ripresa) e p. 168 della trad. Chiodi-Volpi.

einem hinsehenden Feststellen zugänglich. Vielmehr muss das in der Befindlichkeit erschlossene Dass als existenziale Bestimmtheit *des* Seienden begriffen
werden, das in der Weise des In-der-Welt-seins ist.

Questo carattere d'essere dell'esserci, occultato nel suo da-dove e verso-do-
ve epperò tanto più disoccultato e dischiuso in se stesso, questo *"che è"*, noi lo
chiamiamo la *dejezione* di questo ente nel suo *ci*, perché come essere-nel-mondo
esso è il *ci*. L'espressione dejezione vuole alludere alla *fatticità della remissio-
ne*. Il *"che è e ha da essere"*, dischiuso nel trovarsi dell'esserci, non è quel "fat-
to-*che*" che esprime in sede ontologico-categoriale la fattualità dell'esser-sottomano. Questa infatti è accessibile solo in un constatare inspettivo. Piuttosto, il
fatto-*che* dischiuso nel trovarsi deve esser concepito come determinatezza esistenziale *di quell*'ente, che è nella maniera dell'essere-nel-mondo [23].

Ma perché Düe parla di "scandalo"? Bisogna ripartire da...
Schelling:

Nach Schelling nennt man "unheimlich" all das, was im Geheimnis, im Verborgenen bleiben sollte und hervorgetreten ist. Hervorgetreten aber ist das Sein
des Daseins als nacktes "Dass es ist und zu sein hat". – "Die Angst ängstet sich
um das nackte Dasein als in die Unheimlichkeit geworfenes".

Secondo Schelling si dice "unheimlich" tutto ciò che sarebbe dovuto rimanere segreto, nascosto, e che invece è emerso, "affiorato". Quel che emerge, però, è l'essere dell'esserci come nudo "che c'è e ha da essere". – "L'angoscia si
angoscia del nudo esser-gettato-nello-spaesamento"[24].

Si tratterebbe, allora, dello *scandalo della nudità*? Per Düe,
Unheimlichkeit e *Nacktheit* sono una sola cosa. E ricorda ciò che
Freud dice in *Das Unheimliche*, quando questi riporta le indica-

---

[23] *Ibidem*. La versione Chiodi-Volpi suona così: «Questo carattere dell'essere dell'Esserci,
di essere nascosto nel suo donde e nel suo dove, ma di essere tanto più radicalmente aperto
in se stesso, questo "che c'è" noi lo chiamiamo *l'esser-gettato* di questo ente nel suo Ci:
così l'Esserci, in quanto essere-nel-mondo, è il suo Ci. L'espressione esser-gettato sta a significare *l'effettività dell'esser-rimesso*. Il "che c'è e ha da essere", aperto dalla situazione
emotiva dell'Esserci, non è quel "che" il quale, sul piano ontologico-categoriale, esprime
la fattualità propria della semplice-presenza. Tale fattualità è accessibile solo alla constata-
zione osservativa. Al contrario, il "che" aperto nello stato emotivo dev'essere inteso come
determinazione esistenziale *dell*'ente esistente nel modo dell'essere-nel-mondo».
[24] Cfr. M. Düe, *op. cit.*, pp. 79-80. Per la frase di Heidegger, cfr. *Sein und Zeit*, cit., p. 454;
Marini così la traduce: «L'angoscia si angoscia del nudo esserci come di qualcosa che è
gettato mell'inospitalità» (p. 965 dell'ed. cit.); nella versione Chiodi-Volpi essa suona:
«L'angoscia si angoscia per il nudo Esserci, in quanto gettato nello spaesamento» (p. 407
ed. cit.).

222 INTORNO A HEIDEGGER E FREUD

zioni contenute nel vocabolario tedesco di Jacob e Wilhelm Grimm: «... *heimliche orte am menschlichen Körper, pudenda* [... Luoghi *heimlich* nel corpo umano, *pudenda*...]»[25].

Il nudo "che c'è e ha da essere" indica la *Geworfenheit* del *Dasein* nel suo *Da*. Alla gettatezza, sappiamo, appartiene lo "scadimento", *das Verfallen*. La *Geworfenheit* non solo non è una "realtà finita" (*eine fertige Tatsache*), ricorda Düe: non è neanche un "fatto concluso" (*ein abgeschlossenes Faktum*). La fatticità implica che il *Dasein*, fintanto che è ciò che è, resti nel *getto* (*im Wurf*) e nel vortice dell'inautenticità del "*Man*", del *si*:

Die verfallende Flucht *in* das Zuhause der Öffentlichkeit ist Flucht *vor* dem Unzuhause, das heisst der Unheimlichkeit, die im Dasein als geworfenen, ihm selbst in seinem Sein überantworteten In-der-Welt-sein liegt.

La fuga scadente *nell'*essere-a-casa propria della pubblicità è fuga *davanti allo* spaesamento, ossia all'inospitalità che vi è nell'esserci, in quanto esser-nel-mondo dejetto e rimesso, nel suo essere, a se stesso[26].

Abbiamo già visto come per Heidegger l'angoscia "fisiologica" sia possibile solo perché il *Dasein* si angoscia *nel fondo del suo essere*[27]. Ora Düe fa questa osservazione:

Freud beschreibt körperliche Sensationen [die als Angstäquivalente auftreten können] in der Ätiologie der Angstneurose, Heidegger hingegen den phänomenalen Ablauf des Angsterlebnisses im Hinblick auf das Sein. Ereignet sich im

---

[25] Cfr. M. Düe, *op. cit.*, p. 80. Per *Das Unheimliche*, si vedano le pp. 14-15 dell'ed. ted. cit. e il penultimo cpv. del capitolo 1 della trad. it., *Il perturbante*, ed. dig. citata. Freud, come si ricorderà (cfr., sopra, in *Hantise*), chiude quel primo capitolo dicendo: «Also heimlich ist ein Wort, das seine Bedeutung nach einer Ambivalenz hin entwickelt, bis es endlich mit seinem Gegensatz unheimlich zusammenfällt. Unheimlich ist irgendwie eine Art von heimlich. Halten wir dies noch nicht recht geklärte Ergebnis mit der Definition des Unheimlichen von Schelling zusammen. Die Einzeluntersuchung der Fälle des Unheimlichen wird uns diese Andeutungen verständlich machen. [*Heimlich* è quindi un termine che sviluppa il suo significato in senso ambivalente, fino a coincidere in conclusione col suo contrario: *unheimlich*. Unheimlich è in certo modo una variante di *heimlich*. Paragoniamo questo risultato, non ancora completamente chiarito, con la definizione dell'*Unheimlich* data da Schelling. L'analisi singola dei casi in cui appare il "perturbante" ci renderà comprensibili questi accenni]» (pp. 15-16 ted., dove, per errore, al posto di "Schelling" è scritto "Schleiermacher", e ultimo cpv. it.).
[26] Cfr. M. Düe, *op. cit.*, pp. 80-81 e, relativamente a Heidegger, *Sein und Zeit*, cit., p. 251. Ma si veda, qui, la nota 29 del capitolo *Il ritorno del fiume*.
[27] Cfr., sopra, il cap. *Brividi d'angoscia*, in particolare la nota 6.

Text über das Unheimliche eine verräterische Wiederkehr des verdrängten Faktischen? [...] Nach Freud entsteht das Unheimliche erst in der Wiederkehr des
Verdrängten; nach Heidegger ist es zuvor da und holt das verfallende Dasein aus
dem Zuhause der Öffentlichkeit in das Unzuhause der Eigentlichkeit zurück.

Freud descrive le sensazioni corporee [dell'angoscia] nell'eziologia delle
neurosi d'angoscia, Heidegger invece [descrive] il processo fenomenico delle e-
sperienze angosciose in considerazione dell'essere. Avviene forse nel testo sul-
l'*Unheimliche* un ritorno rilevatore della fattualità rimossa? [...] Secondo Freud
l'*Unheimliche* sorge solo nel ritorno del rimosso; per Heidegger esso c'è già prima e va a riprendere lo "scadente" *Dasein* dall'agio della pubblicità, per ripor-
tarlo nello spaesamento dell'autenticità[28].

Mantenersi nella pubblicità, continua Düe, significa essere e-
sposti allo sguardo altrui. Mettere allo scoperto ciò che è proprio,
pudenda, ha come effetto lo spaesamento, appunto (se lo s-vela-
mento avviene involontariamente). Nell'angoscia "piena di pudore", l'esserci tende pertanto ad allontanarsi dagli altri e dal mondo[29]. Ma, come dice Heidegger:

Die Welt, worin ich existiere, ist zur Unbedeutsamkeit herabgesunken, und
die so erschlossene Welt kann nur Seiendes freigeben im Charakter der Un-be-
wandtnis. Das Nichts der Welt, davor die Angst sich ängstet, besagt nicht, es sei
in der Angst etwa eine Abwesenheit des innerweltlichen Vorhandenen erfahren.
Es muss gerade begegnen, damit es *so gar keine* Bewandtnis mit ihm haben und
es sich in einer leeren Erbarmungslosigkeit zeigen kann. Darin liegt jedoch: das
besorgende Gewärtigen findet nichts, woraus es sich verstehen könnte, es greift
ins Nichts der Welt; auf die Welt gestoßen, ist aber das Verstehen durch die
Angst auf das In-der-Welt-sein als solches gebracht, dieses Wovor der Angst ist
aber zugleich ihr Worum [...]. Die Angst ängstet sich um das nackte Dasein als
in die Unheimlichkeit geworfenes[30].

Nella splendida traduzione di Marini:

Il mondo nel quale io esisto è precipitato nell'insignificanza e il mondo così
dischiuso può svelare l'ente soltanto nel carattere dell'inopportunità. Il nulla del
mondo, davanti a cui l'angoscia si angoscia, non vuol dire che nell'angoscia
venga, per così dire, esperita un'assenza dell'ente sottomano nel mondo. Anzi,
bisogna proprio che esso sia incontrato, perché *così* sarà possibile *non* trovare in
esso *la benché minima* opportunità ed esso potrà mostrarsi in tutta la sua spietata

---

[28] M. Düe, *op. cit.*, pp. 82-83.
[29] Cfr., ivi, p. 84.
[30] M. Heidegger, *Sein und Zeit*, cit., p. 454.

vacuità. Ciò implica, tuttavia: l'attendersi pro-curante non trova nulla a partire
da cui possa comprendersi, ma annaspa nel nulla del mondo; urtando nel mondo,
il comprendere è a sua volta portato dall'angoscia all'essere-nel-mondo in quanto tale; questo davanti-a-che dell'angoscia è però ad un tempo il suo per-che
[...]. L'angoscia si angoscia del nudo esserci come di qualcosa che è gettato nel-
l'inospitalità[31].

---

[31] Cfr. p. 965 della trad. cit. Nella versione Chiodi-Volpi, cit., si vedano le pp. 406-407.

Amore e morte

Abbiamo visto cosa indichi, in Heidegger, lo *Schuldigsein*, l'essere-colpevole o, meglio, l'essere in "debito", e come esso costituisca il cuore della *Vorlaufende Entschlossenheit*, della "risolutezza precorritrice"[1]. In psicoanalisi, dice Düe, il "sentimento di colpa" (*Schuldgefühl*) trova molteplici utilizzazioni. Esso designa lo stato affettivo in cui si viene ad essere in seguito alla violazione di un divieto. Questo sentimento, tuttavia, non ha bisogno di essere motivato da un *atto* delittuoso: nelle malattie neurotiche ci si sente colpevoli senza sapere perché[2]. Come scrive Freud:

> Es lässt sich bei vielen, besonders jugendlichen Verbrechern ein mächtiges Schuldgefühl nachweisen, welches vor der Tat bestand, also nicht deren Folge, sondern deren Motiv ist, als ob es als Erleichterung empfunden würde, dies unbewusste Schuldgefühl an etwas Reales und Aktuelles knüpfen zu können.

> Si può individuare in molti delinquenti, specialmente giovani, un potente senso di colpa che preesisteva all'atto criminoso, e che quindi non ne è l'effetto bensì la causa: come se il poter collegare il senso di colpa inconscio a qualche cosa di reale e attuale fosse avvertito da costoro come un sollievo[3].

E ancora:

> Vielleicht ist hier die Bemerkung willkommen, dass das Schuldgefühl im Grunde nichts ist als eine topische Abart der Angst, in seinen späteren Phasen fällt es ganz mit *der Angst vor dem Über-Ich* zusammen.

---

[1] Cfr. qui il capitolo *Il ritorno del fiume*, nota 35.
[2] Cfr. M. Düe, *op. cit.*, p. 94.
[3] S. Freud, *Das Ich und das Es*, Studienausgabe cit., Bd. III, p. 319; trad. it. *L'Io e l'Es*, in *Opere complete*, ed. digitale cit., vol. 9, cap. 5, cpv. 15.

Forse cade qui a proposito osservare che, in fondo, il senso di colpa non è
che una diversa specie topica di angoscia, un'angoscia che nelle sue fasi successive coincide perfettamente con il *timore suscitato dal Super-io*[4].

Il timore davanti al Super-io nomina una barriera, che è il divieto stesso. Ma ciò, osserva Düe, non si riferisce a una determinata trasgressione della legge, che sottostarebbe a una sanzione. Il
divieto è generico, e solo rende possibile di volta in volta quelli
particolari[5]. Esso ci ricorda quel che Heidegger dice del nulla:

Das Nicht entsteht nicht durch die Verneinung, sondern die Verneinung
gründet sich auf das Nicht, das dem Nichten des Nichts entspringt.

Il "non" non nasce dalla negazione, ma la negazione si fonda sul "non" che
scaturisce dalla nientificazione del niente[6].

Ne *Il disagio della civiltà* Freud parla anche di un senso di
colpa *filogenetico*:

[...] der Vater der Vorzeit war gewiss fürchterlich, und ihm durfte man das
äusserste Mass von Aggression zumuten [...]. Wir können nicht über die Annahme hinaus, dass das Schuldgefühl der Menschheit aus de Ödipuskomplex
stammt und bei der Tötung des Vaters durch die Brüdervereinigung erworben
wurde [...]. Diese Reue war das Ergebnis der Uranfänglichen Gefühlsambiva-
lenz gegen den Vater, die Söhne hassten ihn, aber sie liebten ihn auch; nachdem
der Hass durch die Aggression befriedigt war, kam in der Reue über die Tat die
Liebe zum Vorschein, richtete durch Identifizierung mit dem Vater das Über-Ich
auf, gab ihm die Macht des Vaters wie zur Bestrafung für die gegen ihn verübte
Tat der Aggression, schuf die Einschränkungen, die eine Wiederholung der Tat
verhüten sollten.

[...] il padre dei tempi preistorici era terribile e si poteva ritenerlo capace di
qualsiasi aggressione [...]. Non possiamo prescindere dall'ipotesi che il senso di
colpa dell'umanità abbia origine dal complesso edipico e sia stato acquisito con
l'uccisione del padre da parte dei fratelli alleatisi insieme [...]. Quel rimorso fu il
risultato dell'ambivalenza emotiva primigenia verso il padre: i figli lo odiavano
ma anche l'amavano; dopo che l'odio fu soddisfatto con l'aggressione, nel rimorso per l'atto prevalse l'amore, che rinvigorì il Super-io mediante l'identifica-

---

[4] Id., *Das Unbehagen in der Kultur*, cit., p. 261; trad. it. *Il disagio della civiltà*, ed. dig.
cit., cap. 8, cpv. 2 (*Opere complete*, volume 10).
[5] Cfr. M. Düe, *op. cit.*, p. 98.
[6] M. Heidegger, *Was ist Metaphysik?*, in *Wegmarken*, cit., pp. 116-117; trad. it. *Che cos'è
metafisica?*, in *Segnavia*, cit., p. 72.

zione col padre, conferendogli il potere paterno quasi a punire l'atto d'aggressione perpetrato contro di lui e instaurando le restrizioni che dovevano prevenire il ripetersi del fatto[7].

Il conflitto "ambivalente", di cui il senso di colpa è espressione, è l'eterna lotta tra Eros e Thanatos, tra amore e morte. Dice infatti subito dopo Freud:

> Es ist wirklich nicht entscheidend, ob man den Vater getötet oder sich der Tat enthalten hat, man muss sich in beiden Fällen schuldig finden, denn das Schuldgefühl ist der Ausdruck des Ambivalenzkonflikts, des ewigen Kampfes zwischen dem Eros und dem Destruktions- oder Todestrieb.

> Non è questione realmente decisiva se abbiamo ucciso il padre o se ci siamo astenuti dal farlo, in entrambi i casi dobbiamo sentirci colpevoli perché il senso di colpa è l'espressione del conflitto d'ambivalenza dell'eterna lotta tra l'Eros e la pulsione distruttiva o di morte[8].

L'Io, in Freud, dice Düe, è una "frontiera", che da un lato sottosta agli effetti della Realtà e dell'Es e, dall'altro, a quelli di Eros e Thanatos[9]:

> Nach unserer Auffassung des Sadismus würden wir sagen, die destruktive Komponente habe sich im Über-Ich abgelagert und gegen das Ich gewendet. Was nun im Über-Ich herrscht, ist wie eine Reinkultur des Todestriebes, und wirklich gelingt es diesem oft genug, das Ich in den Tod zu treiben, wenn das Ich sich nicht vorher durch den Umschlag in Manie seines Tyrannen erwehrt.

> Secondo la nostra concezione del sadismo, dovremmo dire che la componente distruttiva si è depositata nel Super-io e viene utilizzata contro l'Io. Ciò che ora predomina nel Super-io è una sorta di bacillocultura della pulsione di morte, la quale, in effetti, riesce abbastanza spesso a spingere l'Io alla morte a meno che l'Io non si difenda per tempo dal proprio tiranno mediante la conversione in mania[10].

---

[7] S. Freud, *Das Unbehagen in der Kultur*, cit., pp. 257-258; trad. it. cit., *Il disagio della civiltà*, cap. 7, cpvv. 13 e 15.

[8] *Ibidem*.

[9] Cfr. M. Düe, *op. cit.*, p. 103.

[10] S. Freud, *Das Ich und das Es*, Studienausgabe cit., Bd. III, p. 319; trad. it. *L'Io e l'Es*, in *Opere complete*, ed. digitale cit., vol. 9, cap. 5, cpv. 17.

Sappiamo, dice poi Freud, che il Super-io è sorto come identificazione con il modello paterno. Ebbene, ogni identificazione di
questo tipo ha il carattere di una "desessualizzazione", o di una
"sublimazione".

Es scheint nun, dass bei einer solchen Umsetzung auch eine Triebentmi-
schung stattfindet. Die erotische Komponente hat nach der Sublimierung nicht
mehr die Kraft, die ganze hinzugesetzte Destruktion zu binden, und diese wird
als Aggressions- und Destruktionsneigung frei. Aus dieser Entmischung würde
das Ideal überhaupt den harten, grausamen Zug des gebieterischen Sollens be-
ziehen.

Ora sembra che in corrispondenza di una tale trasformazione si verifichi altresì un disimpasto pulsionale. In seguito alla sublimazione, la componente erotica non ha più la forza di vincolare tutta quanta la distruttività che ad essa era
congiunta, e quest'ultima diviene libera sotto forma di propensione all'aggressione e alla distruzione. È da questo disimpasto che l'ideale trarrebbe in generale
la sua natura rigida e spietata di imperioso "dover essere"[11].

Nel suo essere frontiera, l'Io, identificandosi e sublimando,
«dà un supporto» (*leistet Beistand*) alle pulsioni di morte che «al-
bergano nell'Es», per domare la libido; così facendo, tuttavia, è in
pericolo: può divenire *oggetto* delle pulsioni di morte e perire esso stesso (*selbst umkommen*). È per questo che ha dovuto "riem-
pirsi di libido", diventando "rappresentante dell'eros", che vuole
«vivere ed essere amato» (*leben und geliebt werden*)[12].
    Ma basta analizzare la *melanconia* per ritrovare l'"eterna lot-
ta" tra amore e morte:

Die Todesangst der Melancholie lässt nur die eine Erklärung zu, dass das
Ich sich aufgibt, weil es sich vom Über-Ich gehasst und verfolgt anstatt geliebt
fühlt.

L'angoscia di morte nella melanconia ammette soltanto la seguente spiegazione: l'Io rinuncia a se stesso, giacché, invece che amato, si sente odiato e perseguitato dal Super-io[13].

L'angoscia di morte è angoscia per la perdita d'amore:

---

[11] Ivi, p. 321 ted. e cpv. 21 it.
[12] Cfr. ivi, p. 323 ted. e cpv. 26 it.
[13] Ivi, p. 324 ted. e cpv. 32 it.

Es ist übrigens immer noch dieselbe Situation, die dem ersten grossen Angstzustand der Geburt und der infantilen Sehnsucht-Angst zugrunde lag, die der Trennung von der schützenden Mutter.

Si tratta del resto ancora una volta della situazione che ha presieduto al primo grande stato d'angoscia della nascita, nonché a quell'angoscia fatta di nostalgia propria dei bambini: l'angoscia dovuta alla separazione dalla madre protettiva[14].

---

[14] Ivi, p. 325 ted. e cpv. 32 it.

Morte e temporalità

In un breve scritto del 1913, Freud prende spunto da due scene di Shakespeare («lieta l'una, tragica l'altra») dove amore e morte ancora s'intrecciano. La prima è tratta dal *Mercante di Venezia* e ci mostra la "giovane e avveduta" Porzia «vincolata dalla volontà paterna a prendere per marito tra i suoi pretendenti solo colui che avrebbe scelto, fra tre scrigni sottopostigli, quello giusto [*nur den von ihren Bewerbern zum Manne zu nehmen, der von drei ihm vorgelegten Kästchen das richtige wählt*]»[1].

Die drei Kästchen sind von Gold, von Silber und von Blei; das richtige ist jenes, welches ihr Bildnis einschliesst. Zwei Bewerber sind bereits erfolglos abgezogen, sie hatten Gold und Silber gewählt. Bassiano, der dritte, entscheidet sich für das Blei; er gewinnt damit die Braut, deren Neigung ihm bereits vor der Schicksalprobe gehört hat.

Gli scrigni sono rispettivamente d'oro, d'argento e di piombo, e quello giusto contiene il ritratto della fanciulla. I due aspiranti che avevano scelto gli scrigni d'oro e d'argento si sono già ritirati a mani vuote. Il terzo, Bassanio, si decide per quello di piombo e con ciò ottiene la mano della sposa, la cui simpatia, già prima del giudizio della sorte, era per lui[2].

Mentre i primi due pretendenti, nell'esporre il motivo della loro scelta, avevano potuto facilmente "magnificare" i metalli preferiti, il terzo ha delle difficoltà e il suo discorso appare "forzato". Freud dice:

---

[1] S. Freud, *Das Motiv der Kästchenwahl*, Studienausgabe cit. Bd. X, p. 183; trad. it. (qui leggermente modificata) *Il motivo della scelta degli scrigni*, in *Opere complete*, ed. digitale cit., vol. 7 (*Totem e tabù e altri scritti*), cap. 1, cpvv. 1-2.
[2] *Ibidem.*

Stünden wir in der psychoanalytischen Praxis vor solcher Rede, so würden wir hinter der unbefriedigenden Begründung geheimgehaltene Motive wittern.

Se noi, nella nostra pratica psicoanalitica, ci trovassimo davanti a un discorso simile intuiremmo, dietro le sue insufficienti argomentazioni, la presenza di motivi tenuti nascosti[3].

L'altra scena è tratta da *Re Lear*:

Der alte König Lear beschliesst, noch bei Lebzeiten sein Reich unter seine drei Töchter zu verteilen, je nach Massgabe der Liebe, die sie für ihn äussern. Die beiden älteren, Goneril und Regan, erschöpfen sich in Beteuerungen und Anpreisungen ihrer Liebe, die dritte, Cordelia, weigert sich dessen. Er hätte diese unscheinbare, wortlose Liebe der Dritten erkennen und belohnen sollen, aber er verkennt sie, verstösst Cordelia und teilt das Reich unter die beiden anderen, zu seinem und zu aller Unheil.

Il vecchio re Lear si decide a spartire da vivo il suo regno fra le sue tre figlie, in ragione dell'amore che ciascuna di esse gli dimostrerà. Le due maggiori, Gonerilla e Regana, si affannano a protestare il loro amore magnificandolo; la terza, Cordelia, ricusa invece di farlo. Egli dovrebbe riconoscere e premiare l'amore della terza, silenzioso e spoglio di manifestazioni appariscenti, ma non lo discerne; respinge Cordelia e divide il suo regno tra le altre due, facendo così la propria e l'altrui sventura[4].

Spesso, dice Freud, nei miti, nelle fiabe e nei poemi «che hanno per tema la stessa situazione [...] la terza fanciulla, quella che eccede sulle altre, possiede, oltre alla bellezza, altre particolari caratteristiche». Cornelia, proprio come il piombo del *Mercante di Venezia*, «rimane muta, "ama e sta zitta"». Non a caso Bassanio lì diceva, "inopinatamente": «*Thy paleness moves me more than eloquence* [Il tuo pallore mi commuove più che l'eloquenza]»; o, "secondo un'altra lezione", *thy plainness*, la tua "semplicità". Semplicità e mutismo di piombo si "confanno" meglio, al terzo pretendente, della "chiassosa natura" di oro e argento. In psicoanalisi, osserva Freud, nei sogni, il mutismo «è un modo consueto di raffigurare la morte». Anche il pallore, *die Blässe*, è simbolo di morte[5].

---

[3] *Ibidem.*
[4] Ivi, pp. 184-185 ted. e cpv. 6 it.
[5] Cfr., ivi, cpvv. 7-13.

La terza sorella, allora, è una morta. Anzi: la Morte in persona, la *Dea* della morte. Si tratta, ovviamente, di uno *spostamento* (*eine Verschiebung*).

> Wenn aber die dritte der Schwestern die Todesgöttin ist, so kennen wir die Schwestern. Es sind die Schicksalsschwestern, die Moiren oder Parzen oder Nornen, deren dritte Atropos heisst: die Unerbittliche.

Ma se la terza è la Dea della Morte, possiamo dire di conoscere le tre sorelle. Esse sono i simboli del Destino, le Moire o Parche o Norne, la terza delle quali ha nome Atropo: l'Inesorabile[6].

Nel capitolo 2, Freud così prosegue:

> La mitologia greca più antica conosce soltanto una Moira che personifica l'inevitabilità del destino [...]. La successiva evoluzione di questa solitaria Moira a un gruppo di tre [...] divinità sorelle ebbe luogo verosimilmente per adeguamento ad altre figure divine cui le Moire si accostavano: le Grazie e le Ore. Le Ore sono in origine divinità sia delle acque celesti che dispensano piogge e rugiade sia delle nuvole dalle quali discende la pioggia [...]. Nelle regioni mediterranee avvezze al sole, la fertilità del suolo dipende dalle piogge, e perciò le Ore si trasformano in divinità della vegetazione [...]. Assurgono a divine rappresentanti delle stagioni [...]. Le Ore mantennero il loro riferimento al tempo; in seguito quindi esse vegliarono sul trascorrere del tempo durante il giorno come in passato avevano vegliato sui periodi dell'anno; infine il loro nome fu usato per designare soltanto l'ora stessa (francese: *heure*; italiano: *ora*). Le Norne della mitologia germanica, sostanzialmente affini alle Ore e alle Moire, mettono in evidenza questo significato temporale nei loro nomi[7].

Ma a Freud interessa anche, verso la fine del suo scritto, mettere in evidenza che la terza sorella non è solo la Morte: «è addirittura la più bella tra le donne, la più buona, la più desiderabile, la più degna di essere amata (*sie ist die schönste, beste, begeh-*

---

[6] Ivi, p. 188 ted. e ultimo cpv. cap. 1 it.

[7] Ivi, cap. 2, cpvv. 2-4. Nei testi in norreno dell'Edda, le Norne sono chiamate Urd (ted.: *Schicksal*), Verdandi (ted.: *das Werdende*) e Skuld (ted.: *Schuld*; *das, was sein soll*). Non è difficile, da qui, far risalire alla concezione medioevale del tempo la loro personificazione in *Vergangenheit*, *Gegenwart* e *Zukunft*. Da "brividi", se si pensa agli heideggeriani *Schuld* e *zu sein haben*, alla "colpa" e all'"aver da essere". De-stino, dunque, dal *passato*, ciò-che-è-in-atto-di-divenire, nel *presente*, e il debito *futuro*...

renswerteste, liebenswerteste der Frauen)»[8]. Ciò gli permette di riparlare di re Lear:

> Lear è un vecchio. Per questo [...] le tre sorelle sono presentate come sue figlie [...]. Lear non è però soltanto un vecchio, egli è anche un uomo che sta per morire [...]. Tuttavia quest'uomo votato alla morte non vuole ancora rinunciare all'amore della donna, vuole sentirsi dire fino a qual punto è amato. Si pensi ora alla straziante scena finale, ove il senso tragico raggiunge uno dei culmini della letteratura drammatica moderna: la scena di Lear che porta sul palcoscenico il corpo esanime di Cordelia. Cordelia è la Morte [...]. La saggezza eterna [...] consiglia al vecchio di dire no all'amore, di scegliere la morte, di familiarizzarsi con la necessità del morire[9].

Se ritorniamo al lavoro di Düe, vediamo come il tacere di Cordelia faccia venire in mente la silenziosa "chiamata della coscienza" in Heidegger, e quindi la *Vorlaufende Entschlossenheit*. Così come il riferimento al tempo delle Norne invita a ripensare la questione della temporalità dello spaesamento. Sappiamo che, in Heidegger, la chiamata della coscienza è il risvegliare al più proprio essere in debito, che l'autentica "risolutezza" si manifesta nel *Sein zum Tode* e che la totalità strutturale di tali "fenomeni" risiede nella temporalità concepita come *ekstatikon* puro e semplice. Ebbene, dice Düe, anche la freudiana pulsione di morte si mantiene nell'unità delle tre estasi:

> In der Regression auf den Zustand anorganischer Leblosigkeit die Gewesenheit; in der Wiederholung dieses Zustandes die Zukunft; Gewesenheit und Zukunft begegnen in der Gegenwart. Die Einheit der drei Ekstasen jedoch ist nur in der Verbindung von Eros und Thanatos ausdrücklich.

> Nella regressione allo stato inorganico dell'assenza di vita, il passato; nella ripetizione di questo stato, il futuro; passato e futuro si incontrano nel presente. L'unità delle tre estasi, tuttavia, diventa esplicita solo nella relazione tra Eros e Thanatos[10].

Qui Düe riporta un noto passo di *Jenseits des Lustprinzips*:

---

[8] Ivi, cap. 2, cpv. 8 (p. 191 ted.).
[9] Ivi, cpv. 13.
[10] Cfr. M. Düe, *op. cit.*, pp. 109-118.

Es ist wie ein Zauderrhythmus im Leben der Organismen; die eine Trieb–gruppe stürmt nach vorwärts, um das Endziel des Lebens möglichst bald zu erreichen, die andere schnellt an einer gewissen Stelle dieses Weges zurück, um ihn von einem bestimmten Punkt an nochmals zu machen und so die Dauer des Weges zu verlängern.

È come se la vita dell'organismo seguisse un ritmo irresoluto: un gruppo di pulsioni si precipita in avanti per raggiungere il fine ultimo della vita il più presto possibile, l'altro gruppo in un certo stadio di questo percorso ritorna indietro, per rifarlo nuovamente a partire da un determinato punto e prolungare così la durata del cammino[11].

Nella risposta alla questione della morte, dice Düe, Freud e Heidegger si sono avvicinati tanto che il *Todestrieb* e il *Sein zum Tode* quasi coincidono[12]. Non a caso, poche pagine prima, egli aveva rimandato a Derrida e alla sua *Carte postale*:

Derrida legt in einer Vergleichung zwischen Freud und Heidegger die Vermutung nahe, der Heideggersche Entwurf von Tode als der eigensten Möglichkeit und die Freudsche Spekulation von den Selbsterhaltungstrieben als einer Sicherung des *eigenen Todesweges* meinten dasselbe.

Derrida, in un confronto tra Freud e Heidegger, suggerisce che il progetto heideggeriano della morte come la più propria possibilità e la speculazione freudiana delle pulsioni di autoconservazione come un assicurarsi il *proprio cammino verso la morte* siano la stessa cosa[13].

Solo che, in Freud, la *possibilità* della morte non si distingue fin dall'inizio da tutte le altre possibilità. C'è un rapporto non chiarito, in lui, tra fatticità e possibilità. Esso sembra risolversi nel *carattere materiale* della pulsione di morte. In *Jenseits...* infatti leggiamo:

... der Lebensprozess des Individuums (führt) aus inneren Gründen zur Abgleichung chemischer Spannungen, das heisst zum Tode..., während die Vereinigung mit einer individuell verschiedenen lebenden Substanz diese Spannungen

---

[11] S. Freud, *Jenseits des Lustprinzips*, Internationaler Psychoanalytischer Verlag, cit., p. 56; trad. it. di Marietti-Colorni, *Al di là del principio di piacere*, Biblioteca Boringhieri, cit., p. 67. Cfr. anche, su queste parole di Freud, il capitolo *La corrispondenza* del nostro *Fort und Da...*, cit., dove viene ripreso lo splendido commento di Derrida in *La cartolina...*
[12] Cfr. M. Düe, *op. cit.*, p. 121.
[13] Ivi, p. 115. Cfr., anche qui, il nostro capitolo *La corrispondenza* in *Fort und Da...*, e, sopra, l'inizio del capitolo *Unheimlichkeit*.

vergrössert, sozusagen neue *Vitaldifferenzen* einführt, die dann *abgelebt* werden müssen.

> ... il processo vitale dell'individuo per ragioni interne tende a livellare le tensioni chimiche, e cioè tende alla morte, mentre l'unione con la sostanza vivente di un individuo diverso accresce queste tensioni, introducendo per così dire nuove *differenze vitali* che dovranno poi essere *soppresse alla cessazione della vita*[14].

In un tale contesto, la morte come *fine* di una pulsione, non è certo "pura possibilità"; ma non è neanche un semplice accadimento. In quanto annientamento della vita, essa è una necessità che appartiene alla natura dell'uomo[15].

---

[14] S. Freud, *Jenseits des Lustprinzips*, ed. ted. cit., pp. 79-80 e p. 89 della trad. it. cit., con nostre piccole modifiche, conformemente anche all'ed. digit. in *Opere complete*, cit. (*Al di là...*, cpv. 23).
[15] Cfr. M. Düe, *op. cit.*, p. 122.

Filogenesi, ontogenesi, costruzioni

Spaesamento, coscienza e morte si mantengono nell'unità delle tre "estasi", passato presente e futuro. L'angoscia, di conseguenza, può essere correttamente compresa solo in un'interpretazione temporale, cioè *storica*, del *Dasein*[1]. È il caso, allora, di vedere, per cenni, *come* questa dimensione si presenta nei due Autori.

Düe dice che, in Freud, la parola *Geschichte* ha un duplice significato. Da un lato, essa indica la *filogenesi*, la storia dell'umanità (*Menschheitgeschichte*); dall'altro, l'*ontogenesi*, la storia individuale (*Individualgeschichte*). Nella visione freudiana, l'essenziale del processo storico non è né di natura economica né di natura politica o militare, bensì di natura *simbolica*: attraverso i simboli, l'uomo interpreta se stesso e la sua posizione nel mondo[2].

Nella sua ricerca sull'animismo come prima, grande "*Weltanschauung*", Freud ha trovato presso l'uomo primitivo un'alta considerazione dei propri atti psichici, che si esprime nelle tecniche della magia e degli incantesimi. Questa caratteristica "onnipotenza dei pensieri" ha il suo riscontro ontogenetico nel narcisismo del singolo.

Im animistischen Stadium schreibt der Mensch sich selbst die Allmacht zu; im religiösen hat er sie den Göttern abgetreten, aber nicht ernstlich auf sie verzichtet, denn er behält sich vor, die Götter durch mannigfache Beeinflussungen nach seinen Wünschen zu lenken. In der wissenschaftlichen Weltanschauung ist kein Raum mehr für die Allmacht des Menschen, er hat sich zu seiner Kleinheit bekannt und sich resigniert dem Tode wie allen anderen Naturnotwendigkeiten unterworfen. Aber in dem Vertrauen auf die Macht des Menschengeistes, wel-

---

[1] Cfr. M. Düe, *op. cit.*, pp. 163-164.
[2] Cfr. ivi, p. 167.

cher mit den Gesetzen der Wirklichkeit rechnet, lebt ein Stück des primitiven Allmachtsglaubens weiter.

Nello stadio animistico l'uomo attribuisce a se stesso l'onnipotenza. Nella fase religiosa l'ha ceduta agli dei, ma senza rinunciarvi veramente perché si riserva di influire in svariati modi sugli dei per guidarli secondo i suoi desideri. Nella concezione scientifica del mondo non c'è più posto per l'onnipotenza dell'uomo, il quale riconosce la sua pochezza e si sottomette con rassegnazione alla morte come a tutte le altre necessità della natura. Nondimeno un frammento della primitiva fede nell'onnipotenza sopravvive nella fiducia che egli ripone nello spirito umano, il quale si cimenta con le leggi della realtà[3].

I "poli", dunque, tra cui si muovono la storia dell'umanità e quella dell'individuo sono l'onnipotenza narcisistica e la morte. Ma se, come credeva Freud sulla scia di Ernst Haeckel, l'ontogenesi è una *ripetizione* della filogenesi, c'era bisogno, dice Düe, di qualcosa che facesse da tramite. Freud lo trovò nel concetto di *Schichtung*, di "stratificazione". Nella lettera a Fliess del 6 dicembre del 1896 egli scrive:

Du weisst, ich arbeite mit der Annahme, dass unser psychischer Mechanismus durch Aufeinenderschichtung entstanden ist, indem von Zeit zu Zeit das vorhandene Material von Erinnerungsspuren eine *Umordnung* nach neuen Beziehungen, eine *Umschrift* erfährt. Das wesentlich Neue an meiner Theorie ist also die Behauptung, dass das Gedächtnis nicht einfach, sondern mehrfach vorhanden ist, in verschiedenen Arten von Zeichen niedergelegt [...]. Ich will hervorheben, dass die aufeinander folgenden Niederschriften die psychische Leistung von sukzessiven Lebensepochen darstellen.

Come sai, sto lavorando all'ipotesi che il nostro meccanismo psichico si sia formato mediante un processo di stratificazione: il materiale di tracce mnestiche esistente è di tanto in tanto sottoposto a una risistemazione in base a nuove relazioni, a una sorta di riscrittura. La novità essenziale della mia teoria sta dunque nella tesi che la memoria non sia presente in forma univoca, ma molteplice, e venga fissata in diversi tipi di segni [...]. Vorrei sottolineare il fatto che le successive trascrizioni rappresentano la realizzazione psichica di successive epoche della vita[4].

---

[3] Cfr., ivi, p. 169, e S. Freud, *Totem und Tabu*, Studienausgabe, cit., Bd. IX, p. 376, trad. it. *Totem e tabù* in *Opere complete*, ed. digit. cit., vol. 7, cap. 3, 3, cpv. 4. Ricordiamo che il titolo esteso di questo scritto è *Totem e tabù. Alcune concordanze nella vita psichica dei selvaggi e dei nevrotici.*

[4] S. Freud, *Aus den Anfängen der Psychoanalyse 1887-1902. Briefe an Wilhelm Fliess*, S. Fischer, Frankfurt/M. 1975, pp. 151-152; trad. it. di Maria Anna Massimello, *Lettere a*

La ripetizione ontogenetica della filogenesi si compie nel corpo dell'individuo. Nella lettera a Fliess del 14 novembre 1897, sulla scorta della concezione delle zone erogene, osserva Düe, Freud fornisce una teoria unitaria del sorgere della civiltà, dello sviluppo individuale e della formazione delle nevrosi. In tutti e tre i fenomeni si incontra l'attività del meccanismo di rimozione[5]. Dice Freud:

Dass bei der Verdrängung etwas Organisches mitwirkt, habe ich oft geahnt, dass es sich um die Auflassung von ehemaligen Sexualzonen handelt, konnte ich Dir schon einmal erzählen [...]. Bei mir hatte sich die Vermutung an die veränderte Rolle der Geruchssensationen geknüpft: Aufrechter Gang, Nase vom Boden abgehoben, damit eine Anzahl von früher interessanten Sensationen, die an der Erde haften, widerlich geworden – durch einen mir noch unbekannten Vorgang. (Es trägt die Nase hoch = Er hält sich für etwas besonders Edles.) Die Zonen nun, welche beim normalen und reifen Menschen sexuelle Entbindung nicht mehr produzieren, müssen Afterregion und Mund-Rachengegend sein. Das ist zweifach gemeint, erstens dass ihr Anblick und ihre Vorstellung nicht mehr erregend wirkt, zweitens dass die von ihnen ausgehenden Binnensensationen keinen Beitrag zur Libido liefern, wie die von den eigentlichen Sexualorganen [...]. Das Zugrundegehen dieser anfänglichen Sexualzonen hätte ein Gegenstück in der Aufzehrung gewisser innerer Organe im Laufe der Entwicklung.

Ho sempre sospettato che nella rimozione intervenisse un elemento organico, e una volta ti raccontai che si trattava dell'abbandono di antiche zone sessuali [...]. In me tale supposizione si ricollegava al mutato ruolo assunto dalle sensazioni olfattive: adottata l'andatura eretta, il naso si è sollevato da terra, e con ciò una quantità di sensazioni interessanti, legate alla terra, sono divenute repellenti, per un processo che ancora ignoro. (Arriccia il naso = si considera persona particolarmente nobile.) Ora, le zone che non producono più una scarica sessuale negli esseri umani normali e adulti devono essere le regioni dell'ano e della bocca-fauci. Ciò va inteso in due sensi: in primo luogo, la vista e l'idea di queste zone non ha più effetto eccitante e, in secondo luogo, le sensazioni interne da esse derivanti non danno più alcun contributo alla libido, come quelle degli organi sessuali veri e propri [...]. L'estinzione di queste zone sessuali iniziali sarebbe qualcosa di analogo all'atrofia di certi organi interni che si verifica nel corso dell'evoluzione[6].

Wilhelm Fliess (1887-1904). Edizione integrale a cura di Jeffrey Moussaieff Masson. Con note aggiuntive di Michael Schröter, Paolo Boringhieri, Torino 1986, pp. 236-237.

[5] Cfr. M. Düe, *op. cit.*, p. 171.

[6] S. Freud, *...Briefe an Wilhelm Fliess*, cit., pp. 199-200; p. 314 della trad. it. cit.

L'abbandono filogenetico delle zone erogene si ripete ontoge-
neticamente nello sviluppo del bambino. Il bambino ripete gli sta-
di dello sviluppo dell'umanità. Nell'abbandono delle zone erogene l'individuo diventa "sociale". C'è poi da distinguere da una
normale rimozione quella patologica. La rimozione patologica
avviene attraverso uno "spostamento di tempo", laddove la normale rimozione è il risultato di un decorso di sviluppo indisturbato. Essa procura le basi affettive della morale, del pudore ecc., che
determinano i processi intellettivi dello sviluppo individuale[7].

Nella citata lettera del 6 dicembre 1896 la rimozione patologica è caratterizzata da Freud come "mancanza", cioè il non verifi-
carsi di riscrittura nel passaggio in una nuova epoca della vita:

> Die Eigentümlichkeiten der Psychoneurosen erkläre ich mir dadurch, dass
> die Übersetzung für gewisse Materien nicht erfolgt ist, was gewisse Konsequen-
> zen hat. Wir halten ja an der Tendenz zur quantitativen Ausgleichung fest. Jede
> spätere Überschrift hemmt die frühere und leitet den Erregungsvorgang von ihr
> ab. Wo die spätere Überschrift fehlt, wird die Erregung nach den psychologi-
> schen Gesetzen erledigt, die für die frühere psychische Periode gelten, und auf
> den Wegen, die damals zu Gebote standen. Es bleibt so ein Anachronismus be-
> stehen, in einer gewissen Provinz gelten noch 'Fueroi'; es kommen '*Überlebsel*'
> zustande. Die Versagung der Übersetzung, das ist das, was klinisch 'Verdrän-
> gung' heisst.

> Mi spiego le caratteristiche specifiche delle psiconevrosi supponendo che
> questa traduzione di una parte del materiale non sia avvenuta, il che impliche-
> rebbe determinate conseguenze. Noi infatti ci atteniamo alla tendenza verso l'e-
> quilibrio quantitativo. Ogni ulteriore trascrizione inibisce la precedente e deriva
> da essa il processo eccitativo. Dove manca la nuova trascrizione l'eccitamento si
> verificherà secondo le leggi psicologiche valide per il precedente periodo psichi-
> co, e lungo le vie allora disponibili. Ci troviamo così di fronte a un anacronismo:
> in una particolare provincia vigono ancora i *fueros*; siamo cioè in presenza di *so-
> pravvivenze* del passato. Un insuccesso nella traduzione è ciò che clinicamente
> si chiama "rimozione"[8].

Ma l'abbandono delle zone erogene porta al sorgere delle fantasie. Nella lettera del 7 luglio 1897 leggiamo:

---

[7] Cfr. M. Düe, *op. cit.*, pp. 172-174.
[8] S. Freud, *...Briefe an Wilhelm Fliess*, cit., p. 152; pp. 237-238 della trad. it. cit. Come si
può leggere nella nota 5 a questa lettera, un "fuero" «era un'antica legge spagnola, considerata valida in particolari province, la quale ne garantiva i privilegi» (cfr. p. 244 it.).

Ich sehe [...], dass die Abwehr gegen die Erinnerungen nicht hindert, dass
höhere psychische Gebilde aus ihnen entstehen, die eine Weile Bestand haben
und dann selbst der Abwehr unterliegen, welche aber eine höchst spezifizierte
ist, genau wie im Traum [...]. Es sind dies Erinnerungsfälschungen und Phantasien, letztere auf die Vergangenheit oder Zukunft bezüglich [...]. Daneben entstehen perverse Impulse, und bei der Verdrängung dieser Phantasien und Impulse, die später notwendig wird, ergeben sich die höheren Determinierungen der
schon aus den Erinnerungen folgenden Symptome und neue Motive, an der
Krankheit festzuhalten.

Vedo [...] che la difesa contro i ricordi non impedisce che da essi si origini-
no le più elevate strutture mentali, le quali sopravvivono per un certo tempo e
poi soccombono anch'esse alla difesa, la quale però è di natura altamente specifica, come nei sogni [...]. Si tratta di ricordi falsificati e di fantasie, queste ultime
in relazione sia al passato che al futuro [...]. A fianco di tali strutture sorgono
impulsi perversi, e con la rimozione di queste fantasie e impulsi che più tardi si
rende necessaria, emergono le superiori determinazioni dei sintomi che già pro-
cedono dai ricordi, e nuovi motivi per restare aggrappati alla malattia[9].

Le fantasie, commenta Düe, possono favorire la formazione
delle nevrosi sia dal lato storico-individuale sia da quello generi-
camente preistorico. Il bambino si crea regolarmente degli scena-
ri, immagina storie, che possono essere coscienti, come nei sogni
ad occhi aperti, o inconsce: per la loro efficacia psichica ciò è irrilevante. Ma la fantasia non è una "semplice rappresentazione":
essa ha una sua realtà, una realtà psichica, appunto, ed è in grado,
in quanto "causa", di produrre "effetti"[10].
Freud, continua Düe, descrive tutto ciò in modo esemplare
quando analizza il caso dell'"uomo dei lupi":

Der Patient berichtet seine Beobachtung des elterlichen Koitus. Für Freud
stellt sich die Frage, ob der Patient diese Szene "tatsächlich" miterlebte oder ob
er nur aus der Kenntnis des Erwachsenen später in die Vergangenheit zurück-
phantasierte. Die Frage wird belanglos, wenn wir das Wirken einer Urphantasie
annehmen, die in sich alles enthält, was zur Kenntnis eines solchen Vorgangs
wie des Koitus nötig ist. Die Urphantasie zeigt sich in der Psyche des Einzelnen;
sie stammt aber aus der Geschichte der Gattung und ist der Niederschlag urzeit-
licher Erfahrungen. Die Gattung erweist sich im Einzelnen stärker als dieser
selbst.

---

[9] Ivi, p. 184 ted. e p. 288 it.
[10] Cfr. M. Düe, *op. cit.*, p. 175.

Il paziente racconta di aver visto il coito dei genitori. Per Freud si pone la domanda se egli abbia visto "veramente" questa scena o se l'abbia fantasticata e proiettata nel passato *dopo*, con le conoscenze dell'adulto. La domanda diventa irrilevante, se accettiamo l'effettualità di una fantasia primaria che contiene in sé tutto ciò che è necessario per conoscere un atto come quello del coito. La fantasia primaria si mostra nella psiche del singolo, ma deriva dalla storia della specie ed è il deposito di eperienze primordiali. La specie si dimostra nel singolo più forte di questo stesso[11].

Nella lettera del 12 dicembre 1897 Freud specifica così i *miti endopsichici*, «ultime creature prodotte dal mio lavoro mentale»:

Die unklare innere Wahrnehmung des eigenen psychischen Apparates regt zu Denkillusionen an, die natürlich nach aussen projiziert werden, und charakteristischer Weise in die Zukunft und in ein Jenseits. Die Unsterblichkeit, Vergeltung, das ganze Jenseits sind solche Darstellungen unseres psychischen Inneren [...] Psycho-Mythologie.

La confusa percezione interna del proprio apparato psichico stimola le illusioni del pensiero, le quali naturalmente vengono proiettate verso l'esterno e, in modo del tutto caratteristico, nel futuro e in un aldilà. L'immortalità, la ricompensa dopo la morte, l'aldilà nel suo insieme: sono tutte rappresentazioni del nostro interno psichico [...], psicomitologia[12].

Il mito endopsichico, fa notare Düe, non si limita all'individuo. Le sue categorie contribuiscono a formare i miti dei popoli, come dice Freud altrove:

[...] es ist z. B. von den Mythen durchaus wahrscheinlich, dass sie den entstellten Überresten von Wunschphantasien ganzer Nationen, den *Säkularträumen* der jungen Menschheit, entsprechen.

[...] ad esempio per i miti, è assolutamente probabile che essi corrispondano ai residui deformati di fantasie di desiderio di intere nazioni, e cioè ai *sogni secolari* della giovane umanità[13].

Se ritorniamo alla rimozione, dobbiamo osservare, con Düe, che ciò che è rimosso, nei conflitti che hanno portato alla malat-

---

[11] Ivi, p. 176.
[12] S. Freud, *...Briefe an Wilhelm Fliess*, cit., p. 204; p. 323 della trad. it. cit.
[13] Cfr. M. Düe, *op. cit.*, p. 177, e S. Freud, *Der Dichter und das Phantasieren*, Studienausgabe cit., Bd. X, p. 178, trad. it. *Il poeta e la fantasia*, cit., in *Opere complete*, vol. 5, cpv. 20.

tia, non è *storico*, bensì si "presentifica" sempre di nuovo nella ripetizione. La malattia è il presente. Se il ricordo deve essere il risultato della cura, allora questo scopo può essere raggiunto solo attraverso una lotta tra medico e paziente, in cui l'"arma" più importante del medico è l'*Übertragung*, la traslazione:

> Wenn die Bindung durch die Übertragung eine irgend brauchbare geworden ist, so bringt es die Behandlung zustande, den Kranken an allen bedeutungsvolleren Wiederholungsaktionen zu hindern und den Vorsatz dazu in *statu nascendi* als Material für therapeutische Arbeit zu verwenden.

> Quando il legame attraverso la traslazione si è comunque consolidato al punto da divenire utilizzabile, il trattamento può evitare che l'ammalato compia tutti gli atti di ripetizione particolarmente importanti e può adoperare le intenzioni *in statu nascendi* come materiale per il lavoro terapeutico[14].

La traslazione apre al paziente un "luogo di ritrovo", dove gli è consentito presentare tutto ciò che si nasconde dietro i suoi impulsi patologici:

> Wenn der Patient nur so viel Entgegenkommen zeigt, dass er die Exsistenzbedingungen der Behandlung respektiert, gelingt es uns regelmässig, allen Symptomen der Krankheit eine neue Übertragungsbedeutung zu geben, seine gemeine Neurose durch eine Übertragungsneurose zu ersetzen, von der er durch die therapeutische Arbeit geheilt werden kann.

> Se il paziente è tanto compiacente da rispettare le condizioni indispensabili per la continuazione stessa del trattamento, ci riesce in genere di dare a tutti i sintomi della malattia un nuovo significato in base alla traslazione, facendo in modo che la normale nevrosi sia sostituita da una "nevrosi di traslazione" dalla quale il paziente può essere guarito mediante il lavoro terapeutico[15].

Sappiamo che il lavoro dell'analisi è un lavoro di ri-costruzione[16]. Nel luogo di ritrovo della traslazione, l'analista «*hat das Vergessene aus den Anzeichen, die es hinterlassen, zu erraten oder, richtiger ausgedrückt, zu* konstruiren [deve *indovinare* o,

---

[14] Cfr. M. Düe, *op. cit.*, p. 180, e S. Freud, *Erinnern, Wiederholen und Durcharbeiten*, Ergänzungsband der Studienausgabe, cit., p. 213, trad. it. *Ricordare, ripetere e rielaborare*, in *Opere complete*, cit., vol. 7 (*Totem e tabù e altri scritti*), cpv. 17.

[15] *Ibidem* (p. 214 ted. e cpv. 19 it.).

[16] Cfr. il passo relativo alla nota 21 del capitolo *Brividi d'angoscia*.

per meglio dire, *costruire* ciò che è stato dimenticato a partire dalle tracce che esso ha lasciato]»[17]. Il curatore della nuova edizione italiana di *Costruzioni nell'analisi* mette in corsivo "indovinare", *erraten*, non a caso. Nelle *Opere di Sigmund Freud* la traduzione (ormai "storica") di questo termine suona, in italiano, "scoprire". Francesco Barale, nel suo saggio introduttivo, spiega le ragioni del "ripensamento". Già Musatti, egli dice, aveva segnalato il «particolare "tono" di questo scritto»[18].

Leggiamo quel che in proposito Musatti scrive nella sua Introduzione all'11° volume delle OSF:

> [...] il 1937 fu un anno produttivo per Freud [...]; in quell'anno [...] pubblicò anche [...] gli ultimi due importanti lavori scientifici che [...] furono stampati integralmente mentre ancora egli era in vita [...]: *Analisi terminabile e interminabile* e *Costruzioni nell'analisi*. Pur senza ripudiare nulla di quanto aveva sostenuto nelle opere precedenti, vi è in questi scritti di Freud un maggiore distacco, come se si trattasse di una specie di riflessione su se stesso e sulle proprie dottrine. Sembra che Freud sia divenuto più critico, in qualche modo più saggio, nel considerare l'opera propria e la funzione in genere dello psicoanalista. Coloro che dallo studio delle opere di Freud hanno tratto personalmente una inclinazione a un certo fanatismo intellettuale riguardo alle sue dottrine [...] possono perfino rimanere turbati di fronte alle venature di scetticismo che si colgono in questi scritti [...]. E in *Costruzioni nell'analisi* ripudia il termine "interpretazioni" [...], per mettere in rilievo una sorta di fantasia creatrice dell'analista (guidata dal proprio inconscio), analoga a quella dell'archeologo, che riporta alla luce nella loro ricostruita interezza le situazioni del passato, insieme componendo e integrando i frammenti tratti dagli scavi[19].

Per Barale, più che di "scetticismo", bisognerebbe parlare di «consapevolezza critica, per certi versi di grande modernità». In *Costruzioni,*

---

[17] S. Freud, *Costruzioni nell'analisi* (*Konstruktionen in der Analyse*, 1937), ed. it. con testo tedesco a fronte, traduzione di Francesco Barale e Ingrid Hennemann Barale, saggio introduttivo e cura di Francesco Barale, Jaca Book, Milano 2024, pp. 48-49.

[18] Ivi, p. 11. Dice Barale nel suo saggio introduttivo: «In chi scrive, il ricordo torna alle lezioni che Cesare Musatti gli dedicava [a *Costruzioni nell'analisi*], per noi allievi, al Centro Milanese di Psicoanalisi, alternando, con impareggiabile conoscenza di Freud, alto e basso, aneddoti e raffinate considerazioni di metodo. In traduzione italiana *Costruzioni nell'analisi* era, allora, freschissimo di stampa: era uscito nel 1979, per l'11° volume dell'edizione Boringhieri delle *Opere di Sigmund Freud* (OSF)» (ivi, p. 9).

[19] Cfr., in *Opere complete*, ed. digit. cit., vol. 11 (*L'uomo Mosè e la religione monoteistica e altri scritti*), i cpvv. 54-60 dell'*Introduzione*.

il lettore si trova [...] di fronte a un breve testo apparentemente cristallino, un piccolo gioiello perfettamente "*costruito*" (verrebbe da dire), di grande eleganza argomentativa [...]. Le folgoranti pagine finali di questo saggio [...] danno [...] un'idea dei suoi vertiginosi approdi[20].

Su uno sfondo così chiaro, continua Barale, risaltano tuttavia «ancor più nitide le ombre delle questioni». Prima fra tutte, la questione delle "tracce", che «tormenta Freud dall'inizio della sua opera», come si può già vedere nella lettera scritta a Fliess il 21 settembre 1897, dove la traccia è descritta come «sistema complesso e dinamico di iscrizioni e re-iscrizioni». Il fatto è che qualsiasi ricostruzione delle tracce «a un certo punto si arresta», perché il "compito" «inevitabilmente incrocia una dimensione che lo eccede».

A un certo punto ci si accorge [...] che non si tratta più solo di occuparsi di un materiale già esistente, da "dissotterrare" [...], ma di occuparsi di una dimensione paradossale che è intrinseca al suo stesso costituirsi [...]. Una parte significativa della psicoanalisi contemporanea interpreta proprio in questo senso la "novità" di *Costruzioni* [...]. Ma, in quella lettura [...], ho l'impressione che l'*intentio lectoris* rischi di soverchiare troppo l'*intentio operis* e l'*intentio auctoris* [...]. In ogni caso, non c'è dubbio che il transito da *Deutung* [...] a *Konstruktion* sia tutt'altro che un'irrilevante faccenda terminologica [...]. Lì si annidano almeno gli accenni di cambiamento significativi, che impronteranno una parte della psicoanalisi successiva[21].

Lo scopo dell'analisi, si sa, è, "idealmente", eliminare l'amnesia infantile e recuperare nel modo più esteso possibile i ricordi e i moti affettivi rimossi, partendo appunto dalle tracce "raggiungibili" nel materiale psichico, anche se esse sono deformate «(nei sogni, nei sintomi, nel transfert, nelle idee improvvise che compaiono nelle libere associazioni...)»:

Sintomi e inibizioni sono infatti il sostituto di quelle antiche rimozioni. Da questo punto di vista il lavoro dell'analista presenterebbe, dunque, un'analogia con quello dell'archeologo che, dissotterrando i resti di un edificio o di una città sepolta, ne ricostruisce le mura da ciò che si è conservato, individua la posizione delle colonne dalle cavità sul terreno, le decorazioni murarie dai frammenti rimasti. Fin qui nulla di nuovo e niente di più tradizionale. Ma sbaglierebbe subito

---

[20] F. Barale, *Su "Costruzioni nell'analisi"*, pp. 11-13.
[21] Ivi, pp. 13-14.

il lettore se prendesse alla lettera lo stile metaforico dell'argomentazione freudiana, il suo tipico utilizzo figurativo di immagini prese da altre pratiche del sapere, per dare una qualche provvisoria rappresentabilità del lavoro analitico[22].

Freud, in effetti, dice Barale, mette subito in evidenza la difficoltà del "compito ideale". Prima di tutto perché i "materiali" di
cui l'analista dispone (ma ciò vale anche per l'archeologo) sono
"piccola cosa", «nel groviglio delle loro pluristratificazioni e so-
vrapposizioni», rispetto all'impresa della ricostruzione; e poi perché «c'è qualcosa che sfugge, qualcosa che manca»[23]. In realtà,
«all'analisi partecipano entrambi i suoi protagonisti, il paziente e
l'analista, ognuno dei quali ci mette del suo»[24].

---

[22] Cfr., ivi, pp. 14-15.

[23] Ivi, p. 15.

[24] *Ibidem*. Per la verità, osserva Barale, «non è certo questa la prima volta che in Freud
compare un riconoscimento del ruolo non solo ineliminabile, ma necessario della soggettività dell'analista e della sua partecipazione a quanto accade in analisi». E come esempio
porta, fra gli altri, *Il problema dell'analisi condotta da non medici*, in cui Freud «tesse una
specie di elogio della ragione congetturale sostenuta dall'ineliminabile soggettività degli
analisti». Insomma, «ci sono chiaramente nel testo e nel pensiero di Freud innumerevoli
"bianchi" che spingono verso questi sviluppi relazionali: basti solo pensare alle potenti implicazioni del tema dell'indovinare [...], a quel "farsi tramite" (*conjector*) che il movimento congetturale richiede». Ma, come è confermato dal *Compendio di psicoanalisi*, «Freud
si premura di scrivere: "non trascuriamo mai di tenere rigorosamente separato il nostro sapere dal suo (del paziente)"» (ivi, pp. 15-16). L'"elogio" della ragione congetturale è questo: «... "come si lavora questo materiale bruto?" Supponendo che le comunicazioni e le
associazioni dell'ammalato siano soltanto travestimenti di ciò di cui si va in cerca, specie
di allusioni, in base alle quali Lei deve indovinare ciò che dietro si nasconde. In altri termini questo materiale – si tratti di ricordi, di associazioni o di sogni – Lei lo deve *interpretare*. Questo naturalmente si fa con riferimento a determinate idee e previsioni che in base
alle Sue conoscenze vengono formandosi nell'atto stesso in cui Lei sta ascoltando [...]. La
situazione non è poi tanto brutta. Perché vuol escludere i Suoi propri processi psichici da
quelle leggi che riconosce valide per gli altri? Quando Lei abbia raggiunto un certo grado
di autocontrollo e sia in possesso di determinate conoscenze, le Sue interpretazioni reste-
ranno indipendenti da fattori Suoi personali e potranno coglier giusto. Non dico con ciò
che per questa parte di lavoro la personalità dell'analista sia indifferente. È molto questione di una certa sensibilità, per così dire di una certa finezza d'orecchio, per i processi inconsci; e non tutti la posseggono in egual misura. E soprattutto si impone qui l'obbligo per
lo psicoanalista di essersi sottoposto egli stesso a un'analisi approfondita, per acquistare la
capacità di accogliere senza pregiudizi il materiale analitico altrui. Con tutto ciò rimane
sempre qualche cosa che corrisponde all'"equazione personale" nelle osservazioni astro-
nomiche; e questo fattore personale avrà sempre nella psicoanalisi maggiore importanza
che altrove». E ancora: «Lei commetterebbe un grossolano errore se nell'intenzione di ab-
breviare l'analisi, gettasse in faccia al paziente le Sue interpretazioni appena le avesse tro-
vate [...]. La regola [...] consiste nell'attendere che egli si sia di tanto avvicinato al rimosso, da dover ancora fare, guidato dalle interpretazioni che Lei gli comunica, soltanto pochi
passi per raggiungerla». Cfr. *Il problema dell'analisi condotta da non medici* (1926), vol.

10 delle OSF, cap. 5, cpvv. 10-16. L'interlocutore, in questo "dialogo" di Freud (il sottotitolo dello scritto è "Conversazione con un interlocutore imparziale", *Unterredungen mit einem Unparteischen*), è molto probabilmente il fisiologo Durig (cfr. l'*Avvertenza editoriale* it. di questo "libretto", cpv. 6). Nel Poscritto del 1927 Freud scrive: «La tesi che ho voluto mettere in primo piano è la seguente: non importa se l'analista è in possesso o no di un diploma medico; importa invece che egli abbia acquisito la preparazione particolare che gli occorre per esercitare l'analisi [...]. La cosiddetta preparazione medica mi sembra una via contorta e pesante per giungere alla professionalità analitica. È vero che essa dà all'analista molte cose che gli sono indispensabili, ma è vero anche che gli crea un aggravio di nozioni che egli non potrà usare mai, rischiando inoltre di distogliere il suo interesse e il suo atteggiamento intellettuale dallo studio dei fenomeni psichici. Il piano di studi per l'analista è ancora da creare. Esso dovrà comprendere materie tratte dalla scienza dello spirito, dalla psicologia, dalla storia della civiltà, dalla sociologia, oltre che elementi di anatomia, biologia e storia dell'evoluzione. Le cose da insegnare sono talmente tante che è lecito escludere da questo piano di studi tutte le nozioni che non hanno diretta attinenza con l'attività analitica, avendo con essa solo un rapporto indiretto in quanto contribuiscono (come qualsiasi altro studio) a esercitare l'intelletto e le capacità di osservazione. È facile obiettare a questo mio progetto che non esistono scuole superiori siffatte per analisti da nessuna parte, e che solo un idealista può formulare proposte del genere. È vero, il mio è un ideale, ma un ideale che può, anzi deve essere realizzato. A dispetto di tutte le insufficienze dovute alla loro giovane età, i nostri istituti didattici rappresentano già un buon inizio sulla via di tale realizzazione [...]. La psicoanalisi è un pezzo di psicologia, ma non di psicologia medica secondo la vecchia accezione, o di psicologia dei processi morbosi, bensì di psicologia *tout court*: essa non è certo l'intera psicologia, ma piuttosto la sua struttura essenziale, forse addirittura il suo fondamento [...]. Dopo quarantun anni di attività medica la conoscenza che ho di me stesso mi dice che in verità non sono mai stato propriamente un medico [...]. Neppure ho mai giocato al "dottore", giacché palesemente la mia curiosità infantile seguiva altre piste [...]; pur avendo superato tutti gli esami medici, continuai a non interessarmi ad alcuna branca della medicina [...]. Reputo tuttavia che la mancanza in me di una vera e propria disposizione per la medicina non abbia gran che danneggiato i miei pazienti [...]. I medici se la prendono con me quasi che io li avessi dichiarati generalmente inidonei all'esercizio dell'analisi e avessi affermato che il loro avvento va scongiurato. Ebbene, non intendevo dire questo» (ivi, *Poscritto*, cpvv. 4-12). Del resto, già nell'ultimo capitolo del libro si può leggere: «Noi non desideriamo che la psicoanalisi venga inghiottita dalla medicina e finisca col trovar posto nei trattati di psichiatria, al capitolo terapia, fra quegli altri procedimenti – come la suggestione ipnotica, l'autosuggestione e la persuasione – che nati dalla nostra ignoranza debbono la loro effimera efficacia soltanto all'inerzia e alla debolezza delle masse umane. Essa merita un destino migliore, e io spero che lo avrà. In quanto "psicologia del profondo", o dottrina dell'inconscio psichico, può diventare indispensabile per tutte le scienze che studiano la storia delle origini della civiltà umana e delle sue grandi istituzioni, come l'arte, la religione e l'organizzazione sociale. Penso che abbia già offerto a queste scienze un aiuto considerevole per la soluzione dei loro problemi, ma si tratta solo di contributi minimi in confronto a quelli che si potranno ottenere quando gli storici, gli psicologi delle religioni, i glottologi ecc., saranno messi in condizione di servirsi essi stessi del nuovo strumento di ricerca posto a loro disposizione. L'uso terapeutico dell'analisi è soltanto una delle sue applicazioni, e l'avvenire dimostrerà forse che non è la più importante. Sarebbe comunque ingiusto sacrificare a una sua unica applicazione tutte le altre, solo perché questo campo tocca la sfera degli interessi professionali medici» (cfr., ivi, cap. 7, cpv. 35). Per quel che riguarda la frase tratta dal postumo "Compendio" (1938), il passo, più estesamente, suona così: «Ci procuriamo il mate-

Indovinare dunque, *costruire*, per colmare le lacune dei "resti incerti". Come diceva Musatti, all'analista non resta che esercitare la «fantasia creatrice, guidata dal suo inconscio». Certo, scrive Barale, la "nozione" di "costruzione" non è una novità, e «aveva già assunto in Freud un'estensione importante»[25]. La "novità", in questo scritto, consiste «non nel tema in quanto tale», ma nell'«elaborazione ulteriore» che Freud ne dà. È qui che Barale chiede al lettore uno «sforzo di pazienza». Il "termine chiave" su cui occorre soffermarsi è *indovinare, erraten*: «non si tratta di oziosi cavilli di filologia freudiana! Sono in causa questioni rilevanti, per la clinica e l'atteggiamento analitici e per lo statuto epistemologico delle operazioni psicoanalitiche»[26]. Questa parola «attraversa tutta l'opera di Freud, letteralmente dall'inizio alla fine: dalla lettera a Fliess del 25 maggio 1895 all'incompiuto e postumo *Compendio* del 1938»[27]. Essa, scrive Barale,

indica un fondamentale aspetto del procedere analitico: *quel congetturare a innesco quasi visivo (indovinare)*, intuitivo, ampiamente involontario e pre-categoriale, talvolta giocoso e perfino un poco infantile, che nasce direttamente dal *corpo* della relazione analitica [...]; necessario *presupposto* di un interpretare

---

riale per il nostro lavoro da varie fonti, da ciò cui siamo rinviati dalle comunicazioni e libere associazioni del paziente, da ciò che egli ci mostra nelle sue traslazioni, da ciò che traiamo dall'interpretazione dei suoi sogni, da ciò che svela attraverso i suoi *atti mancati*. Tutto questo materiale ci aiuta a elaborare delle costruzioni su ciò che gli è capitato in passato e che ha dimenticato, come pure su ciò che gli capita adesso e che non riesce a comprendere. Nel far questo, però, non trascuriamo mai di tenere rigorosamente separato il nostro sapere dal suo. Ci asteniamo dal comunicargli subito ciò che abbiamo indovinato, spesso assai per tempo, come pure non gli diciamo tutto quello che crediamo di aver scoperto. Valutiamo con attenzione quando dobbiamo renderlo partecipe di una delle nostre costruzioni, aspettiamo il momento che ci sembra più propizio (la scelta non è sempre facile). Di norma procrastiniamo la comunicazione e il chiarimento di una costruzione a quando egli stesso ci si sia avvicinato a tal punto che non gli resti che un passo, sia pure il passo risolutivo della sintesi» (cfr. *Compendio di psicoanalisi* nel vol. 11 di *Opere complete*, cap. 6, cpv. 13).

[25] Ivi, pp. 16-17. Cfr. per esempio i casi clinici dell'*uomo dei lupi* e del *piccolo Hans*. Su Musatti, cfr. sopra, in relazione alla nota 19.

[26] Ivi, p. 17. Cfr., qui, nel capitolo *Unheimlichkeit*, ciò che è scritto in relazione alle note 85-87.

[27] Ivi, p. 18. Ricordiamo cosa scrisse Freud a Fliess in quella lettera: «... sono un uomo che non può vivere senza [...] un tiranno [...]. Nel servirlo non conosco limiti. È la psicologia [...]. Nelle ultime settimane [...] ho impiegato le ore notturne [...] intento a fantasticare, interpretare e congetturare...» (cfr. *Lettere a Wilhelm Fliess...*, ed. it. cit., pp. 154-155, e cfr., sopra, la nota 85 del cap. *Unheimlichkeit*).

non astratto e non dottrinario, movimento di significazione aurorale che consente di raccogliere e decifrare tracce ancora enigmatiche[28].

Questo "movimento congetturale" costituisce «il vero motore del procedere complessivo della mente umana». Per Barale, il *Phantasieren*, l'*Übersetzen* e l'*Erraten* della lettera a Fliess sono "fantasticare, *tradurre* e *indovinare*". Basti, egli dice, per testimoniare l'importanza dell'*Erraten* nei testi Freud, ricordare «il celebre passo "epistemologico" dell'inizio di *Pulsioni e il loro destino* 1915 (OSF 8, 13) in cui Freud descrive come si formino le ipotesi e le idee generali che consentono di dare un certo ordine al materiale empirico»:

"tutto lascia supporre che (quelle idee) non siano state scelte ad arbitrio, ma siano state determinate in base a relazioni significative col materiale empirico", relazioni "che supponiamo di *arguire* (*erraten*) prima ancora di aver avuto la possibilità di *riconoscerle e indicarle*" ("*die man zu erraten vermeint, noch ehe man sie erkennen und nachweisen kann*", GW [*Gesammelte Werke*] X, 210). 'Arguire' traduce '*erraten*'. Ma quel che conta è la sequenza: esiste dunque per Freud un'intuizione congetturale, un *indovinare* (qui *arguire*) che consente e precede (come indicano gli stessi prefissi '*er*' e '*nach*' dei verbi tedeschi) gli altri due momenti: il 'ri-conoscere' (*erkennen*) e ancor più il 'dimostrare' (*nachweisen*)[29].

---

[28] Ivi, pp. 18-19.

[29] Ivi, pp. 19-20. La stesura di *Triebe und Triebschicksale* (ora in GW X) iniziò il 15 marzo 1915 e fu completata il successivo 4 aprile. Il titolo italiano, in OSF 8, suona *Pulsioni e loro destini*. Si tratta di uno dei cinque saggi rimasti di un piano che Freud aveva originariamente previsto in dodici scritti, che avrebbero dovuto «fornire l'impalcatura concettuale della teoria psicoanalitica» e "preparare" una *metapsicologia* (cfr. l'Avvertenza editoriale a *Metapsicologia*, in OSF 8, cpvv. 1-3). Il passo citato da Barale, di *Pulsioni e loro destini*, per esteso è questo: «Più volte è stata avanzata l'esigenza che una scienza sia costruita in base a concetti chiari ed esattamente definiti. In realtà nessuna scienza, neppure la più esatta, prende le mosse da definizioni siffatte. Il corretto inizio dell'attività scientifica consiste piuttosto nella descrizione di fenomeni, che poi vengono progressivamente raggruppati, ordinati e messi in connessione tra loro. Già nel corso della descrizione non si può però fare a meno di applicare, in relazione al materiale dato, determinate idee astratte: le quali provengono da qualche parte, e non certo esclusivamente dalla nuova esperienza. Ancor più indispensabili sono tali idee – destinate a diventare in seguito i concetti fondamentali della scienza – nell'ulteriore elaborazione della materia. Esse hanno necessariamente all'inizio un certo grado di indeterminatezza: né si può parlare di una chiara delimitazione del loro contenuto. Finché le cose stanno così, ci si intende sul loro significato riferendosi continuamente al materiale dell'esperienza da cui sembrano ricavate, ma che in realtà è ad esse subordinato. A stretto rigore queste idee hanno dunque il carattere di convenzioni, benché tutto lasci supporre che non siano state scelte ad arbitrio, ma siano state determinate in base a relazioni significative col materiale empirico, relazioni che suppo-

Questa di Freud, scrive ancora Barale, non è un'idea "estemporanea e pericolosa", che «potrebbe allontanare la psicoanalisi dalla scienza»:

rivendicare la continuità del pensiero congetturale e abduttivo (di cui l'indovinare è il motore) con la ragione scientifica è in realtà un'operazione tutt'altro che irrazionalistica. Viceversa, separare ragione scientifica e ragione congetturale significa fare un cattivo servizio a entrambe. Il motore della psicoanalisi è fondamentalmente un pensiero congetturale che si sviluppa nel corpo del transfert[30].

È a questo punto che Barale fa intervenire Charles Sanders Peirce, «colui che nel secolo scorso più si è occupato del pensiero congetturale». Barale ci ricorda che il pensiero congetturale è chiamato da Peirce *abduzione*, che, accanto alla deduzione e all'induzione, costituisce la ragione che è la sola, per Peirce, capace di «generare nuove idee» e che è «linfa di ogni scoperta scientifica»[31]. Scrive Peirce:

La Deduzione prova che qualcosa *deve essere*, l'Induzione mostra che qualcosa *è attualmente* operativo, l'Abduzione suggerisce soltanto che qualcosa *potrebbe essere* [...]. Comunque l'uomo abbia acquisito la facoltà di indovinare le vie della Natura, non è stato certamente per logica critica e autocontrollata. Anche adesso non può dare alcuna spiegazione esatta delle sue migliori congetture. Mi sembra che l'affermazione più chiara che si possa fare sulla struttura logica di questa facoltà [...] sia il dire che l'uomo ha un certo Intuito [...] degli elementi generali della Natura [...]. Questa facoltà è allo stesso tempo della stessa natura dell'Istinto perché assomiglia agli istinti degli animali in quanto supera di molto i poteri della nostra ragione [...]; anche se il più delle volte non ha ragione e si sbaglia, la relativa frequenza delle volte in cui si trova ad aver ragione è una delle cose più stupefacenti della nostra costituzione.

Deduction proves that something *must* be; Induction shows that something *actually is* operative; Abduction merely suggests that something *may be* [...]. However man may have acquired his faculty of divining the ways of Nature, it has certainly not been by a self-controlled and critical logic. Even now he cannot give any exact reason for his best guesses. It appears to me that the clearest statement we can make of the logical situation [...] is to say that man has a cer-

---

niamo di arguire prima ancora di aver avuto la possibilità di riconoscerle e indicarle» (cpv. 1).
[30] Ivi, pp. 20-21.
[31] Ivi, p. 21.

tain Insight [...] into [...] the general elements [...] of Nature [...]. This Faculty is at the same time of the general nature of Instinct, resembling the instincts of the animals in its so far surpassing the general powers of our reason [...]; for though it goes wrong oftener than right, yet the relative frequency with which it is right is on the whole the most wonderful thing in our constitution[32].

La ragione congetturale, questa *"faculty of guessing"*, osserva Barale,

è frutto di una lunga sedimentazione evolutiva, radicato nella pre-comprensione di un mondo condiviso e nella necessità precategoriale di orientarsi in esso; pre-comprensione da cui origina un *"guessing instinct"* che richiede peraltro, almeno in certe sue forme, alcuni assetti mentali che ricordano molto quelli che cerchiamo di coltivare in analisi: una particolare recettività; la (provvisoria) "sospensione" delle pretese immediate della ragione raziocinante e dei suoi schemi; la capacità di non saturare troppo rapidamente attraverso il "già noto" la relazione primariamente estetico-estesica con il proprio oggetto; la capacità di accettare, in quella relazione, anche una relativa permeabilità dei confini dell'Io; una sorta di "abbandono" al sapere implicito dei corpi e a quello preriflessivo sedimentato nelle esperienze[33].

Anche Carlo Ginzburg, continua Barale, «ha scritto pagine importanti su come questa attitudine congetturale si sia sedimentata, attraverso i millenni, nel "saperci fare" di medici, storici, vasai, falegnami, cacciatori, marinai, pescatori, donne..., patrimonio sensoriale che, da corpo di "saperi locali senza origine né memoria né storia", diventa *sapere dei corpi, abito*. Paradigma *indiziario* (e divinatorio) dalle radici assai antiche nella storia dell'uomo, dietro il quale "s'intravede il gesto forse più antico della storia intellettuale del genere umano: quello del cacciatore accovacciato nel fango che scruta le tracce della preda" e cerca di indovinarne le mosse»[34].

---

[32] C.S. Peirce, *Scritti scelti*, a cura di G. Maddalena, UTET, Torino 2005, "La natura del significato" (*The Nature of Meaning*), pp. 385-386 (cfr. manoscritti 314-316), e *The Collected Papers of Charles Sanders Peirce*, a cura di P. Weiss e C. Hartshorne, Harvard University Press, Cambridge, Massachusetts, 1931-1935, volume V, paragrafi 171 e 173.

[33] F. Barale, *Su "Costruzioni nell'analisi"*, cit. p. 21. Come non riandare, a proposito di pre-comprensione, al *Vorverstehen* heideggeriano?

[34] Ivi, pp. 21-22. Citando Ginzburg, Barale si riferisce a *Spie. Radici di un paradigma indiziario*, in *Crisi della ragione. Nuovi modelli nel rapporto tra sapere e attività umane*, a cura di A. Gargani, Einaudi, Torino 1979, pp. 57-106. L'ultima frase citata si trova a p. 69 (ma si vedano anche le pagine 70 e 81).

Prima di ritornare al testo di Freud, Barale riporta altresì le conclusioni di un intervento di Alberto Luchetti su "Psiche":

se con l'indovinare la psicoanalisi incrocia la triade deduzione, induzione, abduzione, collocandosene nel nodo creativo e rischioso, forse così può indicare precisamente che se vi è ragione congetturale è perché una relazione ha potuto prendere corpo e dei corpi hanno potuto esporsi [...] a un saper fare che permette che si fabbrichino interpretazioni puntuali e costruzioni... dunque corpo congetturale incarnato [...]. Attitudine congetturale alle cui remote radici ben oltre il cacciatore, s'intravede (laplanchianamente) l'*infans*, il corpo del cucciolo d'uomo che [...] da sempre è esposto all'inconscio sessuale degli adulti e deve, alla bell'e meglio, scrutarne le tracce imperscrutabili, per farne qualcosa dentro di sé, costruirsi un mondo e un apparato dell'anima, facendo di sé quel corpo congetturale e autocongetturante che la psicoanalisi cerca di evocare e toccare, forse liberare[35].

Il riferimento a Jean Laplanche ci permette di aprire a nostra volta una parentesi. Del coautore del colossale *Vocabulaire de la psychanalyse*, e dell'artefice della "*théorie de la séduction généralisée*", vorremmo mettere in evidenza ciò che egli dice in relazione alla "situazione antropologica fondamentale".

Questa (designata anche con l'acronimo SAF) è la situazione del piccolo dell'uomo che è ancora privo d'inconscio e incapace di provvedere ai propri bisogni. Nella "teoria della seduzione generalizzata", essa si delinea nel confronto del bambino con i messaggi "enigmatici" (verbali e *non*) che lanciano gli adulti. I messaggi sono enigmatici perché carichi di moti pulsionali derivanti dall'inconscio degli adulti stessi. La SAF segna l'esito della sistemazione razionale e del "prolungamento coerente" della metapsicologia freudiana[36]. Ecco come la definisce Laplanche:

[La] situation anthropologique fondamentale, c'est la relation adulte-petit enfant, adulte-*infans*: l'adulte, qui a un inconscient tel que la psychanalyse l'a découvert [...]. Il y a [...] intervention [...] de l'inconscient infantile de l'adulte dans la mesure où la situation adulte-*infans* est une situation qui réactive ses pul-

---

[35] Cfr. A. Luchetti, *Interpretare, costruire, indovinare: il corpo congetturale*, in «Psiche», 2, 2018, pp. 475-508.

[36] Cfr. F. Martens, *Situation anthropologique fondamentale*, in *Vocabulaire de Laplanche*, a cura di H. Tessier, prefazione di C. Dejours, PUF, Paris 2024, p. 355. Il volume è apparso per commemorare il centenario della nascita di Laplanche, e in esso appaiono anche diversi contributi di Alberto Luchetti.

sions inconscientes infantiles [...]. Dans cette situation anthropologique fondamentale, les termes importants sont: "communication", et "message" – [...] message compromis par l'inconscient[37].

Altrove egli precisa che la relazione adulto-*infans* si instaura
su due livelli:

le niveau du lien autoconservatif, réciproque, constitue la base de la communication. Mais chez l'être humain, cette base autoconservative est d'emblée ha-
bitée, infestée, parasitée par une communication qui se produit dans une seule
direction: de l'adulte vers l'enfant. Ce que nous nommons "messages énigmati-
ques", ce sont les messages qui voudraient être purement autoconservatifs: je
veux te nourrir, te soigner, etc., mais qui sont "compromis" (au sens freudien du
terme) par l'immixtion de fantaisies sexuelles. Je te nourris mais – inconsciem-
ment – je t'enfourne de la nourriture, au sens sexuel de l'intromission (la *Nah-
rungszufuhr* devient *Nahrungseinfuhr* – comme il apparaît dans un lapsus signi-
ficatif de Freud [...])[38].

Ma perché, chiede ancora Laplanche, parlare di situazione antropologica fondamentale e non di situazione *famigliare, edipica,*
fondamentale?

C'est que le rapport adulte-*infans* me paraît dépasser, dans sa généralité,
dans son universalité, le rapport parents-enfant. Il peut y avoir situation anthropologique fondamentale entre un enfant sans famille et un milieu d'élevage absolument non familial[39].

SAF: «donnée humaine par excellence, au-delà même du com-
plexe d'Œdipe»[40], dunque. Ecco allora che la *seduzione* «*n'est
pas une relation contingente, pathologique – même si elle peut
l'être parfois –, épisodique. Elle se fonde sur la situation à laquelle aucun être humain ne peut échapper, ce que j'appelle la
situation anthropologique fondamentale*»[41].

---

[37] J. Laplanche, *À partir de la situation anthropologique fondamentale*, in *Sexual. La sexualité élargie au sens freudien, 2000-2006*, Paris, Puf, coll. «Quadrige», 2006, pp. 98-
100.

[38] J. Laplanche, *Buts du processus analytique*, in *Entre séduction et inspiration: l'homme*,
Paris, Puf, coll. «Quadrige», 1999, p. 230.

[39] J. Laplanche, *À partir de la situation anthropologique fondamentale*, cit., p. 99.

[40] J. Laplanche, *Inceste e sexualité infantile*, in *Sexual*, cit., p. 287.

[41] J. Laplanche, *Trois acceptions du mot "inconscient" dans le cadre de la théorie de la
séduction généralisée*, in *Sexual*, cit., p. 196.

E altrove:

La *situation originaire*, c'est la confrontation du nouveau-né, de l'enfant au sens étymologique du terme, celui qui ne parle pas encore, au monde adulte [...]; ce monde adulte [...] est caractérisé par des messages au sens le plus littéral du terme [...] qui interrogent l'enfant avant qu'il ne les comprenne et auxquels il doit donner sens et réponse, ce qui est une seule et même chose.

La *situazione originaria* è il confronto del neonato, dell'infante nel senso e- timologico del termine (colui che non parla ancora), con il mondo adulto [...]; questo mondo adulto [...] è [...] caratterizzato da dei messaggi nel senso più ge- nerale del termine [...] che interrogano il bambino prima che questi li comprenda e a cui deve dare senso e risposta, il che è una sola e medesima cosa[42].

Ma già in una lezione del 1972 (28 novembre), al dipartimento universitario UER (Unité d'Enseignement et de Recherche), La- planche affermava, riferendosi all'*Hilflosigkeit* freudiana:

L'auto-conservation, chez le petit être humain, est bien mal en point: les montages adaptifs minimaux nécessaires à la survie sont en retard ou absents. Le petit bébé aurait largement le temps de périr s'il fallait attendre qu'il ait les moyens de se suffire pour survivre. C'est là ce que Freud désigne lui-même comme *Hilflosigkeit*, l'incapacité à s'aider soi-même, "état de détresse" mais en insistant sur le caractère objectif et non pas subjectif de ce mot de détresse, pris au sens où on parle d'un navire en détresse, c'est-à-dire qui n'a plus les moyens de s'en sortir par lui-même.

L'autoconservazione, nel piccolo umano, è proprio malridotta: i montaggi a- dattivi minimali necessari alla sopravvivenza sono in ritardo o assenti. Il neona- to avrebbe ampiamente il tempo di perire se fosse necessario attendere che ac- quisisca i mezzi per bastare a sé stesso per sopravvivere. È ciò che Freud stesso indica come *Hilflosigkeit*, l'incapacità di aiutarsi da sé, "stato di impotenza", ma insistendo sul carattere oggettivo e non soggettivo di questo termine di impoten- za, preso nel senso in cui si parla di una nave in pericolo, che non ha più i mezzi per cavarsela da sola[43].

---

[42] J. Laplanche, *Nouveaux fondements pour la psychanalyse. La séduction originaire*, Pa- ris, Puf, 1987 (3e édition «Quadrige», 2016), p. 90 e pp. 123-124; trad. it. *Nuovi fondamen- ti per la psicoanalisi. La seduzione originaria*, a cura di A. Luchetti, Mimesis, Milano 2019, pp. 93-94 e p. 129.
[43] J. Laplanche, *Problématiques I. L'angoisse*, Puf, Paris 1980 (2e édition «Quadrige», 2006), p. 263; trad. it. *L'angoscia. Problematiche I*, a cura di A. Lucchetti, Mimesis, Mila- no 2022, p. 267.

Di certo, l'"originario" non è una "categoria astratta", come si legge nei *Nouveaux fondements*...:

> Pour nous, comme pour Freud d'ailleurs, l'originaire est ce qui est présent au départ, concrètement, aux origines de l'être humain, disons donc: du nourrisson.

> Per noi, come per Freud del resto, l'originario è ciò che è presente all'inizio, concretamente, alle origini dell'essere umano, diciamo dunque: del neonato[44].

È proprio con l'apparire di quest'opera, nel 1987, che la teoria della seduzione generalizzata ha acquistato notorietà[45]. In essa si trova l'insieme degli argomenti che giustificano il "modello metapsicologico" di Laplanche. Si tratta, dice Tarelho, di un "progetto gigantesco", che è cominciato presto e di cui il *Vocabolario della psicoanalisi*, sviluppato tra il '64 e il '67 con Pontalis, costituisce una "pietra miliare", anche se in esso il "concetto" non è sviluppato. Ciò che di più "attira l'attenzione" in tal senso, nel *Vocabulaire*, è «il passaggio dove appare chiaramente il germe dell'ipotesi di Laplanche, quando si domanda se il fantasma di seduzione debba essere considerato come una "semplice deformazione difensiva" o piuttosto come "la traduzione di un dato fondamentale: il fatto che la sessualità dell'infante è interamente strutturata come qualcosa che gli viene dall'esterno"»[46]. È il "primato dell'altro": dal punto di vista sessuale, si leggerà più tardi, l'essere umano "gravita" intorno all'altro[47].

Ma è, allora, l'"altro" che *angoscia*? Se pensiamo che il neonato non ha ancora l'Io ma *è* l'Io, allora dobbiamo dire, dopo quanto appreso, che l'angoscia è «l'Io abbandonato all'attacco interno ovvero, per meglio dire, all'attacco interno-esterno: qualcosa che si può immaginare come impiantato nella sua scorza, che non può rifuggire e che deve, bene o male, cercare di assumere, e che è la

---

[44] J. Laplanche, *Nouveaux fondements pour la psychanalyse*, cit., p. 89; p. 93 della trad. it. cit.

[45] Cfr. L. C. Tarelho, *Théorie de la séduction généralisée*, in *Vocabulaire de Laplanche*, cit., p. 415.

[46] Ivi, pp. 416-417 (traduzione nostra). Per il virgolettato del "Vocabolario", cfr. J. Laplanche et J.-B. Pontalis (1967), *Vocabulaire de la psychanalyse*, Paris, Puf, 1997, 13e éd., p. 439.

[47] Cfr. J. Laplanche, *Buts du processus analytique*, cit., p. 231.

pulsione»[48]. Come dice Felice Cimatti, «l'angoscia in realtà è la risposta ad un'intrusione, quell'intrusione dell'altro che segna l'origine dello psichismo umano»:

> Per Laplanche – contrariamente al modo archeologico di intendere la psicoanalisi – all'origine l'inconscio non è una presenza interna bensì qualcosa che proviene dall'esterno, viene dall'altro. L'*infans* [...] è letteralmente "infettato" dall'inconscio dell'altro. Non c'è altro modo di diventare umani. E che cos'è, propriamente, l'inconscio dell'altro? La pulsione sessuale, la pulsione fondamentale, la pulsione che accende il desiderio di vivere. Il piccolo umano è così esposto ad un'intrusione senza la quale non potrebbe sopravvivere, un'intrusione che letteralmente lo mantiene in vita, e che lo smuoverà dall'interno per tutta la sua esistenza [...]. La pulsione agita e mette in movimento il desiderio, che tuttavia è sentito come qualcosa che non proviene da sé, perché il desisderio è inconscio, e l'inconscio è l'altro [...]. L'angoscia [...] è ciò che si prova di fronte all'assoluto enigma del desiderio [...], l'affetto che si prova quando ci sentiamo esposti alla potenza della vita che ci porta via da noi stessi[49].

Dopo la parentesi, torniamo a Barale e a "*Costruzioni*". Scrive Freud:

> Wenn man in den Darstellungen der analytischen Technik so wenig von "Konstruktionen" hört, so hat dies seinen Grund darin, dass man anstatt dessen von "Deutungen" und deren Wirkung spricht. Aber ich meine, Konstruktion ist die weitaus angemessenere Bezeichnung. Deutung bezieht sich auf das, was man mit einem einzelnen Element des Materials, einem Einfall, einer Fehlleistung u. dgl., vornimmt. Eine Konstruktion ist es aber, wenn man dem Analysierten ein Stück seiner vergessenen Vorgeschichte [...] vorführt.

> Se nelle rappresentazioni della tecnica analitica che vengono fornite si sente così poco parlare di "costruzioni", ciò dipende dal fatto che al posto di esse si parla delle "interpretazioni" e dei loro effetti. Ma io ritengo che costruzione sia la denominazione di gran lunga più appropriata. Interpretazione si riferisce a ciò che si fa con un singolo elemento del materiale psichico, con qualcosa che è venuto in mente, con un lapsus e così via. Una costruzione è invece quando si presenta al paziente un pezzo del suo passato dimenticato[50].

---

[48] J. Laplanche, *Problématiques I. L'angoisse*, cit., p. 152: «L'angoisse c'est donc le moi livré à l'attaque interne ou, pour mieux dire, à l'attaque interne-externe; quelque chose qu'on peut imaginer comme implanté dans son écorce, qu'il ne peut fuir et qu'il doit tant bien que mal tenter d'assumer et qui est la pulsion»; pp.154-155 della trad. it. cit.

[49] F. Cimatti, *La sessualità è dappertutto. L'angoscia di Jean Laplanche*, in Fata Morgana Web, 28 marzo 2022.

[50] S. Freud, *Costruzioni nell'analisi*, cit., pp. 52-53 (trad. leggermente modificata).

L'intera metapsicologia, commenta Barale, «può essere vista [...] come una grande "costruzione"»:

Freud ci invita a considerarla tale proprio nel celebre passaggio di *Analisi terminabile e interminabile* (contemporaneo a *Costruzioni nell'analisi*) spesso citato per riaffermarne l'inevitabilità: la "Strega-metapsicologica" (e già questo appellativo ironico la dice lunga...), cioè la fantasia speculativa, consente l'esorcismo di inoltrarci nella comprensione dei processi inconsci altrimenti inafferrabili. Seguiamo cosa Freud dice in quel celebre passo [...]: "... e allora c'è la strega... la metapsicologia. Non si può avanzare di un passo se non speculando, teorizzando – *stavo per dire fantasticando*" (OSF 11, 508), "*beinahe hätte ich gesagt Phantasieren...*" [...]. L'artificio retorico del "quasi" ("*beinahe*"... "*quasi quasi stavo per dire: fantasticare...*") è ulteriormente rafforzato (nel testo tedesco) dai "due punti" che introducono *Phantasieren*, marcando fortemente questo termine e, con esso, la natura congetturale, di immaginazione speculativa, di quel "teorizzare" così spesso feticizzato in "dottrina"![51].

La costruzione, sappiamo, non è «il "disvelamento" puntuale al paziente della verità del suo mondo interno»: «la sua convalida è nella sua capacità, nel corso della relazione, di produrre senso e ulteriori trasformazioni»[52]. Ma in "*Costruzioni*", osserva Barale, accade qualcosa di nuovo: «il criterio stesso di "verità" della costruzione [...] si sposta dall'astratta corrispondenza con la "realtà" della storia del paziente alla capacità relazionale di produrre senso»[53].

In questo libretto di Freud, il lettore vedrà «come molti temi tradizionali a poco a poco assumono accenti nuovi». Partendo dal "tema dell'incompletezza". Questa, ora, «non solo è tollerata, ma diventa l'orizzonte inevitabile dell'analisi (come della vita)». E qui Barale, in nota, scrive:

Inachèvement (incompiutezza) è il titolo che, nell'autunno del 1944, J.-B. Pontalis diede all'ultimo numero, quello della chiusura, della "Nouvelle Revue de Psychanalyse" [...]; *inachèvement* è anche la parola con cui si chiude la grande meditazione di Paul Ricoeur, *La memoria, la storia, l'oblio* ("Al di sotto del-

---

[51] F. Barale, *Su "Costruzioni nell'analisi"*, cit. p. 23. Cfr. ancora, nel presente scritto, la nota 85 del capitolo *Unheimlichkeit*.
[52] Ivi, p. 26: cfr., sopra, nota 24.
[53] Ivi, p. 27.

la storia, la memoria e l'oblio/Al disotto della memoria e dell'oblio, la vita /Ma scrivere la vita è un'altra storia./Inachèvement")[54].

Costruzioni, del resto, «è stato scritto da Freud sul finire della sua vita, assieme proprio ad *Analisi terminabile e interminabile*». Ma anche riguardo al "tema del rapporto verità/falso", ora ci troviamo di fronte a «una concezione quasi "spinoziana" [...] del falso come il "non ancora disvelato", l'ancora inconscio», se non che la "novità" di Freud, qui, «è di aver mostrato il groviglio incarnato di forze reali che insieme cerca e si oppone a quel disvelamento». Per quel che riguarda "il tema della convinzione soggettiva" («*ein Gefühl subjektiver Überzeugung*»), essa costituisce, dice Barale, «il primo approdo del sorprendente 3° paragrafo di questo testo». «Pur con tutte le accortezze [...], "abbastanza spesso – scrive Freud – non si riesce a portare il paziente al ricordo di ciò che è stato rimosso" [...]. Malgrado ciò, se l'analisi è condotta correttamente, si ottiene che il paziente "arrivi a una *sicura convinzione* della verità della costruzione", che, dal punto di vista terapeutico, "ha la stessa efficacia di un ricordo recuperato"»[55].

Si tratta di una *sostituzione* «non da poco», commenta Barale, che qui rinvia anche a Howard B. Levine, il quale «segnala come questo passaggio – lo smarrimento del saldo ancoraggio veritativo nella memoria recuperata, sostituito dallo scivoloso terreno della "sicura convinzione" – risollevi inevitabilmente "gli spettri del controtransfert" e [...] della suggestione [...]. Se lo si rilegge da questo punto di vista, l'intero impianto di *Costruzioni* in fondo sembra prendere le mosse da questo dubbio di Freud, a partire dalle battute iniziali, quelle dell'immaginaria interlocuzione con il misterioso "personaggio" [...] del critico (una proiezione di Freud stesso?) che, pur apprezzando la psicoanalisi, insinua quei dubbi "offensivi"»[56].

Riprendiamole, allora, le "battute iniziali":

---

[54] Cfr., ivi, pp. 27-28.

[55] Ivi, pp. 28-29.

[56] Ivi, p. 29. Per il riferimento a H. B. Levine, si veda Id., *Construction then and now*, in *On Freud's 'Constructions in Analysis'*, a cura di S. Lewkowicz, Th. Bokanowski e G. Pragier, serie Contemporary Freud, Routeledge, London 2011.

Uno studioso assai stimato, cui sempre ho riconosciuto il merito di aver reso giustizia alla Psicoanalisi in tempi in cui la maggior parte degli altri si sottraeva rispetto a questo impegno, ha espresso in un'occasione un parere sulla nostra tecnica analitica tanto offensivo quanto ingiusto (*ebenso kränkende wie unge-rechte Äusserung*). Disse che quando presentiamo le nostre interpretazioni a un paziente ci muoviamo nei suoi confronti secondo il tristemente noto principio: *Heads I win, tails you lose*. Vuol dire: se il paziente è d'accordo con noi, allora bene, siamo nel giusto; se invece ci contraddice, trattandosi solo di un segnale della sua resistenza, ci dà ugualmente ragione. In questo modo abbiamo sempre ragione noi su quel poveretto che stiamo analizzando, indipendentemente da come egli possa atteggiarsi nei confronti delle nostre congetture. Ora, poiché è vero che, in generale, un "no" del nostro paziente non ci conduce di per sé ad abbandonare come errata una nostra interpretazione, un tale smascheramento (*Entlarvung*) della nostra tecnica è stato salutato con entusiasmo dagli oppositori della Psicoanalisi. Vale pertanto la pena (*es verlohnt sich darum*) di illustrare in maniera approfondita come, nel corso del trattamento analitico, abbiamo cura di valutare il "sì" e il "no" del paziente, le manifestazioni del suo accordo o del suo dissenso. Naturalmente, nessun analista che abbia una certa pratica potrà apprendere da questa autodifesa altro che egli già non sappia[57].

È nella «tenace ricerca del vecchio Freud», dice ancora Barale, che risiede la «grandezza particolare di questo testo». Sembra che egli, alla fine della sua vita, continui a chiedersi: «ma cosa c'è di vero in ciò che ho sostenuto? ... eppure, dentro di me [...] c'è una "sicura convinzione" (*eine sichere Überzeugung*), che sì, molto di vero deve proprio esserci!...»[58].

In *Osservazioni sulla teoria e pratica dell'interpretazione dei sogni* (1922), Freud diceva che se a cetri pazienti «non si propongono interpretazioni, costruzioni e ipotesi, non si avrà mai accesso a ciò che in essi è rimosso»:

Il materiale rimosso viene lasciato passare solo a frammenti, e ogni lacuna ostacola o ritarda il formarsi di un convincimento. E inoltre può anche trattarsi non della riproduzione di un evento reale e dimenticato, bensì della presentazione di una fantasia inconscia, per la quale non ci si potrà mai attendere una sensazione di ricordo, ma casomai prima o poi il senso di una persuasione soggettiva[59].

---

[57] S. Freud, *Costruzioni nell'analisi*, cit., pp. 46-47.
[58] F. Barale, *Su "Costruzioni nell'analisi"*, cit., p. 30.
[59] Cfr. S. Freud, *Osservazioni sulla teoria e pratica dell'interpretazione dei sogni*, in *Opere complete* (vol. 9), ed. dig. cit., cap 7, cpvv. 6-7.

Ciò che può dare "sicurezza" all'analista è proprio la "complicazione del problema" che ha dinanzi, paragonabile a certi *puzzle* per bambini[60]. Freud, commenta Barale, «aveva scritto passi per diversi aspetti anticipatori rispetto a *Costruzioni*»:

> la costruzione di senso nella relazione analitica era paragonata a un puzzle, in cui ogni tassello assume valore non di per sé, ma per la possibilità che apre ad altri incastri. Spesso [...] il ricordo è irraggiungibile e viene sostituito da una convinzione soggettiva. Ma, a quel tempo, questa sostituzione era ancora prospettata come una limitazione decisamente da evitare. Ora Freud compie un altro passo. Spesso da quel puzzle proprio non si esce e l'efficacia e il valore della costruzione si sposta da quella *adaequatio rei et intellectus* che era la sua coincidenza con la realtà storica del rimosso (con il conseguente recupero dei ricordi nascosti) alla capacità di produrre senso. Tuttavia [...] in Freud la sostituzione non è mai piena [...] e il compito ricostruttivo [...] procede in un labirinto di interminabili distorsioni [...]; ma Freud continua a pensare che in fondo a quel labirinto ci sia un "nucleo di verità" [...] e che le narrazioni delle esperienze umane che faticosamente si dispiegano in analisi [...] non siano *solo fiction*, ma *anche* narrazioni di qualcosa di extra-testuale [...] che, pur irraggiungibile, le orienta e continua a "dar corpo" alla ricerca. Del resto, la "sicura convinzione" che sostituisce il ricordo è efficace proprio perché non è *solo* una felice "invenzione" narrativa, ma perché *qualcosa dentro il paziente è stato davvero toccato* [...], qualcosa che ha rimesso in moto le "storie non dette"[61].

Ci avviciniamo, così, alle "vertiginose pagine finali" del saggio freudiano. Ricapitoliamo, prima, con le parole di Freud stesso:

> Riassumendo, possiamo concludere che non meritiamo il rimprovero di accantonare in modo sprezzante le prese di posizione dei pazienti sulle nostre costruzioni. Prestiamo loro attenzione e traiamo da esse spesso preziose indicazioni. Ma queste reazioni dei pazienti hanno per lo più molteplici significati e non consentono verdetti definitivi. Solamente lo svolgimento successivo dell'analisi può consentire di decidere se la nostra costruzione era corretta o invece inutilizzabile. Noi presentiamo ogni nostra singola costruzione per nient'altro che una congettura (*eine Vermutung*) in attesa di verifica, di conferma o di rigetto. Non rivendichiamo per essa alcuna autorità, non esigiamo dal paziente alcun immediato consenso, né, se in un primo momento la respinge, ci mettiamo a discutere con lui [...]. La via che parte dalla costruzione dell'analista dovrebbe terminare nel ricordo del paziente; non sempre arriva a questa meta. Abbastanza spesso non si riesce a portare il paziente al ricordo di ciò che è stato rimosso. In com-

---

[60] Ivi, cpv. 8.
[61] F. Barale, *Su "Costruzioni nell'analisi"*, cit., pp. 30-31.

penso, attraverso una corretta conduzione dell'analisi si ottiene che egli arrivi a una sicura convinzione della verità della costruzione, cosa che dal punto di vista terapeutico ha la stessa efficacia di un ricordo recuperato[62].

Siamo all'inizio del "folgorante" e "sorprendente" 3° paragrafo della *kleine Mitteilung*, e Freud dice:

Concluderò questa breve comunicazione con alcune osservazioni che aprono un'altra prospettiva. Ho notato, durante alcune analisi, come la comunicazione di una costruzione evidentemente appropriata facesse apparire nei pazienti un fenomeno sorprendente e a prima vista incomprensibile. Emergevano vividi ricordi, che loro stessi descrivevano come "ultra-netti" (*überdeutlich*)[63].

Freud, commenta Barale, già in altri testi «era stato incuriosito da questi fenomeni, che aveva interpretato grosso modo in questa maniera: quando un ricordo è rimosso, accade che al suo posto emergano alla coscienza immagini di una particolare vivacità, apparentemente [...] insensate e prive di nesso con il rimosso, in realtà ad esso collegate [...]. Anche in queste pagine di *Costruzioni* inizialmente Freud colloca il fenomeno nell'ambito tradizionale della rimozione; ma nel progredire dell'argomentazione si avvicina a un'altra area: l'area delle esperienze senza parole, che più che alla "storia precedente" del soggetto, appartiene alla sua "preistoria"»[64]. Ciò che è comune a questi fenomeni, è «una sorta di enigmaticità particolare, che produce un effetto quasi di *inquietante estraneità* [...], di una "perturbante" intensità percettiva quasi-allucinatoria»[65]. Persino in *Al di là del principio di piacere* Freud si era "occupato della questione" quando parlava dei sogni traumatici (i quali, come ricorda Barale, sono «spesso caratterizzati da particolare evidenza "*überdeutlich*" oltre che da ripetitività incoercibile»):

questi fenomeni testimoniano che [...] al di là del principio di piacere e al di là del rimosso, c'è un fondo della vita psichica (e un bisogno di "sognare") *caratterizzati da un'esigenza ancor più fondamentale, quella del [...] tentativo di "trasformare in qualcosa che può essere ricordato e psichicamente elaborato"*

---

[62] S. Freud, *Costruzioni nell'analisi*, cit., pp. 60-63.
[63] Ivi, pp. 62-63.
[64] F. Barale, *Su "Costruzioni nell'analisi"*, cit., p. 31.
[65] Ivi, p. 32 (corsivo nostro).

[...], *una materia psichica ancora impensata, non trasformata, che spinge per entrare nell'ordine della rappresentabilità, "primariamente e indipendentemente dal principio di piacere"*[66].

Freud intuisce, dice ancora Barale, che le immagini *"überdeutlich"* «hanno un aspetto che le collega alle esperienze allucinatorie e ai deliri» e compaiono «anche in condizioni "non psicotiche"». La tradizionale nozione di rimozione, allora, «non è più sufficiente a rendere ragione della dimensione in gioco». Freud, infatti, comincia a utilizzare quella di *rinnegamento* (*Verleugnung*)[67]. Ma egli è "sedotto" anche da altro:

> non ci sarà in fondo un'analogia profonda tra le costruzioni [...] del delirante e le costruzioni dello psicoanalista in seduta? In entrambi i casi esse sono un semplice surrogato, un sostituto (*ein Ersatz*) che sta al posto di un "reale" non attingibile; o perché (come nel caso della psicosi) originariamente rinnegato o perché (come in analisi) comunque qualsiasi costruzione non è in grado di restituirne il ricordo. E la "superiore forza di convincimento" delle costruzioni deliranti non originerà proprio dalla "parte di verità storica" cui esse rimandano e dalla quale provengono?[68].

È proprio questa la *conclusione* di Freud:

> Erfasst man die Menschheit als ein Ganzes und setzt sie an die Stelle des einzelnen menschlichen Individuums, so findet man, dass auch sie Wahnbildungen entwickelt hat, die der logischen Kritik unzugänglich sind und der Wirklichkeit widersprechen. Wenn sie trotzdem eine ausserordentliche Gewalt über die Menschen äussern können, so führt die Untersuchung zum gleichen Schluss wie beim einzelnen Individuum. Sie danken ihre Macht dem Gehalt an *historischer Wahrheit*, die sie aus der Verdrängung vergessener Uhrzeiten heraufgeholt haben.

> Se consideriamo l'umanità come un tutto e la mettiamo al posto del singolo essere umano, si può constatare che anch'essa ha sviluppato formazioni deliranti che sono inaccessibili alla critica della Logica e in contraddizione con la realtà. Se, malgrado ciò, esse possono esercitare uno straordinario potere sugli uomini, l'indagine ci porta alle stesse conclusioni tratte per il singolo individuo. Queste

---

[66] *Ibidem*. I corsivi sono di Barale, il quale rinvia, per quel che riguarda *Jenseits...*, a OSF 9, pp. 198-199 e 296 sgg.
[67] Cfr., ivi, p. 33.
[68] Ivi, p. 34.

formazioni devono il loro potere alla porzione di *verità storica* che hanno ricavata da quanto rimosso in antiche epoche dimenticate[69].

L'epilogo di *Costruzioni* si ricollega, nota Barale, al «grande saggio che occupò Freud per gli ultimi cinque anni della sua vita», *L'uomo Mosè*:

> In un'introduzione alla prima versione del 1934, intitolata *L'uomo Mosè. Un romanzo storico* [...], Freud definisce la sua opera [...] un "ibrido" [...] tra scienza e costruzione narrativa, che lo lascia molto a disagio e gli fa sentire la fondatezza della sua opera in bilico come una ballerina sul filo; ma che lo induce a distinguere comunque la verità offerta dalla psicoanalisi da quella "materiale", anche se in relazione con essa. (La distinzione di "verità storica" e "verità materiale" qui replica in un certo senso quella tra "costruzione" e "ricostruzione")[70].

Barale, poi, fa intervenire altri due autori sul tema della "costruzione". Dapprima mette in evidenza quel che scrisse Fausto Petrella: «all'incirca dalla seconda metà del secolo passato, la psicoanalisi ha posto l'accento soprattutto sugli aspetti interattivi, intersoggettivi ed esplorativi dell'analisi. La costruzione analitica ha perso tendenzialmente quel valore storico-retrospettivo che Freud le aveva assegnato... diventa soprattutto invenzione...». In seguito ricorda quanto detto da Giuseppe Di Chiara: «ciò che avviene nella prassi analitica non è una ricostruzione storiografica», bensì «una particolare costruzione a due realizzata con i materiali presenti nelle menti dei protagonisti»[71]. E conclude il suo saggio introduttivo a *Costruzioni* richiamando una altro "maestro", Eric Brenman: «L'analisi – scrive Brenman – non fornisce risposte alle domande storiche, ma fornisce la certezza di poterle esplorare». Barale tira così, le somme:

> Certo [...], non viene ricostruito "il passato autentico" [...], ma viene allentato il legame tra una certa immagine del passato e il presente; e nella storia co-

---

[69] S. Freud, *Costruzioni nell'analisi*, cit., pp. 66-67.

[70] F. Barale, *Su "Costruzioni nell'analisi"*, cit., p. 36. Per l'introduzione del '34 (9 agosto) si vedano gli ultimi tre cpvv. dell'Avvertenza editoriale a *L'uomo Mosè e la religione monoteistica*, 1934-38, OSF 11).

[71] Ivi, pp. 37-38; cfr. F. Petrella, *Storia e psicoanalisi: un problema di metodo. Costruzione, invenzione, memoria e verità nel lavoro clinico*, in «Rivista di psicoanalisi», 54, 3, 2008, pp. 755-762, e G. Di Chiara, *Sulle finalità della psicoanalisi: il significato delle costruzioni nell'analisi*, in Id. (a cura di), *Itinerari della psicoanalisi*, Loescher, Torino 1982.

minciano a essere intraviste in filigrana e a poco a poco recuperate altre storie, che [...] erano [...] in attesa di pensabilità, mondo di esperienze interrotte [...], futuro dimenticato presso di noi[72].

Avevamo lasciato Düe con le considerazioni sul "presentificarsi" continuo del rimosso e sull'"arma" in più in mano all'analista, quella della traslazione, che sola può portare alla guarigione del paziente. L'analista, nel suo lavoro di interpretazione, può riferirsi espressamente al momento che ha originato la neurosi. In tal modo ottiene come risultato che questa comincia a mostrarsi pienamente, come nella fobia del piccolo Hans. Ma l'analista può anche tacere, "costruendo" in silenzio:

> Das Schweigen des Analytikers ist eine ungeheure Provokation für den Patienten. Dieser spricht, ohne eine Antwort auf sein Reden zu erhalten, und je länger die erwünschte Antwort ausbleibt, umso mehr wird er zum Reden gedrängt. Das Schweigen entrückt den Analytiker in die Abwesenheit, jedoch ohne dass dieser seine faktische Gegenwart aufgegeben hat [...]. Es versetzt den Patienten in eine Situation, die ihm aus seiner Kindheit wohl bekannt ist: das Alleinsein im Dunkel des Schlafzimmer, welches im Kinde eine heftige Angst weckt [...].

> Il silenzio dell'analista è un'enorme provocazione per il paziente, il quale parla senza ricevere risposta. E quanto più la risposta attesa non arriva, tanto più egli è spinto a parlare. Il silenzio sposta l'analista nell'assenza, senza fargli tuttavia rinunciare ad esser di fatto presente [...]. Il silenzio trasporta il paziente in una situazione infantile che gli è ben nota: la solitudine nel buio della camera da letto, che nel bambino desta una forte paura [...][73].

Ma noi sappiamo che il silenzio è "simbolo" di morte:

> Im Schweigen des Anderen wird dem Menschen der Tod zugänglich. In der Abwesenheit des Anderen erfährt er den Tod dieses Anderen; aber die Abwesenheit des Anderen weist den Menschen auch auf seinen eigenen Tod. Das Schweigen des Analytikers stellt den Patienten vor dessen eigenen Tod [...] und das meint, vor die Bedingung der Möglichkeit von Geschichte. Die Geschichte eröffnet sich von ihrem Ende her; das ist nur zu verstehen, wenn wir auf den Tod sehen.

---

[72] Cfr. ivi, pp. 38-39.
[73] Cfr. M. Düe, *op. cit.*, p. 189.

Nel silenzio dell'altro, all'uomo diviene accessibile la morte. Nell'assenza dell'altro, egli esperisce la morte dell'altro; ma l'assenza dell'altro indica all'uomo anche la *sua* propria morte. Il silenzio dell'analista mette il paziente davanti alla propria morte [...], cioè davanti alla condizione della possibilità della storia. La storia si apre a partire dalla "fine"; ciò si comprende solo se noi rivolgiamo il nostro sguardo alla *morte*[74].

Poche pagine prima, Düe aveva ricordato che la storia del soggetto si compie in una sovrapposizione di due temporalità, quella della ripetizione dell'identico e quella della successione lineare, e che il loro con-correre corrisponde pienamente al dualismo conflittuale delle pulsioni fondamentali Eros e Thanatos. È così che si comprende la necessità dell'ultima teoria delle pulsioni freudiana, per una *teoria psicoanalitica della storia*. Il dualismo delle pulsioni è la condizione della possibilità della storia culturale e individuale. I processi di stratificazione individuali e sociali sono possibili solo nell'unità delle due temporalità. Da questa unità, il concetto di stratificazione riceve il suo senso come intermediazione di filogenesi e ontogenesi[75].

Ora, riprendendo il noto passo della Bibbia in cui Dio chiede ad Abramo di sacrificare il suo unico figlio Isacco, Düe lo accosta all'analisi della fobia del piccolo Hans. Qui non si tratta, è vero, di sacrificio umano, ma della paura "reale" della castrazione: anche il piccolo Hans vive "nella paura del Signore", il padre. La *Stimmung* che si addice al "sacrificio", dice Düe, è l'*Angst*. La bibbia non parla di essa, ma la psicoanalisi sì, e dettagliatamente. In entrambi i casi il sacrificio non si "compie", viene solo messa alla prova la *disponibilità* al sacrificio. Ma non sono la stessa cosa, egli chiede, sacrificio e disponibilità al sacrificio? La castrazione non viene eseguita, ma il piccolo, nella neurosi, investe molto di più: l'integrità, l'onnipotenza e la baldanza infantili[76].

Il suo "percorso sacrificale", a dire il vero, il bambino lo ha iniziato con la nascita. Tale percorso non si arresterà nemmeno con il conseguimento della sessualità, perché il sacrificio accom-

---

[74] Ivi, pp. 189-190.
[75] Cfr., ivi, p.182.
[76] Cfr. ivi, p. 202.

pagna l'uomo tutta la vita. È con la *finitudine*, che bisogna con-
frontarsi, e decidersi per la "storia":

Sich für die Geschichte entscheiden, heisst, sich zu entscheiden für die onto-
genetische, individuelle Wiederholung des phylogenetischen Menschheitsge-
schehens. Die Geschichte stiftet nicht nur den Gegensatz zwischen Gemeinschaft und Vereinzelung; sie ist auch die Aufhebung dieses Gegensatzes. Diese
Aufhebung geschieht in der ausdrücklichen Entscheidung für die Geschichte
und in deren bewusstem Vollzug. Das Kind ist zu dieser Entscheidung nicht fä-
hig; sie muss ihm abgenommen und an seiner Statt getroffen werden. Dies ist
die Aufgabe des Vaters. Die anfängliche, objektlose Angst wandelt sich zur
Furcht, weil der Vater als hilfeleistender sich der Angst als Objekt zur Verfü-
gung stellt. Die einzelnen Phasen der kindlichen Entwicklung vollziehen sich in
der Furcht vor dem Vater. Diese Entwicklung erreicht ihren Höhepunkt im Ödipuskomplex. Dessen Untergang ereignet sich in der ausdrücklichen Übernahme
der väterlichen Imago ins eigene Ich. Mit dieser Übernahme hat das Kind seinen
ersten, folgenschweren Schritt in die menschliche Gemeinschaft getan. Der
zweite und vorerst letzte Schritt erfolgt in der Pubertät. In dieser kommt der He-
ranwachsende zu seinem Geschlecht [...]. Die Aufgabe des Vaters ist jetzt been-
det. Noch aber ist die Entwicklung des menschlichen Individuums nicht abge-
schlossen. Die vollkommene Umwandlung der unvermittelten Angst in eine ver-
mittelte Trauer geschieht in den Mühen menschlicher Bewusstwerdung. Sie ist
erreicht in der Erkenntnis und in der Anerkennung menschlicher Endlichkeit. In
ihr wird die Entscheidung, die der Vater einstmals für das Kind getroffen hat,
übernommen und nochmals – nun ausdrücklich – vollzogen. Der Vater spricht
zum Kinde – für den Tod [...]. Die Anerkennung der eigenen Endlichkeit ist die
Anerkennung der eigenen Geschichtlichkeit und damit der einzigen Weise, in
der der Mensch unter der Bedingung menschlicher Endlichkeit glücklich zu leben vermag [...].

Decidersi per la storia significa decidersi per la ripetizione ontogenetica, individuale dell'accadere filogenetico dell'umanità. La storia non solo sta alla base del contrasto tra comunità e isolamento, ma è anche l'annullamento di tale
contrasto. L'annullamento avviene nel decidersi esplicito per la storia e nella sua
cosciente messa in atto. Il bambino non è capace di una simile decisione. Essa
gli deve essere "tolta" e presa al suo posto. È questo, il compito del padre. L'iniziale angoscia "senza oggetto" si tramuta in paura perché il padre viene in soccorso, mettendosi lui a disposizione come oggetto. Le singole fasi dello sviluppo
del bambino si compiono quindi nel segno della paura del padre. Questo sviluppo raggiunge il suo culmine nel complesso edipico, il cui "tramonto" avviene
con la formale assunzione dell'immagine paterna nel proprio Io. Con tale assunzione, il bambino fa il primo passo, gravido di conseguenze, nella comunità u-
mana. Il secondo e, momentaneamente, ultimo passo segue nella pubertà. In essa, l'adolescente perviene alla sua specificità sessuale [...]. Il compito del padre
ora è finito. Non è concluso, però, lo sviluppo dell'individuo. La completa tra-

sformazione della subitanea angoscia in "mediata" tristezza avviene nelle fatiche dell'umano divenir *consapevole*. Essa si raggiunge nella cognizione e nel riconoscimento della finitezza dell'uomo. In essa, la decisione, che in passato aveva preso il padre, viene di nuovo assunta (ora espressamente) e portata a compimento. Il padre parla al figlio, e perora la morte [...]. Il riconoscimento della propria finitezza è il riconoscimento della propria storicità, e dunque dell'unico modo in cui l'uomo (nella sua condizione di finitezza) può vivere felice [...][77].

---

[77] Ivi, pp. 206-207. Il corsivo, nella nostra traduzione, intende evidenziare il *fatto* che solo la consapevolezza può tramutare la "mediata tristezza" in *gioia...* (cfr. il capitolo *La consapevole gioia* in G. Senatore, *Il convalescente e l'enigma...*, cit.).

L'uomo storico

È ora di ritornare, chiudendo il cerchio, al punto da cui eravamo partiti: la storicità come la intende Heidegger. Cominceremo, questa volta, dal corso che il filosofo tenne, a Friburgo, nel semestre invernale 1937/38[1].

È nota la distinzione heideggeriana tra storia e storiografia. In quel semestre invernale, essa veniva così specificata:

> Das Wort "geschichtlich" meint das Geschehen, die Geschichte selbst als ein Seiendes. Das Wort "historish" meint eine Art des Erkennens. Wir sprechen nicht von geschichtlicher Betrachtung, sondern von Besinnung. Be-sinnung: Eingehen auf den Sinn des Geschehenden, der Geschichte.

> La parola "storico" si riferisce all'accadere, alla storia stessa come ente. La parola "storiografico" si riferisce a un modo del conoscere. Noi non diciamo considerazione storica, ma meditazione storica. *Be-sinnung* significa: ripercorrere il senso [*Sinn*] di quel che accade, della storia stessa[2].

La storia della *Be-sinnung* non è semplicemente la "ricerca" del *passato*, né è "semplicemente-*presente*" secondo i canoni storiografici:

> Das *Geschehen* und die *Geschichte* ist nicht das Vergangene und das als solches Betrachtete, d. h. das Historische. Das Geschehen ist aber ebensowenig das Gegenwärtige. Das Geschehen und Geschehende der Geschichte ist zuerst und immer das *Zukünftige* [...]. Das *Zukünftige* ist der *Anfang alles Geschehens*.

---

[1] Cfr. M. Heiedegger, *Grundfragen der Philosophie. Ausgewählte «Probleme» der «Logik»*, GA Band 45, hrsg. von F.-W. von Herrmann, Klostermann, Frankfurt am Main 1984; trad. it. di U. M. Ugazio, *Domande fondamentali della filosofia. Selezione di «problemi» della «logica»*, Mursia, Milano 1988.

[2] Ivi, pp. 35-36 ted. e 34 it.

L'*accadere* e la *storia* non sono quel che è trascorso e che è osservabile come tale, non sono cioè lo storiografico. Altrettanto poco, però, l'accadere è il
presente. L'accadere e l'accadente della storia è in primo luogo e sempre l'*avvenire* [...]. L'*avvenire* è l'*inizio di ogni accadere*[3].

Poco prima, Heidegger dice:

Das Geschehen als Art und Weise zu *sein* eignet nur dem Menschen. Der
Mensch *hat* Geschichte, weil er allein geschichtlich *sein* kann, d. h. in jenem offenen Bereich von Zielen, Massstäben, Antrieben und Mächten stehen kann und
steht, indem er ihn aussteht und besteht in der Weise des Gestaltens, Lenkens,
Handelns, Austragens und Duldens...

L'accadere come modo di *essere* appartiene solo all'uomo. L'uomo *ha* storia perché egli solo può *essere* storico, egli solo cioè può stare e sta in quell'ambito aperto di mete, criteri, impulsi, poteri, dandogli con-sistenza nei modi del
formare, del dirigere, dell'agire, del decidere, del sopportare pazientemente...[4].

L'avvenire è dunque l'origine della storia. Ma ciò che massimamente è *a venire* (*das Zukünftigste*), è il «grande inizio [*der
grosse Anfang*]», "quello" che, «sottraendosi costantemente, si
spinge più indietro e contemporaneamente più avanti [*jenes was,
– sich ständig entziehend – am weitesten zurück- und zugleich am
weitesten vorausgreift*]»[5].
Ripete[6] il Professore:

Das *Historische* bedeutet, wie das Wort anzeigen soll, das *Vergangene*, sofern es aus dem jeweiligen Gesichtskreis der jeweiligen Gegenwart – sei es ausdrücklich oder unausdrücklich – erkundet und dargestellt wird. Alle historische
Betrachtung macht das Vergangene als solches zum Gegenstand. Auch dort, wo
die "Historie" der Gegenwart dargestellt wird, muss die Gegenwart schon ver-
gangen sein. Alle Historie blickt zurück, selbst dort, wo sie das Vergangene zeit-
gemäss macht. Das *Geschichtliche* meint nicht die Art der Erfassung und Erkun-
dung, sondern das *Geschehen selbst*. Das Geschichtliche ist nicht das Vergangene, auch nicht das Gegenwärtige, sondern das *Zukünftige*, das, was in den Willen, in die Erwartung, in die Sorge gestellt ist. Das lässt sich nicht betrachten,

---

[3] Ivi, p. 36 ted. e pp. 34-35 it.
[4] *Ibidem*; p. 34 it. (trad. leggermente modificata).
[5] Ivi, p. 40 ted. e p. 37 it.
[6] Le «ripetizioni» furono inserite da Heidegger stesso nel manoscritto del corso. Si tratta di
fogli «elaborati e formulati con eguale completezza» di quelli delle lezioni: cfr. il *Nachwort* di von Herrmann (p. 229 ted. e p. 163 it.).

sondern darauf müssen wir uns be-sinnen. Wir müssen uns um den Sinn, die möglichen Massstäbe und die notwendigen Ziele, die unumgänglichen Kräfte bemühen, um Jenes, von woher zuerst alles menschliche Geschehen anhebt. Diese Ziele und Kräfte können solches sein, was bereits seit langem – nur verborgen – geschieht und deshalb gerade nicht das Vergangene, sondern das *noch Wesende* und auf Befreiung seiner Wirkungskraft Harrende ist.

Lo *storiografico*, come dice la parola stessa, è il *passato* così come viene esplorato e rappresentato, a partire dall'orizzonte di quel che di volta in volta è presente (sia che lo si ammetta espressamente sia che non lo si ammetta). Ogni considerazione storiografica riduce il passato come tale ad oggetto. Anche quando viene raffigurata la "storiografia" del presente, il presente deve già essere trascorso. Tutta la storiografia guarda all'indietro, anche quando rende attuale il passato. La parola *storico* non indica il tipo di descrizione e di esplorazione, ma indica l'*accadere stesso*. Né il passato, né il presente sono storici. Storico è l'*avvenire*, quel che viene posto nella volontà, nell'attesa, nella cura, qualcosa che non si può osservare, ma su cui bisogna meditare. Dobbiamo compiere uno sforzo in direzione del senso, dei criteri possibili e delle mete necessarie, delle forze indispensabili, di Ciò a partire dal quale tutto l'accadere umano ha preso originariamente le mosse. Queste mete e queste forze potrebbero essere qualcosa che accade già da lungo tempo, anche se solo nascostamente, potrebbero essere il contrario del passato, ossia qualcosa che è *ancora essenziale* e che aspetta la liberazione della sua efficacia[7].

Come l'*inizio* non si lascia mai rap-presentare storiograficamente, perché non è *tout court* un "già trasformato" (*ein schon Gewordene*), e si raggiunge solo quando «*attivamente facciamo esperienza della sua legge* [*indem wir* schaffend sein Gesetz erfahren]», così ciò che è *storico*, e quindi al di là della storiografia, non è "il sovra-temporale" (*das Über-zeitliche*), il cosiddetto eterno, l'"atemporale" (*das sogenannte Ewige, Zeitlose*):

Das *eigentlich Zeitliche* ist jenes, was die erweckende, erregende, zugleich aber bewahrende und aufsparende *Erstreckung* und Spannung *vom Zukünftigen ins Gewesene* und *von diesem in jenes* ausmacht.

L'*autenticamente temporale* è quello che scorge l'incitante ed eccitante, ma al tempo stesso custodente e serbante, *estensione* e tensione *tra avvenire e essente-stato, tra essente-stato e avvenire*[8].

---

[7] *Ibidem* (trad. leggermente modificata).
[8] Ivi, pp. 41-42 ted. e p. 38 it. (trad. leggermente modificata).

Di questa *Erstreckung*, continua Heidegger, l'uomo, in quanto storico, è ogni volta un "percorso" (*eine "Strecke"*). Che, poi, l'accadere della storia sorga dall'avvenire non significa che essa si lasci fare e guidare dalla pianificazione (*lasse sich durch Planung machen und lenken*): l'uomo, proprio nel "fare creativo" (*in der schaffenden Gestaltung*), non può che approdare nell'incerto e nell'imponderabile (*ins Ungewisse und Unberechenbare*)[9].

La meditazione storica è *fondamentalmente* diversa dall'"osservare" storiografico; ciò non significa che quest'ultimo non abbia la sua utilità nell'insegnamento, nella trasmissione delle conoscenze, o come ricerca e illustrazione. Ma è là dove sono all'opera poeti e architetti, pensatori e uomini di stato, che si "costruisce" (per dirla alla Freud) la storia[10].

Ci fu una *necessità* all'inizio della storia occidentale, che per prima, come osserva Düe, aprì all'uomo la *Geschichte* come *Geschick*, come "compito" da assumere[11]. Posto nel bel mezzo dell'ente nella sua totalità, l'uomo greco si trovò subito confrontato col *non ente*. Nella *Grundstimmung* dello stupore, fu colto di sorpresa dalla meraviglia massima: *che l'ente è*[12].

Scrive Düe:

Genötigt von der Not, versetzt in das Zwischen des Seienden und des Unseienden, enthüllte sich ihm das Seiende; es begann, seinen Schleier von sich zu ziehen. Aber damit es diesen Schleier ganz abwürfe, dazu war eine anfängliche Anstrengung des Denkens erforderlich. Durch die Not in das "Zwischen" gezwungen, war der Grieche unentschieden hinsichtlich des einen und des anderen. Die Not drängte ihn zur Entscheidung, die allererst das Unseiende vom Seienden trennte und es als solches zugänglich werden liess. In der Anstrengung des anfänglichen Denkens wendete der Mensch die Not zu *der* Notwendigkeit, dass Seiendes sei. Seine Aufgabe erschöpfte sich jedoch nicht in diesem einzigen Akt; sie forderte von ihm die fortwährende *Anerkenntnis* dieses Einfachsten, welches das Schwerste war: dass Seiendes sei.

Necessitato dalla necessità, posto nel frammezzo dell'essente e del non-essente, all'uomo greco si svelò l'ess-ente; esso cominciò a togliersi il velo. Ma

---

[9] Cfr., ivi, p. 42 (p. 38 it.).
[10] Cfr. ivi, pp. 42-43 ted. e 38-39 it.
[11] Cfr. M. Düe, *op. cit.*, p. 222.
[12] *Ibidem*.

per lo svelamento completo c'era bisogno di uno sforzo del pensiero. Costretto dalla necessità nel "frammezzo", l'uomo greco era indeciso sull'uno e sull'altro. La necessità lo spinse alla decisione di separare in prima istanza il non-essente dall'essente, rendendolo accessibile *in quanto tale*. Nello sforzo del pensiero iniziale, l'uomo trasformò il suo "bisogno" in *quella* necessità, che l'essente fosse. Il suo compito, tuttavia, non si esaurì in quest'unico atto, perché gli fu richiesto il continuo *riconoscimento* di questa semplice cosa, che era la più difficile: che l'ente è[13].

Ecco perché, dice Heidegger, «l'uomo venne, contemporaneamente a questo inizio del pensiero stesso, determinato ad essere quell'ente che ha come caratteristica quella di *apprendere l'ente come tale* [*Deshalb wurde der Mensch in eins mit diesem Anfang des Denkens selbst zu jenem Seienden bestimmt, das seine Auszeichnung darin hat, der Vernehmende des Seienden als solchen zu sein*]»[14].

Il «non-sapere-né-uscire-né-entrare all'interno del nel-mezzo, esso stesso non fondato, dell'ancora indeciso essente e non essente [*das Nicht-aus-und-ein-Wissen innerhalb des selbst ungegründeten Inmitten des noch unentschiedenen Seienden und Unseienden*]», questa "necessità", «non è una mancanza e una privazione, ma è l'eccesso di una donazione, che è certamente più difficile da sopportare di qualunque perdita [*ist kein Mangel und kein Entbehren, sondern das Übermass einer Schenkung, die freilich schwerer zu tragen ist als jede Einbusse*]»:

> Diese Not – sagen wir – ist eine Art des Seyns und nicht etwa des Menschen, so dass in ihm "seelisch" diese Not als "Erlebnis" entspränge und ihren Platz hätte, sondern umgekehrt: Der Mensch entspringt selbst erst aus dieser Not, die wesentlicher ist als er selbst, der nur und erst von ihr be-stimmt wird.

> Questa necessità, diciamo, è un modo dell'*essere* e non dell'uomo, non tale, quindi, da sorgere in lui "psichicamente" come "esperienza vissuta" e da trovare in lui un suo posto, ma al contrario: l'uomo stesso sorge solo da questa necessità, che è più essenziale di lui stesso, che è determinato solo da essa e non prima di essa[15].

---

[13] *Ibidem*.
[14] M. Heiedegger, *Grundfragen der Philosophie...*, cit., p. 139; p. 100 della trad. it. cit.
[15] Ivi, p. 153 ted. e p. 109 it.

È il *Seyn*, ricorda Düe, che determina l'uomo nella sua essenza, che lo porta sulla sua via destinale, dove gli è assegnato rimanere. Non si tratta di una richiesta qualsiasi, alla quale si possa non rispondere: anche nell'evitarla e nel dimenticarla, l'uomo rimane sotto la sua influenza. È solo, però, nel cor-risponderle espressamente, che egli diventa in modo autentico se stesso. La storia dell'uomo è pertanto nella sua essenza *Seynsgeschichte*, storia dell'essere. Lo smarrirsi nella non verità, nell'*Unwahre*, non è dunque un caso, ma appartiene all'essenza del *Seyn* in quanto evento, *Er-eignis*, co-appartenenza di essere e uomo[16].

Agli albori della grecità, l'uomo serba e custodisce l'essente; egli è *Bewahrer* e *Verwahrer*: potremmo dire che in tal modo serba e porta a compimento la verità, se pensiamo che in entrambi i termini è "custodita" la parola *wahr*. L'uomo lascia *essere* l'essente in quanto tale. Nello stesso tempo, però, l'uomo agli albori della grecità, si comprende nel suo essere come *ente* nel senso dell'essentità di quel che lo circonda. Ciò è inevitabile, perché l'essere gli è troppo vicino. Il suo sguardo non può che cadere sull'ente, che, d'ora in poi, determinerà la sua autointerpretazione. Ma il *Seyn* continua a "richiamare", sicché la possibilità di volgersi ad esso permane. Nel movimento verso il *Seyn* av-viene l'autentica temporalità come *Wiederholung*, come ri-presa dell'inizio. Non si tratta, tuttavia, nell'autentica temporalità, di una ripetizione dell'inizio: quel che l'uomo si va a prendere, in questa *Wieder-holung*, è l'*altro* inizio[17].

A questo punto siamo pronti a leggere ancora un brano, per noi qui rilevante, delle *Grundfragen*:

Wie nun aber die Not des *ersten* Anfangs ihre eigene Gestalt hat und sonach die nötigende Grundstimmung die des Er-staunens ist und demzufolge die anfängliche und bleibende Frage die nach dem Seienden – was es sei –, so hat die Not des *anderen* Anfangs die Gestalt der Seinsverlassenheit, der die Grundstimmung des *Erschreckens* entspricht. Demgemäss ist auch das anfängliche Fragen im anderen Anfang ein anderes: das Fragen nach der *Wesung der Wahrheit* – die Wahrheitsfrage.

---

[16] Cfr. M. Düe, *op. cit.*, p. 223.
[17] *Ibidem*.

Ora, però, come la necessità del *primo* inizio ha la sua propria struttura, in base alla quale la tonalità emotiva fondamentale in cui essa si fa sentire è quella dello stupore e, per conseguenza, la sua domanda iniziale e permanente è quella sull'ente, su che cosa esso sia, così la necessità dell'*altro* inizio ha la struttura dell'abbandono dell'essere, cui corrisponde la tonalità emotiva fondamentale dello *spavento*. Conseguentemente, anche la domanda iniziale dell'altro inizio è diversa: la domanda sul *farsi-essenza della verità*, la domanda sulla verità[18].

Il "detto" (*das Gesagte*) dell'inizio nomina dunque l'ente nella sua essentità. Il non-detto (*das Ungesagte*) dell'inizio, ossia *ciò che è da dire* (*das zu Sagende*) dell'*altro* inizio, è il *Seyn* come quello che nella presenza si sottrae, il nascondentesi nella svelatezza dell'essente[19]. La verità allora, per Heidegger, è «la radura per l'esitante nascondersi [*die Lichtung für das zögernde Sichverbergen*]»[20]. Scrive Heidegger:

Mit dem Namen "zögerndes Sichverbergen" nennen wir schon das Seyn selbst, woraus sich in der vorläufigsten Vorweisung schon ergibt, dass das Wesen der Wahrheit zuinnerst auf das Seyn selbst bezogen ist, so innig bezogen, dass vielleicht das Seyn selbst zu seiner eigensten Wesung der Wahrheit bedarf, und das nicht nur als Zugabe.

Con il nome di "esitante nascondersi" nominiamo già l'*essere* stesso, un fatto questo da cui, sin dalla sua primissima manifestazione, emerge che l'essenza della verità è intimamente riferita all'*essere* stesso, tanto intimamente che forse l'*essere* stesso per il suo più proprio farsi-essenza ha bisogno della verità, e questo non solo come aggiunta[21].

Per Düe, questo "esitante nascondersi" potrebbe indicare la speranza che l'essere, alla fine, si sveli. Non sappiamo se ciò accadrà, una volta. Ma proprio per tale ragione l'uomo deve essere esposto all'assenza, e sopportarla. Egli deve preparare un luogo alla verità. Letta così, la filosofia di Heidegger apparirebbe come una messianica dottrina della salvezza. Düe si rende conto che una simile interpretazione forse non è corretta. Tuttavia, egli dice, anche se la filosofia di Heidegger non è una dottrina di salvezza,

---

[18] M. Heidegger, *Grundfragen der Philosophie...*, cit., p. 200; p. 142 della trad. it. cit..

[19] Cfr. M. Düe, *op. cit.*, p. 236.

[20] M. Heidegger, *Grundfragen der Philosophie...*, cit., p. 211; p. 149 della trad. it. cit. (leggermente modificata).

[21] *Ibidem*; pp. 149-150 della trad. it. cit. (leggermente modificata).

essa vuole comunque "il salvo" (*das Heile*) nella sua semplicità (*in seiner Einfachheit*)[22].

Di certo, come ancora scrive Düe,

der Mensch hält sich im Nichts des Seyns; aber dieses Nichts ist der Schleier, hinter dem das Seyn sich verbirgt. Es handelt sich um ein Spiel von Anwesenheit und Abwesenheit, von Fort und Da. Der Mensch muss dieses Verwirrspiel, das Heben und Senken des Schleiers, ertragen;

l'uomo si tiene nel nulla del *Seyn*; ma questo nulla è il velo dietro il quale il *Seyn* si nasconde. Si tratta di un gioco di presenza e assenza, di *Fort und Da*. L'uomo deve sop-portare questo sconcertante e inquietante gioco, l'alzarsi e l'abbassarsi del velo...[23].

Siamo così ritornati a Freud. Forse che il velo si alzerà per sempre nella morte?, chiede Düe. Non lo sappiamo, egli dice; ma dubita che una simile domanda sia adatta al concetto heideggeriano della morte. In nessun altro luogo, secondo Düe, la differenza tra Heidegger e Freud è così marcata. Mentre quest'ultimo osserva che l'amore sessuale è uno dei contenuti principali della vita umana e il godimento nell'amplesso uno dei suoi punti più alti, in Heidegger al posto di questo piacere subentra l'angoscia, a "soddisfare" la brama della totalità. Solo che, per Freud, la soddisfazione nell'amore sessuale è fugace e temporanea, laddove in Heidegger l'appagamento nel sacrificio è definitivo e compiuto; non c'è, in esso, mancanza: nell'angoscia avviene la trasformazione di un'assenza, quella dell'essere, in una presenza, quella del nulla come velo dell'essere. È l'angoscia il vero piacere, più vero di qualsiasi altro, perché intende la mancanza come autentico dono d'amore[24].

Die Heideggersche Seynsphilosophie ist eine grandiose Übertrumpfung der Freudschen Psychoanalyse. In ihr wird das Schrecklichste des Menschen zum Schönsten: zum Schrecklich-Schönen einer anwesenden Abwesenheit. Die Angst erscheint in ihr als die allein gemässe Weise, in der Lust heute noch zu empfinden ist.

---

[22] Cfr. M. Düe, *op. cit.*, p. 236.
[23] Ivi, p. 239.
[24] Cfr., ivi, p. 241.

La filosofia heideggeriana dell'essere è un grandioso superamento della psicoanalisi freudiana. In essa ciò che è più spaventoso per l'uomo diventa il più bello, lo spaventosamente bello di una presente assenza. L'angoscia appare, in essa, come l'unico adeguato modo in cui oggi si può provar piacere.[25].

Freud, concependo la morte come scopo della vita, cade in una "rassegnazione" che rende impossibile la speranza in un vero miglioramento delle condizioni umane. In modo paradossale, dice Düe, in Heidegger accade qualcosa di totalmente diverso: il suo intento di ripetere l'inizio lo porta a una speranza straordinaria[26].

L'espressione "uomo storico", scrive infatti Heidegger, non indica un individuo isolato che si trascina dietro il suo passato; e nemmeno semplicemente un insieme di singoli che "fanno gruppo" in un tipo di comunità.

Aus solchem Vorblick stellten wir uns gerade vor die Möglichkeit des Anfangs einer ganz anderen Geschichte, in der sich das Schicksal des Einzelnen sowohl wie der Gemeinschaft anders bestimmt, so anders, dass die bisherigen Vorstellungen nicht mehr zureichen.

Interrogandoci a partire da questo punto di vista preliminare, ci siamo posti di fronte alla possibilità dell'inizio di una storia completamente diversa, dove il destino del singolo come anche quello della comunità si determini diversamente, tanto diversamente da rendere insufficienti le rappresentazioni durate finora[27].

Come aveva già detto:

Um [...] den Anfang und damit die Zukunft zu retten, bedarf es von Zeit zu Zeit der Brechung der Herrschaft des Gewöhnlichen und allzu Gewohnten. Dieses muss umgewälzt werden, damit das Ungewöhnliche und Vorausgreifende ins Freie und zur Macht komme. Die Umwälzung des Gewöhnlichen, die Revolution, ist der echte Bezug zum Anfang;

[...] per salvare l'inizio, e con esso l'avvenire, bisogna di tanto in tanto rompere la signoria dell'uguale e del troppo usato. L'usuale deve essere sovvertito perché salga alla luce e al potere l'inusuale, rivolto in avanti. Il sovvertimento dell'usuale, la rivoluzione, è il genuino rapporto con l'inizio[28].

---

[25] *Ibidem.*
[26] Cfr. *ibidem.*
[27] Cfr. M. Heidegger, *Grundfragen der Philosophie...*, cit., p. 215; p. 152 della trad. it. cit.
[28] Ivi, pp. 40-4; p. 37 della trad. it. cit.

È nell'angoscia, commenta Düe, che avviene e si compie la rivoluzione. Certo, il dono dell'essere nell'*Ereignis* è anche un sottrarsi; ma questo sottrarsi è nello stesso tempo la fondazione di un
accadere fattuale (*die Stiftung eines faktischen Geschehens*):

> Die Angst endet [...] nicht im Einbruch des Plötzlichen, sondern vollendet
> sich als Ent-setzen, in dem das Unausdenkbare geschieht. Dieses Entsetzen ist
> [...] keine blosse Möglichkeit, sondern eine "tat-sächliche" Stimmung.

> L'angoscia [...] non finisce con l'irrompere dell'"improvviso", bensì si com-
> pie come ciò che fa inorridire, perché in essa accade l'impensabile. Questo *mas-
> simo spavento* non è una semplice possibiltà, ma un realissimo stato d'animo[29].

Abitano vicino, conclude Düe, nell'ontologia heideggeriana, il
"banale" e il trascendente...[30].

---

[29] Cfr. M. Düe, *op. cit.*, pp. 242-243.
[30] Ivi, p. 243.

Bibliografia

N. Abraham-M. Torok, *Cryptonimie. Le Verbier de l'Homme aux Loups*, précédé de *Fors* par Jacques Derrida, Éditions Flammarion, Paris 1976; trad. it. di M. Ajazzi Mancini, *Il Verbario dell'Uomo dei Lupi. Preceduto da F(U)ORI di Jacques Derrida*, Liguori editore, Napoli 1992.

M. Ajazzi Mancini, *Tradurre Freud*, in S. Freud, *L'uomo dei lupi*, ed. Feltrinelli (cfr. sotto).

M. Ajazzi Mancini, *La psicoanalisi, un libro e l'amicizia*, in "Simposio", 1, 1994.

M. Ajazzi Mancini (a cura di), *Sigmund Freud. Il Piccolo Hans*, trad. di M. Marcacci, testo originale a fronte, *Introduzione* di D. Del Giudice, Feltrinelli, Milano 2021.

J. Baltrušaitis, *Anamorphoses*, Olivier Perrin (Coll. "Jeu savant"), Paris 1955, poi edito da Flammarion, ivi 1984; trad. it. di P. Bertolucci, *Anamorfosi o thaumaturgus opticus*, Adelphi, Milano, nuova ed. 1990.

B. Berni, *«Il genio non è un lumicino». Hans Christian Andersen e Søren Kierkegaard: scrittura e* Weltanschauung, in Rivista di Filosofia Neo-Scolastica, Vol. 105, No 3/4, Vita e Pensiero, Milano 2013.

G. Berto, *Freud, Heidegger. Lo spaesamento*, Bompiani, Milano 1999.

G. Berto, *Premessa. Il passo zoppo di Freud*, in J. Derrida, *La Carte postale*, trad. it. parziale *Speculare – su "Freud"*, Cortina, Milano 2000.

J. Bobon, *Psychopathologie de l'expression*, Masson et C., Paris 1962.

B. Böschenstein, *Hölderlin und Celan*, in "Hölderlin-Jahr-buch", 23, 1982-1983; trad. it. di M. Baldi, in aisthesis, rivista on-line del Seminario Permanente di Estetica, anno III, 1, 2010.

N. O. Brown, *Love's Body*, Random House, New York 1966, ristampa del 1990 per conto dell'University of California; trad. ted. Frankfurt am Main-Berlin-Wien 1979; trad. it. a cura di S. Giacomini, *Corpo d'amore*, con uno scritto di H. Marcuse, SE, Milano 1991.

P. Celan, *Ich trink Wein*, in *Gesammelte Werke in sieben Ban-den*, Suhrkamp, Frankfurt am Main 2000, III.

F. Cimatti, *La sessualità è dappertutto. L'angoscia di Jean La-planche*, in Fata Morgana Web, 28 marzo 2022.

H. Cixous, *La fiction et ses fantômes. Une lecture de l'Unheim-liche de Freud*, *in* "Poétique" 10, Seuil, Paris 1972; trad. ted. *Die Fiktion und ihre Geister. Eine Lektüre von Freuds* Das Unheimli-che, in *Orte des Unheimlichen. Die Faszination verborgenen Grauens in Literatur und bildender Kunst*, a cura di K. Herding-G. Gehrig, Göttingen 2006.

A. Costa-M. Brusatin, *Visione*, in *Enciclopedia*, vol. 14, Einau-di, Torino 1981.

G. Dalmasso, *L'eccesso di sapere*, in J. Derrida, *Donner la mort*, Galilée, Paris 1999; trad. it. *Donare la morte*, Jaca Book, Milano 2002.

J. Derrida, *Heidegger: la question de l'Être et l'Histoire*, Édi-tions Galilée, Paris 2013; trad. it. a cura di G. Dalmasso e S. Fa-cioni, *Heidegger. La questione dell'Essere e la Storia*, Jaca Book, Milano 2019.

J. Derrida, *De l'esprit. Heidegger et la question*, Galilée, Paris 1987; trad. it. di G. Zaccaria, *Dello spirito. Heidegger e la que-stione*, SE, Milano 2010 (prima edizione: Feltrinelli, Milano 1989).

J. Derrida, *Heidegger et la question. De l'esprit et autres es-sais*, Flammarion, Paris 2010, ristampa luglio 2021.

J. Derrida, *La mano di Heidegger*, a cura di M. Ferraris, Later-za, Bari 1991.

J. Derrida, *Geschlecht III*, Éditions du Seuil, Paris 2018; trad. it. di R. Frauenfelder, Jaca Book, Milano 2021.

J. Derrida, *La vita la morte. Seminario 1975-1976*, Edizione italiana a cura di F. Vitale, Edizione originale stabilita da P.-A. Brault, P. Kamuf, Jaca Book, Milano 2021.

J. Derrida, *Psyché. Inventions de l'autre*, Galilée, 1987.

J. Derrida, *L'oreille de Heidegger. Philopolémologie* (Geschlecht IV), in Id., *Politiques de l'amitié*, Galilée, Pris 1994; trad. it. di G. Chiurazzi, *L'orecchio di Heidegger. Filopolemologia*, in *La mano di Heidegger*, cit.

J. Derrida, *Envois*, in Id., *La carte postale. De Socrate à Freud et au-delà*, Flammarion, Paris 1980; trad. it. *Invii*, in *La cartolina. Da Socrate a Freud e al di là*, a cura di S. Facioni e F. Vitale, Mimesis Edizioni, Milano 2017.

J. Derrida, *Spectres de Marx*, Galilée, Paris 1993; trad. it. di G. Chiurazzi, *Spettri di Marx*, Cortina, Milano 1994.

J. Derrida, *Séminaire. La bête et le souverain. Volume I*, Galilée, Paris 2008; trad. it. *La bestia e il sovrano. Volume I*, Jaca Book, Milano 2009.

J. Derrida, *Pour l'amour de Lacan*, in AA. VV., *Lacan avec les philosophes*, Michel, Paris 1991; trad. it. *Per l'amore di Lacan*, "aut aut", n. 260-261.

J. Derrida, *De la grammatologie*, Minuit, Paris 1967; trad. it. *Della grammatologia*, Jaca Book, Milano 1969.

J. Derrida, *La voix et le phénomène*, PUF, Paris 1967; trad. it. *La voce e il fenomeno*, Jaca Book, Milano 1968.

J. Derrida, *La bestia e il sovrano, Volume II*, Paris-Milano 2010.

J. Derrida, *L'écriture et la différence*, Seuil, Paris 1967; trad. it. *La scrittura e la differenza*, Einaudi, Torino 1971.

J. Derrida, *La dissémination*, Éditions du Seuil, Paris 1972; trad. it. *La disseminazione*, a cura di S. Petrosino, Jaca Book, Nuova edizione, Milano 2018.

G. Di Chiara, *Sulle finalità della psicoanalisi: il significato delle costruzioni nell'analisi*, in Id. (a cura di), *Itinerari della psicoanalisi*, Loescher, Torino 1982.

M. Düe, *Ontologie und Psychoanalyse. Metapsychologische Untersuchung über den Begriff der Angst in den Schriften Sig-*

mund Freuds und Martin Heideggers, Hain Verlag bei Athenä-um, Frankfurt am Main 1986.

S. Ferenczi, *Versuch einer Genitaltheorie*, in *Schriften zur Psy-choanalyse II*, hrsg. von M. Balint, Frankfurt am Main 1972.

S. Freud, *Das Unheimliche*, in *Gesammelte Werke*, 18 voll., Fi-scher, Frankfurt a.m., 1960-68, vol. XIII; trad. it. *Il perturbante*, in *Opere di Sigmund Freud*, Boringhieri, Torino 1966-80, vol. 9.

S. Freud, *Aus der Geschichte einer infantilen Neurose* (1914; 1918), GW XII; trad. it. *Dalla storia di una nevrosi infantile (Ca-so clinico dell'uomo dei lupi)*, OSF 7.

S. Freud, *Al di là del principio di piacere*, GW XIII e OSF 9.

S. Freud, *Das Ich und das Es*, GW XIII; trad. it. *L'Io e l'Es*, OSF 9.

S. Freud, *Casi clinici 7. L'uomo dei lupi. Dalla storia di una nevrosi infantile*, trad. di M. Lucentini e R. Colorni, Biblioteca Bollati Boringhieri, Torino 1977, ristampa aprile 2021.

S. Freud, *L'uomo dei lupi*, introd. di G. Pressburger, cura di M. Ajazzi Mancini, trad. di M. Marcacci, "Universale Economica Feltrinelli"/Classici, Milano 2021, 3ª, con testo tedesco a fronte.

S. Freud, *Aus der Geschichte einer infantilen Neurose*, Lunata, Berlin 2021.

S. Freud, *Aus der Geschichte einer infantilen Neurose*, in *Int. Zeitschr. f. ärztl. Psychoanalyse*, Bd. I. 1913.

S. Freud, *Märchenstoffe in Träumen*, GW X; trad. it. *Materiale fiabesco nei sogni*, OSF 7.

S. Freud, *Osservazioni sull'amore di traslazione*, in *Opere com-plete*, Bollati Boringhieri, ed. digitale 2013, vol. 7.

S. Freud, *Aus den Anfängen der Psychoanalyse 1887-1902. Briefe an Wilhelm Fliess*, S. Fischer, Frankfurt/M. 1975; trad. it. di M. A. Massimello, *Lettere a Wilhelm Fliess (1887-1904). Edi-zione integrale a cura di Jeffrey Moussaieff Masson. Con note aggiuntive di Michael Schröter*, Paolo Boringhieri, Torino 1986.

S. Freud, *Die endliche und unendliche Analyse*, GW XVI; trad. it. *Analisi terminabile e interminabile*, in *Opere complete*, Bollati Boringhieri, ed. dig., vol. 11 (*L'uomo Mosè e la religione mono-teistica e altri scritti*).

S. Freud, «L'Inquiétante Étrangeté», in *Essais de psychanalyse appliquée*, Gallimard, Idées, Paris 1971.

S. Freud, *Analyse der Phobie eines fünfjährigen Knaben*, Studienausgabe Bd. VIII, hrsg. von A. Mitscherlich u. a., Frankfurt am Main 1969; trad. it. *Analisi della fobia di un bambino di cinque anni*, in *Opere complete*, ed. dig., vol. 5.

S. Freud, *Personaggi psicopatici sulla scena*, in *Opere complete*, ed. dig., vol. 5.

S. Freud, *Vorlesungen zur Einführung in die Psychoanalyse*, Nikol Verlag, Hamburg 2021; trad. it. *Introduzione alla psicoanalisi*, di M. Tonin Dogana e E. Sagittario, Boringhieri, Torino 1978.

S. Freud, *Jenseits des Lustprinzips*, Internationaler Psychoanalytischer Verlag, Leipzig Wien Zürich 1920, 3. durchgesehene Auflage 1923; trad. it. di A. M. Marietti e R. Colorni, *Al di là del principio di piacere*, Biblioteca Boringhieri, Torino 1975.

S. Freud, *Hemmung, Symptom und Angst*, Studienausgabe, Bd. VI; trad. it. *Inibizione, sintomo e angoscia*, in *Opere complete*, vol. 10.

S. Freud, *Das Unbehagen in der Kultur*, Studienausgabe, Bd. IX, trad. it. *Il disagio della civiltà*, in *Opere complete*, vol. 10.

S. Freud, *Das Ich und das Es*, Studienausgabe, Bd. III; trad. it. *L'Io e l'Es*, in *Opere complete*, vol. 9.

S. Freud, *Das Motiv der Kästchenwahl*, Studienausgabe, Bd. X; trad. it. *Il motivo della scelta degli scrigni*, in *Opere complete*, vol. 7 (*Totem e tabù e altri scritti*).

S. Freud, *Totem und Tabu*, Studienausgabe, Bd. IX; trad. it. *Totem e tabù* in *Opere complete*, vol. 7.

S. Freud, *Der Dichter und das Phantasieren*, Studienausgabe, Bd. X; trad. it. *Il poeta e la fantasia*, in *Opere complete*, vol. 5, *Il motto di spirito e altri scritti*.

S. Freud, *Erinnern, Wiederholen und Durcharbeiten*, Ergänzungsband der Studienausgabe; trad. it. *Ricordare, ripetere e rielaborare*, in *Opere complete*, vol. 7 (*Totem e tabù e altri scritti*).

S. Freud, *Costruzioni nell'analisi* (*Konstruktionen in der Analyse*, 1937), ed. it. con testo tedesco a fronte, traduzione di F. Barale e I. Hennemann Barale, saggio introduttivo e cura di F. Barale, Jaca Book, Milano 2024.

S. Freud, *Il problema dell'analisi condotta da non medici* (1926), OSF vol. 10.

S. Freud, *Compendio di psicoanalisi*, in *Opere complete*, vol. 11.

S. Freud, *Triebe und Triebschicksale*, GW X; trad. it. *Pulsioni e loro destini*, OSF 8.

S. Freud, *Osservazioni sulla teoria e pratica dell'interpretazione dei sogni*, in *Opere complete*, vol. 9.

S. Freud, *L'uomo Mosè e la religione monoteistica*, 1934-38, OSF 11.

C. Ginzburg, *Spie. Radici di un paradigma indiziario*, in *Crisi della ragione. Nuovi modelli nel rapporto tra sapere e attività umane*, a cura di A. Gargani, Einaudi, Torino 1979.

P. Grebe (a cura di), *Der grosse Duden*, Dudenverlag, Mannheim 1970.

G.W.F. Hegel, *Wissenschaft der Logik, Werke*, Vollständige Ausgabe durch einen Verein von Freunden des Verewigten [Opere. Edizione completa a cura di un'associazione di amici dello scomparso], 19 voll., Berlin, 1832-1845, vol. III, libro I.

M. Heidegger, *Sein und Zeit*, GA Band 2, Klostermann, Frankfurt am Main 1977, hrsg. von F.-W. von Herrmann.

M. Heidegger, *Essere e Tempo*, a cura di A. Marini, con testo tedesco a fronte, Mondadori (I Meridiani), Milano 2006, III ed., 2013.

M. Heidegger, *Essere e Tempo*, a cura di A. Marini, Mondadori, Milano 2006, ed. Oscar classici moderni, 2011, ristampa 2015.

M. Heidegger, *Essere e Tempo*, Nuova edizione italiana a cura di F. Volpi sulla versione di P. Chiodi, Longanesi, Milano 2005.

M. Heidegger, *Wegmarken*, Gesamtausgabe, Band 9, Klostermann, Frankfurt am Main 2004, 3. durchges. Auflage, hrsg. von F.-Wilhelm von Herrmann; trad. it., sull'ed. del 1976, a cura di F. Volpi, *Segnavia*, Adelphi, Milano 1987.

M. Heidegger, *Erläuterungen zu Hölderlins Dichtung*, GA Band 4, a cura di F.-W. von Herrmann, Klostermann, Frankfurt am Main 1981; trad. it. di L. Amoroso, *La poesia di Hölderlin*, A-delphi, Milano 1988.

M. Heidegger, *Einführung in die Metaphysik*, GA Band 40, hrsg. von P. Jaeger, Klostermann, Frankfurt am Main 1983; trad. it. di G. Masi, *Introduzione alla metafisica*, Mursia, 2a edizione (con Presentazione di G. Vattimo), Milano 1972.

M. Heidegger, *Vorträge und Aufsätze*, GA Band 7, hrsg. von F.-W. von Herrmann, Klostermann, Frankfurt am Main 2000; trad. it. a cura di G. Vattimo, *Saggi e discorsi*, Mursia, Milano 1976, basata sull'ed. Neske, Pfullingen 1954.

M. Heidegger, *Was heisst Denken?*, GA Band 8, hrsg. von P.-L. Coriando, Klostermann, Frankfurt am Main 2002; trad. it. di U. Ugazio e G. Vattimo, *Che cosa significa pensare?*, Sugarco, Milano 1978-79, 2 voll., basata sull'ed. Max Niemeyer, Tübingen 1954 e 1971; e trad. fr. di A. Becker et G. Granel, *Qu'appelle-t-on penser?*, P.U.F., Paris 1959.

M. Heidegger, *Unterwegs zur Sprache*, Verlag Günther Neske, Pfullingen 1959, *siebte Auflage* 1982, e vol. 12 della *Gesamtausgabe*, hrsg. von F.-W. von Herrmann, Klostermann, Frankfurt am Main 1985; trad. it. a cura di A. Caracciolo e M. Caracciolo Perotti, *In cammino verso il Linguaggio*, Mursia, Milano 1973.

M. Heidegger, *Die Selbstbehauptung der Deutschen Universität*, in Id., *Reden und andere Zeugnisse eines Lebensweges*, GA Band 16, hrsg. von Hermann Heidegger, Klostermann, Frankfurt am Main 2000; trad. it. di C. Angelino, *L'autoaffermazione dell'università tedesca*, in *Discorsi e altre testimonianze del cammino di una vita* (1910-1976), a cura di N. Curcio, il nuovo melangolo, Genova 2005; e trad. fr. di G. Granel, *L'auto-affirmation de l'université allemande*, TER (Trans-Europ-Repress), Mauvezin 1982.

M. Heidegger, *Platons Lehre von der Wahrheit. Mit einem Brief über den Humanismus*, Francke, Bern 1947; trad. it. a cura di A. Bixio e G. Vattimo, *La dottrina di Platone sulla verità. Lettera sull'umanismo*, S.E.I., Torino 1975.

M. Heidegger, *Lettera sull'«umanismo»*, a cura di F. Volpi, Piccola Biblioteca Adelphi, Milano 1995.

M. Heidegger, *Die Kehre*, in *Identität und Differenz*, GA Band 11, a cura di F.-W. von Herrmann, Klostermann, Frankfurt am Main 2006; trad. it. di M. Ferraris, *La svolta*, il melangolo, Genova 1995 (seconda edizione).

M. Heidegger, *Bremer und Freiburger Vorträge*, GA Band 79, hrsg. von P. Jaeger, Klostermann, Frankfurt am Main 1994; ed. it. a cura di F. Volpi, *Conferenze di Brema e Friburgo*, trad. di G. Gurisatti, Adelphi, Milano 2002.

M. Heidegger, *Die Grundbegriffe der Metaphysik. Welt – Endlichkeit – Einsamkeit*, GA Band 29/30, hrsg. von F.-W. von Herrmann, Klostermann, Frankfurt am Main 1983; trad. it. di P. Coriando, *Concetti fondamentali della metafisica. Mondo, finitezza, solitudine*, a cura di C. Angelino, il melangolo, Genova 1999.

M. Heidegger, *Zollikoner Seminare*, hrsg. von M. Boss, Klostermann, 3. Auflage, Frankfurt am Main 2006; trad. it. a cura di E. Mazzarella e A. Giugliano, *Seminari di Zollikon. Protocolli seminariali-Colloqui-Lettere*, Guida, Napoli 2000, terza edizione.

M. Heidegger, *Feldweg-Gespräche*, GA, Band 77, Klostermann, Frankfurt am Main, 2. durchgesehene Auflage 2007, hrsg. von I. Schüssler; ed. it. *Colloqui su un sentiero di campagna (1944/45)*, a cura di A. Fabris, il nuovo melangolo, Genova 2007.

M. Heidegger, *Gelassenheit. Heideggers Messkircher Rede von 1955. Mit Interpretationen von Alfred Denker und Holger Zaborowski*, Karl Alber, Freiburg/München 2014, 2. Auflage 2015.

M. Heidegger, *Der Satz vom Grund*, GA Band 10, hrsg. von P. Jaeger, Klostermann, Frankfurt am Main 1997; ed. it. *Il principio di ragione*, Adelphi, Milano 1991, seconda edizione 2004 (trad. di F. Volpi e G. Gurisatti, basata sullo scritto apparso presso Neske, Pfullingen, nel 1957).

M. Heidegger, *Parmenides*. GA Band 54, *Vorlesungen 1923-1944,* Klostermann, Frankfurt am Main 1982, 2. Auflage 1992, hrsg. von M. S. Frings; ed. it. a cura di F. Volpi (trad. di G. Gurisatti), *Parmenide*, Adelphi, Milano 1999.

M. Heidegger, *Heraklit. Vorlesungen 1923-1944*, GA Band 55, Klostermann, Frankfurt am Main 1979, 3. Auflage 1994, hrsg. von M. S. Frings; trad. it. di F. Camera, *Eraclito*, Mursia, Milano 2015.

M. Heidegger, *Hölderlins* Hymne *"Der Ister"*, GA 53, hrsg. von W. Biemel, Klostermanna, Frankfurt am Main 1984; trad. it. di C. Sandrin e U. Ugazio, *L'inno* Der Ister *di Hölderlin*, Mursia, Milano 2003.

M. Heidegger, *Der Begriff der Zeit*, GA 64, hrsg. von F.-W. von Herrmann, Klostermann, Frankfurt am Main 2004; trad. it. di F. Volpi, *Il concetto di tempo* (basata sull'ed. ted. a cura di H. Tietjen, Niemeyer Verlag, Tübingen 1989), Adelphi, Milano 1999 (terza edizione).

M. Heidegger, *Prolegomena zur Geschichte des Zeitbegriffs*, GA Band 20, hrsg. von P. Jaeger, Klostermann, Frankfurt am Main 1979; ed. it. a cura di R. Cristin e A. Marini, *Prolegomeni alla storia del concetto di tempo*, il nuovo melangolo, Genova 1999.

M. Heidegger, *Hölderlins Hymne "Andenken"*, GA 52, hrsg. von C. Ochwadt, Klostermann, Frankfurt am Main 1982, 2. Auflage 1992, trad. it. di C. Sandrin e U. Ugazio, *L'inno* Andenken *di Hölderlin*, Mursia, Milano 1997.

M. Heidegger, *Das Ereignis*, GA Band 71, hrsg. von F.-W. von Herrmann, Klostermann, Frankfurt am Main 2009; trad. it. a cura di G. Strummiello, *L'evento*, Mimesis Edizioni, Milano 2017.

M. Heidegger, *Zeit und Sein*, in Id, *Zur Sache des Denkens*, GA Band 14, hrsg. von F.-W. von Herrmann, Klostermann, Frankfurt am Main 2007, trad. it. *Tempo ed essere*, a cura di E. Mazzarella, Guida editori, Napoli 1980, ed. del 1991.

M. Heidegger, *Einführung in die phänomenologische Forschung*, GA 17, hrsg. von F.-W. von Herrmann, Klostermann, Frankfurt am Main 1994, 2., unveränderte Auflage 2006; trad. it. a cura di M. Pietropaoli, *Introduzione all'indagine fenomenologica* (testo tedesco a fronte), Giunti/Bompiani, Firenze/Milano 2018.

M. Heidegger, *Grundbegriffe der aristotelischen Philosophie*, GA 18, hrsg. von M. Michalski, Klostermann, Frankfurt am Main 2002; trad. it. a cura di G. Gurisatti, *Concetti fondamentali della filosofia aristotelica*, Adelphi, Milano 2017.

M. Heidegger, *Zum Ereignis-Denken*, GA 73.1 e 73.2, hrsg. von P. Trawny, Klostermann, Frankfurt am Main 2013.

M. Heidegger, *Der Spruch des Anaximander*, GA Band 78, hrsg. von I. Schüssler, Klostermann, Frankfurt am Main 2010.

M. Heidegger, *Überlegungen* VII-XI (*Schwarze Hefte* 1938/39), GA Band 95, hrsg. von P. Trawny, Klostermann, Frankfurt am Main 2014; trad. it. *Quaderni neri* 1938/1939 [*Riflessioni* VII-XI], a cura di A. Iadicicco, Bompiani, Milano 2016.

M. Heidegger, *Ontologie (Hermeneutik der Faktizität)*, GA 63, hrsg. von K. Bröcker-Oltmanns, Klostermann, Frankfurt am Main 1988; trad. it. di G. Auletta, a cura di E. Mazzarella, *Ontologia. Ermeneutica della effettività*, Guida, Napoli 1992.

M. Heidegger, *Grundfragen der Philosophie. Ausgewählte «Probleme» der «Logik»*, GA Band 45, hrsg. von F.-W. von Herrmann, Klostermann, Frankfurt am Main 1984; trad. it. di U. M. Ugazio, *Domande fondamentali della filosofia. Selezione di «problemi» della «logica»*, Mursia, Milano 1988.

M. Heidegger, *Holzwege*, Klostermann, Frankfurt am Main 1950; trad. it. a cura di P. Chiodi, *Sentieri interrotti*, La Nuova Italia, Firenze 1968; e trad. it. a cura di V. Cicero, *Sentieri erranti nella selva*, Bompiani, Milano 2014.

F. Hölderlin, *Edipo il tiranno*, Feltrinelli, Milano 1991.

F. Hölderlin, *Poesie*, trad. it. di G. Vigolo, Einaudi, Torino 1963.

F. Hölderlin, *Le liriche*, trad. di R. Mandruzzato, Adelphi, Milano 1993.

E.T.A. Hoffmann, *L'uomo della sabbia*, in *L'uomo della sabbia e altri racconti*, a cura di G. Fraccari, Mondadori, Milano 1987.

O. Jahrhaus, *Literatur und Psychoanalyse*, Nachwort a S. Freud, *Das Unheimliche*, Reclam, Stuttgart 2022.

S. Kierkegaard, *Il concetto dell'angoscia*, in Id., *Le grandi opere filosofiche e teologiche*, trad. it. a cura di C. Fabro, con prefazione di G. Reale, testi originali a fronte, Bompiani, Milano 2013, ed. Giunti/Bompiani 2017, ristampa 2020.

S. Kierkegaard, *L'avventura del giglio selvatico*, trad. di G. Garrera, disegni di M. Fato, Quodlibet, Macerata 2018.

J. Lacan, *L'angoisse*, Éditions du Seuil (Collection Points – Essais), Paris 2004; trad. it. a cura di A. Di Ciaccia, *Il seminario. Libro X. L'angoscia 1962-1963*, Biblioteca Einaudi, Torino 2007.

J. Lacan, *Il Seminario. Libro II. L'io nella teoria di Freud e nella tecnica della psicoanalisi 1954-1955*, trad. it. a cura di G. Contri, Einaudi, Torino 1991.

J. Lacan, *Il Seminario. Libro XI. I quattro concetti fondamentali della psicoanalisi 1964*, nuova edizione italiana a cura di A. Di Ciaccia, con uno scritto di Jacques-Alain Miller, Einaudi, Torino 2003.

J. Lacan, *Le séminaire. Livre XXIV. L'insu que sait de l'une-bévue s'aile à mourre* (1977), in "Ornicar? Bulletin périodique du Champ freudien", n° 12/13 (a cura di J.-A. Miller), Association Lyse, Paris 1978; trad. it. (parziale) di G. Sangalli, *L'insaputo che una svista sa va alla morra*, in *Ornicar?* 4, Marsilio, Venezia 1979.

J. Lacan, *Livre VII. L'éthique de la psychanalyse,* Seuil, Paris 1986; trad. it. di G. Contri, *Libro VII. L'etica della psicoanalisi*, Einaudi, Torino 1994.

J. Lacan, *Livre V. Les formations de l'inconscient*, Seuil, Paris 1998, trad. it. a cura di A. Di Ciaccia, *Libro V. Le formazioni dell'inconscio*, Einaudi, Torino 2004.

J. Lacan, *Livre XVIII. D'un discours qui ne serait pas du semblant*, Seuil, Paris 2007; ed. it. a cura di A. Di Ciaccia, *Di un discorso che non sarebbe del sembiante*, Einaudi, Torino 2010.

J. Laplanche-J. Pontalis, *Vocabulaire de la psychoanalyse*, PUF, Paris 1967; trad. it. *Enciclopedia della psicoanalisi*, Laterza, Roma-Bari 1981.

J. Laplanche et J.-B. Pontalis, *Vocabulaire de la psychanalyse*, Paris, Puf, 1997, 13ᵉ éd.

J. Laplanche, *À partir de la situation anthropologique fondamentale*, in *Sexual. La sexualité élargie au sens freudien, 2000-2006*, Paris, Puf, coll. «Quadrige», 2006.

J. Laplanche, *Buts du processus analytique*, in *Entre séduction et inspiration: l'homme*, Paris, Puf, coll. «Quadrige», 1999.

J. Laplanche, *Inceste e sexualité infantile*, in *Sexual*, cit.

J. Laplanche, *Trois acceptions du mot "inconscient" dans le cadre de la théorie de la séduction généralisée*, in *Sexual*, cit.

J. Laplanche, *Nouveaux fondements pour la psychanalyse. La séduction originaire*, Puf, Paris 1987 (3ᵉ édition «Quadrige»,

2016); trad. it. *Nuovi fondamenti per la psicoanalisi. La seduzione originaria*, a cura di A. Luchetti, Mimesis, Milano 2019.

J. Laplanche, *Problématiques I. L'angoisse*, Puf, Paris 1980 (2ᵉ édition «Quadrige», 2006); trad. it. *L'angoscia. Problematiche I*, a cura di A. Lucchetti, Mimesis, Milano 2022.

H. B. Levine, *Construction then and now*, in *On Freud's 'Constructions in Analysis'*, a cura di S. Lewkowicz, Th. Bokanowski e G. Pragier, serie Contemporary Freud, Routeledge, London 2011.

A. Luchetti, *Interpretare, costruire, indovinare: il corpo congetturale*, in «Psiche», 2, 2018.

A. Marini, *Heidegger – Die Sprache*, in *Introduzione al problema del linguaggio e della traduzione. Senso e linguaggio in* Essere e Tempo *e in "Il Linguaggio"*, disp. n° 7 del Corso di Storia della Filosofia Moderna e Contemporanea, Anno Accademico 1991-1992, Università degli Studi di Milano, proprietà lett. riservata.

F. Martens, *Situation anthropologique fondamentale*, in *Vocabulaire de Laplanche*, a cura di H. Tessier, prefazione di C. Dejours, PUF, Paris 2024.

M. Merleau-Ponty, *Il visibile e l'invisibile*, trad. it. a cura di M. Carbone, Bompiani, Milano 1993.

F. Nietzsche, *"Unzeitgemässe Betrachtungen I-IV"*, in Id., *Sämtliche Werke Kritische Studienausgabe*, vol. I, *Die Geburt der Tragödie. Unzeitgemässe Betrachtungen I-IV. Nachgelassene Schriften 1870-1873*, a cura di G. Colli e M. Montinari, de Gruyter, Berlin-New York 1967; ed. it. a cura di G. Colli e M. Montinari, *Considerazioni inattuali I-III*, in Id., *Opere di Friedrich Nietzsche*, vol. III, t. I, Adelphi, Milano 1973.

F. Palombi, *Storie di lupi: filosofia e psicoanalisi nell'ultimo seminario di Jacques Derrida*, in *Corpo, linguaggio e psicoanalisi*, a cura di F. Cimatti e A. Luchetti, Quodlibet, Macerata 2013.

F. Palombi, *Lo specchio. Lacan e il Barocco*, «Bollettino Filosofico del Dipartimento di Filosofia dell'Università della Calabria», vol. 22.

C.S. Peirce, *Scritti scelti*, a cura di G. Maddalena, UTET, Torino 2005.

C.S. Peirce, *The Collected Papers of Charles Sanders Peirce*, a cura di P. Weiss e C. Hartshorne, Harvard University Press, Cambridge, Massachusetts, 1931-1935.

F. Petrella, *Storia e psicoanalisi: un problema di metodo. Costruzione, invenzione, memoria e verità nel lavoro clinico*, in «Rivista di psicoanalisi», 54, 3, 2008.

Plauto, *Amphitruo. Asinaria. Aulularia. Bacchides*, cura e traduzione di E. Paratore, testo latino a fronte, Newton Compton, Roma 1978, 1992.

G. Pressburger, *Nel regno oscuro*, Bompiani, Milano 2008.

L. Rocci, *Vocabolario greco-italiano*, Dante Alighieri-Lapi, Città di Castello 1974.

G. Róheim, *Gates of the Dream*, International Univ. Press. Inc., New York 1953; trad. it. di M. Novelletto Cerletti, *Le porte del sogno*, Guaraldi, Rimini 1973, e ed. Pgreco, Milano 2015, 2 voll., con prefazioni di G. Carloni.

P.A. Rovatti, *La fiamma e la cenere*, in *la Repubblica*, 15 luglio 1988.

P.A. Rovatti, *L'orecchio di Derrida*, in Id., *Abitare la distanza. Per una pratica della filosofia*, Raffaello Cortina Editore, Milano 2007.

E. Roudinesco, *Histoire de la psychanalyse en France*, Seuil, Paris 1986.

F. W. J. Schelling, *Filosofia della mitologia* (1857), ed. it. a cura di L. Procesi, Mursia, Milano 1990.

R. Scheu, *Il soggetto debole. Sul pensiero di Pier Aldo Rovatti*, Mimesis, Milano 2010.

G. Senatore, *Heidegger e l'abitare poetico. Per mortem ad vitam*, BoD, Norderstedt 2017 (4a edizione).

G. Senatore, *Fort und Da. Il progetto gettato*, BoD, Norderstedt 2022.

G. Senatore, *La rocca, il colle e il sentiero (all'ombra dell'ulivo)*, Bod, Norderstedt 2017[2].

G. Senatore, *Il convalescente e l'enigma. Per una vita sana*, Bod, Norderstedt 2019.

G. Senatore, *Il nulla e l'eterno (nella luce del Da-seyn). Leggendo Heidegger*, BoD, Norderstedt 2018.

C. Sini, *Kinesis. Saggio di interpretazione*, Spirali, Milano 1982.

J. Starobinski, *L'occhio vivente* (1961, 1970), trad. it. di G. Guglielmi, Einaudi, Torino 1975.

B. Stevens, *Le «Geist» heideggerien et son âme*, in Revue Philosophique de Louvain. Quatrième série, tome 86, n° 70, 1988.

L. C. Tarelho, *Théorie de la séduction généralisée*, in *Vocabulaire de Laplanche*, cit.

D. Tonazzo, *Tra Derrida e Lacan: un chiasmo*, in *Su Jacques Derrida. Scrittura filosofica e pratica di decostruzione*, a cura di P. D'Alessandro e A. Potestio, LED, Milano 2008.

P. Unruh, *Register zur Martin Heidegger Gesamtausgabe*, Klostermann, Frankfurt am Main 2017.

S. Vegetti Finzi, *Il bambino nella psicoanalisi* (a cura di), Zanichelli, Bologna 1976, ristampa febbraio 1978.

F. Volpi (a cura di), *Guida a Heidegger*, Laterza, Bari 1997.

G. Zaccaria (a cura di), *Heidegger. Scritti politici (1933 – 1966)*, Prefazione, postfazione e note di F. Fédier, Piemme, Casale Monferrato (AL) 1998.

G. Zaccaria (a cura di), G. Trakl - M. Heidegger, *Il canto dell'esule – La parola nella poesia* (in collaborazione con I. De Gennaro), Christian Marinotti Edizioni, Milano 2003;

G. Zaccaria, *L'inizio e il nulla. Colloquio di un logico, di un aiutante e di un pittore*, Christian Marinotti Edizioni, Milano 2009.